시의 형상은 주체와 사물 세계가 특정한 방식으로 관계를 맺는 장(場)이다. 그 안에는 사물 세계를 바라보고 인식하는 시인의 관점이 투영되어 있으며, 그 관점에는 개인을 넘어 특정한 질서 속에서 사물 세계를 감수하는 문화적인 시선과 의식이 내장되어 있다. 이 책에서 형상을 전통이라는 관점에서 접근한 것은 시의 형상에 담긴 문화적 자질이 무엇이고, 이들이 개별시인들의 시세계의 변화 과정과 어떻게 관련되면서 전통의 맥락을 구성하는지를 살피기 위함이다. 시의 형상 속에는 세계를 감수하는 시인의 심미적 의식과 현실을 마주한 시인의 정신이 투영되어 있다. 시인은 형상 속에 있고 형상 너머로 문화적 전통이 있다.

-鄭芝溶과 趙芝薰의 詩를 中心으로-

형상과 전통

김문주

도서출판 월인

책머리에

이 책은 필자가 박사학위 논문으로 제출한 「한국현대시의 풍경과 전통」을 수정하고 다듬은 것이다. 정지용과 조지훈의 시를 중심으로 시의 형상에 담겨 있는 시인의 의식과 문화사적인 의미를 탐색하고자 하였다. 시의 형상은 주체와 사물 세계가 특정한 방식으로 관계를 맺는 장(場)이다. 그 안에는 사물 세계를 바라보고 인식하는 시인의 관점이 투영되어 있으며, 그 관점에는 개인을 넘어 특정한 질서 속에서 사물 세계를 감수하는 문화적인 시선과 의식이 내장되어 있다. 이 책에서 형상을 전통이라는 관점에서 접근한 것은 시의 형상에 담긴 문화적 자질이 무엇이고, 이들이 개별시인들의 시세계의 변화 과정과 어떻게 관련되면서 전통의 맥락을 구성하는지를 살피기 위함이다. 시의 형상 속에는 세계를 감수하는 시인의 심미적 의식과 현실을 마주한 시인의 정신이 투영되어 있다. 시인은 형상 속에 있고 형상 너머로 문화적 전통이 있다.

시의 형상을 전통과 관련하여 살피면서 정지용과 조지훈을 대상으로 선택한 것은 그들에게서 한국현대시의 중요한 전통의 국면이 나타난다고 판단했기 때문이다. 여기서 전통은 한국시가 미적 근대성을 통과하면서 자신의 세계를 찾아가는 과정이라고 할 수 있다. 두 시인은 시의 전통에 대해 각별한 자의식을 가지고 있었던 시인들이다. 정지용의 초기와 후기 시, 그리고 조지훈의 시로 넘어가는 시세계의 전개 과정은 한국현대시의 심미적 전통이 본격적으로 구성되고 확대·심화되는 과정이라고 할 수 있다.

정지용은 고루한 형식과 감상벽, 그리고 관념적 성격이 농후했던 한국현대시에 현대적 감수성을 불어넣은 시인이다. 1920년대 중반에 등장한 지용시의 새로움은 형상화 방식의 이질성에서 비롯된 것이었다. 그것은 사물 세계를 통합하는 부동점으로서의 주체의 발견을 뜻하는 것이었으며, 지용 시의 형상은 주체의 의식과 육체적 감각에 의해 재구성된 세계였다. 지용의 새로운 언어들은 한국시가 근대적 표상의 세계로 전환되는 과정을 생생한 감각으로 표현하였다. 이러한 근대적 감수성과 한국의 전통적 세계상이 조우하는 지점을 그의 후기시는 보여준다. 그 세계는 근대적 개인에 의해 본격적으로 관조된 구체적인 자연이었으며, 그 형상 세계는 동양적 자연을 환기하는 언어의 발견이었다. 그러나 그 자연은 동양적 세계상을 환기하면서도 전통적인 세계관과는 거리를 둔, 본질적으로 주체의 바깥에 존재하는 대상의 세계였다. 아울러 동양적 자연을 환기하는 지용의 정온한 세계 속에는 일제강점 말기를 통과하는 시인의 고통스러운 내면이 형상화되어 있다.

필자가 지훈의 시에 주목한 것은, 그의 시에서 일관되고 실천적으로 전개되는 전통적 사유와 세계관이 발견되고, 그러한 전개 과정이 지용 시의 성격을 되비추면서 한국현대시의 전통의 맥락을 구성하는 중요한 계기가 된다고 판단했기 때문이다. 지훈 시의 전개 과정은 지용 시의 성과와 한계를 시사하며, 아울러 일부 시인들의 시에서 간헐적으로 형상화되었던 전통적 시정신이 매우 구체적이고 실천적으로 드러나는 장(場)이다. 그의 시는 사물 세계와 인간의 문제를 분리하지 않는 통합의 관점에 기초해 있다. 지훈의 시에서 자연은 삶과 현실의 문제와 분리되지 않으며, 그의 자연은 현실과 세계에 대한 시인의 고뇌가 투영되어 있다.

시의 형상이나 표현 방식의 유사성에도 불구하고 지용의 후기 시와 지훈의 시는 중요한 차이를 보인다. 아울러 그 차이는 두 시인의 시 세계의 내적 전개 과정과 긴밀하게 연관되어 있고, 그 속에서 우리는 한국현대시의 전통의 국면이 새롭게 갱신되는 과정을 확인할 수 있다. 지용과 지훈의 시는 미적 근대를 통과하며 자기정체성을 모색하는 한국 근대시의 폭과 깊이를 보여준다. 지용이 근대적 주체의 존재감이 선명하게 지각되는 형상 세계를 보여주었다면, 지훈은 지용을 계승하면서 전통적인 세계관을 자신의 시 세계에 육화시킴으로써 한국현대시의 심미적 전통을 실천적으로 보여주었다.

한국현대시의 전통적 성격을 두 시인의 시세계의 전개과정을 통해 살피면서 필자의 주목을 끌었던 것은 그들의 심미적 형상 속에 투영된 당대 현실에 대한 시인의 정신적 대응이었다. 특히 지용의 후기시, 그 중에서도 죽음을 모티프로 한 「禮裝」이나 「나븨」 등의 시편을 분석하는 작업은 시인의 정신을 생생하게 감지하는 과정이어서, 매우 서늘한 희열을 경험하게 했다. 질곡의 현실에서 자신을 무화시키고자 했던 시인의 고통스러운 내면을 살피는 과정은, 시란 무엇이며 시인은 어떤 존재인가를 진지하게 되묻는 작업이기도 했다.

정지용과 조지훈의 시를 통해 시의 형상에 내장된 시인의 의식과 그 속에 면면히 이어지며 갱신되는 전통적 성격을 확인할 수 있었다. 앞으로 한국시의 전통적 성격을 좀더 구체적으로 해명하는 작업을 이어나가고 싶고, 더 나아가 동아시아 미학에 기초한 전통시학을 구성해보는 것이 내 학문적 바람이다. 바람은 원대하고 서 있는 자리는 미미하다는 것을 누구보다도 잘 알고 있다. 천천히 갈 작정이다.

논문을 쓰면서 여러 선생님들의 은혜를 입었다. 학문하는 이의 자세에 관해 조언해 주신 오세영 선생님, 글의 균형과 체계를 가르쳐주신 김인환 선생님, 글쓰기의 엄격함을 깨우쳐 주신 김재홍 선생님, 부족한 글을 꼼꼼하고 섬세하게 읽어 주신 고형진 선생님께 감사드린다. 그리고 부족한 제자에 대해 많이 참고 기다려 주시는 최동호 선생님께 감사드린다. 선생님은 내게 <뿌리와 전체>를 보는 안목을 가르쳐 주신다. 출판을 허락해준 도서출판 월인에도 감사의 마음을 전한다.

푸른곰팡이들이 벽을 타고 오르는 지하방에서 논문을 썼다. 그 시간 동안 나는 노자와 장자를 읽으면서 지냈다. 공부를 하는 일의 즐거움과 쓸쓸함을 많이 배웠다. 이 작은 글을 쓰면서 사랑하는 사람들에게 너무 많은 빚을 졌다. 내게 삶의 슬픔과 투박함의 미덕을 알게 해주신 아버지, 희생과 사랑의 마음을 가르쳐주신 어머니, 그 분들 덕에 내가 있다. 내 속에 늘 계시는 그 분들께 이 작은 책이 위로가 되었으면 좋겠다. 나를 위해 새벽마다 기도하시는 장인어른과 장모님께도 고마움을 전한다. 조용한 쉼터가 되어 주는 사랑하는 아내 현정은 학문의 길을 가는 내게 큰 힘이 된다. 시은이와 예준이가 양보해준 시간에 글을 썼다. 부끄럽지 않은 애비가 되고 싶다. 모두 모두, 고맙다.

2006년 가을 정릉에서
김문주

목 차

제1장

서론

1. 문제 제기 및 연구 목적

이 논문은 정지용과 조지훈의 시 세계를 검토하여 이들의 시에 형상화된 풍경[1]의 의미를 구명하는 것을 목적으로 한다. 아울러 일제강점기말

1) 풍경(風景)이란 용어는 5세기 초 중국 동진·송대(東晋·宋代)의 시인인 도연명(365~427)의 시에서 처음으로 사용되었다. 풍경의 경(景)은 해(日)와 서울(京)을 합한 말로서 경에는 가시(可視) 광선에 의해 세계의 형상을 바라보는 시각 주체가 전제되어 있으며, 아울러 '상서롭다'는 의미가 담겨 있다. 그러한 점에서 풍경이라는 말은 보이는 대상과 보는 주체의 관계, 혹은 대상 세계에 대한 주체의 심미적 반응이 내장된 용어이다. 풍경과 유사한 용어로는 경물이나 상황 등 객관적인 시각상을 지칭하는 경개(景槪), 토지의 상태를 객관적으로 기술하려는 의도에서 만들어진 경관(京觀), 운치가 있는 경(景) 혹은 매우 아름다운 경(景)을 가리키는 경치(景致), 순서에 따라 객관적으로 서술된 경(景)을 가리키는 서경(敍景), 주체의 정서와 경의 상관성을 의미하는 정경(情景) 등이 있다(황기원, 「景과 관련 술어의 개념에 관한 고찰」, 《한국조경학회지》 22호, 1995. 강영조, 『풍경에 다가서기』, 효형출판, 2003 참조). 이 가운데 동아시아 시학의 주요 개념 중 하나인 정경(情景)과 세계의 언어적 형상화를 가리키는 서경(敍景)은 미학적 성격을 띤 용어들이다. 하지만 정경(情景)은 주로 주체의 정서적 측면을 환기하고 서경(敍景)은 주로 언어적 측면을 강조한다는 점에서, 대상 세계와 주체의 관계를 살피려는 이 논문에는 적합하지 않은 것으로 판단된다. 풍경은 사물과 사물, 사물과 인간 등 관계성에 기초한 세계상을 반영하는 용어이며, 현재 이러한 맥락에서 통용된다는 점에서 논문의 주요 어휘로

두 시인의 시에 집중적으로 나타나는 자연 풍경을 분석하여 이들이 발견한 전통의 성격을 해명하고자 한다. 이러한 일련의 과정은 정지용과 조지훈 시의 변모를 전통의 발견과 심화라는 관점에서 조명하는 작업이 될 것이다.

서구 문예의 충격 속에서 전개된 한국의 근대문학은 미적 근대성과 전통적 심미성 사이를 넘나들며 주체의 경험을 형상화하기 위한 미학적 고투를 거듭해왔다. 짧은 기간 동안, 급변하는 국내외의 정세와 정치・사회적인 혼란, 이어진 식민 지배의 특수한 현실과 맞물리면서 전개된 한국 근대 문학의 변모 과정은 민족문학의 정체성을 모색해온 도정이었다. 전통과 관련한 수많은 논쟁들은 이러한 한국문학의 특수한 조건을 시사하는 증좌들이다. 특히 시문학은 문학적 전통 논의의 중심 장르로서, 근대적 심미성의 특성을 다양한 방식으로 수용하여 일정한 시적 성취를 이루었음에도 불구하고, 그 분류의 관점 속에 '전통적 서정'과 '모더니즘' 계열이라는 비평적 관성이 강력하게 작동하는 영역이라는 점에서 민족문학의 심미적 특성이 함축된 양식이라 할 수 있다.

한국시사에서 본격적인 근대시의 출발을 1920년대 후반 혹은 1930년대 초－정지용, 시문학파, 모더니즘 시인－로 보는 가장 중요한 이유는 이 무렵의 시인들에게서 언어에 대한 심미적인 의식이 작품을 통해 구체화되기 때문이다. 시의 언어를 내용 전달의 도구로만 인식하지 않고 목적으로 사

채택하였다. 참고로 풍경에 해당하는 서구적 개념에는 landscape와 scenery가 있다. landscape는 원래 종교적인 이야기 화면[장면]을 가리키던 용어인데, 세계를 균질적으로 포착하는 원근법이 확립되면서 공간을 통일체로 포착하는 시선에 의해 발견된 자연 공간을 이르는 말로 그 의미가 변하였다. scenery는 공동체 성원들이 모두 참가하던 의식으로서의 연극이 17세기를 지나 감상용으로 전환되면서, 무대와 객석, 배우와 관객이 분리되고 '극을 움직이는 회화'로 인식하면서 형성된 개념이다. landscape와 scenery는 모두 선행하여 존재하는 표현이 의식에 내화되고, 반전하여 외부에 투영됨으로써 획득된 것, 즉 특수한 시각적 인상의 하나로서 역사적으로 구조화된 어떤 지각 양태에 의해 산출된 개념들이다(李孝德, 『표상 공간의 근대』, 박성관 역, 소명출판, 2002 참조).

유하는 심미성의 출현은 시가 명실상부한 언어예술로 자리잡게 되었음을 의미한다. 문학은 언어를 사용하여 또 하나의 언어 세계를 형성하는 것이라는 인식은 문학에 대한 현대적인 사유의 기초를 이룬다.[2] 언어의 심미성에 대한 관심은 소리와 뜻으로 구성된 언어의 형상성(形象性)에 대한 각별한 자각을 뜻한다. 1920년대 중반에서 1930년대 초반의 한국시사는 언어의 형상력에 대한 시인들의 관심이 본격화되었음을 보여준다. 언어의 형상성은 사물·언어·의식의 긴밀한 상호관련을 전제로 한 개념이다. 언어에 대한 자각 속에는 언어적 표상과 세계 인식에 대한 감수성의 변화가 포함되어 있다.

1920년대 후반부터 본격화되는 시의 언어에 대한 각별한 각성이 새로운 감수성에서 비롯되었다는 점[3]은 언어와 인식의 깊은 관련성을 보여준다. 시적 주체와 세계가 상호침투하는 자리로서 시는 구체적인 형상을 통해 특정한 시공 속에 존재하는 주체의 세계 인식을 드러낸다. 1920년대 후반 일군의 시인들에게서 감각, 특히 시각적 형상화에 대한 관심이 나타나는 것은 세계에 대한 인식의 변화를 뜻한다. 감각적 형상화의 욕망과 영화나 서양화에 대한 이들의 관심[4]은 생활 세계와 주체의 세계상, 그리고 감수성의 변화를 뜻하는 것이었다. 언어는 주체가 인식한 세계이며 세계는 언어를 통해 인식된다는 관점에서 볼 때, 시의 형상에는 세계에 대한 창작 주체의 의식이 내재되어 있다. 시의 형상의 차이는 세계에 대한 인식의 차이를 뜻하며, 형상 체계의 변화는 세계상의 변화를 의미한다.

이 논문에서 시의 풍경에 주목하는 것은 풍경에 반영된 세계상과 주체의 의식을 살피기 위함이다. 그것은 새롭게 출현한 풍경의 성격과 이를 구

---

2) 상징주의·형식주의·신비평·구조주의 등은 모두 문학의 언어적 성격에 대한 관심에서 비롯되었으며, 서양의 낭만주의는 우주와 말의 교감적 능력의 재발견에서 시작된 것이라고 할 수 있다(이상섭, 『언어와 상상』, 문학과지성사, 1980, 89~91쪽 참조).

3) 서준섭, 『한국 모더니즘 문학 연구』, 일지사, 1988, 13~63쪽 참조.

4) 위의 책, 49~63쪽.

성하는 언어 표현의 변화를 점검하는 일이기도 하다. 풍경이란 '대상 또는 대상군(對象群)을 전체적으로 바라보는 것이며 그것을 계기로 형성되는 인간 또는 인간 집단의 심적 현상'이다. 이는 '대지의 시각상과 인간 정신이 만나는 곳에서 발생하는 특이한 세계상'[5]이다. 이 정의에 의하면 풍경은 순수하게 객관적이지도, 그렇다고 주관적이지도 않다.

풍경은 물리적 실체와 이를 시각상으로 포착하는 존재를 전제로 한다. 실존하는 주체와 상면한 세계가 관계를 맺을 때 발생하는 풍경에는 한 개인의 내면만이 투영되는 것은 아니다. 풍경의 시각상(視覺像)은 개인에게 속한 것이라기보다 본질적으로 사회・문화적인 것에 속한다. 개인이 세계를 보는 방식은 사회・역사적으로 주조되는 것이고, 특정한 방식으로 세계를 보는 개인은 가시적인 세계 속에서 대상들과 특정한 방식으로 관계를 맺게 되는 것이다.[6] 풍경의 문화사적인 의미가 바로 여기에 있다. 관계의 미학으로서 풍경에는 세계를 바라보는 특정한 문화권의 인식 체계가 반영되어 있으며 세계와 인간의 관계 방식이 담겨 있다. 우리는 그림에서 풍경의 미학 속에 담긴 세계상의 차이를 쉽게 확인할 수 있다. 서양화와 동양화의 현격한 형상의 차이는 세계를 인식하는 사유 체계와 감수성의 문화적 거리를 보여준다. 풍경은 시각 주체로서의 개인과 세계의 관계 방식을 나타내지만, 주체의 보는 방식 속에는 한 문화권의 인식 체계가 자리잡고 있다. 따라서 풍경은 개인과 문화와 세계가 어우러진 관계의 총체이다. "세계를 인식하는 한 존재의 시각 풍경에는 특정한 지역을 삶의 터로 삼고 살아온 사람들의 손때가 배어 있으며 시각상(視覺像)에는 주체의 이력이 투영되어 있다"[7]는 견해는 풍경에 담겨있는 이러한 문화적이고 표현적인 가치를 시사한다.

주체와 상면(相面)한, 시에 대상화된 세계는, 상면되어 있다는 바로 그

---

5) 中村良夫, 『風景學入門』, 東京 ; 中央公倫社, 1982, 8~9쪽.
6) 주은우, 『시각과 현대성』, 한나래, 2003, 20쪽.
7) 강영조, 『풍경에 다가서기』, 효형출판, 2003, 251~252쪽.

이유에서 하나의 관점, 이를테면, 시인이나 시대나 민족의 관점에서 관조된다.[8] 따라서 대상 세계의 객관성은 '시인으로부터 독립된' 그 자체로서의 객관은 아닌 것이다. 이처럼 객관과 주관의 상호연관성은 특정한 시들에게서만 포착할 수 있는 특징이 아닌, 시 장르의 근본 성격에 해당한다. 따라서 주체와 세계의 관계를 보여주는 시의 풍경을 살피는 일은 대부분의 시에 유효한, 그래서 특정한 시들의 차별성을 해명하는 데는 특별히 유효할 게 없는 방법일 수도 있다. 게다가 대상 세계를 보는 방식이 개인적인 것만이 아닌 사회·문화적인 자장 속에 있다는 것은 개인의 시 세계의 고유한 특징을 밝히는 데 풍경 분석의 방법이 제한적일 수 있음을 시사한다. 그러나 역으로 세계를 보는 방식의 변화가 풍경 속에서 감지되고, 새롭게 출현한 풍경이 전통에 대한 자의식을 거느리고 있을 경우, 시의 풍경은 문화사적인 변화의 구체를 확인하는 중요한 시금석이 될 수 있다. 새로운 형상들이 출현하는 1920년대 후반기 시들의 풍경을 분석하는 일은 세계상의 변화, 새로운 감수성의 구체를 확인시켜주는 유효한 비평적 관점이 될 수 있다. 아울러 일제강점기말에 등장하는 전통적인 자연의 형상들은 시대 현실에 대한 응전이자 민족적 정체성을 고민하는 거점으로 기능하였다는 점에서, 시의 풍경을 살피는 일은 변화하는 현실 속에 자기 정체성을 모색해 가는 한국 현대시의 전개 과정을 구체적으로 확인할 수 있는 작업이라 할 수 있다. 이 논문이 정지용과 조지훈에 주목하는 이유는 여기에 있다. 그들의 시에는 사물 세계와 주체간의 변화된 관계 양상과 함께, 그러한 변화에 의해 갱신되고 심화된, 전통적인 세계상이 구체적으로 형상화되어 있다.

그런데 많은 시인들 중에서 정지용과 조지훈을 취택해서 함께 조명하는 이유는 무엇인가. 정지용과 영향 관계에 놓여 있는 시인들, 특히 같은 청록파 시인인 박목월이나 박두진을 제외하고 조지훈을 택한 것은 이 논문

---

8) E. 슈타이거, 『詩學의 根本槪念』, 이유영·오현일 공역, 삼중당, 1978, 91~98쪽.

의 목적이나 연구 방법과 직접 관련된다.

새로운 감수성을 선보인 정지용 시의 현대성은 다양한 논의를 통해 주요 특질들이 해명되었다. 아울러 그의 후기 시가 보여준 전통적 성격에 관한 논의도 다각도로 진행되고 있다. 그러나 매우 이질적인 것으로 보이는 초기와 후기 시 사이의 연관성을 설득력 있게 제시한 경우는 찾아보기 어렵다. 지용 시 세계의 맥락을 구명하는 일은 그의 후기 시의 전통적 성격이 구체적으로 무엇인가를 해명하는 것과 관련되어 있다. 지용의 후기 시는 그의 시가 도달한 세계이며 동시에 현대적 감각이 발견한 전통적 국면이자, 폭압의 현실에 대한 미적 대응이다. 주체의 감각을 선명하게 드러내었던 시적 감수성이 갱신한 전통의 성격을 밝히는 일, 그것은 지용 시의 특질과 그가 발견한 시적 전통이 조우한 지점을 살피는 일이다. 이는 지용 시의 특징을 밝히는 것만으로 온전하게 해결될 수 없다. 전통이란 변화하는 흐름 속에 지속되는 것이지만 대상들의 상호 관계 속에서 그 의의가 구명될 수 있기 때문이다.

이 논문이 지훈의 시에 주목하는 것은 그의 시 세계가 전통적인 사유와 관점을 일관되고 실천적으로 보여주며, 그 전개 과정이 지용 시의 전통적 성격을 되비추는 역할을 하기 때문이다. 지훈 시의 전개 과정은 지용 시의 성과와 한계를 시사하며, 아울러 그간 일부 시인들의 시에서 간헐적으로 형상화되었던 전통적 시정신을 본격적으로 보여준다. 그의 시는 대상과 인간의 문제를 분리하지 않는 통합의 관점에서 사물을 인식하고, 그 인식 내용을 전통적 심미성에 충실한 방식으로 형상화한다. 지훈의 시에서 자연은 삶의 문제와 분리되지 않으며, 현실을 타개하려는 고투가 사물 세계를 바라보는 관점 속에서 펼쳐진다. 시의 형상이나 표현 방식의 유사성에도 불구하고 지용의 후기 시와 지훈 시의 풍경은 중요한 차이를 보인다. 이는 사물을 인식하는 관점의 이질성에서 연유한다. 이러한 풍경의 이질성은 두 시인의 시 세계의 전개 과정과 긴밀하게 관련된다. 지용과 지훈 시의 풍경은 두 시인의 시 세계의 내적 연관을 함축한 형상이며, 궁극적으로 그들 시의 전통적 성격을 분명하게 드러내준다.

박목월이나 박두진 등, 지용과 친연성을 보이는 시인들 중에서 지훈을 택한 것은, 전통적인 자연상에 내재된 세계관이 그의 시 전체를 관통하면서도 삶과 현실의 대응 논리로 심화되고 있기 때문이다. 지훈의 시는 여타의 시인들에게서 부분적으로 발견되는 전통적인 시정신을 시 세계의 전체 과정을 통해 본격적으로 형상화한다. 근대적 감각을 통과한 전통적 형상의 세계, 그 지용의 시에 결여된 전통적 시정신의 구체적인 면모를 지훈의 시는 시 세계의 전 과정을 통해 펼쳐 보인다. 이는 전통적인 형상성에 구체적인 내면을 부여한 것으로 볼 수 있다. 자연과 현실, 인식과 삶이 분리되지 않은 전통적 세계관의 심화 과정을 지훈의 시에서 목도할 수 있다. 이 논문이 지용과 지훈의 시를 일정한 항목에 따라 대비하지 않고 그 변모 과정을 검토하려는 것은, 두 시인의 시 세계의 전개 양상이 내적 연관을 띠고 있으며, 그러한 변모 과정이 지용과 지훈 시의 본질과 전통적 성격을 보여준다고 판단하기 때문이다. 그들 시의 풍경은 이러한 변모 과정의 내적 필연성을 함축한 형상이라 할 수 있다.

1920년대 중반에 출현한 정지용 시의 새로움은 형상화 방식의 변화에서 비롯된 것이다. 그것은 객관적인 사물 세계를 새로운 방식으로 지각하는 관점의 도입이었다. 대상화된 사물은 창작 주체의 의식과 육체적 감각에 의해 재구성되었고 그렇게 형상화된 시는 주체의 존재성을 강력하게 환기하였다. 그것은 새롭게 발견된 세계였다. 정지용 시의 근대성은 사물 세계를 통합하는 부동점으로서의 주체의 발견이었다. 그의 시가 보여주었던 감각의 새로움은 사물을 표상의 세계로 지각한 주체에서 비롯되었으며, 정지용 시의 언어들은 표상의 세계로 전환되는 과정을 충격적이고 생생한 이미지로 표현하였다. 그의 초기 시에서 형상을 생성하는 빈번한 방식이 비유에 기초하고 있다는 점은 이와 관련된다.

그런데 문제는 정지용의 후기 시가 주체를 강력하게 환기하는 이러한 초기 시의 원리와 다른 방식으로 구성되어 있다는 점이다. 서양의 풍경화를 보는 관점으로 동양의 산수화를 제대로 감상할 수 없듯이 지용의 후기 시는 초기와 변별된 관점에서 접근하는 것이 온당하다. 그것은 관점의 단절이 아니라 관점의 구별을 말한다. 지용의 후기 시가 근대적 주체를 확실하게 경험한 시인에 의해 형상화된 세계임을 인식하는 것은 매우 중요하다. 그의 후기 시의 자연은 이전의 전통적 자연 형상과 확실하게 구별된다. 그 자연은 시인의 관념이나 정서를 드러내기 위해 동원된 사물이 아니라, 본격적으로 관조된 세계이며, 개인이 구체적으로 경험한 자연이다. 그러나 그 자연은 동양의 산수화를 환기하는 방식으로 형상화되어 있다. 언어 표현이나 서술의 원리가 산수화의 풍경을 연상시키는, 이른바 '동양적 자연'의 형상을 환기하는 방식으로 조직되어 있다. 그러한 형상의 환기력은 소재에서 비롯된 것이 아니라 표현 방식에서 연유한 것이다.

지용의 초기와 후기 시를 전혀 이질적인 것으로 보는 관점이나 무리하게 일관된 세계로 보려는 견해는, 초기와 후기 시 사이의 이질성과 연속성을 고려하지 않은 시각이다. 그런데 이는 근본적으로 시학의 문제와 관련되어 있다. 풍경과 관련해서 좀더 단적으로 표현하면 이미지나 공간의 관점으로 시 세계 전체가 충분히 설명되지 않는다는 것이다. 지용의 후기 시는 초기 시에 내재된 주체 중심의 근대적 시학으로 온전하게 해명되지 않는다. 해석의 잉여 부분은 후기 시가 빚지고 있는 전통적 심미성의 도움을 필요로 한다. 지용 시의 문제적인 국면은 그의 시의 풍경이 서로 다른 관점의 조우를 보여주기 때문이다.

한편, 조지훈의 시에서 자연은 매우 중요한 소재이다. 그의 자연은 구체적인 대상에 속한 것이면서 형이상학적인 원리가 작용하는 세계이다. 시인의 내면을 표현하기 위해 동원되는 사물이 아니라 관조의 목적으로서, 그리고 그 자체가 하나의 질서 속에서 움직이는 세계라고 할 수 있다. 그러나 지훈의 자연은 관조하는 주체가 상면하고 있는 대상으로서의 세계만이 아닌, 관조하는 주체의 운명까지를 포함한 세계이다. 우주의 삼라만상을 포괄하는 원리로서의 자연, 즉 모든 존재의 생명 현상을 통섭하는 질서로서의 자연이 구체적인 형상 속에 담겨 있다. 형이상학적이면서도 구체적이고, 사물에 속한 것이면서도 자신의 운명을 환기하는 자연은 동아시아적인 자연관의 본질을 구현하고 있다. 따라서 그의 시가 보여주는 자연과의 교감은 순연한 심리 상태에서 이루어지는 것이라기보다 매우 짙은 연민과 비애를 동반한다. 이 점은 자연에 대한 지용 시의 태도와 근원적으로 변별되는 대목이다. 일제강점기말, 시인이 정관하던 소멸하는 생명 현상은 암담한 현실에 임하는 시인의 내면을 암시하는 것이었다. 따라서 지훈의 자연 형상은 단순히 자연 사물의 모습이 아니라 삶과 현실에 임하는 시인의 실천적인 세계관의 형상인 셈이다.

또한 정지용의 후기 시와 조지훈의 시에 형상화된 자연은 이른바 '동양적 자연'으로 인식된다. 그 시편들은 유사한 형식과 서술 방식에 의해 그려져 있고 실제로 동아시아의 심미적 특성을 공유하고 있다. 그러나 두 시인의 자연 형상은 앞에서 설명한 것처럼 이질적인 관점에 기초하여 형상화되어 있다. 아울러 이들 시의 자연은 단순히 소재로서의 대상이 아니라 시인에 의해 의도적으로 선택되었으며, 당시의 시대 현실에 임하는 시인의 태도가 투영되어 있다는 점에서 보다 섬세한 접근이 필요하다. 이른바 '동양적 자연'이라는 모호하고 인상적인 관점으로 이들의 시를 함께 묶고 편의적으로 부분의 특징을 확대하는 것은 차이에 내재한 본질을 호도하는 것이다.

이 논문에서 풍경의 개념을 도입하고자 하는 것은, 풍경화의 구성 원리를 참고하여 대상 세계의 지각 양태와 서술 방식의 차이를 보이는 정지용 시의 변화 과정, 그리고 정지용과 조지훈 시의 차이를 밝히기 위함이다. 그것은 근대적 심미성의 세계를 통과하여 새로운 민족문학의 정체성의 한 부분을 개척한 두 시인의 '전통적인 성격'의 구체적인 특징을 밝히는 작업이며, 한국시의 전통의 심화 과정을 확인하는 일이다. 이는 '전통'을 해명하는 일이 아니라 이른바 '전통적'이라고 불리는 대상들의 차이를 구명하는 작업이자 '전통적'인 것의 내면을 살피는 일이다.

정지용(鄭芝溶, 1902～?)은 언어에 대한 본격적인 관심을 새로운 감수성을 통해 형상화한 시인이다. 김기림에 의해 '최초의 모더니스트'로 명명되고 "문명의 새 아들의 명랑한 감성을 처음으로 우리 시에 이끌어 들인"(「모더니즘의 역사적 위치」·1939.10) 시인으로 평가[9]받은 지용은 고루한 내용과 형식의 감상적인 경향의 시들, 관념에 치우쳐 언어의 감성을 도외시한 시들과 확연히 변별되는 감각적인 시들을 발표하였다. 아이러니한 것은 그에 대한 시사적 평가가 본격적으로 이루어진 평론(「모더니즘의 역사적 위치」)[10]이 발표될 당시(1939.10), 지용은 조선적인 것에 대한 탐색에 집중하였던 《文章》의 시 부문을 담당[11]하면서 동시에 자신의 시 세계에 동아시아 미학의 가능성을 접목하기 위한 다양한 모색을 시도하고 있었다는 사실이다. 정지용은 김기림의 시각과는 상이한 관점에서[12] 새로운

9) 김기림, 「모더니즘의 역사적 위치」, 『김기림전집2』, 심설당, 1988, 57쪽.

10) 「모더니즘의 역사적 위치」를 기술한 김기림 역시 이 글에 이르러, 로맨티시즘과 편내용주의(偏內容主義)에 대한 초기의 비판을 넘고 로맨티시즘[휴머니즘]과 고전주의의 결합이 위대한 예술작품의 탄생에 모체가 된다(「午前의 詩論」·1935)는 사유를 통과하여 사회성과 모더니즘의 종합이야말로 당대 시단의 유일한 길임을 천명하기에 이른다. 이는 불과 10여년의 기간을 통해서 이루어진 변전으로서 민족문학의 모색 과정이 격심한 굴곡 속에서 전개되었음을 보여준다. 김기림이 이 글에서 밝힌 시사적 과제는 해방 이후 정지용의 시사적 관점 속에서 다른 방식으로 반복된다(「朝鮮詩의 反省」 참조). 김기림 시론의 변천 과정은 김윤태의 『1930연대 한국 현대시론의 근대성 연구』(서울대 박사학위논문, 1999)를 참조할 것.

11) 정지용이 《문장》의 시 부문을 담당하면서 추천 제도(3회 추천)를 통해 문단에 등단시킨 시인은 김종한·이한직·박두진·박남수·조지훈·박목월 등이다.

12) 모더니즘과 사회성의 종합이 민족시의 유일한 방향임을 천명한 김기림의 평론(「모더니즘의 역사적 위치」·1939)이 발표된 시기에 집중적으로 씌어진 정지용의 시론은 오히려 김기림의 초기 시론과 상통하면서도 한편으로는 낭만주의적 유기체 시론의 성격을 띠고 있다는 점에서 주목된다. "시가 시로서 온전히 제자리가 돌아빠지는 것은 차라리 꽃이 봉오리를 머금듯 꾀꼬리 목청이 제철에 트이듯 아기가 열달을 채워서 태반을 돌아 탄생하듯 하는 것이니, 시를 또 한가지 다른 자연현상으로 돌리는 것은 시인의 회피도 아니요 무책임한 죄로 다스릴 법도 없다."(「시와 발표」) 이는 김기림이 박용철과 <기교주의 논쟁>을 벌이는 과정에서, 기교를 지성의 의식적 제작이라는 관점에서 접근했던 반면, 기교를 기술로 대체하면서 기교를 '예술

감수성의 시들을 펼쳐 보이며 일련의 과정을 통해 후기의 시에 이르게 된다. 그의 시가 보여준 변화의 과정은 한국 현대시가 모색했던 자기정체성의 도정을 상징적으로 보여준다. 정지용 시의 풍경을 검토하려는 것은 그의 시 세계의 변모 과정이 한국 현대시의 정체성 탐색의 한 도정을 보여주며, 이것이 시의 형상 속에 담겨있다고 보기 때문이다.

아울러 정지용의 경우 이러한 일련의 변모 과정이 뚜렷한 자의식 속에 진행되었으며 동시에 전통에 대한 자각을 바탕으로 하였다는 점에서, 민족문학의 정체성을 찾아가는 한국현대시사의 궤적을 정지용의 시에서 확인할 수 있을 것으로 판단된다. 전통은 그 자체를 스스로 변화시키지 않지만 변화의 잠재력을 내포하고 있어서 전통을 의식하는 사람들에 의해서 변화[13]하는 것이다. 정지용이 시학과 시론뿐만 아니라 동양의 화론(畵論)이나 서론(書論)에서 시의 향방을 찾을 것을 강조(「詩의 擁護」)하거나 시작(詩作)에 가장 도움이 되는 공부로서 대상에 대한 면밀한 관찰을 꼽은 것(「詩와 발표」)은 지용 시의 풍경이 문화적 전통을 자각했던 시인의 의식을 해명하는 데 유효한 방법이 될 수 있음을 시사한다.

지용의 초기 시들이 근대적인 미감을 잘 보여주었고 그의 시가 감각적인 형상화를 일관된 창작 방법으로 고수하였던 것에 비추어 본다면, 후기 시의 풍경은 근대적인 감수성과 동아시아 미학의 결합 양상이 드러나는

이전에 표현될 衝動(영감 혹은 시정신)'을 표현하는 능력으로 보았던 박용철의 <先詩論>에 닿아있는 것으로 판단된다. 박용철과 정지용의 대담("역시 純粹한 感情狀態라고 할까, 그런 것이 업스면 인스피레－ 은 생기지 안습니다. 그럼으로 늘 謙遜하고 깨끗하고 맑은, 말하자면 詩人의 狀態로 잇스면 맛치 處女에게 戀人이 오드시 詩人에게 뮤－즈가 오는 것입니다. 이것을 나는 恩惠(Grace)라고 합니다.", "처음에 想이 올 때는 맛치 나무에 바람이 부는 것 갓해서 떨니기도 합니다. 말하자면 詩를 배는 것이지요. 그래서 붓을 드는데 그때는 整理期입니다."－「詩文學에 對하여」)에서도 정지용의 이러한 시관을 확인할 수 있다. 따라서 정지용의 시작(詩作)의 핵심 방법으로 언급되는 '안으로 熱하고 겉으로 서늘한 데서 비롯된 시의 威儀'와 관련된 해석은 보다 복합적인 관점에서 재조명되어야 한다.

13) 에드워드 쉴즈, 『전통』, 김병서 · 신현순 역, 민음사, 1992, 278쪽.

자리였을 것으로 생각된다. 이러한 후기시의 풍경은 보다 의식적으로 이루어진 자연의 발견으로서, 그것은 지용이 모색한 근대 극복의 미적 표현이라 할 수 있다. 동적인 감각의 풍경에서 정적인 자연의 풍경으로, 그리고 이후의 변화된 풍경은 정지용의 세계 인식과 미적 대응을 보여주는 형상이다. 일제강점기 말에 진행되었던 지용의 향토 여행은 조국의 산수와 풍토를 체험하는 계기가 되었을 것이며, 이러한 경험을 바탕으로 한 그의 후기 시는 미적 근대에 대한 심미적 대응이라는 관점에서 조명되는 것이 온당할 듯하다.

조지훈(趙芝薰, 1920～1968)은 정지용의 추천[14]에 의해 《文章》으로 등단했다. 1회 추천에서 추천을 완료하기까지 11개월이 걸렸는데 이는 《文章》을 통해 등단한 시인 중에 가장 긴 경우였다. 문장의 <詩選後>는 선자(選者)인 지용이 지훈을 추천하는 일련의 과정을 통해 지훈의 시적 방향에 상당한 영향을 끼쳤음을 감지하게 한다.[15] 지용에 의해 추천된 「古風衣裳」·「僧舞」·「鳳凰愁」·「香紋」 등의 작품들 속에 뚜렷하게 드러나는 고전적인 정취—지용의 표현으로는 '新古典'—는 지용이 지훈에게서 보았던 시사적(詩史的) 가능성이었을 것이다. 이와 관련해 추천작들과는 이질적인 경향의 작품들, 아마도 추천 받을 무렵 《文章》에 투고했을 작품들을 10년이 훨씬 지난 시점인 제3시집 『趙芝薰 詩選』(1956)에 이르러서야 시집을 통해 발표한 것[16]은 자신의 시에 대한 시인의 자의식을 엿보게 한

14) 추천 작품은 1회 「古風衣裳」(제1권 제3호 · 1939.4), 2회 「僧舞」(제1권 제11호 · 1939.12), 3회 「鳳凰愁」·「香紋」(제2권 제2호 · 1940.2)이다. 참고로 《文章》으로 등단한 시인들의 추천 과정을 살펴보면, 李漢稷과 金鍾漢은 1939년 5월(1회), 6월(2회), 7월(3회) 3개월간 연속해 추천을 받아 추천을 완료했고, 朴斗鎭은 1939. 6(1회), 1939.9(2회), 1940.1(3회), 朴木月은 1939.9(1회), 1939.12(2회), 1940.9(3회), 朴南秀는 1939.10(1회), 1939.11(2회), 1940.1(3회)에 걸쳐 추천을 완료했다.

15) 이 무렵의 정황에 대해서는 「나의 歷程」(『趙芝薰전집3 · 문학론』, 나남출판, 1996)을 참조할 것.

16) 이런 경향의 시들에서 우리는 서구적 근대 감각을 엿볼 수 있다. 이 작품들에 대한 검토는 지훈 시세계의 역정을 살피는 데 꼭 필요한 작업이며, 지훈의 시의식을 조

다. 지용에서 지훈에게 이어진 전통의 맥락은 한국시사가 그 정체성을 모색해가는 중요한 한 계보로 판단된다. 아울러 유가적인 가풍과 지사적·선비적인 기질, 불교사상에 대한 지대한 관심과 한국문화사 전반에 대한 학문적 천착 등, 한국 전통의 범주에 두루 밀착해 있는 지훈의 환경들은 그의 시가 한국시사의 전통의 맥락을 형성해가는 데 좋은 자양이 되었을 것으로 생각된다.

지훈의 등단작과 그 무렵의 작품들 속에 형상화된 고전미는 지훈이 발견한 세계이며, 동시에 그가 지용―넓힌다면 《문장》―과 만난 지점이다. 지용에서 지훈으로 이어지는 시의 형상들은 근대적 심미의 세계를 통과하며 개척된 전통적 형상 사유의 심화를 보여주지만, 그 형상의 심층은 이질적이다. 지용과 지훈이 발견한 자연은 다르며, 그 자연을 소재로 한 시의 풍경은 개인의 체험 속에 투영된 세계관과 미의식의 반영이라 할 수 있다. 그 속에는 근대적인 미의식과 전통적인 사유가 상이한 방식으로 용해되어 있다.

지훈의 시와 시론, 그리고 여타의 글들은 자연을 소재로 한 것이 많다. 자연은 지훈의 시에서 단순히 소재에 머무르지 않고 삶과 세계를 두루 관통하는 사유의 원천이다. 지훈의 시에 나타나는 자연 사물간의 관계와 움직임은 그가 인식하는 세계상을 상징적으로 형상화한다. 따라서 지훈 시의 풍경을 살피는 일은 그가 인식한 세계의 구체를 확인할 수 있는 방법이며 시인의 의식과 시 세계의 내적 연관을 해명하는 유용한 기제가 될 수 있다. 더욱이 지훈이 시에 대한 자신의 생각들을 정리한 『詩의 원리』에서 자유시를 크게 셋으로 구분하고 물상을 묘사한 서경시(敍景詩)가 서정시와 서사시, 즉 주관과 객관을 종합하는 측면에서 양자보다 뛰어나다고 밝힌 점[17]은 풍경―지훈의 표현으로 敍景―에 대한 지훈의 의식이 각별했음을 시사한다.

망하는 데 필수적이다. 이 작품들은 3장 1절에서 살펴볼 것이다.

17) 『시의 원리』, 조지훈전집2, 나남출판, 1996, 141~142쪽.

이 논문에서 주요한 분석의 방법으로 삼고자 하는 주관과 객관이 삼투된 시각상으로서의 풍경은 주체와 대상 세계를 분리하는 관점 위에 기초한 것은 아니다. 이 글에서 의미하는 풍경은 사물과 사물의 관계, 사물과 화자의 관계, 그리고 그들이 이루는 전체상과 언어적 형상화 방식 등을 포괄하는 개념이다. 그것은 부분적인 형상을 대상으로 하기보다 부분들의 관계, 나아가 시의 형상들이 조직되는 방식과 서술의 관점에 대한 관심이다. 사물과 관계를 맺는 인간 의식, 그 창작 주체의 내면을 통과한 심미적 형상인 풍경에는 주체와 세계의 관계가 투영되어 있으며 세계를 인식하는 인간 존재의 다기한 의식 형태가 형상화되어 있다. 인간 존재와 상면(相面)한 세계는 주체와 분리된 대상으로, 혹은 주체를 포함하는 우주적 질서의 세계로, 그리고 주체와 적대적인 또는 우호적인 교감의 대상으로도 형상화될 수 있다. 아니면 인간 존재와 무관해 보이는 사물들만으로 채워질 수도 있다. 이와 같은 관계들의 세계상은 그것을 형상화하는 인식 주체의 세계관, 나아가 특정한 문화적 공동체의 의식 체계가 투영된 형상이다. 따라서 풍경의 미학에 주목하는 것은 단순히 주관과 객관, 주체와 객체 등의 용어들이 환기하는 주체중심의 서구적 사유에 기초한 것이 아닌, 보편적인 예술 현상을 두루 포괄하며 각각의 차이를 드러내는 접근 방법이라 할 수 있다.[18]

---

18) 형상(象)에 대한 사유는 동아시아 문화권에서는 매우 오래 전에 출현한 관념이다. 『周易・繫辭上』에서 처음으로 개진된 뜻과 형상, 즉 의(意)와 상(象)에 관한 사유는 형상의 의미에 관해 중요한 단서를 제공해준다. <“글은 말을 다 표현하지 못하고 말은 생각을 다 표현하지 못한다. 그렇다면 성인의 생각은 알 수 없는 것인가?” “성인은 형상을 세워서 생각을 나타내고 괘를 베풀어 참과 거짓을 가려내고 한줄 한줄에 문장을 부가하여 말하려고 한 것을 완전하게 표현한다. 변통하여 세상을 유익하게 하고 고무하여 정신의 가능성을 완전하게 실현한다”>(子曰 書不盡意 言不盡意 然卽聖人之意 其不可見乎 子曰 聖人立象以盡意 設卦以盡情僞 繫辭焉以盡其言 變而通之以盡利 鼓之舞之以盡神. 김인환 역, 『周易』, 나남출판, 1997)고 한 대목은 지시적인 언어를 넘어서는 형상[表意之象]의 의의를 갈파한 것이다. 물론 주역의 상(象)은 괘를 가리키는 것이지만, 의(意)와 상(象), 좀더 확대해서 언어(言・書)와

이 논문은 정지용과 조지훈 시의 풍경을 고찰하여 시의 형상 속에 담긴 특징들을 분석하고 그것의 시사적 의미를 해명하는 것을 목적으로 한다. 이러한 일련의 작업을 통해 근대적 감각이 시의 전통을 어떤 지점에서 어떠한 방식으로 갱신하는지를 살필 것이다. 이를 위해 먼저 풍경의 개념을 검토할 것이다. 분석의 대상으로서 공간이나 장소와 어떻게 구분되며, 그것을 구성하는 요소들은 무엇이고 구성 요소들에 따라 그 성격이 어떻게 달라지는가에 대해 살핀다. 특히 대상 세계를 보는 시점을 중요하게 다룰 것이다. 이는 표현의 문제와 깊이 관련된 것으로서 풍경의 언어적 기초단위인 이미지의 생성 방식에서 보다 구체적으로 나타난다. 그런데 이미지는 기술의 방식이나 언어 조직에 집중된 것으로서 부분적인 언어 표현보다 전체적인 표현의 효과를 중시하는 동아시아 시학의 관점을 온전하게

의상(意象)에 관한 이 부분의 서술은 형상성에 대한 사유의 단서로 생각할 수 있다. '언어가 생각을 다 표현하지 못하여 형상을 통해 생각을 나타낸다'는 것은 언어의 심미적 형식의 필요성을 제기한 것으로 볼 수 있다. 물론 여기서 상(象)은 객관 사물의 실상(實象)이 아니라 의향성(意向性)을 띤, 비유나 상징을 통한 표의지상(表意之象)을 가리키는 것으로써 연상이나 상상 등의 심리를 통해서 인식될 수 있는 것을 의미한다. 매우 이른 시기에 제기된 이러한 형상성에 관한 사유는 언어의 심미성을 인식하게 하는 심리적 계기가 되었을 것이다. 여기에 한자의 특징인 함축・연상・다의성 등은 간결한 시 형식과 함께, 형상성이 동아시아 시가에서 중요한 작시의 원리가 될 수 있었던 중요한 조건이었던 셈이다(이에 관해서는 劉若愚의 『中國詩學』(이장우 역, 명문당, 1994) 2・3장, 蔡儀 主編 『문예미학』(강경호 역, 동문선, 1989)을 참조할 것). 아울러 서구의 이미지즘이 동아시아의 그림이나 시에서 중대한 영향을 받았다는 사실(김재근, 『이미지즘 硏究』, 1973, 정음사, 10・46쪽)은 역으로 동아시아 시학의 두드러진 특성으로서 형상성의 중요성을 반증하는 대목이기도 하다. 게다가 자연이 가장 중요한 예술의 소재인 점, 이와 함께 자연이나 사물에 주목한 풍경화가 서양보다 1300년이나 앞서 출현한 점—매우 이른 시기에 동아시아에서 풍경화(산수화)가 출현한 것보다 주목할 대목은 宗炳의 『畵山水序』・王微의 『敍畵』 등의 화론(畵論)이 이미 기원후 4~5세기 경에 저술되었다는 사실이다. 그림과 화론이 비슷한 시기에 출현했다는 것은 산수화의 형상이 동아시아 문화권의 사유 내용과 밀접하게 관련되었음을 시사한다—은 풍경이 동아시아 예술에서 매우 중요한 표현 방식이며 동아시아 문화 의식의 심층을 보여주는 심미성의 핵심임을 뜻하는 것이다.

수용하지 못한다. 이미지로 설명되지 않는 관점의 잉여 부분이 있기 때문에, 현재 활발하게 논의되고 있는 '의경'의 개념을 간략하게 1장 3절에서 정리할 것이다. 이미지로 포섭할 수 없는 의경의 잉여 부분은 이른바 '동양적 산수시'나 '동양적 자연'과 관련되어 있다. 현재 이미지의 대역 개념으로 통용되면서도 엄밀한 의미에서 동일한 층위로 묶기 어려운 의경을 살피는 것은 의경론에 전제된 세계상이나 언어관이 풍경 구성의 관점으로 작용하고 있기 때문이다.

2장에서는 정지용의 시를 세 시기로 나누어 각 시기별 풍경의 특질을 분석한다. 시 세계의 변모 과정을 검토하는 것은 사물에 대한 형상화 방식이 시기에 따라 분명한 차이를 드러내고, 동시에 초기부터 후기까지 지속되는 고유한 관점이 발견되기 때문이다. 변화하는 것과 지속되는 부분은 지용 시의 특질을 보여주는 대목이다. 1절에서는 객관적인 사물들이 표상의 세계로 재편되는 초기 시를 다룬다. 주체의 의식과 정서에 의해 변형된 사물들이 육체적 감각과 결합하여 구체적인 이미지로 시의 풍경에 참여하는 양상을 검토한다. 그것은 근대적 주체에 의해 대상화되고 관조된 세계의 형상을 보여줄 것이다. 2절에서는 일상을 비판적으로 인식하는 시들과 종교시편들을 검토하여 후기 시가 출현하게 되는 배경을 해명할 것이다. 주체의 존재성이 약화되면서 사물들이 객관적으로 묘사되고 세계가 이원화되는 양상을 살필 것이다. 3절에서는 후기 시에 집중적으로 나타나는 자연의 성격과 그 의미를 점검한다. 현실에 대한 시적 대응이자 민족문학의 정체성을 모색하는 과정으로 볼 수 있는 후기 시를 통해 시인이 발견한 이른바 '동양적 자연'의 의미와 형상화 방식을 구체적으로 확인할 것이다. 이러한 과정은 후기 시의 핵심 모티프인 죽음의식에 대한 해명이며, 아울러 근대적 주체에 의해 발견된 '동양적 자연', 즉 근대적 심미성에 의해 새롭게 창조된 자연의 성격을 구명하는 일이기도 하다.

3장에서는 조지훈의 시를 세 시기로 나누어 심미적 의식이 변화하고 심화되는 과정을 살피고자 한다. 그것은 동아시아 문화에 저류를 흐르는 세계관의 본격적인 시화(詩化)이자, 삶과 통합된 심미성의 구체적인 양상을 보여줄 것이다. 1절에서는 서구적인 미의식이 전통적인 심미성의 세계로 전환되는 과정과 이러한 과정에서 발견된 민족적 삶의 성격을 해명할 것이다. 2절에서는 <오대산 월정사> 시절에 내면화된 자연관과 그것을 감수하는 시인의 태도를 살핀다. 조지훈의 시에 형상화된 자연은 구체적인 사물에 속하면서, 모든 생명과 사물 세계를 통섭하는 근원적인 질서에 가깝다. 일제강점기말 소멸하는 생명 현상에 집중하는 시인의 모습은 폭압적인 현실에 대한 시인의 태도를 보여준다. 3절에서는 시인의 의식 속에 내면화된 자연관이 감성적인 생명 의식으로 심화되면서 현실을 적극적으로 수용하는 책임의 윤리로 전개되는 과정을 살핀다. 이러한 일련의 과정은 전통적 심미성의 심화과정을 점검하는 일이며, 삶·자연·현실을 두루 관통하는 동아시아적 세계관의 구체적인 양상을 시를 통해 확인하는 작업이 될 것이다.

정지용과 조지훈 시의 변모 과정을 살피는 일은, 근대적인 심미성이 전통적인 세계와 어떻게 만나고 어떠한 양상으로 전통을 갱신하는지를 보여줄 것이다. 근대 주체의 존재성이 강화된 지용의 시와, 자연관이 시인의 의식 속에 구체적으로 작용하는 지훈의 시는 근대를 통과하는 과정에서 새롭게 개척되고 본격화된 전통의 이질적인 국면들이다. 두 시인의 시를 항목별로 대비하지 않고 전체적인 변모의 과정을 살피는 이유는, 시 세계의 변화 과정과 전통의 갱신을 이루는 양상이 내적 연관을 띠고 전개됨을 드러내기 위함이다.

4장에서는 정지용의 후기 시와 조지훈 시의 자연 풍경을 대비하여 그 성격의 이질성을 구체적으로 밝힐 것이다. 두 시인의 시에 그려진 자연은 이전의 한국시가의 전통적인 형상과 변별되는 것으로 자연 자체를 보다 본격적인 방식으로 형상화하고 있다. 이른바 '동양적 자연'이라 평가받는 두 시인의 자연 풍경은 표면적으로 유사하지만 매우 이질적인 관점 위에 기초하고 있다. 이 장에서는 정지용과 조지훈 시의 핵심적인 특질을 반영하고 있는 자연 풍경의 성격과 의미를 구체적으로 해명하고 그 문학사적 의의를 점검할 것이다. 이는 막연하게 지칭되는 '동양적 자연', 나아가 전통의 국면을 보다 섬세하게 변별하는 작업의 일환이라 할 수 있다.

이상에서 기술한 관점을 바탕으로 정지용과 조지훈의 작품을 구체적으로 분석하여 그들의 시에 나타난 특질을 구명하고자 한다. 이는 대상 세계와 창작 주체가 관계 맺는 시의 풍경에 대한 면밀한 검토 작업이며, 아울러 풍경들의 이질성을 구명하는 과정이 될 것이다. 작품 분석을 위한 텍스트는 시인들의 생전에 발간된 시집을 기본으로 삼았으며, 시집에 누락된 경우 최초로 발표된 지면의 표기를 따랐다.

2. 연구사 검토

1) 정지용

정지용이 본격적인 작품 활동을 시작한 것은 일본 유학 중이던 1926년이다. 경도(京都) 유학생 잡지인 《學潮》 창간호에 「카페·프란스」, 「슬픈 印象畵」, 「爬虫類動物」 등 10편의 시를 발표한 후, 지용은 이듬해에 28편, 1928년 2편, 1930년 12편, 1931년 5편의 작품을 발표한다.[19] 지용의 시에 관한 언급은 그가 작품 발표를 시작한 지 5년이 지난 1931년 《中央日報》 연평(年評)을 통해 《詩文學》 동인인 박용철에 의해 이루어진다. 김기림·김영랑·신석정·이하윤 등을 함께 언급하는 자리[20]에서 박용철은 지용의 「촉불과 손」을 "往年의 센티멘탈리즘이 가"버린 "말씀의 요술"이

19) 일어로 발표한 작품이나 번역시를 제외하고 대략 60편에 가까운 작품이 발표되었다. 발표지는 《文藝時代》《新民》《朝鮮之光》《詩文學》《新小說》《學生》《新生》《新女性》 등이다. 시인의 연표는 『정지용 사전』(최동호 편, 고려대출판부, 2003)을 따랐다.

20) 박용철, 「辛未詩壇의 回顧와 批判」, 《中央日報》, 1931.12.7.

라 평가하고 그를 "시인의 시인"이라며 극찬한다. 감상을 제어하여 독자의 "감각이 觸知할 수 있는 나타나있는" "더 고귀한 감정 더 섬세한 감각"을 가진 사람만이 시인이라는 관점에서 전개된 박용철의 이러한 평가는, 비록 촌평이었지만 지용 시의 특징을 잘 드러낸 것이었다. 양주동[21] 역시 "現詩壇의 驚異的인 존재", "Unique한 세계, Unique한 감각, Unique한 手法"의 시인이라는 수사로 지용의 시에 찬사를 보낸다. 연평(年評)의 성격을 띤 앞의 글들과 달리 김기림[22]은 시사적인 관점에서 지용 시의 의의를 평가하였다. 그는 정지용을 "우리의 시 속에 현대의 호흡과 맥박을 불어넣은 최초의 시인"으로 상찬하고, 당시 시단을 유행하던 몽롱한 상징주의 시의 단조 속에 시의 '공간성(회화성)'을 도입하고 "시의 유일한 매개인 언어에 대하여 주의한 최초의 시인"이라 평가한다. 김기림은 이 글에서 지용의 감각은 '관능적이고 말초 신경적인' 것이 아닌 "가장 야성적이고 원시적이고 직관적인 감성"에 가깝다고 부연한다. 이는 후에 정지용을 부정적으로 평가한 논자들의 비판의 핵심 내용, 그것의 가능성을 예단한 대목이라 할 수 있다. 김기림은 이후 '모더니즘의 역사적 위치'를 밝히는 글[23]에서 "영구한 모더니즘이란 듣기만 해도 몸서리친다"고 밝히면서 기교주의로 타락해가는 모더니즘을 비판하고 모더니즘과 사회성의 종합이 향후 시단의 유일한 진로라고 천명한다. 그리고 지용을 "최초의 모더니스트" "문명의 새 아들의 명랑한 감성을 처음으로 우리 시에 이끌어 들인" 거의 "천재적 민감"의 시인이라고 결론짓는다. '센티멘탈·로맨티시즘'과 '偏內容主義'에 대한 반발로부터 출발한 김기림의 모더니즘 시론은 자신이 비판했던 낭만주의와 휴머니즘을 수용하고, 이어 사회성과 역사성을 강조하는 리얼리즘을 도입하여 '과학적 시학의 수립'의 방향으로 나아갔다.[24] 김기림 시론의 전체적인 과정에서 본다면 정지용 시의 의의는 제한

---

21) 양주동, 「1933년 詩壇年評」, 《新東亞》, 1933.12, 31쪽.
22) 김기림, 「1933년 시단의 회고」, 《조선일보》, 1933.12.11.
23) 김기림, 「모더니즘의 '歷史的 位置'」, 《人文評論》, 1939.10.

적이었다. 그런 점에서 지용을 '예민한 촉수를 가진 감각의 시인'이라 평가하면서도 감각의 안쪽을 보았던 이양하의 관점은 주목할 만하다.

> 그러나 시인(정지용-인용자)의 촉수는 다만 예민하다는 말로 모든 것을 말하였다 할 수 있을 촉수가 아니다. 그것은 또 오지고 날카롭고 性急하고 안타까운 한 개성을 가진 촉수다. 그것은 대상을 휘어잡거나 어루만지거나 하는 촉수가 아니요 언제든지 대상과 맞죄이고 부대끼고야 마는 촉수다. 그리고 맞죄이고 부대끼는 것도 예각과 예각과의 날카로운 충돌을 보람있고 반가운 파악이라고 생각하는 촉수요 또 모든 것을 일격에 붙잡지 못하면 만족하지 아니하는 촉수다. 여기 이 촉수가 다다르는 곳에 불꽃이 일어나고 이어 격동이 생긴다. 따라서 시인은 이러한 때 다만 말초의 감관 뿐 아니라 깊이 全身 全靈이 휘둘리고 보는 독자는 이 치열하고 아슬아슬한 광경에 거의 현훈을 느낀다. 〔…〕 시인의 촉수는 또 이와 같이 모든 물상을 붙들어 개성화하고야 마는 적극성만을 가진 촉수가 아니라, 한편 부닥친 물상의 구석구석에까지 침투하여 시인을 도리어 그 물상에 몰입케 하고 동화케 하는 너그러운 포용성을 가진 촉수다.[25)]

이양하는 정지용의 감각이 사물의 겉에 머물지 않고 사물에 직핍하여 대상과 온몸으로 교감하는 감각이라고 지적한다.[26)] 또한 그 감각은 매우

---

24) 이에 관해서는 『민족문학과 근대성』(민족문학사연구소 편, 문학과지성사, 1995), 「1930년대 후반기 문학비평 연구」(류보선, 서울대 박사학위논문, 1996), 「1930년대 시론의 구조적 연구」(오형엽, 고려대 박사학위논문, 1998), 「1930년대 한국 현대시론의 근대성 연구」(김윤태, 서울대 박사학위논문, 1999)을 참조할 것.

25) 이양하, 「바라든 지용詩集」, 《조선일보》, 1936.6.5. 여기에서는 김은자 편, 『정지용』(새미, 1996), 81~82쪽.

26) 이러한 설명은 정지용의 감각적 언어를 분석한 김우창의 글의 관점과 유사하다. 김우창은 김기림과 달리 "鄭芝溶의 詩的 가방에서 外國旅行의 흔적을 별로 발견하지 못하는 것은" 그의 감각이 주어진 대상에 충실하기 때문이라고 해명한다(김우창, 「韓國詩와 形而上」, 『궁핍한 시대의 시인』, 민음사, 1977). 이 점은 정지용의 시가 한국시의 전통을 창조적으로 갱신하였다고 보는 관점에 중요한 근거가 된다.

예민하여 단번에 대상을 포착하고 그것 자체를 즐기는 기질적인 것에 가까우며 그 감각이 발동하는 순간은 단순히 말초적인 감관이 작동하는 것이 아니라 시인의 육체와 영혼이 함께 투영된다고 보았다. 이것이 가능한 까닭은 시인의 촉수가 대상을 단순히 주체화하지 않고 대상에 몰입하고 동화하게 만드는 동력으로 작동하기 때문이라는 것이다. 지용의 감각을 해명한 이양하의 이 글은 지용 시의 변모, 혹은 후기시의 특징을 지용 문학의 전체적인 관점에서 구명하는 데 중요한 시사점을 제공한다. 이양하는 이러한 지용의 감각에 관해 날카로운 직관을 보여주었지만 그러한 느낌이 구체적으로 시의 어떤 점에서 비롯되는지를 해명하지는 못하였다.

한편 김환태는 지용 시의 감각의 의미를 분석하는 자리[27]에서 지용 시의 감각은 정서이며 그 정서는 시인의 명랑한 기질과 달리 비애와 고독의 성격을 띠고 있다고 설명한다. '감각은 정서이며 정서는 곧 감각'이라는 말은, 지용 시의 감각이 대상을 객관적으로 묘사하는 데만 기여하는 것이 아니라 궁극적으로 시인의 정서를 담는 표현임을 의미한다. 김환태는 감정과 정서인 감각이 고도(高度)의 지성에 의해 통어됨으로써 지용의 시는 질서와 조화와 통일을 이룬다고 덧붙인다. 정서[감정]와 감각과 지성이 결합된 시, 김환태가 본 지용 시의 이러한 특징은 아래의 인용 부분으로 이어진다.

> 따라서 그의 詩 속에는 우리가 소위 靈感派에서 보는 流露感은 없다. 육감과 체온이 희박하다. 輪廓이 몽롱하지 않고 명료하다. 그렇다고, 그는 결코 詩를 만드는 사람은 아니다. 그는 『靈感이 나무 끝에 오는 바람결같이 그의 마음 속에 불어』오면 그것이 스스로 자라 胎盤을 떨어질 때까지 기다린다. 그리고, 그것이 胎盤을 떨어질 때까지 그에게 자양을 공급하고, 모양을 만들고, 살을 붙이는 것이 곧 그의 感情이요, 知性이요, 感覺이다.[28]

---

27) 김환태, 「鄭芝溶論」, 《三千里文學》 제2호, 1938.4.

지용의 시를, '육감과 체온은 희박하지만' 영감을 기다려서 감정과 지성과 감각으로 다스려 탄생한 시로 파악한 김환태의 관점은 지용 시에 내장된 상충하는 성격들을 드러낸다.[29] 영감을 지성과 감각으로 다스린 시란, 낭만주의와 모더니즘이 창조적으로 결합한 시의 모습이다. 김환태가 지용을 변모의 가능성을 내재한 '未完成의 시인'으로 본 것은 다양한 자질을 거느린 시인의 감각에서 생물과 같은 변화의 가능성을 보았기 때문이다. 정지용의 시가 박용철·김기림, 시문학파·구인회 등 서로 다른 성격의 상대들과 소통하되 어느 하나에 고착하지 않았던 것은 그의 시가 '주어진 감각적 경험에서 유기적으로 자라난' 자연스러운 것이었기 때문이다. 정지용을 '한국의 리얼리티에 기초한' '모더니스트'로 평가[30]할 수 있는

---

28) 김환태, 앞의 글. 여기서는 김은자 편『정지용』(새미, 1996), 94쪽.

29) 김환태가 지적한 영감론은 이보다 앞서 발표된 박용철의 글(1938.1)과 이듬해에 발표된 정지용의 글에서도 나타난다. "靈感이 우리에게 와서 詩를 孕胎시키고는 受胎를 告知하고 떠난다. 우리는 處女와 같이 이것을 敬虔히 받들어 길러야한다. 조금이라도 마음을 놓기만하면 消散해버리는 이것은 鬼胎이기도한다. 完全한 成熟이 이르렀을 때 胎盤이 회동그란이 돌아떨어지며 새로운 創造物 새로운 個體는 誕生한다." (박용철, 「詩的 變容에 대해서」,《三千里文學》, 1938.1. 여기서는『박용철전집2』, 시문학사, 1940, 8쪽에서 인용). "시가 시로서 온전히 제자리가 돌아빠지는 것은 차라리 꽃이 봉오리를 머금듯 꾀꼬리 목청이 제철에 트이듯 아기가 열달을 채서 태반을 돌아 탄생하듯 하는 것이니, 시를 또 한가지 다른 자연현상으로 돌리는 것은 시인의 회피도 아니요 무책임한 죄로 다스릴 법도 없다."(정지용, 「詩와 發表」,『文章』 제1권 제9호, 1939.9).

이러한 관점은 조지훈에게서 보다 본격화된다. "하나의 생명을 이루기 위해서는 먼저 모체가 살아 있어야 하고, 살아 있다는 것은 생명 전체가 有機的으로 움직인다는 말이므로, 시의 生誕을 위한 협동은 지·정·의 밖에 인격이니 체질이니 하는 얼마든지 많은 요소가 있어 생명 전체의 통일이라고밖에 부를 수 없다. 〔…〕 그러므로 시를 향수하고 양육하는 시인의 器官과 작용은 어느 하나만이 아니요, 생명 전체가 통히 하나로 된 새로운 통일감관으로서 체득할 것이란 말이다. 이를 '宇宙官'이라고 하고 그 작용을 '宇宙感能'이라 부를 수 있겠다."(조지훈,『詩의 원리』, 조지훈전집2, 나남출판, 1996, 46쪽). 50년대 초에 처음으로 발간된 지훈의『시의 원리』에는 유기적 세계관에 기초한 전통 시론이 체계적으로 정리되어 있다.

30) 김우창, 앞의 글, 앞의 책, 51~52쪽.

중요한 근거는 '자기화된' 지용 시의 감각・정서・지성에서 찾을 수 있다. 그러나 김환태 역시 자신이 주장했던 지용의 감각의 특성을 작품을 통해 구체적으로 제시하지는 못하였다.

정지용에 대한 이러한 찬사의 평가들과 달리 임화는 「曇天下의 詩壇一年」[31]이라는 글에서 정지용, 김기림, 신석정 등을 '技巧派'[32]로 규정하고 그들의 시를 "내용과 사상을 放棄한" "현실에 대한 비관심주의"라고 질타한다. 임화는 정지용의 감각을 "감정의 程度에 오르지 않은" 기교에 불과하다고 보았는데, 여기서 임화가 생각한 감정은 인간의 진실한 내면적 흐름으로서 능동적 행동을 이끌어내는 사상과 연관된 것이었다. 그는 기교파의 시를 "感覺된 現象을 神經部를 通하여 그것을 그대로 末梢部分에 蓄積해두고 시의 制作만을 위해 思惟한" 저차원의 것에 불과하다고 통렬히 비판했다. 지용의 시에 현실 감정이나 사유가 부재하다는 임화의 비판은

31) 임화, 「曇天下의 詩壇一年」, 《新東亞》, 1935.12.

32) 김기림의 글(「技巧主義 批判」, 《朝鮮日報》, 1935.2.10~14)에서 선보인 '技巧主義'란 용어는 "시의 가치를 기술을 중심으로 하고 체계화하려고 하는 사상에 근저를 둔 시론"으로서 '차라리 倫理學의 문제에 속하는 예술지상주의와는 엄연하게 구별되는 순전히 미학권내의 문제'에 속하는 관점에서 사용되었다. 이는 물론 "예술적 형상의 작용을 방해"(「1933년 詩壇의 回顧」, 『김기림전집2』, 60쪽)하는 센티멘탈리즘을 염두에 둔 것이었다. 박용철은 「技巧主義說의 虛妄」(《동아일보》, 1936.3.18~25)에서 "김기림씨의 기교주의 시론이라는 것은 필자가 전능력을 경주해서 격파하고저 하든 다년의 숙제"이며 기교주의시론은 '衣裳師의 길'이라고 비판한다. 박용철은 단순한 재주나 말장난을 가리키는 기교 대신 "표현을 달성하기 위하여 매재를 구사하는 능력"인 기술(技術)이 필요하다고 보았다. 임화는 기교주의를 "언어표현의 기교에만 매달리는" "내용과 사상이 없는 뿌르조아詩의 현대적 후예"(「曇天下의 詩壇一年」, 《신동아》, 1935.12)라고 비판했다. 김기림과 박용철을 모두 기교주의라는 관점에서 비판한 임화의 논리를 정리하면, 시를 언어를 매재로 하여 이성에 의해 제작되는 것으로 보았던 김기림의 시론에는 내용이 배제되어 있고, 시를 지성의 너머에 있는 내용을 특별하게 말하는 방식으로 보았던 박용철의 시론에는 현실이나 사상과 무관한 감정만이 있다는 것이다. 박용철은 시의 언어적 표현에 주목했다는 점에서 김기림과 비슷한 지점에 서 있지만, 시의 내용을 지성 너머에 있는 것으로 보았다는 점에서 변별된다. 이후 김기림은 임화의 논리를 일부 수용하여 형식과 내용의 통합이라는 관점에서 자신이 주장했던 기교의 내용을 수정한다.

지용 시를 부정적으로 본 논자들의 공통된 지적이었으며, 그 비판의 강도는 매우 강렬하다. 이병각은 지용을 "객관적 실재를 지성으로 통어하지 못한 감각의 노예",33) 윤곤강은 "말의 감각적 아름다움만을 추구한 철학이 없는 행복한 시인"34)이라고 비판한다. 이러한 부정적인 평가는 조연현에 이르러 보다 맹렬해진다.

> 氏는 氏의 노래인 「長壽山」에서 '오오 견듸련다 차고 几然히 슬픔도 꿈도 없이 장수산 속 겨울 한밤내—'하고 絶唱은 하였으나 무엇을 견디려는 것인지, 무슨 슬픔도 꿈도 없샌다는 것인지 도무지 알 수 없는 것이다. 朝鮮一等의 銳利한 感覺과 기막힌 言語를 가진 이 詩人이 왜 人間의 이러한 가장 중요한 문제에 대해서 아무 것도 말하지 못하고 있는가. 詩도 결국은 人間問題의 해결과 救援에 있는 것이라면 詩人이 왜 白痴化되고 말았는가. 이것은 金東錫氏類의 殘薄한 말재주에 속아 넘어가는 氏의 單純한 頭腦처럼 또한 至極히 單純한 것이다. 그것은 氏의 一切의 노래가 心臟에서 나온 노래가 아니라 氏의 手工에서 나온 노래이기 때문이다. 氏의 感覺도 言語도 氏의 어떤 精神的 必然性이나 心臟의 要求에서 나온 것이 아니라, 氏의 手工의 努力과 鍊磨에서 나온 것이었던 것이다. 氏의 詩篇이 가진 價値와 美는 手工藝術이 가진 美였던 것이다.35)

해방직후 시작활동을 제대로 하지 못하는 정지용을 비난하면서 제기된 이 부분은 지용의 언어와 감각의 정체성, 그 지향하는 바를 문제삼고 있다. 이 부분에는, 해방 이후 <문학가동맹> 계열의 비평가 김동석36)이 지용을 '朝鮮詩'를 위해 한평생 살아온 시인으로 상찬하고 시집 『白鹿潭』의 차고 깨끗함을 긍정하면서 그의 시를 "純粹한 精神"의 세계로 높이 평가

33) 이병각, 「예술과 창조」, 《조선일보》, 1936.6.5.
34) 윤곤강, 「감각과 주지」, 『시와 진실』, 정음사, 1948, 63쪽.
35) 조연현, 「手工藝術의 末路」, 『문학과 사상』, 세계문화사, 1949, 242쪽.
36) 김동석, 「詩를 위한 詩」, 『藝術과 生活』, 박문출판사, 1947.

했던 대목에 대한 공박도 함께 내재되어 있다. 조연현은 지용의 시를 '순수한 정신'의 세계가 아닌 '단순한 수공'으로 평가절하 한다. '정신'이 없는 '수공'의 세계, 그것은 지용의 시를 이데올로기적 관점에서 '감정이나 사상에 이르지 못한 기교의 세계'라고 평했던 임화의 비판과 닿아있다. 그러나 임화가 사회주의 리얼리즘론의 입장[37]에서 지용의 시를 비판한 데 반해, 조연현은 좁게는 '인간주의 문학', 넓게는 전통적인 문이재도(文以載道)의 관점에서 기교 중심의 예술을 비판한 것으로 보인다. 지용의 시를 둘러싼 이러한 상반된 평가는 그의 감각적인 표현이 무엇을 내장하고 있는가와 관련되어 있다. 물론 지용 시의 감각과 표현의 탁월함은 모두가 동의하고 있는 바이다.

이러한 평가와 조금 다른 측면에서 유종호는 지용 시의 감각적 언어를 한국어의 특수성과 관련시킨다. 그는 지용이 감각면에서 풍부한 "한국어의 시적 가능성을 열렬히 탐구"[38]함으로써 한국어를 통해 시의 예술적 자율성을 획득하게 했고 독창적인 내재율을 창조했다는 점에서 '한국현대시의 아버지'로 극찬한다. 그러나 유종호의 글[39]은 '전통단절론'의 입장에서 지용의 시를 보면서도 그의 시에 나타난 토속어나 동양정신의 수용 등 전통정신의 추구를 긍정적으로 평가하고 있다는 점에서 논리적 모순을 보인다. 지용의 시를 전통단절론의 입장에서 보았던 유종호의 견해는 이후 오탁번을 비롯한 많은 논자들에 의해 수정된다. 같은 지면에서 유종호와 상반된 테마 주제문을 발표한 조지훈[40]은 현대시의 분수령을 정지용으로

---

37) 임화는 「曇天下의 詩壇一年」에서 낭만주의를 현실과 분리된 '부정적인 로맨티시즘', 현실 변혁으로 연계되는 '적극적 로맨티시즘'으로 구분하였다. 임화는 이른바 '뼈다귀시'에 대한 자기비판의 출구로서 낭만성을 수용하였는데, 그가 생각했던 진실한 감정이란 부정적인 현실을 극복하고 억압에 저항하는 혁명적 로맨티시즘을 말하는 것이었다. 이와 관련한 임화의 시론은 이훈의 「1930년대 임화의 문학론 연구」(서울대 박사학위논문, 1993)을 참고할 것.

38) 유종호는 지용 시의 무사상성을 문제삼는 시각에 대해 한국어의 시적 가능성에 대한 탐구가 도달한 필연적인 결과임을 들어 비판했다.

39) 유종호, 「新文學五十年」, <文學 심포지움 제1회>, 《사상계》, 1962.5.

보고 "그의 言語와 詩의 技法에 대한 대담한 혁신은 古詩歌에 대한 六堂의 신체시의 破天荒에 필적한다"고 평가한다. 그리고 지용을 "전통파의 현대적 세련자인 동시에 모더니즘의 開倉者 내지 전통적 還元者"라고 결론짓는다. 지용의 시사적 의의를 전통단절론과 전통계승론의 상반된 관점에서 접근한 이러한 견해들은 지용 시의 문제적 국면을 드러낸다.

비슷한 시기에 송욱[41]은 지용이 감정을 드러내지 않기 위해 감각적 인상만을 다루었고, 이로 인해 주제가 매우 제한되어 현대시의 세계로부터 멀어지게 되었다고 분석하였다. 아울러 그의 초기 시는 전통을 아주 등지고 후기 시는 전통에 안주하여 전통을 변화시키지 못했으며, 결국 한국의 모더니즘은 내면성의 표현에 실패하게 되었다고 평가하였다. 반면 박철희[42]는 정지용의 시에 나타난 시적 구조를 한국시 구조의 전체적인 변화와 지속 속에서 파악하여 한국시의 새로운 가능성을 위한 방법론적 전개라는 관점에서 지용 시에 접근하였다. 그는 지용의 시가 객관적인 사물이나 이미지를 통해 사색과 감각의 오묘한 결합을 보여주었고 나아가 서구 모더니즘이 보여준 감정의 지적 균형과 동양의 고전적인 절제를 잘 조화시킨 세계라고 평가하였다. 정지용의 시에서 새로운 한국 시 전통의 모범을 발견한 박철희의 연구는 정지용의 시사적 의의를 새롭게 부각시키고, 지용 연구의 방향성을 제시하였다는 점에서 중요한 성과라 할 수 있다. 오탁번은 정지용에 관한 최초의 학위논문인 「芝溶詩 研究」[43]에서 지용의 시와 동양 고전 사이의 영향 관계를 실증적으로 입증하여 그동안 막연하게 제기되었던 정지용의 전통적 특성을 구체적으로 확인하였다.[44]

---

40) 조지훈, 「韓國現代詩史의 反省」, <文學 심포지움 제1회>, 《사상계》, 1962.5.

41) 송욱, 「鄭芝溶 즉 모더니즘의 自己否定」, 『詩學評傳』, 일조각, 1963.

42) 박철희, 「現代韓國詩와 그 西歐的 殘像(上)」, 《예술논문집》 제9집, 대한민국예술원, 1970.

43) 오탁번, 「芝溶詩 研究」, 고려대 석사학위논문, 1970.

44) 오탁번은 소월과 지용의 시를 다룬 「韓國現代詩史의 對位的 構造」(고려대 박사학위논문, 1983)에서 두 시인을 우리 시문학사를 현대적 수준으로 견인한 두 개의 동

정지용의 삶과 시를 시사나 정신사의 문제 국면이라는 관점에서 접근한 논의들도 있다. 오세영[45]은 「모더니스트, 비극적 상황의 주인공들」에서 지용이 김광균이나 김기림보다 모더니즘의 이념[정신]을 더 깊이 자각했기 때문에 그의 시가 더 비극적이었다고 전제하면서, 지용이 받아들일 수 있는 '수사학적 모더니즘'과 받아들일 수 없었던 '서구 정신' 사이의 간극을 동양 정신과 가톨릭시즘에의 귀의로 해소하려 했지만 결국 한국적 수용에는 실패했으며 그것은 한국모더니즘의 필연적 운명에서 비롯된 것이라고 결론짓는다. 이와 다른 관점에서 김윤식[46]은 정지용의 삶과 시는 <민족주의적 · 카톨릭적 · 고전주의적 사상> 위에 기초하면서 그 세 가지 사상의 균형을 찾고자 한 것이었다고 밝히고 그 균형의 절묘한 상태가 절묘한 시의 바탕이 되었다고 분석하였다. 그는 정지용의 절묘한 균형감각은 "지용이 소속된 계층의 정신사적 에토스에서만 적용된 것이었으며 그 속에서만 절묘한 것이었다"고 주장하여 지용의 한계를 그가 교류했던 계층과의 연관 속에서 해명하였다. 한편 김우창[47]은 정지용의 시가 모더니즘의 감각 위에 기초하면서도 주어진 사실(혹은 생의 경험)에 충실했기 때문에 이국적인 흔적을 남기지 않을 수 있었지만 동시에 그의 세계를 좁힌 이유가 되었다고 분석하였다. 그는 시집 『백록담』은 "이미지스트의 수법이 진짜의 정신적 지혜를 기록하는 수법이 된" 세계로서 "감각의 단련을 無慾의 철학으로 발전시켜" '한국인의 혼란된 경험에 질서를 부여하였다'고 그 의의를 평가하였다. 그럼에도 불구하고 그 경험 세계는 지극히 좁은 것이

인(動因)으로 보고 "素月詩는 圓錐가 이루는 공간적 넓이에 해당하고 芝溶詩는 頂點을 향하는 高度"에 해당한다고 결론짓는다. 지용의 시에 대한 오탁번의 관점은 '지용의 시적 個性의 集積'이 한국시사의 고도를 보여준다는 점에서 비롯된 것이다. 이러한 그의 관점은 박철희가 지용시의 변모 과정에서 한국시 구조의 새로운 가능성을 보려했던 시각과 통한다고 하겠다.

45) 오세영, 「모더니스트, 비극적 상황의 주인공들」, 《문학사상》, 1975.1.

46) 김윤식, 「카톨릭시즘과 美意識」, 『韓國近代文學思想史』, 한길사, 1984.

47) 김우창, 앞의 글.

었으며 어둠이 내장된 인간의 보편적 운명을 드러낼 심오한 비전은 보여주지 못했음을 종교시편들을 언급하는 자리에서 밝히고 있다. 김재홍[48]은 지용 시 세계의 전개과정을 검토하는 자리에서 지용은 외래지향성과 전통지향성 또는 방법주의와 정신주의 사이에서 갈등하면서도 어느 쪽에도 투철하지 못함으로써 시력의 취약성과 역사의식의 결핍 등을 노정할 수밖에 없었다고 평가하였다. 이와 같은 논의들은 정지용의 시가 한국시사의 문제적 국면임을 강력히 시사해준다. 지용의 시를 미적 근대성의 한국적 수용 양상이라는 관점에서 접근한 이들 논의들은 지용 시의 전개 과정이 한국시사의 민족적 정체성을 해명하는 중요한 결절 지점으로 본 것이다.

그러한 관점에서 정지용 시의 문제적 국면을 심화·확대하여 한국시의 정체성과 현대적 가능성을 모색해가는 최동호의 연구 작업[49]은 지용 시 연구의 발전적 방향을 제시한다는 점에서 주목된다. 최동호는 정지용의 언어를 정신에 대한 감각적 반응 그 자체로 인식하고, 표현과 내용이 일체화된 그의 시 세계에서 인간과 자연이 분리되지 않은 유기체적 세계를 발견해낸다. 그는 지용의 시를 표현과 정신, 인간과 자연이 분리되지 않은 세계로 보고 이를 동아시아의 사상과 예술정신의 관점에서 조명한다. 최동호의 연구에서 본격화된 후기시에 대한 연구는 이후 다양한 논의들로 확산된다.[50]

---

48) 김재홍, 「정지용, 또는 역사의식의 결여」(『현대시와 역사의식』, 인하대출판부, 1988), 359~386쪽.

49) 최동호, 「정지용의 장수산과 백록담」(《경희어문학》 제6호, 1983), 「정지용의 山水詩와 隱逸의 정신」(《민족문화연구》 제19호, 고려대 민족문화연구소, 1986), 「정지용의 산수시와 情·景의 시학」(《작가세계》, 2000·가을), 「동아시아 자연시와 동서의 교차점」(《인문과학연구》 제20호, 성신여대 인문과학연구소, 2001), 「정지용의 산수시와 性情의 시학」(김종태 편, 『정지용 이해』, 태학사, 2002).

50) 정지용의 후기시의 특징을 드러내주는 논문으로 황종연의 「한국 문학의 근대와 반근대」(동국대 박사학위논문, 1992), 최승호의 「1930년대 후반기 시의 전통주의적 미의식 연구」(서울대 박사학위논문, 1993), 이태희의 「정지용 시의 창작방법 연구」(경희대 박사학위논문, 2003) 등이 있다.

한편 문덕수, 김명인, 양왕용은 정지용의 시를 면밀하게 분석하여 지용 시의 미적 특징을 구명하였다. 문덕수[51]는 정지용의 시를 다양한 관점에서 조명하여 그의 시를 <일원론→이원론→일원론의 세계>, <바다→들→산의 순으로 상승되는 세계>라고 설명하고, 종교시를 제외한 지용의 시를 사물 자체를 객관적으로 형상화한 사물시로 규정하였다. 김명인[52]은 정지용, 김영랑, 백석 등의 작품을 대비 분석하여 1930년대의 미적 가치를 규명하는 자리에서 지용 시의 음성과 의미 구조의 탁월한 조화를 작품에 대한 섬세한 분석을 통해 보여주었다. 그는 이러한 과정을 통해 개인적 체험 속에 용해된 모더니티와 전통의 시적 변용 과정을 해명하였다. 양왕용[53]은 지용 시 전체에 대한 섬세한 읽기 과정을 통해 지용 시의 변모 과정을 시기별로 구분하고, 그의 시가 감정의 직접적 서술에서 감각과 관념의 세계로, 그리고 형이상학의 상징 세계로 변모해갔다고 분석했다.[54]

정지용의 시 세계를 변모의 관점에서 보았던 대개의 논의들과는 달리, 김신정[55]은 정지용 초기시의 특징으로 논의해온 '감각'을 그의 시 세계

---

51) 문덕수, 「韓國모더니즘 詩 研究」, 고려대 박사학위논문, 1981.

52) 김명인, 「1930년대시의 구조연구」, 고려대 박사학위논문, 1985.

53) 양왕용, 「鄭芝溶 詩 研究」, 경북대 박사학위논문, 1988.

54) 이밖에 김훈(「鄭芝溶詩의 分析的 研究」, 서울대 박사학위논문, 1990)은 지용 시의 언어적 자질(이미지와 리듬)과 시 · 공간의식을 검토하여 지용 시의 구조적 특성을 해명하였고, 정의홍(「鄭芝溶 詩의 研究」, 동국대 박사학위논문, 1991)은 심리주의 비평의 관점에서 지용 시의 전개과정을 시인의 정신의 발전사로 읽어내고 현실에 대한 지용의 소극적인 반응 이유를 그의 정신 구조에서 찾아내었다. 김용희(「정지용 시의 어법과 이미지의 구조」, 이화여대 박사학위논문, 1993)는 정지용 시의 어법과 이미지의 구조를 분석하여 지용의 시가 견인하는 존재론적 긴장 위에 놓여 있으며 지용 시의 미적 형식은 인격의 내향화 과정이라고 평가하였다. 김종태(「정지용의 시 연구」, 고려대 박사학위논문, 2002)는 공간 연구를 통해 지용의 시 세계는 역동적인 연속성의 과정이며 유기적인 완결성으로 나아가는 세계라고 평가하였다. 이태희(「정지용 시의 창작 방법 연구」, 경희대 박사학위논문, 2003)는 정지용 시의 시어, 시 형태, 구성 방식을 분석하여 창작 방법의 근간이 전통적인 작시법에 있음을 밝혀내었다.

전체를 아우르는 핵심 요소로 전제하고 지용 시에 대한 그간의 이분법적 논의들을 극복하는 관점에서 자아와 타자간의 관계를 검토한다. 그에 의하면 지용의 시는 주체중심의 인식 세계가 아닌 타자를 감각하고 타자와 소통하는 체험의 장으로서 타자성을 풍부한 감각 속에서 느끼고 그 과정에서 자기정체성을 묻는 상호소통의 시학이다. 아울러 지용의 시를 전통으로 회귀했다거나 실패한 모더니스트로 보는 관점은 옳지 않으며 오히려 동양의 미학 원리에 뿌리를 두고 한국 고유의 현대시를 모색한 모더니스트로 보는 것이 온당하다고 결론지었다. 김신정의 논의는 지용 시의 핵심 요소로 보았던 감각의 의미를 구체적으로 점검하고 지용 시의 변모와 간극을 기정 사실로 보았던 논의들에 새로운 관점을 제공하였다. 김신정이 주목했던 지용 시의 자아와 타자 사이의 관계는 이미 오래 전부터 여러 연구자들이 주목한 논의의 대상이었으며 연구사의 축적과 함께 새로운 양상으로 전개되고 있는 주제이다.[56)]

정지용에 대한 그간의 연구 성과를 통해 볼 때, 시인 당대에는 시의 감각적 언어의 새로움을 상찬하거나 시의 표현을 기교에 불과한 것으로 보는 상반된 입장으로 뚜렷하게 구분되었다. 지용에 대한 당대의 이러한 엇갈린 평가의 내용은 기본적으로 지용 시를 보는 다양한 관점들에 전제된 화두라고 할 수 있다. 감각과 언어에 대해 관심을 기울였던 연구 초기의 경향은 감각의 성격을 보다 구체적으로 고찰하는 논의로 확대되었

55) 김신정, 「정지용 시 연구 : '감각'의 의미를 중심으로」, 연세대 박사학위논문, 1998.
56) 송기태, 「정지용 시 연구 : 서정적 자아와 동일성의 문제」, 동국대 석사학위논문, 1991.
신기훈, 「정지용 시의 시적 주체에 대한 연구」, 경북대 석사학위논문, 1992.
권정우, 「정지용 시 연구 : 시점 분석을 중심으로」, 서울대 석사학위논문, 1992.
이근화, 「정지용 시 연구 : 시의 화자를 중심으로」, 고려대 석사학위논문, 2000.
오세인, 「정지용 시 연구 : 자아와 대상 사이의 거리를 중심으로」, 고려대 석사학위논문, 2002.
특히, 오세인의 연구는 동아시아 시학의 핵심 개념 중의 하나인 정경론(情景論)의 관점에서 지용 시의 특징을 고찰하였다.

고, 이후 지용 시의 변모에 대한 분석으로 발전된다. 그리고 지용의 시를 <전기・후기, 모더니즘・전통지향, 서구적 이미지즘의 방법・동양 정신>으로 나누어 인식하는 경향이 자리잡기 시작한다. 지용 시의 변모과정을 다양한 방식으로 추적하는 연구와 함께 그의 시를 한국현대시사의 문제적 국면으로 보는 논의들이 출현한 것은 지용 시의 의미를 새롭게 인식하는 계기가 되었다. 이는 그의 후기 시를 어떠한 관점에서 분석할 것인가와 관련된 문제였다. 동아시아의 예술 정신이나 고전의 영향 관계 속에서 지용의 시를 살피려는 연구는 한국시의 전개과정, 즉 미적 근대성의 수용과정을 보다 주체적이고 적극적으로 인식하려는 데서 비롯된 것이었다. 후기 시에 대한 다양한 관심은 지용의 초기 시를 새롭게 조명하려는 논의로 이어지면서 자연스럽게 지용의 전체 시 세계를 역동적인 연속의 과정으로 보려는 관점으로 발전하였다. 어찌 보면 정지용 시에 대한 연구사는 한국 현대시 연구의 경향과 성과를 보여주는 축도(縮圖)라 할 수 있다. 시인에 대해 뚜렷하게 엇갈린 평가와 표면적으로 현격한 차이를 보이는 시 세계의 변모 등, 지용 시를 둘러싼 치열한 논쟁과 다양한 논의들은 학계의 연구 성과들이 축적되고 깊어지면서, 한국시의 민족적 정체성과 문학성을 구명하고 새로운 가능성을 모색하려는 차원에서 전개되고 있다.

지용 시 연구의 관건은 그의 시가 지닌 언어적 감수성과 시의 변모 뒤에 무엇이 있는가 하는 점이다. 이는 지용 당대에서 제기되었던 문제의식의 연속으로 '시의 표현과 내용'의 관계, 그리고 그 내용의 구체를 확인하는 문제일 것이다. 아울러 지용 시가 보여준 성과들이 시인 당대나 후대에 어떻게 계승되고 갱신되는가를 점검하는 것도 필요하다. 이러한 과정은 그간의 한국현대시 연구에서 소외되었던 전통적인 시학의 관점을 돌아보는 일과 관련된다. 정지용 시 세계의 변모, 그리고 후기 시의 특성은 오랜 세월 동안 한국인과 한국 예술의 저류 속에 흘러온 예술 정신과 감수성에 대한 이해 위에서 보다 구체적으로 해명될 수 있다. 이는 미적 근대성과 전통적 예술 정신이 만나는 지점에 대한 성찰이자 지용이 발견한 풍경의 의미를 고찰하는 작업이다.

이 논문이 사물과 사물, 사물과 시의 자아가 이루는 시의 풍경을 고찰하려는 것은 그 풍경 속에 시인의 세계상과 감수성, 나아가 당대의 시선과 전통적인 세계상이 투영되었다고 보기 때문이다. 지용 시의 풍경의 특징과 시 세계 변모에 따른 풍경의 변화 양상은 시인의 보는 방식과 세계 인식을 구체적으로 반영하는 척도라고 할 수 있다. 이 논문이 풍경에 주목하는 것은 지용 시의 풍경이 그의 시의 문제적인 국면을 잘 드러내주는 요소라고 생각하기 때문이다.

2) 조지훈

정지용의 추천에 의해 《文章》으로 등단한 조지훈은 시와 시론 이외에도 역사・민속학・국문학・사회비평・문학비평 등 다양한 분야에서 많은 업적을 남겼다. 조지훈에 관한 연구[57]는 크게 시인론[58]과 학문론,[59] 그리

---

57) 조지훈에 대한 본격적인 연구는 10주기에 발간된 기념 연구서(『趙芝薰研究』, 고려대출판부, 1978)와 20주기에 열린 <추모학술대회>(《民族文化研究》 제22호, 고려대 민족문화연구소, 1989.2)에서 총체적으로 이루어졌다. 지훈에 관한 선행 연구 성과는 졸고 「趙芝薰 詩에 나타난 生命意識 研究」(고려대 석사학위논문, 1998)를 일부 참조하였다.

58) 이에 관한 연구들은 공통적으로 지훈의 선비적인 기개와 풍류에 주목하고 이러한 그의 인간적인 면모가 시에도 일관되게 나타난다고 보았다. 중요한 글로는 김종길의 「선비 趙芝薰의 氣稟」(《世代》, 1968.7)과 「趙芝薰論」(『青鹿集・其他』, 현암사, 1968), 박목월의 「처음과 마지막 : 芝薰에의 回想」(《思想界》, 1968.7)과 「路上의 검은 장갑」(《현대문학》, 1968.7), 박노준의 「論客 趙芝薰의 面貌」(『趙芝薰研究』, 고려대출판부, 1978) 등이 있다.

59) 학문론은 크게 국학 일반과 시론에 관한 글로 나눌 수 있다. 역사・민속학・국문학・사회비평・문학비평 등의 학문적 업적을 검토한 논자들은 공통적으로 지훈의 학문을 민족정신을 탐구하고 모색한 작업의 일환으로 평가하였다. 한편, 시론에 관해서는 논자들에 따라 상이한 관점을 보이는데, 문혜원은 지훈의 시론을 낭만주의 시론으로, 김윤식・정효구는 낭만주의 시론과 모방론의 관점에서, 최승호・이미순・구모룡은 동아시아 전통 시학의 입장에서, 권영민・고형진은 민족시론의 관점

고 작품론 등 세 갈래로 분류할 수 있는데, 그 연구 성과를 살펴보면 여타의 시인들보다 시인론이나 회고적인 글들이 많은 게 특징이다. "전체가 부분의 집합보다 큰 인물"이라는 시인에 관한 평가는 지훈 시 연구자들이 염두에 두어야 할 대목이면서 동시에 부담해야 할 하중이다. 그의 문학을 따라다니는 수사(修辭)들은 비단 문학적 성과에서만 추출된 것이 아닌 조지훈의 전체를 배경으로 한 것이다. 지훈을 한국 근대 정신사의 관점에서 조명하려는 태도나 정신사를 의식한 시사(詩史)의 관점에서 보려는 견해는, 시를 시인으로부터 분리시키지 않는 전통 시학의 입장에 닿아 있다. 시를 삶과의 연관 속에서 규정하려는 문화적 관성 속에는 시를 사적(私的)인 정서의 표현이나 언어의 건축물 이상으로 보려는 미의식이 작동하고 있는 것이다. 이는 현대시의 언어적 성격을 분명히 자각하고 있었던 지훈의 시와 시론 속에도 여전히 내재되어 있는 관점이라 할 수 있다.

지훈의 시에 관한 작품론을 중심으로 그 연구 성과를 검토하면, 대체로

에서, 강웅식은 생명시론의 입장에서 논의하였다.

학문론 중 주목할만한 연구로는 강만길의 「芝薰과 '韓國民族運動史'」, 인권환의 「傳統文化와 民俗學의 硏究」와 「芝薰의 學問과 그 業績」(이상 『趙芝薰硏究』, 고려대출판부, 1978), 김종균의 「趙芝薰의 國學精神」(《어문논집》 제19 · 20, 고대국문학연구회, 1977.9)와 「趙芝薰의 社會批評 : 그 論說과 批評精神을 中心으로」(《국어국문학》 제76호, 1977.12), 최철의 「趙芝薰의 國文學 硏究」(《민족문화연구》 제22호, 고대민족문화연구소, 1989.2) 등이 있고, 시론에 관한 연구로는 김윤식의 「有機的 詩論」(『韓國近代文學樣式論考』, 아세아문화사, 1980), 권영민의 「民族詩의 새로운 指向 : 趙芝薰의 경우」(《문예중앙》, 1984 · 여름), 최승호의 「趙芝薰의 詩學에 있어서 形而上學論的 觀點」(《관악어문연구》 제16집, 1991.12), 구모룡의 「韓國 近代文學有機論의 談論分析的 硏究 : 趙芝薰, 金東里, 趙潤濟를 中心으로」(부산대 박사학위논문, 1992), 이미순의 「한국근대 유기체 시론 논의에 대한 반성 : 조지훈의 유기체시론을 중심으로」(《개신어문연구》 제10집, 충북대 개신어문연구회, 1994.7), 고형진의 「순수시론의 본질과 전개과정 : 박용철과 조지훈의 순수시론을 중심으로」(《현대시》, 1996.4), 강웅식의 「조지훈의 생명시론과 그 초월론적 성격」(《작가연구》 제11호, 2001.4) 등이 있다. 한편 정종진은 「정지용과 조지훈 시론의 비교 연구」(《인문과학논집》 제18집, 청주대 인문과학 연구소, 1998.2)에서 조지훈의 시론을 정지용과의 연관 속에서 분석하여 그 전통적 맥락을 해명하였다.

다섯 가지 정도로 분류할 수 있다. 첫째 유파적 관점에서 지훈 시의 특징을 구명한 연구, 둘째 시 세계의 변모 양상과 시 세계 일부 특성에 주목한 연구, 셋째 시 세계 전체에 일관된 시인의 정신을 검토한 연구, 넷째 민족 정서나 전통의 계승 양상을 고찰한 연구, 다섯째 형식주의적 관점에서 시어·운율·이미지·상징체계·의미구조 등을 분석한 연구[60]로 대별된다. 여기에서는 다섯째 항목을 제외한 연구 성과를 검토하기로 한다.

첫째, 유파적 관점에서 지훈 시의 특징을 구명한 연구는 청록파의 문학사적 의의를 최초로 규정한 김동리에게서 시작된다. 김동리[61]는 한국근대시사를 정리하는 자리에서 시문학파와 생명파 시인들의 문학적 성취에 주목하고 이들을 새롭게 계승한 청록파 시인들의 특징으로 '자연의 발견'을 들고 박목월·박두진·조지훈의 자연을 검토하여 각각 '향토적·기독교적·禪的 자연'으로 명명하였다. 그는 지훈의 시를 민족적인 것과 선적인 것으로 대별하고 '자연의 풍경에서 멀수록, 그리고 언어의 세공에 치중할수록 시의 수준이 졸렬해진다'고 밝히고 전자의 예로 「고사1」과 「芭蕉雨」를, 후자의 예로 「僧舞」를 들어 분석하였다. 김동리의 이 글은 청록파의 문학사적 의의를 최초로 규명하였다는 점에서 후대 연구자들에게 중요한 거점이 되었다. 정한모[62]는 청록파가 발견한 자연을 "퇴색한 도시와 위험한 문명시대에 대립한 영원한 생명의 고향"으로 보고, 청록파는 표현의

---

60) 형식주의의 관점에서 지훈 시의 특질을 해명한 연구는 논문의 주제와 직접적으로 연관이 없기 때문에 구체적인 검토는 생략한다. 이 분야의 중요한 성과로는 지훈 시의 행과 시형태를 분석한 김춘수의 「自由詩의 展開 : 朴斗鎭·朴木月·趙芝薰의 詩形態」(『靑鹿集·其他』, 현암사, 1968), 율조·비유·상징을 분석한 오탁번의 「芝薰詩의 意味와 理解」(『現代文學散藁』, 고려대출판부, 1976), 리듬과 운율의 특질을 분석한 이기철의 「趙芝薰과 詩의 리듬」(《현대문학》, 1978.6), 시의 공간과 이미지를 분석한 김기중의 「芝薰詩의 이미지와 상상적 구조」(《민족문화연구》 22, 1989.2), 시의 문체를 분석한 서지영의 「한국 현대시의 문체 연구 : 『청록집』을 대상으로」(서강대 석사학위논문, 1992.12) 등의 논의가 있다.

61) 김동리, 「三家詩와 自然의 發見」, 《예술조선》 제3·4호, 1948.

62) 정한모, 「靑鹿派의 詩史的 意義」, 『靑鹿集·其他』, 현암사, 1968.

방법에만 치중한 시문학파를 발전적으로 계승하고 혼돈한 해방 정국의 유일한 지주로서 순수한 시정신을 후대에 전승하는 가교 역할을 담당했다고 청록파의 문학사적 의의를 평가하였다. 그는 지훈 시의 자연을 한시나 시조에 나타난 자연관과 동질적인 "超俗한 동양적 자연"으로 파악하고 조탁된 언어와 유장한 율조, 고전적 소재로 창조된 고전미의 세계는 정적(靜的)인 균형과 조화의 아름다움을 보여주었다고 밝히면서 지훈 시의 전통적 성격을 강조하였다. 한편 민병기[63]는 『靑鹿集』에 나타난 세 시인의 시세계와 지용의 시를 검토하고 시형의 유사성과 '枯淡하고 脫俗한 분위기', '여운의 미학', '虛靜한 敍景 描寫'를 들어 청록파의 혈연성(血緣性), 청록파에 끼친 지용의 영향을 구체적으로 논구하였다. 그는 이 자리에서 여백의 미와 주관을 배제한 서경 묘사, 시어 구사 등이 지훈 시에 나타난 지용의 영향이라고 밝히고 두 시인의 친연성(親緣性)을 주장하였다. 민병기의 글은 김춘수와 김봉군에 의해 제기된 청록파의 에꼴(ecole) 시비[64]와 대조되는 견해로서 이후 김용진과 최승호를 비롯하여 청록파와 지용의 영향관계에 주목한 논의[65]들에 중요한 단서가 되었다.

김우창[66]은 청록파 시인들이 '김소월의 감정주의와 정지용의 精神 記述의 방법으로서의 이미지즘을 결합'하여 독자적인 정신의 세계를 창조하였지만, 그 세계는 "진짜의 정신 세계"가 아닌 '감정적 만족을 위하여 만들어진 것'이라고 분석하였다. 그는 이러한 세계가 "감정의 일정한 조작에 의해 直時的인 초월을 얻는 방법"이 도달한 세계로서 "한국문화의 전체적인 붕괴 속에서 급한 대로 단편적인 피난처를 구한 결과"라고 비판하였다. 김우창은 이러한 관점에서 지훈의 시를 "상투적인 시적 사고의 형식에 의

63) 민병기, 「靑鹿派詩의 血緣性」, 《어문논집》 제23호, 고려대 국어국문학연구회, 1982.9.
64) 김춘수, 「新詩 60년의 問題들」, 《신동아》, 1968.6.
김봉군, 「靑鹿派의 ecole 是非」, 《국어교육》 제21호, 한국국어교육연구회, 1973.6.
65) 김용진, 「靑鹿派의 詩와 鄭芝溶의 影響」, 한양대 석사학위논문, 1983.6.
최승호, 앞의 글.
66) 김우창, 앞의 글.

존하여" "현실적인 한국의 過去에서 온 물건이나 풍경을 그림으로써 禪的인 고요를 喚起하려고 한다"고 혹평한다. 이남호[67]는 한국 현대문학에 나타난 자연의 모습을 두루 점검하는 자리에서 청록파의 자연은 "일제말기의 가혹한 현실 속에서 발견된 자연이"며 '사실적 세계가 아니라 정신적 위안을 얻기 위해서 고안된 정신적 공간'이라고 강조하고, 지훈의 자연은 "종교적이거나 형이상학적이라기보다 미학적"이라고 평가하였다.

유파적 관점에서 조지훈 시의 성격, 특히 자연의 의미를 분석한 위의 글들은 대체로 지훈을 포함한 청록파의 자연이 동아시아적인 전통 위에 기초한다고 보고, 이를 현실에서 한걸음 물러선 세계로 전제한다. 이는 일제강점기 시의 자연을 다룬 논의들에 내재된 통념이다. 이러한 의식은 <사실・저항・부정의 정신>을 보다 상위의 미학정신으로 보는 위계적인 미의식에 닿아있다. 청록파를 비롯해 한국근대시의 문제를 동아시아 미학의 본질적 한계로 지적한 김우창의 글은 철저히 서구 근대의 미학적 기준에 입각해있다. 청록파의 의의를 '자연의 발견'이라고 보았던 김동리의 논의를 좀더 적극적으로 해석한다면 청록파의 시에 형상화된 자연은 근대극복의 한 방법이자 인식으로 볼 수 있다. 일제강점기말에 한국 전통과 고전에 주목했던 정지용이 동양적인 자연을 감각적인 형상 속에 포착한 것은 매우 의식적인 창작 방법의 전환이었다. 청록파의 자연은 정지용—나아가 《文章》을 중심으로 논의되었던 전통 모색의 작업들—시의 연장 속에 놓여 있다. 이러한 관점에서 김춘식[68]의 논의는 주목할 만하다. 그는 "한국 근대시사에서 자연・전통・선적 정취 등의 발견은 근대성과 서로 모순되기보다는 그 '일부'라고 보아야" 하며 "한국시에서의 자연서정, 전통의 발견은 한국의 역사적 근대체험의 산물이며 그 결과물로서 창안되거나 발견된 것"이라고 주장한다. 이런 점에서 "한국 자연서정시의 전통에는

67) 이남호, 「한국 현대문학에 나타난 자연의 모습」(유종호 외, 『현대한국문학 100년』, 민음사, 1999), 367~375쪽.

68) 김춘식, 「낭만주의적 개인과 자연・전통의 발견」, 《작가연구》 제11호, 2001.4.

한국적 근대의 한계와 가능성이 동시에 내포되어 있는 것"이라 할 수 있다.

일제강점기 후반에 이르러 집중적으로 출현하는 한국시의 자연을 도피의 공간이라고만 보는 것은 대결과 부정의 정신에 입각한 해석이며, 중심과 주변을 가르는 오리엔탈리즘적 사유이다. 한국시의 자연은 한국인들의 세계관과 현실 수용의 방식을 형상화한 예술 표현이다. 한국적 사유와 세계관의 자장 속에서 개별 시인들에 의해 발견된 자연의 의미를 일방적으로 축소・폄하하는 이러한 관점으로는 전통의 맥락 속에 놓인 작품들을 온당하게 평가할 수 없다. 전통은 고정된 것이 아니며 그것을 의식하는 자들에 의해서 만들어지는 것이다. 일제강점기 후반에 출현하는 한국시의 자연은 근대 극복, 혹은 반근대적인 성격을 내포한 미적 형상이며, 시인의 내면이 발견한 세계라고 할 수 있다.

유파적 관점에서 지훈 시의 특징, 특히 자연의 성격을 고찰한 논의들은 지훈 시 세계의 변모 양상과 특성에 주목한 연구들에서 보다 심도 있게 논의된다.

시 세계의 변모 양상과 특성에 주목한 연구들은 대체로 시 세계에 직접적으로 연관되는 전기적 사실에 기반하여 시기를 구분하고 시기별 특징을 분석[69]하였다. 특히 많은 논자들이 선미(禪味)에 관심을 보여 지훈시의

69) 이와 관련된 논의 중에 주목할 만한 것으로는 박두진, 양왕용, 박호영, 박경혜, 김지연의 글이 있다. 박두진(「趙芝薰의 詩世界」, 《사상계》, 1968.7)은 지훈의 시를 주제에 따라 초기의 고전・민속(1939), 중기의 자연(1941~1943), 후기의 자아(1949)로 구분하고, 후기에 이르러 주제의 내면성・사변성・철학적 사색의 예리함이 가장 잘 형상화되었다고 보았으며, 지훈 시의 본질은 충동의 미적 승화에 있다고 평가하였다. 양왕용(「趙芝薰의 詩」, 《현대시학》, 1973.2)은 지훈의 시를 그의 글에 기초하여 ① 《문장》지 추천시기 ② 오대산 월정사 講院 시기 ③ 《문장》지 폐간시기 ④ 방랑시기 ⑤ 낙향후 정신적 小安을 얻은 시기 ⑥ 정치적 격동기 등의 여섯 시기로 구분하고 시작 전체를 지배하는 지사적・인생적・자연관조적 경향의 시들이 번갈아 나타난다고 지적하고 이것을 호사취미성에서 비롯된 것으로 보았다. 박호영(「趙芝薰 文學硏究」, 서울대 박사학위논문, 1988)은 지훈의 시를 시기에 따라 구분하는

독자성이 선적인 세계에 있음을 시사해준다. 여기에서는 주로 지훈시의 '자연과 禪味'에 주목한 논의들을 검토하겠다.

김용태[70]는 지훈의 시가 시정신의 근원이나 시의 표현에서 선적(禪的) 성격이 주류를 이루고 있다고 보고 선사상에 대한 지훈의 인식을 살핀 후에 그것이 어떻게 시작의 방법론으로 반영되었는지를 「僧舞」·古寺1」·「아침」·「靜夜1」 등을 분석하여 구체적으로 해명하였다. 김용태의 이 글은 시작의 방법론으로서 선사상의 가능성뿐만 아니라 비평의 실제를 제시해 주어 이전에 피상적으로 언급되었던 지훈 시의 선적인 특성을 해명하였다. 최진송[71]은 관조 속에서 자연의 이치를 발견하고 자아를 정립하며 운명을 달관하는 지훈 시의 특징은 모두 동양적인 자연관을 인식한 데서 비롯한 것으로, 여기에서 연유한 서정과 선적인 체험이 지훈 시의 내용과 방법을 이루는 핵심이라고 강조하였다. 한편 이건청[72]은 한국의 전원시를 고찰하는 자리에서 「완화삼」·「낙화」·「율객」·「창」 등을 분석하고 지훈의 시에는 동양의 시가 전통이 짙게 배어 있으며 그의 시에 형상화된 자연은 "떠도는 은자의 정서적 공간이지 歸去來處나 실체적 대상은 아니" 라고 주장했다. 신현락[73]은 지훈이 꽃과 촛불의 이미지를 통해서 현실적

관점에 문제를 제기하고 경향상으로 분류할 것을 제안하고 <다양한 실험·자연관조적 경향·현실참여적 경향·자아탐구의 경향>으로 나누어 분석하였다. 박경혜(「조지훈 문학 연구 : 시의 변모과정을 중심으로」, 연세대 박사학위논문, 1992)는 박두진의 관점에 기초하여 지훈의 시를 세 시기로 구분하고 초기시는 감각과 사변·고전과 심미의 세계로, 중기시는 자연 인식과 선적(禪的) 사유의 세계로, 후기시는 현실 인식과 역설·초월의 시로 구분하였다. 김지연(「趙芝薰 詩 연구」, 숙명여대 박사학위논문, 1994)은 지훈의 초기시에 주목하여 대척적 이원성의 승화를 시정신의 핵심으로 보고 <서구의 충동과 전통의식의 공존, 禪의 심미성과 현실적 상황 체험, 현실 참여 의식과 인간 존재의 순수지향성의 경향>으로 나누어 지훈시의 독자성을 해명하였다.

70) 김용태, 「趙芝薰의 禪觀과 詩」, 《수련어문논집》 제3호, 부산여대, 1975.12.

71) 최진송, 「芝薰 詩의 自然과 禪」, 《어문학교육》 제4호, 부산국어교육학회, 1981.12.

72) 이건청 『韓國田園詩 연구』, 문학세계사, 1986, 114~119쪽.

73) 신현락, 「趙芝薰의 禪的 詩觀과 상상력에 관한 고찰」, 《청람어문학》 제16호, 1996.

자아와 이상적 자아의 합일, '自他不二'의 절대평등의 깨달음을 나타내었다고 보고, 꽃·촛불·돌의 이미지가 유기적으로 조화를 이룬 지훈의 시는 시간과 삶에 대한 선적인 각성을 형상화했다고 평하였다.

많은 연구자들이 지훈 시의 중요한 특징으로 선적인 것을 꼽았지만, 그것이 구체적으로 어떻게 형상화되었는지를 제대로 해명하지는 못하였다. 이는 시에서 선적인 것의 범주 규정이 모호하고 그것이 시의 창작 방법으로서 어떻게 구체화되며, 비유나 역설, 낯설은 사물간의 병치 등 일반적인 시작 방법과 어떻게 변별되는지에 관한 구체화된 논의들이 부재하기 때문이다. 이것들에 대한 고민 없이는 이른바 '동양적인 것'의 예술적 의의와 가능성은 위축될 수밖에 없다. 한국시의 형이상학적 한계를 논하는 김우창의 다음과 같은 선에 대한 편견은 동아시아 사상의 예술적 의미를 탐색할 때 염두에 두어야 할 대목이다.

> 주목하여야 할 것은, 한국의 현대시에서 가장 현저하게 눈에 뜨이는 불교적 영향은 禪이라는 사실이다. 禪은 무엇보다도 <지금 여기에 있어서의> 개인적인 救濟를 이루고자 하는 영혼의 技術이라고 할 수 있다. 무너지는 문화의 집에서 詩人이 할 수 있는 최선의 일은 단편적이고 개인적인 문화 속에 피신하는 것이었는지 모르며 禪的인 고요는 이러한 단편적인 문화의 하나였다. 단편적이라는 것은 한국의 상황 속에 이미 고요와 조화는 존재하지 않았기 때문이다. 따라서 禪的인 세계관은 현실의 어려움을 적당히 눈감아 넘기거나, 꾸며댈 수밖에 없었다. 이러한 고요가 보여 주는 <구체적인 예지>는 어느 정도까지는 훌륭한 것이었으나 일반적인 혼란 속에서는 묘하게 어색한 것이 아닐 수 없었다.
>
> 이러한 개인적인 문화에의 도피는, 앞에서 말한 바와 같이 동양의 전통이 본질적으로 조화의 전통이었기 때문에 더욱 助長되었다 할 수 있다. 그것은 조화를 깨뜨리는 부정적인 요소를 어떻게 다룰 것인가에 대하여는 별다른 대책을 가지고 있지 않는 전통이었다. 否定의 전통을 갖지 않는 곳에서 의지할 수 있는 전통이라고는 禪的인 것 밖에 없었던 것이다. 아

니면 시인은 <고발>이 아니라 <한탄> 속에서 혼란으로부터의 출구를 찾을 수밖에 없었다.74)

김우창은 선(禪)을 "개인적 구제를 이루고자 하는 영혼의 기술"로 정의한다. 이러한 관점에 의한다면 사회적 혼란기에 출현하는 선적인 세계관은 도피이며 심정적 위안에 불과하다. 고요가 존재하지 않는 현실에서 고요 속의 예지란 현실과 어울리지 않는 어색한 포즈이며, 그것은 조화의 전통 속에서 조장된 것이라고 김우창은 비판한다. 이러한 김우창의 관점은 대립과 저항의 변증법에 기초해 있다. 혼란한 현실 앞에서는 부정과 고발이 어울리고, 이를 통해서만 새로운 발전에 이를 수 있다는 사유는 철저히 서구중심적이다. 고요 속에 혼란을 넘어설 수 있는 힘이 있고, 조화의 전통이 황폐한 현실을 넘는 방법일 수 있음을 김우창의 사유는 배제한다. 동(動)과 정(靜), 혼란과 고요, 마음과 현실이 접합되고 소통할 수 있는 가능성을 그것은 알지 못한다. 일제강점기하에 창작된 지훈 시의 선적 특징들은 현실에 대한 시인의 미적 대응이며, 이러한 시에 뿌리내린 사유는 현실을 포용하고 넘어서는 힘을 배태하고 있다. 이 논문은 지훈의 시에서 방법으로서의 선이 지향하는 사유와 그것이 이후의 시 세계를 통해 어떻게 세계와 만나는지를 검토할 것이다.

지훈 시에 관한 연구 성과 중에서 시 세계 전체에 일관된 시정신75)의 특질을 논구한 김윤식, 송재영, 김홍규, 김주연, 서익환, 김명인, 최동호 등의 연구는 저마다 다른 관점에서 지훈의 시에 접근함으로써 논의의 시각

74) 김우창, 앞의 글, 69쪽.

75) 조지훈은 시정신(詩精神)을 시로서 표현될 생명적 진실로 규정한다. 그에 의하면 시정신은 모든 예술에 공통된 '에스프리(Esprit)' 곧 '포에지(Poesi)'로서, 시인은 시정신의 섭리를 받아 시를 산출함으로 시정신과 시인과 시는 서로 매개하고 통일하고 제약하여 떨어질 수 없는 것이다. 따라서 한 시인의 시 세계의 내적 연관성을 구명하는 작업은 시정신을 해명하는 작업이라 할 수 있다(『詩의 원리』, 조지훈전집2, 나남, 1996, 25~26쪽 참조).

을 다각화였다.

김윤식[76]은 해방 상황을 '聖的 空間'의 소멸로 인식하고 지훈의 시와 시론을 검토한다. 그에 따르면, 지훈의 시는 훼손된 외적 세계에 대해 심정의 좁힘을 선택함으로써 내면적 문제를 완전히 결여한 '추상적 이상주의 지향'으로 나아갔고 이로 인한 무력감을 타개하기 위해 '역사적 지향'의 성격을 띤 '고전으로서의 민족주의' 시론을 주창했으며, 이러한 심정의 좁힘과 넓힘이 보여준 추상적 이상주의와 환상적 낭만주의는 결합되지 못한 채 각각 '早熟性'과 '早急性'으로 나타났다고 추론하였다. 또한 조숙성에 의한 폐쇄성과 조급성에 의한 사회성이 방법으로서의 불교, 선의 무기교주의와 적당하게 타협함으로써 독자적인 세계를 개척하는데 실패했으며 「僧舞」에서 「梵鐘」에 이르는 불교미학의 시가 이러한 지훈 시의 여정을 보여준다고 설명했다. 한편 「梵鐘」의 세계는 심정의 좁힘을 잘 형상화한 그의 시의 가능성이었다고 평가하였다. 김윤식의 논의는 지훈 문학의 중요한 지점을 적시한 것이지만 그가 이를 위해 원용한 루카치의 이론이 지훈 문학의 정신적 구조에 부합되는 것은 아니었다.

송재영[77]은 지훈의 시를 "동양의 생리학적 미의식의 정체와 한계를 파악하기에 적합한 샘플"로 전제하고, 지훈 시의 미적 구조는 "완전히 전통적인 계보 위에 존재"하며 시의 핵심은 서정성과 미의식의 융합이라고 주장하였다. 그는 지훈이 "미적 대상에 감각적으로 접근하는 것이 아니라 단지 知的으로 해석・정의하고자" 했으며 "이것이 이른바 동양적 미학의 특징"으로서 이는 "純粹 美化라기보다 오히려 대상의 擬人化에 가깝다"고 분석하였다. 동양 미학의 이러한 특징은 서정적 순간의 심리적 감동을 단지 "悠然한 가락과 원시적인 멜로디"에 실어 단순화하거나 단일화함으로써 독자들의 경험이나 상상의 세계를 축소하고 시창작에 있어서는 "특수

76) 김윤식, 「心情의 閉鎖와 擴散의 破綻」(김종길 외, 『조지훈 연구』, 고려대출판부, 1978).

77) 송재영, 「趙芝薰論」, 《창작과 비평》 제22호, 1971・가을.

한 상상력을 요구하는" 은유를 배제하여 형이상학적 관념어로 쏠리는 원인이 되었다고 주장한다. 그는 특정한 시어에 통제된 감성, 한정된 기존양식을 통한 표현 등이 지훈의 시를 너무나 익숙한 것으로 보이게 하여 "심드렁한 인상만"을 주는 풍경화처럼 느끼게 한다고 지적했다. 이러한 관점에서 지훈은 대상을 통하여 자아의 무한한 내밀성을 심화·확대하지 못하고 오히려 그 대상 속으로 흡수·동화됨으로써 투시의 능력을 상실하였으며 바로 이것이 생성과 소멸, 순응과 거부의 과정을 제대로 겪지 않은 한국문학이 고전적·의고전적 정신 풍토 위에서 로맨티시즘의 서정성을 개화했던 이유라고 송재영은 분석하였다.

지훈의 시 세계의 특징을 한국적 전통, 나아가 동아시아 미학의 한계와 연관시킨 관점들은 대체로 긴장력·치열함·새로움의 결여를 지훈 시의 문제로 꼽는다. 자아가 세계를 타자로 인식하고 그 주객의 인식 속에서 자아의 확대·심화를 꾀하는 것이 미적으로 뛰어난 것이라는 관점은 대상 속에 합일되고 동화된 세계는 도피이며 열등한 것으로 보일 것이다. 송재영의 논지 속에서 분명하게 드러난 중심—주변의 체계로는 동아시아 미학과 예술은 함량 미달일 수밖에 없다. 관건은 동아시아 미학의 세계가 어떤 방식으로 현실과 만나고, 어떻게 현실을 넘어서는 힘을 내장하고 있는가 하는 점이다. 전통적 사유에 기초한 시들은 통일과 조화의 세계가 미의 종착 지점이 아니라, 현실을 수용하고 열어가는 하나의 거점임을 보여준다. 일제강점기말에 《문장》을 중심으로 여러 시인들이 보여준 시의 세계는 근대에 대한 하나의 대응 방식이다. 이 논문이 지훈의 시에 주목하는 것은 그의 세계가 동아시아 예술미학에 기초하면서 그것의 현대적 가능성을 담고 있기 때문이다.

위의 관점들과 달리 다음의 논의들은 지훈 시 내부에서 시 세계의 일관된 특징을 포착한 논의들도 있다. 김홍규[78]는 초기작인 <地獄記 시편>의

78) 김홍규, 「조지훈의 시세계」, 《심상》, 1977.2.

죽음의식을 지훈 시에 일관된 특징이라 보고, 삶에 대한 불안한 정열과 회의를 관념적인 언술 속에 표현한 초기의 경향이 소멸의 질서를 겸허하게 수용하는 동양의 시 전통 속에 융화되어, 세계－자아 사이의 괴로운 분열을 해소하는 황홀한 지평으로 나아간다고 주장했다. 이기서[79]는 "현실 인식에서 오는 狀況의 意志化"를 지훈 시의 일관된 시정신으로 보고, 끊임없는 현실에 대한 시적 대응이 지훈 시의 특징이라고 강조하였다. 이런 관점에서 그는, 초기시의 자연은 "喪失의 자기극복으로부터 창조된 하나의 세계"라고 규정하였다. 김주연[80]은 지훈시의 근간을 "민족시의 정신과 미의식의 결부"로 파악하고 불교정신과 '꽃'의 상징성이 이를 표현하는 매개임을 구체적인 작품을 통해 해명하였다. 한편 지훈의 후기시는 삶과 죽음의 문제로 귀착되며 죽음에 대한 초월적 세계관의 획득을 통해서 자유의 정신을 구현했다고 평가하였다. 서익환[81]은 지훈의 생애를 여섯 시기로 나누고 각 시기의 특징을 자아의 문제－자아의 상실・모색・확립・갈등・탐구・발견－라는 관점에서 접근하여, 그의 시가 자아와 그 배후에 존재하는 자연에 기초하여 형성된 세계임을 해명하였다. 그는 지훈의 시가 내면 탐구에서 시작하여 자연과 인간, 민족, 사회, 역사의 장으로 전개되었으며 초기의 자아상실을 극복하고 자연・자아・전통이 조화 합일된 자아발견의 세계로 옮겨갔다고 결론지었다. 김명인[82]은 지훈의 시와 시론에 나타난 심미의식이 그의 시 세계의 저류를 형성한 것으로 판단하고 그 연원과 전개과정을 추적하였다. 그에 따르면, 지훈의 심미의식은 청소년기에 관심을 두었던 탐미주의에서 연원한 것으로서 후에 순수시론을 형성하

79) 이기서, 「芝薰詩가 지닌 狀況의 意志化」(김종길 외, 『조지훈연구』, 고려대출판부, 1978).

80) 김주연, 「認識을 통한 自由의 詩人」(『趙芝薰』, 한국현대시문학대계19, 지식산업사, 1982).

81) 서익환, 「조지훈 시 연구」, 한양대 박사학위논문, 1988.12.

82) 김명인, 「審美意識의 詩的 展開 : 趙芝薰의 詩와 詩論을 中心으로」, 《경기대학교논문집》 제27호, 1990.

는 중요한 계기가 되었고, 등단 과정에서 「古風衣裳」류의 작품이 정지용에 의해 다분히 의도적으로 추천되면서 깊이 내면화된다. 이후, 이러한 유미주의는 동양적 전통 속에 수용되면서 '조화와 질서'라는 고전적 심미의식으로 전환 · 통합되었다. 유미주의와 고전적 심미의식의 통합은 동서양의 상반된 흐름을 통합하려는 시인의 의도에서 비롯된 것이라고 김명인은 주장하였다. 최동호[83]는 지훈의 초기와 후기를 대표하는 작품으로 「僧舞」와 「梵鐘」을 들고 두 시를 매우 소상하게 분석하여 지훈 시의 전개와 성취를 구명하였다. 그는 「僧舞」가 삶에 대한 통찰과 언어 구사에서 미숙한 점이 있지만, 지상 · 천상, 육체 · 정신, 속 · 성(俗 · 聖) 등 상충하는 고뇌를 극적으로 잘 집약시킨 작품이라 평가하고 이러한 특징이 「古寺」와 같은 선감각(禪感覺)의 시를 거쳐 불교적 깨달음—하강에서 상승으로, 비움에서 충만으로 변용되는 우주적 생성—을 육화시킨 「梵鐘」의 세계에 도달했다고 보았다. 아울러 「梵鐘」은 서구 시에서 얻은 탐미적 감각과 동양의 정신적 전통에서 체득한 사유를 조화와 균형 속에서 통합한 작품이라고 평가하였다.

이상의 연구들은 지훈의 시 세계를 다각적으로 조명한 것으로서 시인에 대한 논의의 외연을 확장하고, 지훈 시의 시사적(詩史的) 지점을 확인시켜 준 성과들이었다.

이외에, 민족 정서나 전통 계승이라는 관점에서 조지훈의 시를 분석한 연구들이 있는데, 김용직, 이동환, 김재홍, 권택우, 오세영, 최승호 등의 논의가 여기에 속한다. 김용직[84]은 한국 현대시인 중에서 시와 전통 의식의 측면에서 가장 두드러진 시인으로 조지훈을 꼽고, 전통에 대한 풍부한 소양과 한국어 · 한국문학 · 한국문화에 대한 안목을 그 이유로 제시하였다. 그는 시의 소재나 감정표출 방식, 시어 연구를 통해 지훈 시에 나타난 전

83) 최동호, 「趙芝薰의 「僧舞」와 「梵鐘」」, 《민족문화연구》 제24호, 고려대 민족문화연구소, 1991.7.
84) 김용직, 「現代詩와 傳統의 繼承」, 《심상》, 1973.12.

통의 요소를 살피고, 아울러 과거지향적인 태도, 비서민적 경향, 순수시 옹호 등을 전통 계승의 장애 요인으로 지적하였다. 이동환[85]은 지훈이 의식한 한시나 동양의 문화 전통은 중국적인 것으로서 한자문화에 바탕을 둔 것이라 전제하고, 한시 전통의 수용을 구체적인 작품들을 통해 확인하였다. 이를 통해 한시 전통의 핵심인 '발상의 단순화'와 '자연에의 관조'라는 특징이 지훈의 시에서 뚜렷하게 드러나고 고도의 언어 절제와 여백이 효과적으로 실현됨으로써 한시 전통의 현대적 계승이라는 점에서 독보적인 위치를 차지하였다고 평가했다. 김재홍[86]은 지훈의 시를 민족의식·역사의식·생명의식·미의식이 유기적으로 통합된 세계로 보고, 만해의 선(禪) 감각·한시적 교양·지사의식, 소월의 낭만적 자연관·존재론적 생(生) 의식, 지용의 서정적 감각·전아한 정제미를 계승하였다고 보았다. 아울러 고전정신을 현대적인 감수성의 언어로 계발하였다는 점에서 지훈 시의 시사적 의의를 중요하게 평가하였다. 권택우[87]는 지훈의 시가 동양정신에 기초하고 있고 자연을 주된 표현 대상으로 삼고 있다는 점에 착안하여 동양화에 형상화된 예술정신과 기법의 측면에서 지훈시의 자연관과 여백의 의미를 해명하였다. 권택우의 이 글은 지훈 시에 나타난 동양예술의 전통을 구체적으로 확인하였고 그림과 시라는 상이한 장르에서 공통적으로 흐르고 있는 예술 정신을 고구하였다는 점에서 중요한 성과이다. 그의 논의는 전통의 연속성과 차이를 구체적으로 확인하고, 장르를 넘어 동아시아 예술작품 속에 형상화된 예술 정신의 구체를 살필 수 있다는 점에서 시사하는 바가 크다. 그러나 그가 전통의 연속성을 살피려는 의도에서 지훈 시의 독자성을 밝히지 못한 것은 매우 아쉬운 대목으로, 연속성이 차

---

85) 이동환, 「芝薰詩에 있어서의 漢詩傳統」(김종길 외, 『조지훈연구』, 고려대출판부, 1978). 지훈의 한시와 국문시의 한시 수용 양상을 연구한 논의는 최태호의 「芝薰漢詩의 特質攷」(《외대교육논총》 제10집, 1994)와 「萬海·芝薰의 漢詩硏究」(한국외대 박사학위논문, 1994) 등이 있다.

86) 김재홍, 「芝薰 趙東卓」, 『한국현대시인연구』, 일지사, 1986.

87) 권택우, 「동양화법으로 본 지훈시 연구」, 부산대 석사학위논문, 1987.2.

이를 동반하지 않을 때 그것의 의의는 축소될 수밖에 없다. 전통은 그것을 의식한 개인에 의해 새롭게 창조될 때 의미가 있기 때문이다.

오세영[88]은 지훈 문학의 정신적 기초로서 선비정신을 들고, 지훈이 시조나 한시 등 전통시가 지닌 형식이나 기법을 도입하여 자유시의 영역을 확대하고 전통적 가치 위에 현대시를 정립시킴으로써 탈서구지향에 공헌했음을 높이 평가하였다. 최승호[89]는 이병기·정지용·조지훈의 '자연시'를 두루 살피면서, 지훈의 시를 다섯 가지로 나누고 대상에 대한 자아의 태도를 분석하였다. 그에 의하면, 지훈의 자연시에 나타난 대상과 자아는 대체로 고요한 움직임 속에서 "생명력의 상호 현상유지적 교감"을 보이고, 불교적인 영향을 받을 때는 초탈, 유교적인 영향을 받을 경우에는 체념의 정서가 지배한다고 보았다.

이상에서 살펴본 연구성과를 통해 볼 때, 지훈의 시는 이른바 민족이나 동아시아 문화 전통의 현대적 수용이라는 점에서 중요한 자리에 놓여 있다. 지용에 의해서 선택된 지훈의 시들과, 이후 시 세계의 전개 방향은 일제강점기말의 시대 현실에 대한 대응의 산물이었다. 지훈의 시와 시의 자연을 단순히 현실 도피나 안주로 보고, 그러한 관점에서 동아시아 미학 전체를 비판하는 견해는 고발과 저항과 부정의 방식을 우위에 둔 서구중심적 발상이다. 황폐한 현실을 넘어서는 방식이 저항과 부정일 수만은 없다. 대상 세계를 주체와 대립된 것으로 상정하지 않는 동아시아적 사유는 나름의 방식으로 현실 세계를 열어간다.

조지훈의 시가 문제가 되는 것은 전통적인 예술 정신에 기초한 그의 시가 현실 대응의 논리를 그 안에 내장하고 있기 때문이다. 이 논문은 지훈 시에 나타난 풍경을 분석하고, 그 풍경에 형상화된 시인의 정신이 어떻게 현실과 만나는가를 살필 것이다. 이러한 과정은 지훈의 시가 심정적 위안

---

88) 오세영, 「조지훈의 문학사적 위치」, 《민족문화연구》 제22호, 1989.2.
89) 최승호, 「1930년대 후반기 시의 전통지향적 미의식 연구 : 문장파 자연시를 중심으로」, 서울대 박사학위논문, 1993.

이나 안주의 세계가 아니라 현실 대응의 논리를 내재한 일관된 의식의 체계임을 드러내는 작업이 될 것이다. 이는 아울러 동아시아 예술 정신의 특징으로 삼는 이른바 조화와 합일이 단순한 퇴영의 안식처가 아니라 생명 세계를 포용하고 현실 세계를 타개하는 방법임을 해명하는 작업이 될 것이다.

3. 풍경의 개념과 분석의 관점

풍경은 일상에서 매우 폭넓게 쓰이는 용어이다. '전원 풍경', '그림 같은 풍경', '내면 풍경', '흐르는 풍경' 등, 풍경이란 말은 정확한 의미 규정 없이 자의적이고 인상적인 방식으로 사용되어 왔다. 물론 '내면 풍경'은 '내면 공간'이나 '내면의 이미지'와 구분하여 사용되는, 다른 의미를 내포한 표현이다. 아울러 '그림 같은 풍경'은 있지만 '그림 같은 공간'은 없다. 풍경은 고정된 성격을 띤 공간이나 이미지와 달리 그것을 구성하는 요소들의 상호 작용과 역동성을 내재하고 있어 의미를 규정하는 일이 쉽지 않다. 그러나 풍경은 유사 개념들과 분명히 변별되는 성격을 지니고 있다.

풍경의 개념을 설정하기에 앞서, 풍경에 내포된 문제적인 국면에 관해 생각해 보고자 한다. 풍경은 풍경화에서 연유한 용어이다. 풍경화는 동아시아에서는 3~4세기, 서양에서는 근대적 주체 개념이 대두하는 16~17세기에 본격화된 회화 장르이다. 시간의 선후 문제나 장르의 형성과정은 차치하고 일반적인 동·서양의 풍경화는 별도의 교육을 받지 않은 사람도 구분하기 어렵지 않을 만큼 매우 이질적인 방식으로 그려져 있고, 또한 그렇게 받아들여진다. 단순화의 위험에도 불구하고 동·서양 풍경화의 구성 방식을 간략하게 구분해 보면, 원근법에 기초한 서양의 풍경화는 시·공간적으로 단일한 부동점을 가정하여 공간을 균질화함으로써 대상 세계를 재현한다. 반면 동양의 산수화는 특정 시점(視點)을 의도적으로 배제하고 시점을 분산하거나 화면을 분할함으로써 창작 주체가 지향하는 성격의 공간을 창조한다. 구체적인 대상의 시각적인 재현을 목적으로 하는 서양의 풍경화와 달리 동양의 산수화는 오히려 시·공간의 구체성을 지양한다. 이는 현색(玄色) 혹은 묵색(墨色)이 상징하는 영원성·정신성과도 관련되어 있다. 아울러 화면의 모든 부분을 색채로 처리하는 서양의 풍경화와 달리 동양의 산수화는 인공이 가해지지 않은 여백을 통해 깊이를 유발한다.

이렇게 전혀 다른 원리와 의도에 의해 그려진 동·서양의 풍경화는 이질적인 화면으로 받아들여진다. 그런데 풍경화를 감상할 때 화면을 이질적인 것으로 느끼고 구분하는 인지 작용은 비단, 그림에만 적용되는 것은 아니다. 실재하는 자연이나 대상 세계, 혹은 이를 형상화한 문학적 표현에도 화면을 볼 때의 시선이 작용한다. 이를테면, '그림 같은 풍경'이나 '동양적 자연 풍경'이라는 표현은 특정 공간의 자연 형상이나 그것을 묘사한 문학적 표현에도 사용된다. 이는 동·서양 풍경화의 구성 원리가 대상을 인식하는 지각 양태에도 실현되고 있음을 뜻한다. 다시 말해 공간을 풍경으로 지각하거나 특정한 문화적 산물과 연관시키는 것은 대상 세계를 특정한 방식으로 구조화하고 파악하는 사유가 작용한 것이다. 그렇다면 풍경이란 외부에 실재하는 것이 아니라 의식에서 만들어진 산물이 된다.[90] 풍경에 관한 일련의 논의[91]들이 공통적으로 주장하는 바, 풍경은 순수한 감각을 통해 지각되는 물리적인 대상이 아니라 인간의 의식에 의해 선택·구성된 역사적 산물이다. 따라서 대상이나 공간을 지각하는 방식이 변화할 경우, 전통적인 상징 형식은 상대화되고 사물 세계는 새롭게 발견되어 새로운 풍경이 출현하게 되는 것이다.

논문에서 사용하는 '풍경'의 일차적인 의미는 풍경화에서 말하는 '풍경'

---

90) 李孝德, 『표상공간의 근대』, 박성관 역, 소명출판, 2002, 42쪽.

91) 池田彌三郎, 『たが身の風景』, 東京 ; 讀賣新聞社, 1976.
勝原文夫, 『日本風景論』, 東京 ; 論創社, 1979.
가라타니 고진, 『일본근대문학의 기원』, 박유하 역, 민음사, 1997.

이다. 그런데 이 풍경에는 두 가지 의미가 내포되어 있다. 즉 심미적인 형상으로서 완성된 풍경과 그것의 대상으로 포착된 풍경이다. 한편의 풍경화가 탄생하기 위해서는 먼저 특정한 물리적 현상·형상을 심미적인 것으로 포착하는 인식의 각성이 필요하다. 전원의 자연미가 발견되기 위해서는 여행자의 시선이 필요한 것처럼 새로운 풍경의 출현은 세계를 새롭게 인식할 수 있는 지각 양태의 변화를 전제로 한다. 서양의 풍경화의 출현이 근대 주체의 탄생과 관련되어 있다는 사실은 새로운 심미적 형상과 지각방식의 연관성을 시사한다. 이렇게 포착된 풍경은 그것을 발견한 사람의 시선에 의해 새로운 심미적인 형상으로 그려진다. 물론 세계를 바라보는 방식은 사회·역사적으로 주조되는 것이어서 세계상의 변화, 즉 새로운 풍경의 출현은 세계를 경험하는 패러다임의 사회적인 변화와 관련되어 있다.

심미적인 풍경은 크게 대상 세계와 이를 심미적인 것으로 포착하는 창작 주체, 그리고 그것을 형상화하는 표현 방식으로 구성된다. 물론 포착한 대상 세계와 이를 형상화하는 표현 방식은 밀접한 관련이 있다. 이 대상 세계와 유사한 개념으로 공간을 들 수 있는데, 존재의 근거로서 기능하는 공간보다 풍경은 복합적이며 역동적이다. 공간은 인간의 삶을 지속적인 관련 속에 구축할 수 있는 외적인 근거이자 세계를 경험하는 지각의 범주이다.[92] 혹은 주체의 의식이 지향하는 장소이기도 하다.[93] 다시 말해 공간은 인간이 자신을 경험하는 내적·외적 근거로서의 지각의 대상이자 지향성을 통해 주체의 의식을 드러내는 범주이다. 그러나 풍경은 "(시각을 중심으로 한) 감각을 통해 지각되는 물리적·공간적 대상이 아니라 어디까지나 '인상(impression)'이라는 자발적 심상·표상"[94]이다. 그것은 사물세계를 바라보는 인식의 문제와 깊이 관련되어 있으며 그 인식한 것을 구

92) 이진경, 『근대적 시·공간의 탄생』, 푸른숲, 1997, 69쪽.
93) 가스통 바슐라르, 『空間의 詩學』, 곽광수 역, 민음사, 1990, 108쪽.
94) 李孝德, 앞의 책, 42쪽.

체적으로 제시하는 물질적인 행위와 관련되어 있다. 아울러 풍경은 보이는 대상과 보는 주체가 다양한 방식으로 관계를 맺는 세계이면서 풍경을 구성하는 부분들이 역동적인 상호관련 속에 전체를 이루는 복합적인 성격을 띠고 있다. 심적인 상(像)이나 물질적인 상(像)으로서의 풍경은 객관 세계와 그것을 지각하는 주관이 작용하여 구성되는 형상 사유라 할 수 있다.

그런데 여기에서 고려해야 할 점은 회화와 언어의 풍경의 차이이다. 사물들을 인식하는 관점의 유사성에도 불구하고 표현 매체와 형상의 구성 방식이 다르기 때문에 회화와 언어의 풍경은 매우 상이한 효과를 유발한다. 이를테면 원근법의 원리에 따라 구성된 풍경의 경우, 도상(圖像)은 일정한 원리에 의해 조직된 대상 세계가 표현의 형식에도 동일하게 적용됨으로써, 지각한 세계가 표현된 형상 속에서 그대로 느껴지도록 재현된다. 그것은 실제 공간이 대상화되는 방식과 화폭이라는 평면 속에 실현되는 과정, 즉 지각과 전달의 형식이 동일한 원리 속에 통일된다는 점이다. 회화의 경우, 대상 또는 대상군을 전체적으로 바라보는 지각 과정은 공간을 일정한 원리 속에 통합하는 풍경화의 과정과 일치한다. 물론 언어의 풍경도 언어 표현에 의해 궁극적으로 상기·재현됨으로써 하나의 시각상으로 통합된다. 그러나 언어의 풍경은 하나의 원리가 풍경 전체를 지배하는 방식으로 구성되지 않고, 대상 세계를 인식하고 형상화하는 표현 속에 느슨하게 잠복되어 있다. 지각과 표현을 통합하고 대상화된 공간을 일관하는 중심 원리로서 작용하는 회화 풍경의 창작 주체와 달리, 언어의 풍경은 그것을 구성하는 각 부분에 따라 대상과 관계 맺는 주체의 작용력이 저마다 다르며, 이것을 표현하는 방식도 획일화되어 있지 않다. 회화의 경우, 도상과 주체의 관계 방식이 전체적이고 직접적인데 반해 언어의 경우에는 상대적이며 간접적이다. 이는 회화의 풍경이 일정한 원리에 의해 전체적으로 그리고 단번에 지각되는데 반해, 언어의 풍경은 시간이 진행됨에 따라 생성되고, 이질적인 효과를 유발하는 부분들이 상이한 효과의 차이를 만들면서 감상되기 때문이다. 언어의 풍경은 전체를 구성하는 부분들 사이의 상호작용이 복잡하게 이루어지며, 그 형상이 직접 제시되지 않고 감상자의 상상력에 의해 구성됨으로써 더욱 역동적인 성격을 띠게 된다.

시간의 문제는 언어와 회화의 풍경이 변별되는 중요한 요소이다. 회화는 지각의 대상과 표현된 형상이 일정한 원리에 따라 하나의 공간 속에서 구성되지만, 언어의 경우에는 상이한 표현 방식과 이질적인 작용력을 갖는 각 부분들이 시간의 차이를 두고 결합된다. 여러 개의 형상이나 장면이 생성적인 방식으로 구성되는 언어의 풍경은 저마다 상이한 작용력을 갖는 부분들이 서로 어우러짐으로써 전체를 이룬다. 물론 각 부분들은 전체 풍경에 유기적으로 통합된다. 각 장면들을 연결하는 핵심적인 요소는 시의 화자이다. 화자는 회화의 경우 대상 세계를 지각하고 형상화하는 중심점으로서의 주체에 해당한다.

화자와 대상 세계의 관계는 풍경의 성격을 결정짓는 중요한 요소이다. 화자가 사물들을 어떻게 인식하는가 하는 점은 시의 풍경이나 언어 표현과 밀접하게 관련된다. 사물들이 화자의 정서나 의식을 드러내는 주변적인 기능을 담당할 때 대상 세계는 화자의 내면에 종속되고 이를 묘사하는 언어는 주체 중심적인 성격을 띠게 된다. 화자가 풍경의 내부에 있고 사물들이 시의 풍경을 구성하는 데 편의적으로 동원되면서 화자의 감정 상태를 고스란히 덧입는 상태는, 대상 세계가 가장 주변화되는 방식이라고 할 수 있다. 이러한 상태에서 대상 세계는 전혀 독자적인 의미를 갖지 못한다. 물론 사물들에 대한 주관화가 대상을 독립된 세계로 인식하되 주체의 표상에 의해 재구성하는 방식으로 이루어지는 경우도 있다. 이는 원근법적 주체에 의해 사물들이 주체와 상면한 상태로 재편되는 방식이라 할 수 있다. 사물 세계가 철저하게 대상화되고 주체의 존재성이 강화되는 방식이다.

사물들을 주관적인 이미지로 변용하지 않고 객관적으로 묘사하는 경우, 주체는 사물들과 함께 풍경을 구성하는 요소로 참여할 수도 있으며, 풍경의 바깥쪽에서 사물들의 관계를 묘사하는 시선으로 작용할 수 있다. 이때 주체와 대상 세계의 관계는 주체의 위치에 의해 결정되기보다 대상을 서술하는 언어 표현의 방식에 의해 결정된다. 화면(畵面)의 성격을 결정짓는 것이 주체의 시점이라고 한다면, 언어의 풍경은 각 부분의 형상을 생성하는 표현 속에 주체의 관점이 표출된다. 아울러 그 형상 언어들은 대상을 인식하는 주체의 관점과, 시의 의미가 생성되는 지점·방식을 보여준다.

시의 풍경은 앞에서 확인했던 것처럼, 시간이 진행되면서 생성되는 장면이나 형상들이 상호 작용하는 전체적인 어우러짐을 통해 구성되는 것이기에 풍경은 부분들의 형상을 생성하는 이미지 위에 기초한다. 묘사·비유·상징 등의 이미지들로 구성된 장면들이 상호 작용하는 과정을 통해 언어의 풍경은 창조된다. 이러한 이미지들은 사물 세계와 주체의 관계 양상이 드러나는 지점이다. 이를테면 근대적 주체에 의해 창조된 형상은 주체의 존재성이 부각되는 방식으로 이미지들이 조직된다. 정지용 시의 참신성은 사물들을 주체의 표상 세계로 전환함으로써 비롯된 것이다. 지적이고 생생한 이미지로 표현된 사물들은 주체의 의식과 감각을 환기시킨다. 이러한 이미지들은 대상 세계를 주체 중심으로 주관화한 것이다.

이와 달리 대상을 객관적으로 묘사하는 표현 방법도 있다. 이 경우 풍경을 구성하는 장면이나 형상들은 언어 표현을 통해 새로운 의미를 창조하지 않고 사물 자체의 형상을 객관적으로 묘사할 뿐이다. 풍경을 구성하는 장면이나 형상들은 새로운 이미지들을 생성하는 방식이 아니라 사물들 그 자체의 형상을 객관적으로 묘사하는 방식으로 이미지들이 생성된다. 이 경우, 이미지는 언어 조직에서 생성되는 것이 아니라 대상 자체에 속한 것이다. 즉 대상 자체의 존재성을 그대로 실현하는 이미지라 할 수 있다. 이러한 경우 시의 의미는 언어 조직 자체에서 생성되지 않고 객관적으로 서술된 장면과 장면의 사이, 혹은 형상들의 사이에서 만들어진다. 이때 시의 의미는 부분적인 형상들로 구성된 전체로서의 풍경에 도움을 입어 형상의 밖에서 생성된다. 이는 부분적인 이미지, 혹은 언어 조직을 의미 생성의 단위로 삼지 않고 풍경 전체를 대상으로 하여 표현의 밖에서 의미를 성취하는 ‘의경(意境)’의 개념에 닿아 있다. 한시를 비롯해 동아시아 전통 시가의 일부가 여기에 속한다.

의경은 현재 이미지의 대역어로서 사용되고 있지만, 두 개념을 동일한 층위로 묶기는 어렵다. 이미지가 사물을 형상화하는 언어 표현 방식이라고 한다면 의경은 언어가 환기하는 정취를 대상으로 삼는다. 의경을 형성하는 데 이미지가 사용될 수도 있지만 이미지가 반드시 필요한 것은 아니다. 모더니즘적인 시각에서 심미적 언어 표현의 의의, 즉 이미지의 효과는 표현된 언어 자체에 있겠지만 의경의 관점에서 언어의 심미성은 문면에 표현되지 않은 함의를 얼마나 내포하는가의 문제와 관련된다. 따라서 의경의 관점이 유효한 시편들은 언어 표현 자체에서 의미가 생성되기보다 풍경을 구성하는 부분들이 어우러지면서 표현의 밖에서 의미가 발생하는 작품이라고 할 수 있다. 이는 실제로 산수화의 의미 생성 방식과 유사하다.

이미지와 의경이 큰 이질성을 지닌 짝 개념이라는 사실은 각각의 개념으로 포섭할 수 없는 영역이 있음을 시사한다. 그것은 심미적 언어 표현, 나아가 시에 관한 인식, 그리고 세계상의 차이를 반영한 것이다. 여기에서 주의할 점은 이미지와 의경을 동·서 시학을 대별하는 대립적인 개념으로만 볼 수 없다는 점이다. 이미지가 시의 형상이 생성되는 언어 표현 방식을 대상으로 한 것이라면 의경은 창작 주체의 의미·의도를 풍요롭게 하는 언어 표현의 환기력에 주목하는 관점이다. 물론 의경도 이미지로 구성된다. 후자는 언어 조직 자체를 체계적으로 분석하는 개념이라기보다 풍경을 보는 관점에 가깝다. 의경의 관점이 유용한 시편들은 이미지로 분석하기 어려운 작품이라기보다 대체로 형상의 생성 과정에서 의미가 발생하지 않는 방식으로 이미지가 활용되는 작품이라고 할 수 있다. 따라서 이미지와 의경을 풍경 분석의 배타적인 관점으로 적용하기보다 풍경의 성격과 표현의 특질을 해명하는 데 차별적으로 활용하는 것이 온당할 듯하다.

이제까지 논의한 내용을 바탕으로 풍경을 정의해보면, 시의 풍경이란 대상 세계를 인간의 의식에 의해 선택·구성된 시각상으로서, 이를 구성하는 부분들이 역동적인 방식으로 상호 결합하여 생성된 형상들의 관계 양상, 혹은 역동적인 형상들의 전체라고 할 수 있다. 이를 작품 분석의 대상으로 삼을 때 점검할 사항들은, 풍경의 대상이 된 현상이나 세계의 의미, 대상과 지각 주체의 관계 양상, 주체의 시점, 장면과 장면이 결합되는 방식, 혹은 사물들간의 관계 양상, 이미지나 언어 표현의 특징, 의미 생성 방식 등이다. 풍경을 구성하는 데 참여하는 이러한 여러 요소들은 단계적인 과정이나 항목별로 따로 분석하기보다 풍경의 성격에 따라 함께 점검하는 방식을 밟는 것이 온당할 듯하다. 그것은 대상과 주체, 인식과 언어, 형식과 내용이 풍경을 구성하는 데 별도로 작용하지 않고 상호 연관되어 참여하기 때문이다.

이 절에서 의경 개념을 검토하려는 것은, 한 사회의 문화형이 형상 속에 반영되어 있고 이러한 형상의 개념 속에서 한 사회의 문화적 특질을 찾을 수 있다고 보기 때문이다. 개념은 개별적인 구체들 속에서 추출해 낸 것이지만 동시에 세계를 인식하는 틀로서 작동한다. 서구적 이미지와 동아시아의 의경 개념에는 예술 작품의 형상성에 대한 이질적인 관점이 반영되어 있다. 개념을 이해하는 것은 특정한 문화권의 성격을 짙게 띤 예술 작품을 섬세하게 읽어내는 데 도움이 될 수 있다. 이미지와 의경은 많은 공통점을 거느리고 있지만 한쪽으로 통합할 수 없는 변별 영역을 지니고 있다. 이는 형상의 사회·문화적 성격에서 비롯된 것이다.

여기에서 다소 생소한 의경 개념을 검토하는 것은, 현재 통용되고 있는 문학적 개념으로서의 이미지가 예술의 형상성을 두루 포섭하는 개념으로 충분하지 않다고 보기 때문이다. 이미지로 해명되지 않는 형상성의 잉여가 있다는 것은, 이미지의 개념으로 포섭할 수 없는 결락 영역이 있다는 것이고, 그 영역이 한 문화의 고유한 대목을 환기하는 지점을 뜻하는 것으로 볼 수 있다. 이미지 대신 의경이나 의상 개념으로 작품의 형상을 연구한 고전 시가 논의들을 단순히 연구의 관성 탓으로 볼 수만은 없다.[95] 동일한 층위에서 논하기 어려운 측면이 있기 때문에 용어를 구분하는 것이다. 이는 현대시를 의경의 관점에서 접근한 연구가 이른바 전통적인 성향의 작품을 대상으로 하고 있다는 사실에서도 확인할 수 있다. 의경 개념에 이미지로 설명되기 어려운 부분이 있다는 것은 이 논문에서 다루려는 풍경의 형상에도 동일하게 적용된다. '인간의 정신이나 문화적 형태'로서의 풍경에는 타문화의 시각상과 변별되는 고유한 특질이 담겨있기 마련이다. 의경 개념을 검토하는 것은 그러한 풍경을 보다 섬세하게 이해하고, 풍경 속에 형상화된 세계상을 그 문화의 맥락 위에서 이해하기 위함이다. 이러한 작업은 이미지의 개념으로 충분히 포섭하기 어려웠던 한국적 시의 형상을 이해하고 한국의 시가를 연속성의 관점에서 접근하려는 시론의 성격을 띠고 있다.

'의경(意境)'[96]은 동아시아 시학의 특징을 함축하고 있는 개념이다. 문학의 이미지에 대응하는 개념이지만 의경은 이미지로 포섭하기 어려운 부분을 지니고 있다. 그것은 문학 언어에 대한 상이한 문화적 인식과 관련되어 있다. 의경 개념을 이해하기 위해서는 간략하게나마 고대 동아시아의

---

95) 이와 관련되어 참고할 논의들로 임준철의 「漢詩 意象論과 朝鮮中期 漢詩 意象 研究」(고려대 박사학위논문, 2003)과 고우공과 메조린의 「唐詩의 構文, 用語, 그리고 心象 (上)(下)」(禹在鎬 · 洪寅杓 공역, 《中國語文學》 13 · 14, 1987 · 1988, 원문은 Kau Yu-Kung · Mei Tsu-Lin, Synax, Diction, and Imagery in T'ang Poetry, Harvard Journal of Asian Studies, Vol.31, 1971.), 정민의 「의경론으로 읽는 현대시 두 수」(《한국언어문화》 제18호, 2000.12), 안대회의 「한시와 시조의상의 유형적 특질」(《한국한시연구》 제2호, 1994) 등이 있다.

96) 여기에서 설명할 의경은 현재 의상과 혼용되는 용어이다. 의상이 비평적 용어로서 먼저 활용되었고 불교의 성행과 함께 의경 개념이 도입되었지만, 두 용어는 거의 유사한 내포를 지닌 채 연구자에 따라 선택 · 사용되고 있는 실정이다. 실제로 의상론과 의경론은 동일한 개념으로 쓰이면서 작품 분석의 관점으로 동원되고 있다. 이 논문에서는 상(象)과 경(境)의 내포를 고려하여 의상을 의경을 구성하는 하위 개념으로 보려고 한다. 따라서 개념의 정리는 의상에서 의경의 방향으로 진행되며 이루어질 것이며, 두 용어를 구분하는 과정에서 이미지와 의경의 차이도 설명될 것이다.

언어관과 의경 개념의 기초라 할 수 있는 경계(境界)에 관해 검토할 필요가 있다.

동아시아에서 언어는 창작 주체의 뜻을 표현하기 위한 도구로서 인식되어 왔다. 고대 동아시아 언어관은 언어가 인간의 사상과 감정을 충분히 전달할 수 있다는 '언진의론(言盡意論)'[97]과 참된 진리는 언어를 통해 전달될 수 없다는 '언부진의론(言不盡意論)'[98]으로 대별된다. 언어에 대한 이와 같은 상반된 입장은 형상(象)을 언어(言)와 뜻(意)의 매개로 설정한 『주역』에서 새롭게 통합된다. '글은 말을 다 표현하지 못하고 말은 생각을 다 표현하지 못하기 때문에 성인은 형상을 세워서 생각을 나타낸다'는 『주역』의 '입상진의론(立象盡意論)'은 '언부진의론'에서 제기한 언어의 한계를 형상성을 통해 보완한다. 주역에서 상(象)은 천지만물의 이치나 사물의 의미를 상징하는 구체적인 형상이다.[99] 상(象)은 사물의 이치를 모방한 것이지만 객관 사물의 실상(實象)이 아니기 때문에 연상을 통해 그것의 의미를 파악해야 한다. 입상진의란 명제는 형상(象)과 언어(言)를 구분하는 동시에 형상과 뜻(意)을 연계하여, 형상이 뜻을 표현하는 데 언어가 미칠 수

97) '언진의론'은 대체로 공자와 맹자를 중심으로 한 유가들의 입장이라고 할 수 있다. 국정의 최우선 순위로 정명(正名)을 꼽은 공자는 언어와 행위의 연관성을 강조하였다. 그에게 정명은 어지러운 현실에 질서를 부여하는 일이었으며, 이러한 견해 속에는 언어와 뜻의 일치에 대한 믿음이 담겨 있다. 이러한 입장은 맹자의 이의역지(以意逆志)설을 통해 계승된다. 시를 통해 작가의 뜻을 알 수 있다는 '이의역지'에는 언어와 뜻의 일치가 전제되어 있다. '언진의론'에는 뜻을 제대로 전달하는 도구로서 언어의 효용에 대한 긍정적인 인식이 담겨있다.

98) 노자는 언어를 통해 참된 진리가 전달될 수 없음을 천명한다. 노자는 무명론(無名論)을 통해 인간의 제한된 이성에 기초한 개념 언어를 통해서는 참된 앎이 표현될 수 없음을 강조한다. 장자 역시 뜻은 언어를 통해 전달될 수 없음을 윤편의 수레바퀴 우화(『莊子・天道』)를 통해 제시한다. 아울러 그는 생각을 전하기 위해 언어가 있는 것이기 때문에 생각한 바를 알고 나면 언어를 잊어야 한다는 득의망언(得意忘言)의 관점에서 언어의 의의를 제한하였다.

99) "성인은 세상의 깊은 이치를 보고 생긴 모양을 모방하여 사물의 올바른 형식을 그려내었다. 그러므로 그것을 형상이라 한다(聖人有以見天下 而擬諸其形容 象其物宜 是故謂之象)"(『周易・繫辭傳』).

없는 특수한 기능이 있음[100]을 강조한 것이다. 추상적인 언어로 표현할 수 없는 특수한 경험의 세계가 형상을 통해서 암시되는 것이다. 상(象)은 비록 작지만 그것이 환기하는 의미는 심원하고 미묘하여 은밀한 이치를 포함할 수 있다.[101] 형상의 의의와 효과를 분명히 자각한 이러한 인식은 예술의 형상성에 대한 의식의 시발로 볼 수 있다.

'언진의론(言盡意論)'과 '언부진의론(言不盡意論)'으로 대표되는 고대의 언어관은 '입상진의'에서 통합됨으로써 문예를 포함한 예술 형상 이론의 기초가 된다. 그런데 여기에서 주목할 점은 '입상진의'라는 명제 속에는 '진의(盡意)'가 입상의 목적이라는 전제가 내포되어 있다는 사실이다. 입상(立象)을 통해서 진의(盡意)할 수 있다는 것은 '입상'의 목적이 '진의'에 있음을 전제로 한다. 형상을 만든 이유는 뜻을 온전히 담는 데 있는 것이다. 예술의 형상 표현이 사물을 모방하거나 표현 자체를 목적으로 삼지 않고 뜻을 표현하는 것이라는 인식은 동아시아 예술의 대전제이다. 예술의 소재, 구성상의 특질, 표현의 재료들은 뜻을 온전히 형상화할 수 있는 관점에서 선택·조직된다. 문학의 관점에서 본다면, 관건은 형상 언어 자체가 아니라 언어가 환기하는 뜻의 깊이에 있다. 물론 그 뜻은 인생의 경계이다. 동아시아의 문화적 전통 속에서 인생의 최고 경지는 심미적인 것이다. 미(美)와 선(善)이 분리되지 않은 세계에서 선(善)의 최고 경계에 이르는 것은 근본적이고 넓은 의미에서 미의 경계에 도달하는 것이다.[102] 그러한 점에서 동아시아 예술과 그 형상 표현이 목적으로 삼은 뜻은 인생의 경계와 관련된 것임을 주지할 필요가 있다. 최고의 미적 표현은 최고 수준의 삶의 경지와 관련된다. 이는 동아시아 예술 형상을 평가할 때 중요하게

---

100) 최일의, 「意境의 개념 분석」, 《중국학보》 제43호, 한국중국학회, 2001.8, 50쪽.

101) "일컫는 명칭은 작으나 적용되는 종류는 크다. 의미는 심원하고 문장은 미묘하다. 말은 우회하나 사리에 맞으며 내용은 정돈되어 있으나 은밀한 이치를 포함하고 있다(其稱名也小 其取類也大 其旨遠 其辭文 其言 曲而中 其事肆而隱)"(『周易·繫辭下』).

102) 李澤厚·劉綱紀, 『中國美學史』, 권덕주·김승심 공역, 대한교과서, 1992, 31쪽.

참조할 대목이다.

괘의 상(象)이 괘의 뜻을 온전히 전하기 위한 것이라는 '입상진의'의 관점은 위진(魏晉) 시대 왕필에 이르러 일반적인 인식론의 측면에서 보다 체계적으로 정리된다. 장자의 '득의망언(得意忘言)'에서 '득의망상(得意忘象)'으로 나아가는 왕필의 관점은 문예 창작의 과정을 구조적으로 잘 보여준다. 다음에 인용할 왕필의 글은 문학의 형상성에 대한 동아시아 관점의 핵심을 담고 있다. 아울러 의경 개념에 내포된 주요 의미가 잘 정리되어 있다.

> 무릇 '상'이란 뜻을 내는 것이고 '말'이란 형상을 밝히는 것이다. 뜻을 다하는 데는 '상'만한 것이 없고 '상'을 다하는 데는 '말'만한 것이 없다. '말'은 '상'에서 생겨나므로 '말'을 찾음으로써 '상'을 볼 수 있고 '상'은 '뜻'에서 생겨나므로 '상'을 탐구함으로써 '뜻'을 볼 수 있다. '뜻'은 '상' 때문에 다하여도 '상'은 '말' 때문에 드러난다. 그러므로 '말'이 '상'을 밝히는 것이기는 하지만, '상'을 얻되 '말'을 잊어야 하고 '상'이라는 것은 '뜻'을 간직하고 있기는 하지만 '뜻'을 얻되 '상'을 잊어야 한다.[103]

왕필이 제시한 언어(言)와 형상(象)과 뜻(意)의 관계를 요약해보면, <언어는 형상을 표현하고 형상은 뜻을 나타낸다. 언어를 통해서 형상을 볼 수 있고 형상을 탐구함으로써 뜻을 알 수 있다>로 정리된다. 이를 문학 표현의 문제와 연관시키면, 언어는 형상이 존재하는 형식이고 형상은 언어의 내용이며, 이 언어의 형상을 통해서 작가의 사상과 감정이 나타난다. 형상 속에는 작가의 뜻이 담겨있고 그 형상은 언어로 표현된다. 이를 창작의 과정에서 정리하면, 작가는 자신의 뜻을 담을 수 있는 형상을 찾아야 하고

---

103) 夫象者 出意者也 言者 明象者也 盡意莫若象 盡象莫若言 言生於象 故可尋言以觀象 象生於意 故尋象可以觀意 意以象盡 象以言著 故言者所以明象 得象以忘言 象者所以存者 得意而忘象(『周易略例・明象』, 김원중의 『중국문학이론의 세계』(을유문화사, 2000, 53쪽)에서 재인용).

그 형상을 언어로 표현해야 한다. 여기에서 자신의 뜻을 담을 수 있는 형상이란 주관이 투영된 객관 대상이다. 주관과 객관이 어우러진 형상을 통해 작가의 뜻은 표현되는 것이다. 이때 상은 단순한 형상이 아니라 작가의 뜻이 담겨진 의상(意象)의 개념으로 전환된다.

이는 심미적 의상(意象)의 문제를 최초로 제기한 유협에게서 명확하게 제시된다. 유협은 창작론의 총론에 해당하는 「神思」편에서 마음 속의 의상(意象)에 의지하여 창작이 진행됨을 설명한다.[104) "정신은 사물의 형상과 소통함으로써 감정의 변화를 잉태한다. 물상은 그것의 형상을 통해 작가를 자극하고 작가의 마음은 情理로써 그것과 조응한다"[105) 유협이 말한 의상은 구상의 과정에서 사물과 시인의 내면 사이에서 일어나는 심리 작용을 가리킨다. 여기에서 의(意)는 작가의 사상이나 감정을 말하는 것이고 상(象)은 구체적인 사물의 형상을 의미한다. 따라서 의상은 시인의 내면과 외부 세계 사이의 상호작용을 뜻하는 것이다. 유협의 의상은 창작 구상의 활동 중에 일어나는 주관과 객관의 역동적인 심리작용을 지칭한 것이라 할 수 있다. 이것이 의상 혹은 의경의 개념에 내포된 첫 번째 의미이다.

앞에 인용한 왕필의 글로 돌아가 "'말'은 '상'에서 생겨나므로 '말'을 찾음으로써 '상'을 볼 수 있다"는 문장에서 상(象)은 구체적인 사물의 형상이 아니라 언어로 표현된 형상을 말한다. 이는 창작 과정 중에 작용하는 구체적인 사물이나 마음 속의 형상으로서의 상(象)이 아니라 창작의 결과물로서 표현된 언어적 표상을 뜻한다. 이 언어적 표상을 통해서 독자는 작가의 뜻을 볼 수 있게 된다. 창작의 결과물로서의 상(象)은 작가의 내면과

104) 유협은 수레바퀴를 잘 만들었던 윤편(輪扁)의 우화(『莊子・天道』)를 원용하여 창작 과정 속에서 의상의 역할을 설명한다. 윤편이 수레바퀴를 깎을 때 마음 속에 있는 바퀴의 형상에 따라 도끼를 움직였듯이 작가의 창작도 마음 속의 형상[意中之象・意象]에 의거하여 진행되어야 함을 강조한 것이다(是以陶鈞文思 貴在虛靜 疏瀹五臟 澡雪精神 積學以儲寶 酌理以富才 研閱以窮照 馴致以繹辭 然後使玄解之宰 尋聲律而定墨 獨照之匠 窺意象而運斤 此蓋馭文之首術 謀篇之大端, 『文心雕龍・神思』).

105) 神用象通 情變所孕 物以貌求 心以理應(『문신조룡・神思』).

사물 세계 사이의 심리작용을 거쳐 창조된 의상을 언어로 표현한 것이다. 이것이 의상 개념에 내포된 두 번째 의미이자, 예술 표현으로서의 심미 의상이다. 이 '의상은 주관적 정의(情意)에 녹아들은 객관적 물상이며, 객관적 물상에 힘입어 표현해낸 주관적 정의'[106]라고 할 수 있다.

마음 속의 상(象)을 가리키는 창작 과정에서의 의상, 창작 과정의 결과로서 언어로 형상화된 구체적 예술 표현으로서의 심미 의상, 이 두 가지가 의상의 기본 개념이라고 할 수 있다. 이는 창작의 과정 중에 형성되는 심상(心像), 그리고 이를 유발하는 언어 표현으로서의 이미지와 유사한 내포를 지니고 있다. 마음 속의 상을 의미하는 의상과 심상은 본질적으로 심리적 현상인 만큼, 문제가 되는 것은 언어 표현으로서의 이미지와 심미 의상이다. 양자는 형상 언어라는 점에서 하나의 범주 속에 포함되지만 그 표현의 성격과 양상은 상이하다. 넓은 의미에서 심미 의상도 이미지라 할 수 있다. 그러나 심미 의상은 형상 표현의 지향점이나 언어 구조, 그리고 의미 생성 방식 등에서 서구의 이미지와 근본적인 차이를 보인다. 동아시아의 전통 시가에서 드러나는 형상 표현은 긴장과 상호충돌을 통해 새로운 의미를 확장하는 참신한 이미지와 달리 표현 자체는 밋밋하다. 그것은 인식의 충격을 주는 새로운 이미지, 혹은 이미지의 특징을 웅변적으로 드러내는 비유적인 이미지[107]라기보다 묘사나 상징, 혹은 즉물적인 이미지에

---

106) 袁行霈, 『中國詩歌藝術硏究』, 박종혁 외 6인 공역, 아세아문화사, 1990, 94쪽.

107) 신비평가들은 시의 이미지나 미적 원리의 핵심을 비유, 좀더 좁힌다면 은유에서 찾았다. 일상의 언어와 '특별한 언어 표현 방식으로서의 이미지'가 다른 것이 있다면, 그것의 핵심은 '은유적인 것'이라고 데이 루이스는 밝힌 바 있다(C. Day Lewis, The Poetic Image, London, 1996, p18). 아리스토텔레스가 은유를 '서로 다른 사물들의 유사성을 발견하는 천재의 표징'(아리스토텔레스, 『시학』, 22장)으로 강조한 이래 은유는 시적 이미지의 핵심 원리로서 인식되었다. '서로 다른 사물들의 유사성을 발견하는' 것은 "어떤 사물에다 다른 사물에 속하는 이름을 轉用하는 것"(『시학』, 21장)이며 "자리바꿈이고 옮겨 넣음"(이상섭, 『문학비평용어사전』, 민음사, 1991, 104쪽)이다. 이러한 '낯선 이름의 轉義'란 일상적인 것, 낯익은 것으로부터 낯 설은 것으로의 전의(轉義)를 의미한다. 따라서 은유는 언어적 수사나 장식에 불

가깝다. 의상이나 의경의 개념에서 형상 언어는 인식의 새로움을 담는 장소가 아니라 의미를 환기하는 정류장에 해당한다. 이는 의상이나 의경 개념의 특징이라 할 수 있는 상외지상(象外之象), 상외지의(象外之意)의 문제와 관련된다. 의상의 세 번째 개념은 언어로 표현된 심미 의상이 수용되는 과정에서 발생한다. 왕필의 '득의망상론'은 동아시아 형상 언어의 존재 방식과 지향의 궁극적인 지점을 보여준다.

김원중은 왕필의 '득의망상'의 의미를 세 가지로 정리한다.[108] 첫째, '상'은 '의'를 드러내므로 '상'을 보고 '의'를 알 수 있다는 것이고, 둘째는

과한 것이 아닌 새로운 의미·논리·개념의 창조인 것이다. 은유에서 전이와 변화와 확장을 읽어내는 것은, 그것이 근본적으로 세계에 대한 의미의 혁신을 의미하기 때문이다. 이러한 관점에서 새로운 은유는 새로운 사유의 발견이자 의미의 혁신이며, 언어의 창조성을 가리키는 것이다. 20세기 신비평가들은 은유를 통해 시의 미적 원리를 해명한다. 은유를 취의(tenor)와 매개(vehicle)의 구조로 설명한 리처즈는 은유에 의해 일어난 의미의 변화는 유사성에 뿌리를 두고 있지만, 매개가 야기한 내용의 독특한 수정은 그들간의 유사성보다는 변별력의 작용이라고 주장하며 긴장의 구조를 시적 언어와 은유의 핵심으로 보았다(I. A. Richards, 『수사학의 철학』, 박우수 역, 2001, 고려대학교 출판부, 118쪽). 윌라이트는 언어를 삶의 표현과 표상으로 전제하고 삶에 내재한 긴장과 상호 충돌의 구조를 은유 속에서 읽어낸다. 그는 취의와 매개 사이의 거리에서 발생하는 힘의 긴장이 가장 효과적으로 작용하는 경우는 유사성과 이질성이 대결하는 방식이라고 전제하고 '긴장적 생생함(tensive aliveness)'이 그 자체에 드러나는 언어 표현 방식이야말로 추상 세계와 변별되는 미메시스로서의 문학언어의 특징이라고 주장한다(필립 윌라이트, 『隱喩와 實在』, 김태옥 역, 문학과지성사, 1982, 15쪽). 은유 구조의 역동성에 주목한 리처즈와 그 긴장의 구조를 해명한 윌라이트는 모두 은유의 기능에 내재한 정신적 밀도를 강조하였다. 리쾨르는 이들의 논의를 계승하여 은유를 새로운 생각을 창조하는 감각 언어로 인식한다. 그에 의하면 은유는 "그림 말(image verval)"로서 "은유에서 발생하는 상상력은 그림을 생각하는[想像] 것이 아니라 그림이 일으키는 생각[想像]"이다. 리쾨르는 "말로 다 할 수 없는 말"이 은유의 그림 언어로 표현되며 사변 이성이 활동할 수 없는 지점에서 은유가 발생한다고 보았다(양명수, 「은유와 구원」, 한국기호학회 편, 『은유와 환유』, 문학과지성사, 1999, 32～33쪽). 은유를 통해 시적 이미지의 특징을 해명한 일련의 논의들은 새로운 사유의 창출이 은유를 구성하는 언어 구조에 있음을 전제로 한 것이었다.

108) 김원중, 앞의 책, 54쪽.

'상'에는 '의'가 있으므로 '의'를 얻었으면 '상'을 잊는 것이며, 셋째는 '의'는 '상' 밖에 있으므로 진정으로 '의'를 얻으려면 '상'을 잊어야 한다는 것이다. 의(意)와 상(象)과 언(言)의 구조적 관계를 잘 드러내었던 왕필의 '득의망상론(得意忘象論)'은 뜻을 얻으려면 망상(忘象)할 것을 강조하는 것으로 마무리된다. 본래 장자의 득의망언(得意忘言)에서 출발했던 왕필의 견해는 언어와 형상의 기능을 충분히 인정하되 참된 뜻에 도달하기 위해서는 구체적인 형상에서 벗어날 것을 강조한다. 이는 언어가 뜻을 다할 수 있다는 유가의 '언진의론(言盡意論)'에 기초하되 언어로 표현할 수 없는 것이 있다는 도가의 언어관을 수용한 것이다.

'뜻을 얻기 위해서 형상을 잊어야 한다'는 점은 이미지, 특히 비유적 이미지와 동아시아 예술 형상의 차이를 암시하는 부분이다. 비유가 이미지 형상화 과정 중에 의미가 생성되는 반면, 의경의 심미적 형상은 창작 주체의 의도가 표현에 직접 드러나지 않는다. 의경의 심미적 형상 표현은 뜻을 환기하기 위한 매개 장소이지 뜻이 발생하는 곳은 아니다. 따라서 심미적 의상의 의의는 표현된 언어에 있지 않고 언어의 환기력에 있게 된다. 이는 '새로운 비유는 새로운 사유의 발견이자 의미의 혁신'이라는 서구적 이미지의 지향과 배치된다. 새로운 의미를 창출하는 참신한 비유, 혹은 새로운 이미지가 이를 형상화한 언어 구조와 필연적인 관계에 있다는 관점은 의미와 표현을 상동의 구조로 본다. 그러나 의경의 관점에서 심미적 형상 언어는 의미가 정주하는 곳이 아니라 의미에 이르기 위한 경유 지점이다. 따라서 의경의 관점이 유효한 형상 언어는 정교한 표현이라기보다 단순한 표현에 가깝되, 의미를 풍요롭게 환기하는 방식으로 구성된 언어라 할 수 있다. 이는 예술 표현이 언어 자체를 목적으로 삼지 않음을 뜻하는 것이다.

동아시아 예술 표현의 궁극적인 대상으로서의 도(道)란 본질적으로 언어나 예술의 형상 자체로는 온전하게 표현할 수 없다. 따라서 예술의 표현이 이르지 못한 부분은 마음을 통해서 헤아릴 수밖에 없는 것이다. 유협

역시 아무리 정교한 언어를 사용하더라도 표현할 수 없는 신묘한 도리가 있음을 인정한다.[109] 상외지상(象外之象)·상외지의(象外之意)는 예술 표현을 통해 이를 수 없는 부분이 있으며 수용자의 정신을 통해서 그것에 도달해야 함을 강조한 것이다. 수용자의 정신에서 펼쳐지는 또 하나의 차원을 통해서 예술 작품은 비로소 완성된다고 할 수 있다.[110]

의상 개념의 세 번째 의미는 수용론적 관점에서 심미 의상의 작용을 가리킨다. 작가는 심미 의상이 수용자의 내면 속에서 불러일으킬 정신의 작용을 심미적 표현 속에 마련해야 하는 것이다. 이러한 관점에서 본다면 예술의 표현은 형식보다 예술 형상이 불러일으키는 작용에 초점이 놓여있으며, 이는 창작자뿐만 아니라 수용자의 정신 세계까지를 예술 행위의 과정에 포함하는 매우 역동적인 개념이라고 할 수 있다. 이렇게 볼 때 의상은 의식의 일종으로 창작자와 감상자의 마음 속에서 발전·변화·형성되는 심미 과정이라 할 수 있다.[111] 의상의 세 번째 개념에 포함된 이러한 의미[112]는 인식의 수준이나 정신의 경지와 관련된 의경(意境) 개념에 보다

---

109) "형상을 넘어선 추상적인 것을 도라 하고 형상이 있는 구체적인 것을 器라 한다. 신묘한 도리는 묘사하기가 어려운 것이라서 아무리 정교한 언어를 사용하더라도 그것의 극진한 부분까지는 설명할 수 없다(夫形而上者謂之道 形而下者謂之器 神道難摹 精言不能追其極)"(『文心雕龍·夸飾』).

110) 표현된 것을 초월하여 그 너머의 근원 세계를 환기하려는 점은 동아시아 예술 표현의 근저를 이루는 심미의식이다. 이는 시·서·화의 예술 표현 속에 다양한 방식으로 구현되어 나타난다. 이를 테면 회화의 여백은 유한한 것을 통해서 무한한 것을 표현하려는 예술적 장치이며, 양적으로 보면 여백은 묘사된 부분보다 더 중요한 것으로 여겨졌다. 여백은 그 속에 실재가 존재하는 비실재의 상징으로, 이를 볼 수 있는 정신을 통해서 체험되는 상외지상(象外之象)에 해당한다고 볼 수 있다. 또한 수묵화의 묵색(墨色·玄色)은 구체적인 외관의 세계보다 내관의 세계를 표현하려는 정신이 선택한 소재라고 할 수 있다. 여백이나 간결함, 함축, 기운생동 등은 본질적으로 표현의 너머를 지향하는 동아시아 예술의 특징으로서 수용의 과정에서 감상자의 정신 작용을 중시하고 일련의 과정 전체를 예술 행위 속에 포섭하는 요소들이라고 할 수 있다.

111) 蔡儀 주편, 『문예미학』, 강경호 역, 동문선, 1989, 136쪽.

112) 의상의 세 번째 개념과 관련된 용어로 흥상(興象)이 있다. 흥상은 원래 당시(唐詩)

잘 부합하는 개념이라고 할 수 있다.

이상에서 검토한 의상 개념을 정리하면, 우선 의상은 창작 과정 중에 일어나는 심리활동으로 사물 세계와 작가의 내면 사이의 상호작용을 통해 작가의 마음 속에 생성된 형상[意中之象]을 가리킨다. 이는 객관적인 물상과 달리 작가의 정신이 투영된 형상이라 할 수 있다. 둘째, 구체적인 심미 의상으로 상(象)에 기대어 작가의 사상과 감정을 형상화한 언어 표현을 말한다. 의상의 중심 개념이다. 객관과 주관의 교융을 통해 언어로 형상화된 표현이라 할 수 있다. 셋째, 감상자의 수용 과정에서 이루어지는 정신의 형상 작용으로 심미 의상이 불러일으키는 효과를 가리킨다. 이 중에서 첫 번째와 두 번째 개념은 서구 문학의 이미지의 개념에 포섭된다. 물론 언어 표현으로서의 심미 의상은 인식의 새로움을 표현 속에 담아내는 장력의 언어라기보다 평범한 서술의 언어에 가깝다. 그런 점에서 의상과 의경 개념에 부합하는 형상 언어는 긴장과 충격을 형상 표현에 담아내는 이미지와 근본적으로 갈린다. 이러한 심미 의상의 성격은 의상의 세 번째 내용과 관련된다. 의상의 세 번째 의미는 이미지로 포섭하기 어려운 개념이다. 문제는 이 세 번째 개념이 심미 의상의 가치 평가를 판가름하는 관건으로 동아시아 고전시학의 특질을 보여주는 핵심이라는 점이다. 언어로 표현된 심미 의상의 평가는 그것이 환기하는 정신의 작용을 기준으로 이루어진다. 작품의 구체적인 표현으로서 심미 의상의 효과와 관련된 상외지상(象外之象)은 의상과 의경을 구분하는 개념이기도 하다. 의상의 심화 개념이

특유의 미학경계를 지칭하는 표현으로 흥(興)과 상(象)의 결합어이다. 흥(興)은 "文已盡而意有餘"(鍾嶸, 「詩品序」)에 해당하는 의미로 여운을 남게 하는 표현을 가리킨다. 따라서 흥상은 의상개념의 특수한 양태라고 볼 수 있다. 흥상은 의상의 시적 기능이 충분히 발휘되어 감상자로 하여금 여운을 느끼게 하였을 때, 다시 말해 의상의 시적 가치가 효과적으로 구현된 형상을 지칭하는 용어라 할 수 있다. 의상이 가치중립적인 용어라면 흥상은 뛰어난 효과를 유발한 의상을 가리킬 때 사용하는 용어라고 할 수 있다(임준철, 「漢詩 意象論과 朝鮮中期 漢詩意象硏究」, 고려대 박사학위논문, 2003. 33~36쪽 참조).

라 할 수 있는 의경의 출현 의의는 바로 여기에 있다.

5세기 위진남북조시대 유협에 의해 본격적인 문예 개념으로 출현한 의상은 시에 관한 논의와 창작이 활발해진 당대(唐代)에 이르러 보편적인 개념으로 사용된다. 당대는 의상 이외에도 경(境), 경계(境界), 의경(意境) 등의 개념이 시학 용어로 도입되고 시에 관한 논의의 수준 또한 심화된 시기이다. 이러한 상황은 시가 자체의 발전과 함께 불교의 성행에서 비롯되었다.[113] 불경 번역에 사용되었던 경(境), 경계(境界) 등의 용어가 시학에 도입되면서 의상은 의경의 개념으로 발전하게 된다.

> 기능이 기탁하는 바를 경계(境界)라고 한다. 말하자면 눈으로 색(色)을 볼 수 있고 인식(識)으로 색을 분별할 수 있는데, 이렇게 인식된 색을 경계라고 한다.[114]

경계는 불교에서 유래한 말로 'visaya' 'gorca' 'artha'에 해당하는 한역어이다. 불교의 '경계' 개념은 감각과 인식의 대상인 외계의 사물만을 의미하는 것이 아니라 '감각기관과 사고의 작용 속에서 감각되고 인식된 세계나 사물'이라는 의식과 대상을 포괄하는 범주이다.[115] 불교의 유식론(唯識論)에 의하면 사물 세계는 독립성이 없고 인식기능 또한 자성(自性)이 없기 때문에 경계와 인식은 따로 존재하지 않는다.[116] 외물과 그것을 인식한 '나'는 별개의 존재가 아니며, 따라서 경계는 외물과 '나(六根)'가 함께 구성한 세계라고 할 수 있다. 이러한 경계 개념에 의하면 인식은 대

---

113) 최일의, 앞의 글, 51쪽 참조.

114) 功能所托 名爲境界 如眼能見色 識能了色 喚色爲境(圓暉, 「阿毗達摩俱舍論本頌疎·卷一」, 『大正藏』 四十一卷, 이상우의 『동양미학론』(시공사, 1999, 37~38쪽)에서 재인용.

115) 불교에서는 외계의 사물을 감지하는 눈·귀·코·혀·촉각과 의식을 '육근(六根)'이라 부르고 육근에 의해 감각된 색(色)·소리(聲)·냄새(香)·맛(味)·촉감(觸)·법(法) 등의 세계를 '육경(六境)'이라 지칭한다.

116) 이상우, 위의 책, 39쪽.

상과 구별된 존재로서 '나'의 내면에서 일어나는 것이 아니라 '나'와 외계의 사물이 함께 구성하는 것이다. 그러한 점에서 경계는 인식의 방식이며 동시에 인식이 발생하는 곳이고 나와 우주 만물이 함께 있는 집이다. 이러한 의미에서 경계론은 인식론이며, 경계는 인식과 존재가 일치하는 틀이라 할 수 있다.[117)]

불교의 경계 개념은 시학의 비평 용어로서 경계나 의경 개념의 바탕을 이루는 내용이다. 의경(意境)을 작가의 주관정의와 객관 물경이 상호 융합되어 형성된 예술 경계[118)]라고 정의한다면, 그 본질은 외물과 존재가 구성하는 인식 영역으로서의 경계 개념에 기초한 것이라 볼 수 있다.[119)] 불교의 경계 개념에서 기원하여 시학의 비평용어로 도입된 경(境), 경계(境界), 의경(意境)에는 기본적으로 외부 사물 세계와 존재가 서로 어우러지는 상호작용이 전제되어 있다. 시와 인간을 분리하지 않는 동아시아의 비평적 관점은 경계의 개념과 긴밀하게 관련되어 있다. 대상을 인식한 형상 표현 속에는 인식 주체의 세계관과 인생관이 반영된 것이다.

여기에서 생각할 점은 시학의 비평용어로서 의상과 의경을 동일한 의미를 지닌 것으로 볼 것인지, 아니면 그것의 의미를 구분지어 사용할 것인지에 관해 검토할 때 상(象)[120)]과 경(境)의 개념이 중요한 판단의 근거가 될

117) 위의 책, 같은 곳. 경계가 존재와 사물이 함께 구성하는 인식의 영역이라는 점에서, 경계는 고저(高低)와 심천(深淺)으로 평할 수 있을 것이다. 사람에 따라 인식의 수준이나 특성이 다를 것이기 때문에 사물 세계에 대한 태도나 의미 부여의 성격도 마땅히 다를 것이다.

118) 袁行霈, 앞의 책, 47쪽.

119) 朱光潛은 『시론』에서 시의 경계를 정(情)과 경(景)의 결합으로 보고, 변화 중에 있는 사물과 주관정취가 상생함으로써 시의 경계가 창조된다고 보았다. 그런 관점에서 시의 경(景)은 작가의 성격과 정취의 반영이라고 주장한다(『시론』, 정상홍 역, 동문선, 1991, 82쪽).

120) 상(象)은 죽은 코끼리의 뼈를 통해 코끼리를 상상한 데서 기원했다. 이는 의상과 의경 개념의 관계를 고려할 때 참조할 대목이다. "사람들은 살아있는 코끼리를 보는 경우가 드물다. 그래서 죽은 코끼리의 뼈를 얻어 그 그림을 헤아려 그 살아있는 모습을 상상하게 된다. 그런 까닭으로 여러 사람들이 마음에 상상하는 것을 일러 모

수 있다는 점이다. 위에서 밝힌 것처럼 의경(意境)의 '경(境)'은 사람들의 일정한 감수(感受) 영역과 정신 세계를 포함하는 개념이다. 따라서 경의 의미는 개별 단위의 대상에 국한된 것이라기보다 인식 주체의 의식이 반영된, 대상들의 구성 세계에 적용되는 개념으로 보는 것이 온당할 것이다. 의상론이나 의경론이 근본적으로 언어 표현에 대한 이론이라기보다 언어와 주체간 인식의 문제를 다루고 있다는 측면에서, 그리고 언어 표현이 함의하는 정신의 세계를 궁극의 목표로 한다는 점에서 경계 개념에 바탕한 의경이 세 가지 내포를 포함하기에 적합한 용어로 판단된다.

의경론은 당대의 왕창령(王昌齡)에 의해 시학에 도입된 이래 송대의 정경론을 거치면서 시학의 핵심을 드러내주는 개념으로 자리잡게 된다.[121]

두 象이라고 부른다(人希見生象也 而得死象之骨 案其圖以想其生也 故諸人之所以意想者 皆謂之象也)"(『韓非子・解老』).

121) 의경이라는 용어를 최초로 시학에 도입한 사람은 당대(唐代)의 王昌齡이었다. 그는 상(象)과 경(境)을 구분하고 경을 물경(物境), 정경(情境), 의경(意境)으로 나누었다. 그에 따르면 의경이란 "사물을 뜻에 베풀어 마음에서 생각하여 그 진수를 체득한 것"(詩有三境 一曰物境 欲爲山水詩 則張泉石雲峰之境極麗艶秀者 神之于心 處身于境 視境于心 瑩然掌中 然後用思 了然境象 故得形似 二曰情境 娛樂愁怨皆張于意而處于身 然後馳思 深得其情 三曰意境 亦張之于意而思之于心 則得其眞矣(王昌齡, 『詩格』, 郭紹虞 主編 『中國歷代文論選・2』, 北京;上海古籍出版社, 2001, 88쪽)으로 물(物)과 정(情)이 내면에서 조화를 이룬 <마음 속의 형상>이다. 물경과 정경이 서로 조응하여 마음에서 이루어진 형상은 작가의 주관정취가 반영된 구체적인 물상의 세계이다. 그는 또 시의 구상 과정을 세 가지-取思, 生思, 感思-로 나누고(詩有三格 一曰生思 久用精思 未契意象 力疲智竭 放安神思 心偶照境 率然而生 二曰感思 尋味前言 吟諷古制 感而生思 三曰取思 搜求于象 心入于境 神會于物 因心而得. 王昌齡, 위의 책, 같은 곳) 사물과 마음이 융합하는 관계 양상을 설명하였다. 이렇게 王昌齡에 의해서 제기된 의경 개념은 여러 비평가들의 논의를 거쳐 보다 보편적인 개념으로 확대된다. 송대 이후 활발하게 제기된 정경론(情景論)은 의경 개념이 본격화된 계기였으며, 사물 세계와 작가의 상호관련을 작품 창작의 핵심으로 인식하는 계기가 되었다.

청대(淸代)의 王夫之는 정(情)과 경(景)이 소재(所在)는 다르지만 둘이 연관됨으로써 상생하게 됨을 강조하고 뛰어난 작품은 정과 경이 절묘하게 합치되어 서로의 경계를 구분할 수 없는 시라고 평가한다(情景名爲二 而實不可離 神於詩者 妙合無根

巧者則有情中景 景中情, 「夕堂永日緖論」, 『王船山遺書・20』, 臺灣;自由出版社, 1961, 11569쪽, 情景雖有在心在物之分 而景生情 情生景, 「詩繹」, 『王船山遺書・20』, 11556쪽). 경(景)과 정(情)이 별개로 존재하지 않고 상호연관 속에 생성된다는 견해는 사물과 인식을 경계 구성의 분리할 수 없는 속성으로 보았던 불교의 경(境) 개념에 기초해 있다. 이러한 관점은 사물과 인식, 세계와 인간을 분리하지 않는 사유 체계를 반영하며 인식과 인생 경지를 연관짓는 시각이라 할 수 있다. 정과 경이 절묘하게 합치되어 양자를 구분할 수 없는 세계를 최상의 작품으로 보는 관점은 사물세계와 인간 내면을 분리하지 않는 사유 체계의 문학적 반영이며, 이를 최고의 심미적 이상으로 삼는 태도라고 할 수 있다. 정(情)과 경(景)의 상호연관성과 양자의 조화를 이상적인 것으로 보는 관점은 경계 개념을 본격적으로 탐구한 王國維에게 그대로 계승된다.

王國維는 문학을 구성하는 두 개의 원형 질료로 경(景)과 정(情)을 들고, "景은 자연과 인생의 사실을 묘사하는 것을 주로 하고 情은 이러한 사실에 대한 우리의 정신 태도이며 전자는 객관적이고 후자는 주관적(文學中有二原質焉 日景日情 前者以描寫自然及人生事實爲主 後者則吾人對此種事實之精神態度也 故前者客觀的 後者主觀的也)"(王國維, 「文學小言」, 『王國維遺書・5』, 上海古籍書籍出版社, 1983, 29쪽)이라고 정의한다. 그는 주관과 객관의 융합을 통해서 의경이 만들어지며 의경이 없는 것은 문학이 될 수 없다고 강조한다. 또한 그는 의경을 유아지경(有我之境)과 무아지경(無我之境)으로 구분하고 유아지경은 자아의 입장에서 사물을 관조하는 방식(以我觀物), 무아지경은 사물의 입장에서 사물을 관조하는 방식(以物觀物)으로 규정한다—王國維가 유아지경과 무아지경을 설명(「人間詞話」)하면서 들었던 시구를 소개하면 다음과 같다. 유아지경의 예로 든 구절은 "눈물 어린 눈으로 꽃에 물어도 말이 없더니 어지러운 꽃잎만 그네 위로 날려가네(淚眼問花花不語 亂紅飛過鞦韆去)" "어찌 견디랴! 꽃샘 추위에 외로운 객사 닫혀 있고 두견새 울음 속에 저믄 해 기울도다(可堪孤館閉春寒 杜鵑聲裏斜陽暮)"이고, 무아지경의 예로 든 구절은 "동쪽 울타리에서 국화를 따다 아득해 남산을 바라본다(采菊東籬下 悠然見南山)" "차가운 물결 담담히 일고 흰 새 유유히 내려 앉네(寒波澹澹起 白鳥悠悠下)"이다. 인용된 작품을 통해 볼 때 王國維가 지칭한 무아지경의 경계는 표현 속에 화자의 정서가 직접 노출되지 않은 상태를 말한다. 이는 풍경(景) 자체로서 화자의 정서를 환기하는, 그야말로 의경의 혼융 상태를 가리키는 것이다(王國維의 무아지경에 대한 비판적 견해는 袁行霈의 앞의 책, 65~70쪽을 참조할 것). 물론 그는 무아지경을 더 높은 경지로 보았다. 사물의 입장에서 사물을 관조하는 무아지경은 장자에게서 기원한 사유로서 사물과 인식, 세계와 인간 경계(經界)의 초월을 이상적인 심미 상태로 보는 관점이라 할 수 있다. 朱光潛은 이러한 무아지경을 주관과 객관의 완전한 혼융으로 해석하면서 주관의 배제는 사실상 불가능하다고 평가한다(朱光潛, 앞의 책, 89쪽). 어쨌든 무아지경의 경계까지 이른 의와 경에 관한 논의는 사물 세계와 인식 주의[情・주관]와 경[境・景・사물의 세계]은 시의 세계를 구성하는 두 요소이다. 창작의 과정과 작품의 언어적 표현을 생성하는 두 요소는 본질적으로 작가와 세계 사이의 관계 양상을 드러내는 자질들이다. 의경이 어떠한 과정 속에서 탄생하고 그것이 어떻게 구현되었는가 하는 점은 작품에서 확인할 수 있다. 그러나 의경이 성취한 세계, 즉 의경이 어우러져 만들어내는 결과는 언어 표현 밖에서 결정된다. 다시 말해 의경의 기능과 성패는 창작 과정과 표현된 작품의 언어에서 결정되는 것이 아니라 그것이 향유되는 과정에서 결정된다는 점이다. 심미적 형상 언어가 구축한 세계, 즉 의[情]과 경[景]이 상생함으로써 얻어지는 의경은 수용의 과정을 통해서 비로소 완성된다.

이른바 "境은 象外에서 생성된다(境生于象外)"는 명제는 의경 개념의 본질이 심미적 형상 언어 밖에 있음을 강조한 것이다. 사공도는 특정한 형상을 초월한 이러한 상을 상외지상(象外之象)・경외지경(景外之景)으로 지칭하고 이는 "마치 남전에 날이 따뜻해지면 좋은 옥에서 안개가 피어오르는 것과도 같아 바라볼 수는 있어도 눈앞에 가져다 둘 수는 없다"[122]고 설명하였다. 유한한 언어 형상 너머에서 이루어지는 이러한 의경의 세계는 주관과 객관이 통일된 심미적 형상 개념으로는 그것의 본질에 도달할 수 없다. 작품에 묘사된 객관적인 사물 세계와 시인의 정의를 드러내주는 형상 표현들은 그것 자체로서 기능을 다하는 것이 아니라 상생・결합함으로써 깊은 함의를 이룬다. 이러한 의경은 작품 속에 묘사된 구체적이고 특정한 예술형상들이 상상 속으로 이끌어 생성시킨 공간세계이며 정취이자 분위기의 총화[123]라고 할 수 있다. 행간의 바깥에서 이루어지는 함의의

체를 분리하지 않으면서 주관과 객관이 혼연일치된 경계를 최고의 심미 수준으로 보는 동아시아의 미학 전통을 확인시켜준다. 의경은 세계와 존재의 상호관련을 중시하는 동아시아 고전시학의 핵심 개념이라 할 수 있다.

122) 戴容州云 '詩家之景 如藍田日暖 良玉生烟 可望而不可置於眉睫之前也' 象外之象 景外之景 豈容易可談哉(司空圖, 「與極浦書」, 郭紹虞 主編, 『中國歷代文論選・上』, 현대사, 1982, 500쪽).

깊이는 구체적으로 표현된 언어 형상들의 총합이 결코 아니며 의[情]와 경[景]이 상호 침투함으로써 질적으로 새롭게 조성된 미묘한 형상 사유의 세계인 것이다. 의경은 정과 경, 주관과 객관의 단순한 결합이 아니라, 그 결합의 과정에서 빚어지는 사유와 감정의 거듭되는 교호작용까지를 포섭하는 개념이다.

의경을 형성하는 데 이미지나 비유, 상징 등이 반드시 필요한 것은 아니라고 주장하는 袁行霈의 주장[124]은 의경이란 본질적으로 언어 표현 자체에 국한되지 않는다는 인식에서 비롯된 것이다. 심미적 언어 표현의 의의는 문면에 표현되지 않은 함의를 얼마나 내포하는가의 문제와 관련된다. 그것은 표현된 언어를 판단의 대상으로 삼는 것이 아니라 언어가 환기하는 정취, 즉 행간의 세계를 평가의 관건으로 삼는 것을 의미한다. 심미 언어의 표현 효과를 언어 자체에서 확인할 수 있는 기발한 이미지나 비유와 달리 의경의 관점은 각 부분들이 상생·결합하여 표현의 밖에서 생성되는 정취와 사유에서 표현의 의의를 발견한다. 언어 표현 밖에서 생성되는 '언외지의(言外之意)'란 심미적 의경으로서 정경의 형상 너머에서 형성되는 형상 사유를 말하는 것이다. 형상을 통해서 형상 너머의 의미를 사유하는 것, 그것이야말로 의경의 본질적인 개념이라고 할 수 있다. 이러한 관점에서 의경을 의상의 상위 개념으로 설정한 袁行霈의 견해는 설득력이 있다.

> 정리하면, 경과 상의 관계는 포괄적이다. 그러나 분명하게 표현하자면 경은 상에서 생겨나지만 상을 넘어서는 것이라고 해야 마땅하다. 의상은 의경을 형성하는 재료이고, 의경은 의상을 조합한 뒤라야 승화된다. 의상을 아주 작은 물방울에 비유할 수 있다면, 의경은 천상을 나부끼며 떠다니는 구름이다. 구름은 물방울이 모여서 이루어진 것이지만, 일단 물방울

123) 최일의, 앞의 글, 57쪽.
124) 袁行霈, 앞의 책, 86쪽.

> 이 응집되어 구름이 되면, 구름의 온갖 모습이 생겨난다. 아득하고, 변화무쌍하며, 빛깔이 아름다운 천자백태의 이러한 구름은 매우 매력적이라는 점에서 시의 의경과 비슷하다.[125)]

앞에서 의상의 세 번째 개념으로 상외지상(象外之象)의 의미를 포함시켰지만, 상외지상이나 경외지경이 개별적인 의상의 단위에서 이루어지는 것이 아니라 궁극적으로는 작품에 참여한 구체적인 의상들의 조합과 그 표현의 너머에서 생성된다는 점에서 상외지상의 의미는 의경의 개념에 부합한다. 袁行霈는 물방울과 구름의 비유를 통해 상과 경의 관계를 설명한다. 상은 경을 구성하는 구체적인 물상(物象)이고 경은 구체적인 물상들을 포괄하는 전체이다. 의상이 부분적이고 구체적인 표현이라고 한다면 의경은 그것들이 형성하는 하나의 장면, 그리고 그러한 부분들이 상호 교융함으로써 만들어지는 작용을 포함하는 개념이라고 볼 수 있다. 의상이 이미지를 형성하는 기초 단위라고 한다면 의경은 그러한 의상들의 조합, 행이나 연, 나아가 작품 전체를 대상으로 하는 것이라 할 수 있다. 이미지나 비유, 상징 등 형상 표현의 기본 단위들은 기본적으로 의상에 포괄된 개념이지만[126)] 그러한 표현들이 만들어내는 정경과 작용은 의경 개념에 포함된다. 그러한 점에서 동아시아 시학은 언외지의(言外之意)를 포함하는 의경론의 관점에서 접근하는 것이 온당하다. 의경은 부분들의 조합이며 그

---

125) 위의 책, 87쪽.

126) 거듭해서 강조했던 것처럼 서구 시학의 관점에서 뛰어난 이미지는 새로운 인식 내용을 참신한 언어 속에 담아낸 표현이다. 내용의 새로움은 표현의 참신함과 관련된다. 그러나 의상론이나 의경론의 관점에서 심미적 의상은 주체의 작용력이 두드러지지 않은, 비교적 객관적이고 밋밋한 언어 표현에 가깝다. 그러한 점에서 심미적 의상은 서구적 시학에서 강조하는 이미지의 본령으로부터 멀리 떨어져 있다. 심미적 의상은 대체로 인위를 배제한 자연스러운 이미지, 주체의 주관에 의해 구성된 것이 아니라 사물이나 현상에 속한 이미지라고 할 수 있다. 그것은 의상의 심미성이 언어에 있지 않고 언어의 너머에서 결정되기 때문이다. 따라서 의경론의 관점에서 심미적 표현[의상]은 이미지의 영역과 부분적으로 겹치면서도 같은 층위로 묶을 수 없는 이질적인 범주라고 할 수 있다.

조합이 불러일으키는 작용을 포함하는 개념이다. 의상과 의경은 분리해서 사용하는 것이 바람직하며, 의경의 관점에서 시에 접근하는 것이 시의 의의를 표현의 바깥[작용]에서 찾는 동아시아 시학에 유효한 방법이라 할 수 있다.

앞에서 언급했던 것처럼, 이 논문에서는 이미지나 의경 개념을 작품 분석의 직접적인 기제로 삼지 않고 시의 풍경의 성격을 해명하는 관점으로 참조할 것이다. 의경론의 관점이 효과적으로 참조될 수 있는 풍경은, 언어 표현은 간결하고 밋밋하되, 그것이 환기하는 정서와 뜻은 깊은 작품이라 할 수 있다. 그러한 작품은 풍경을 구성하는 개별 형상 단위들의 상호 관계에 세심한 관심을 필요로 할 것이다. 앞에서 살펴보았던 풍경 개념의 특징과 분석의 관점을 고려하여, 정지용과 조지훈 시의 풍경의 성격을 검토하고자 한다.

제2장

정지용의 시

정지용에 대한 평가는 주로 그의 시가 보여준 새로움과 관련된 것이었다. 1920년대 전반기 시단을 지배하던 낭만적 감상주의나 카프 계열의 편내용주의(偏內容主義)와 달리 지용의 시는 근대 문명의 감각을 새로운 언어로 형상화하였다. 새로운 감수성과 감각의 출현이라는 평가로 요약할 수 있는 지용 시의 시사적 의의는 비단 언어적 수사의 새로움에 국한된 것이 아닌, 세계관의 변화를 의미하는 것이었다. 그것은 사물 세계를 주체와 상면한 대상의 세계로 전환하는 것이었다. 이양하가 지적하였듯이 지용의 감각은 "대상과 맞죄이고 부대끼고야 마는 촉수"로서, 사물들을 대상화하여 시가 대상과의 관계 속에 구성될 수 있도록 작용하였다. 사물 세계가 주체의 감각을 통해 감수됨으로써 지용의 시는 감정이나 의식의 과잉에서 벗어날 수 있었다. 객관과 주관의 교호작용 속에 이루어진 그의 시는 주관을 통과한 사물 세계, 즉 인간 주관에 의해 재편된 세계의 형상을 보여준다. 지용의 시에서 세계는 더 이상 단순한 사물들의 세계가 아니라 인간의 주관에 의해서 새롭게 구성된, 하나의 표상 세계로 전환된다. 정지용 시의 현대성은 사물들을 대상의 세계로 변형하는 주체, 그 주체의 존재성을 인식한 데서 비롯된다. 지용 시의 감각이란 세계를 인식하는 창작 주체의 존재성을 드러내는 심미적 장치인 것이다.

지용 시의 새로움은 사물 세계를 표상[127]의 세계로 전환한 데서 연유한다. 이른바 '풍경의 발견'[128]이라 할 수 있는 그의 시는 역으로 풍경을 의식한 시인의 내면이 드러나는 공간이다. 이러한 관점에서 본다면 객관적 사물을 그대로 묘사한 즉물시는 없는 것이다. 사물들을 대상의 세계로 변형하는 과정은 사물들을 통해 자아가 발견되는 과정이기도 하다. 이 글에서 지용 시의 풍경을 검토하는 것은 세계에 대한 시인의 인식과 사유를 살피는 것이며, 아울러 풍경 속에 반영된 세계상의 문화적 의미를 점검하는 일이다. 정지용 시의 변모 과정을 살피는 일은 시 세계의 특질을 내적 연관 속에서 확인할 수 있는 계기가 될 것이며 형상 사유의 의미를 구체적으로 해명하는 작업이 될 것이다. 이 글에서는 정지용의 시를 세 개의 항목으로 나누어 주관과 객관이 교호하는 장이라는 관점에서 점검할 것이

---

127) 하이데거는 표상의 원리를 "자신으로부터 어떤 것을 자기 앞에 세우는 것 그리고 그렇게 세워진 대상을 하나의 그러한 대상으로서 확실하게 세우는 것"으로 규정한다. 이에 따르면 대상은 표상을 통해 존재하는 방식이 결정된다. 대상이 현존하여 있다는 것은 즉, 사유의 본질적 행위로서의 <표상 속에 놓여 있다는 것>이다. 표상의 라틴어 어원 'repraesentatio'는 <대신하다, 대표하다, 공연하다, 전람하다> 등의 의미를 갖고 있는데, 표상이란 말을 이러한 다양한 의미군 속에서 이해하면, 그것은 자아가 대상을 다시 보여주고, 다시 제시하고 그래서 전람하는 행위 양태이다. 사물이 표상 속에 놓임으로써만 존재하게 된다는 것은 사물의 얼굴이 자아를 통해서 재현되고 재소개될 때에만 사물로서 현상할 수 있다는 것을 말한다. 대상 존재에 대한 자아의 존재론적 우월성 혹은 탁월성은 그것이 그 대상의 존재 공간이 된다는 데 있다. 자아는 사물이 비로소 사물로서 등장하는 상연 무대이며, 자신을 비로소 나타낼 수 있는 전시 공간이 된다. 이 전시 공간 속에서 세계 전체는 하나의 거대한 그림으로 모자이크 된다(김상환, 「모더니즘의 책과 저자」, 김성기 편, 『모더니티란 무엇인가』, 민음사, 1994, 123쪽).

128) 가라타니 고진은 객관물처럼 보이는 풍경은 풍경의 내부, 즉 풍경을 인식하는 주관에 의해 성립하는 것으로 보았다. 그는 이와 같은 논리로 풍경이란 주관과 객관이 존재한 뒤에 인식되는 것이 아니라 풍경에 의해서 주관과 객관이라는 인식론적 공간이 성립된다고 설명한다. 이러한 관점에서 풍경의 발견이란 사물 세계를 풍경으로 인식한 주관에 의해 성립하며, 동시에 풍경이 발견된 순간 그것을 인식한 주관과 대상 세계인 객관이 파생된다고 볼 수 있다(가라타니 고진, 「풍경의 발견」, 『일본 근대문학의 기원』, 민음사, 1997).

다. 각 항목은 《카톨릭 青年》을 중심으로 종교시편이 발표한 시기를 전후로 하여 세 시기로 나누었다.

1. 표상의 세계와 구성적 풍경

정지용은 일본 경도(京都) 유학생 잡지인 《學潮》 창간호(1926.6)에 「카떼・뜨란스」, 「슬픈 印象畵」, 「爬虫類動物」 등 총 열 편의 시를 발표함으로써 작품 활동을 시작한다. 지용의 시가 공식적인 지면을 통해 평가된 것은 이로부터 5년 뒤인 1931년 12월 《中央日報》 연평을 통해서이다. 60편에 가까운 시가 발표된 후에야 지용에 대한 공식적인 언급이 이루어졌다는 점, 그리고 그러한 평가가 1920년대를 지나 시의 언어에 대한 관심이 본격화되는 시점에서 제기되었다는 사실은 지용 시의 시사적 위치와 의의를 시사하는 대목이다. 주로 감상이 제어된 감각 언어에 주목했던 당대의 평가는 그의 시가 보여준 독특한 형상성에 대한 관심에서 비롯된 것이었다. 당대가 상찬했던 지용 시의 감각적 언어는 세계를 주관적・일방적 감정으로 채색하지 않고 지적으로 인식한 것이면서도 시인의 육체와 정서를 통과한 언어라는 점에서 독특한 것이었다. 이러한 특징은 지용이 《학조》에 발표했던 시들에서 잘 드러난다.

> 식거먼 연기와 불을 배트며
> 소리지르며 달어나는
> 괴상하고 거ㅡ창 한 爬蟲類動物.
>
> 그 녀ㄴ 에게
> 내 童貞의結婚반지 를 차지려갓더니만
> 그 큰 궁둥이 로 떼밀어

…털 크 덕…털 크 덕…

나는 나는 슬퍼서 슬퍼서
心臟이 되구요

여페 안진 小露西亞 눈알푸른 시약시
「당신 은 지금 어드메로 가십나?」

…털크덕…털크덕…털크덕

그는 슬퍼서 슬퍼서
膽囊이 되구요

저 기-드란 짱골라 는 大腸.
뒤처 젓는 왜놈 은 小腸.
「이이! 저다리 털 좀 보와!」

털크덕…털크덕…털크덕…털크덕…

六月ㅅ달 白金太陽 내려쏘이는 미테
부글 부글 끄러오르는 消化器管의妄想이여!

赭土 雜草 白骨 을 짓발부며
둘둘둘둘둘둘 달어나는
굉장하게 기-다란 爬蟲類動物.

—「爬虫類動物」 전문

「爬虫類動物」은 기간 시집에 수록되지 않은 작품이다.[129] 기차에 승차했던 경험을 형상화한 이 시는 기차를 파충류동물에 비유하고 있다. 지용의 시에서는 흔하지 않은 방식인, 하나의 비유가 시상 전체를 지배하는 방식으로 구성된 작품은 기차의 외부와 내부를 파충류동물의 몸으로 묘사한다. 이 시에서 '파충류동물'은 시상 전개의 완강한 틀로 작동하면서 기차가 주는 느낌을 일관되게 형상화하는 데 기여한다. 그의 산문을 참고하면, 이 '파충류동물'은 도마뱀을 가리킨다.130) '도마뱀'보다는 '파충류동물'이라는 기표가 주는 느낌이 보다 낯설고 기괴하다는 점에서 기차를 파충류동물에 비유한 것으로 보인다. 산문에서도 밝힌 바 있듯이 시인은 기차를 괴물로 보고 기차의 객석을 괴물의 창자 속으로 인식한다. 기차에 대한 낯설고 기괴한 느낌을 형상화하기 위해 문자의 시각적 효과까지 활용하고 있는 시는 처음과 끝은 기차의 외부를, 나머지 중간 부분은 기차의 객석을 묘사하고 있다. 이러한 배치는 시의 정황에서 연상된 이미지를 구성의 형식 속에 반영한 것으로 볼 수 있다.

기차의 외부를 그린 1연의 묘사는 이 시의 전체를 지배하는 시상을 단적으로 서술하고 있다. "괴상하고 거―창 한 파충류동물", 시인은 기차를 이렇게 인식한다. 그것은 비단 기차의 외관만이 아니라 객석까지를 포함한, 기차라는 객체의 강력한 이미지다. 아마도 기차가 주는 이러한 이미지의 강력함이 시 전체를 하나의 일관된 비유 속에 묶어놓는 원인이 되었을 것이다. '괴상함'과 '거창함'은 2연부터 전개되는 내용의 각각의 인상이면서 그것들의 전체적인 인상이라 할 수 있다. 기차의 객석에서 실현된 하나

---

129) 『정지용사전』에 의하면, 정지용의 작품은 총 132편으로 기간 시집에 수록된 시는 112편, 미수록 작품은 20편이다(최동호 편, 『정지용사전』, 고려대출판부, 2003. 366쪽).

130) "보라. 도마뱀 같은 괴물이 산의 정상까지 한번에 오르락 내리락 하지 않는가. 산의 새벽녘에 머리를 맑게 하기 위해, 산의 저녁노을을 쬐기 위해, 이 괴물의 창자 속을 몇 번씩 옮겨다닌 적이 있다"(見よ. 蜥蜴のやうな怪物が山のてつぺんまで一息に上つたり下りたりしてみるはないか. 山の朝ぼらけに頭を正すために, 山の夕燒けに浴びるために　この怪物の腸から幾度も運ばれたことがある(―「春三月の作文」, 『近代風景』, 1927.4). 신지연, 「파충류 동물, 혹은 근대의 이미지」(최동호 외, 『다시 읽는 정지용 시』, 월인, 2003, 32쪽)에서 재인용.

의 세상, 그것은 기차가 도입되면서 체험한 중요한 근대적 경험 중의 하나이다. "小露西亞 눈알푸른 시약시"·"짱골라"·"왜놈"·"나"로 이루어진 객실의 풍경은 작지만 '거창한' 하나의 세상이다. 물론 그것은 파충류동물의 가상적 확대라는 기본적인 의미와 함께 마지막 연에 묘사된 기차의 폭력적인 이미지를 함축한 표현이기도 하다. "괴상하고 거―창 한 爬蟲類動物"이라는 비유는 기차에 대한 시인의 느낌과 인식을 단적으로 보여준다.

2연은 정지용 시의 특질이 매우 잘 드러난 부분이다. 기차에 대한 인상을 묘사한 부분에서 그것과는 전혀 무관한 화자의 심리적 경험이 병치됨으로써 객관적 대상이 주는 느낌을 화자의 심리적 감각을 통해 재현하고 있다. 2연 내용의 사실 여부와 관계없이 '그 년'에게 받은 화자의 심리적 충격은 매우 생생하게 각인되어 있다. "童貞의 結婚반지"가 환기하는 순결한 이미지와 "그 큰 궁둥이"가 환기하는 공포의 이미지는, 그 이미지의 격차로 인해 화자의 심리적 상처를 충격적인 방식으로 고스란히 불러온다. 외부의 사물을 주체의 감각과 매우 긴밀하게 연관시키는 이러한 언어 표현을 통해 세계는 주체의 내면을 표상하는 대상 세계로 전환된다. 3연에서 큰 글자로 표기된 기차 소리는 2연에서 '그 년'에게 거절당한 화자의 심리적 충격과 상태를 소리로 형상화한다. 기차는 그것을 처음으로 경험한 사람들에게 소리로서 공포의 대상이 된다. 기차 소리가 주는 공포감은 심장의 느낌이다. 심장으로 전해진 기차의 충격이, 심장이 기억하는 또 하나의 심리적 충격을 불러온다. 심장이라는 장기의 느낌을 통해 외부와 내면, 현재와 과거가 소통된다. 이때의 느낌은 감정에 국한되지 않고 인식과 감각과 정서가 함께 작용하는 존재의 총체적인 반응이라 할 수 있다. "나는 나는 슬퍼서 슬퍼서/心臟이 되구요"라는 화자의 고백은 두 개의 충격적인 사건을 육체의 감각으로 경험하는 시인의 독특한 감수성을 보여준다. 어휘의 반복은 심리적 상처를 어조 속에 형상화하는 표현 방식이라 할 수 있다.

5연에 나오는 "小露西亞 눈알푸른 시약시"를 "膽囊"으로 표현한 것은 대상에 대한 화자의 느낌을 반영한다. 담낭은 슬픔이나 고통 등 인간의 감정에 반응하는 장기이다. '小露西亞 시약시'에게 지향처를 묻는 물음 뒤에 기차 소리가 지나가고 있다. 그리고 그 "시약시"를 슬프다고 화자는 표현한다. 이러한 정황은 "시약시"에 대한 느낌과 "시약시"를 향해 던진 물음이 사실은 화자의 것임을 암시한다. 화자는 '눈알푸른 소로서아 시약시'를 통해서 기차를 타고 가는 현재의 자신을 반성하고 있는 것이다. 객석의 풍경이 화자의 주관을 통해 구성된 것이라는 점에서 "소로서아 시약시", "짱골라", "왜놈"을 비유한 장기들은 화자의 인식과 느낌의 반영이라 할 수 있다. "시약시"가 화자의 슬픔을 불러일으키는 대상이라는 점에서 '담낭'으로 비유된 반면, 비하의 표현으로 지시된 "짱골라"와 "왜놈"은 징그럽고 괴상한 느낌을 주는 '소장'과 '대장'으로 비유된다. "짱골라"와 "왜놈"의 "저다리 털"에서 느껴지는 혐오감과 다시 들려오는 기차 소리는 서로 병치되면서 이러한 화자의 심리적 충격을 형상화한다. "소로서아 시약시"가 화자의 슬픔을 자극하는 자기반성의 대상으로 작용하고 있는데 반해 "짱골라"와 "왜놈"은 기괴하고 부정적인 대상으로 형상화되어 있다. 후자에 대한 인상이 즉흥적인 감정과 느낌을 표현한 것으로만 볼 수는 없지만 그렇다고 시인의 사회・정치적 의식의 반영으로 보기도 어렵다. 작품 전체적인 맥락에서 볼 때, 대상에 대한 부정적인 인상은 일단 심미적인 반응으로 보는 것이 온당한 듯하다. "파충류동물"・'그 년'・"짱골라"・"왜놈" 등이 괴상한 기차의 인상을 직접적으로 형상화하는 대상이라면 '나'와 "소로서아 시약시"는 그러한 대상들을 감수하는 나의 내면을 구성한다.

이렇게 육체적 감각으로 구성된 객실의 풍경은 화자의 인식과 느낌이 녹아있는 세계이다. 유월 태양이 내리쪼이는 날에 후텁지근하게 달아오른 채 "식거먼 연기와 불을 배트며/소리지르며 달아나는" 기차의 객실은 그곳에 대한 화자의 상상으로 인해 "부글 부글 끄러오르는" 풍경이 된다. 시인의 지적・정서적 주관이 투영된 대상 세계는 존재의 실감이 매우 구체적으로 형상화된 공간이다. 이는 주체의 의식에 의해 구성된 세계라는 점에서 지극히 근대적이다. 육체적 감각에 의해 형상화된 세계는 주체의 존재성을 사물 세계의 감수 과정을 통해 생생하게 드러낸다. 기차의 안과 밖, 시인의 주관과 사물 세계가 함께 어우러진 시는 역으로 주체의 내면과 객관 세계가 함께 작동하는 공간이다. 시인은 풍경 속에서 세계를 구성하는 주체가 된다. 「파충류동물」은 인식 주체의 감각을 사물과 결합하여 세계를 대상화하고 상(像)으로서 표상한다. 주체의 주관이 사물들과 결합하여 하나의 세계를 구성하는 이러한 방식은 다음의 「카페 · 프란스」에서는 다소 상이한 방식으로 드러난다.

> 옴겨다 심은 棕櫚나무 밑에
> 빗두루 슨 장명등,
> 카떼 · 뜨란스에 가쟈.
>
> 이놈은 루바쉬카
> 또 한놈은 보헤미안 넥타이
> 뻣적 마른 놈이 압장을 섰다.
>
> 밤비는 뱀눈 처럼 가는데
> 페이브멘트에 흐늙이는 불빛
> 카떼 · 뜨란스에 가쟈.
>
> 이 놈의 머리는 빗두른 능금
> 또 한놈의 心臟은 벌레 먹은 薔薇
> 제비 처럼 젖은 놈이 뛰여 간다.
>
> ※
>
> 『오오 패롵(鸚鵡) 서방! 꾿 이브닝!』

『꾿 이브닝!』(이 친구 어떠하시오?)

鬱金香 아가씨는 이밤에도
更紗 커-틴 밑에서 조시는구료!

나는 子爵의 아들도 아모것도 아니란다.
남달리 손이 히여서 슬프구나!

나는 나라도 집도 없단다
大理石 테이블에 닷는 내뺌이 슬프구나!

오오, 異國種강아지야
내발을 빨어다오.
내발을 빨어다오.

—「카뻬 · 쯔란스」 전문

이 시는 '※'를 중심으로 크게 둘로 나누어진다.131) 전반부는 "카뻬 · 쯔란스"를 향해 가는 사람들과 실외 풍경을, 후반부는 카페의 실내 정황을 묘사하고 있다. 「파충류동물」과 같이 이 작품도 1연에서 중심 소재에 대한 핵심적인 정보를 제시한다. "옴겨다 심은 棕櫚나무"라는 표현은 나무의 원산지와는 상관없이 화자가 '옴겨다 심은' 것을 특별하게 자각하고 있다는 점에서 중요하다. 카페의 입구에 세워진 나무라면 수종과 관계없이 이식된 나무이다. 종려나무가 야자나무과의 상록수목이라는 점에서 이국적인 느낌을 줄 수는 있지만 소재 자체의 의미를 확대해서 부각시킬 필요는 없다. 시의 풍경이 소재 자체의 특성보다 사물들을 바라보는 화자의 정서에 의해 표상되고 있기 때문이다. 그러한 점에서 "옴겨다 심은 棕櫚

131) 이 작품이 처음으로 발표된 《學潮》 창간호(1926.6)에는 두 부분이 A와 B로 구분되어 있다.

나무"는 2연에 등장하는 두 명의 인물과 5연의 "패롵(鸚鵡) 서방", 카페 여급인 7연의 "鬱金香 아가씨",[132] 8연의 "나", 마지막 연의 "異國種강아지", 그리고 이 시의 공간인 "카예·쯔란스"와 함께 하나의 계열을 이루는 것으로 볼 수 있다.

2연과 4연은 두 명의 인물을 묘사하고 있는데, 2연에서는 인물의 외양을, 4연에서는 인물의 내적 특질을 형상화하고 있다. 환유의 방식으로, 인물이 입고 있는 복식 중의 하나를 들어 인물의 성격을 제시한 2연의 "이놈"은 러시아풍의 남성의상인 "루바쉬카"를 입고 있다. 원래 러시아 농민의 작업복이었던 루바쉬카는 4연의 "이놈"에 대한 묘사와 연관시켜 볼 때, 당대에 유행했던 '관념적 사회주의자'를 환기하는 표현으로 볼 수 있다. 한편 "보헤미안 넥타이"를 착용한 "또 한놈"은 4연의 "벌레 먹은 薔薇"의 심장이라는 표현을 고려할 때 '예술애호의 심미주의자'로 볼 수 있다.[133] "빗두른 능금"이나 "벌레 먹은 薔薇"라는 4연의 표현으로 보아 두 인물은 다소 병적인 상태에 있는 듯하다. 그것은 아마도 "이놈"의 관념주의와 "또 한놈"의 심미주의가 현실에 기초한 것이 아니라는 점에서 그러하다. 어쨌든 두 놈은 밤비가 내리는 도로를 뛰어가고 있다.

여기에서 짚고 넘어가야 할 것은 화자가 어디에 있는가 하는 점이다. 만약 4연까지 묘사된 풍경의 바깥에 있다면, 여기에서 등장하는 인물은 카페 여급을 제외하고 세 명 이상이 된다. 물론 화자가 풍경의 바깥에서 이 상황을 보고 있는 것으로 생각할 수도 있다. 그럴 경우 풍경과 화자 사이는 관조의 거리가 놓이게 되고, 후반부를 포함해 시 전체에서 울려나오

132) '鬱金香 아가씨'는 《學潮》에 발표될 당시 "추립브(鬱金香) 아가씨"로 표기되어 있다. 시집에 수록될 때 '추립브'(튤립) 대신에 '鬱金香'이라는 한자 표기를 사용한 것은 소재가 환기하는 정서나 시의 전체적인 정조를 고려하여 우울함을 환기하는 한자어 '鬱'이 삽입된 '鬱金香'을 선택한 것으로 판단된다.

133) 이와 관련된 논의는 최원식의 「서울·동경·New York」(문학동네, 1998·겨울)과 사나다 히로코의 「보헤미안의 회화 : 정지용의 「카페·프란스」」(동서문학, 2001·봄)를 참고할 것.

는 음울한 정서의 밀도는 약해질 가능성이 있다. 두 사람을 지칭한 "이놈"과 "또 한놈"이라는 표현에 주목하면 화자는 풍경 속에 있는 것으로 판단된다. "이놈"이 호칭하는 주체 가까이에 있는 대상을 지시하는 표현이라는 점에서, 화자는 "또 한놈"으로 자신을 대상화하는 "또 한놈"으로 보아야 한다. 앞에서 확인했던 「爬虫類動物」를 비롯해 정지용의 초기 시에서 화자가 사물 세계의 바깥에 존재하는 경우는 매우 드물며, 지용이 형상화하는 대상 세계가 대체로 풍경 속에 있는 주체의 감각을 통해 재구성된다는 점에서, 그리고 그 재구성의 내면 과정을 창작 방법으로 삼는다는 점에서, 이 시의 화자는 "또 한놈"으로 보는 것이 온당하다. 그러한 관점에서 「파충류동물」에서도 그랬던 것처럼 "心臟"으로 자신을 비유한 점은 의미심장하다. 3연은 "또 한놈"인 화자의 내면을 통과한 심미적 풍경으로 볼 수 있다. 매우 감각적으로 형상화된 '뱀눈 처럼 가는 밤비'와 "페이브멘트에 흐늙이는 불빛"은 시 후반부에 이르러 본격적으로 드러나는 화자의 비애를 예비하는 형상으로 볼 수 있다.

5연의 "패롵(鸚鵡) 서방"은 일차적으로는 카페 입구에서 손님들을 맞는 새를 가리키지만, 한편으로는 화자를 포함해 인물들의 정황을 자조적으로 환기하는 소재이거나 혹은 스스로에 대한 자조적 호칭으로 볼 수 있다.134) 카페의 실내에는 여급인 "鬱金香 아가씨"가 졸고 있고 화자는 이를 연민의 시선으로 바라본다. 생계 때문에 카페에 나와 일하는 "鬱金香 아가씨"의 처량한 신세가 화자의 처지를 강하게 자극함으로써 자기연민에 찬 고백이 줄지어 터져 나오게 된다. 시의 서두에서부터 제시된 이식(移植)된 대상들—"종려나무", "루바쉬카", "보헤미안 넥타이", "패롵(鸚鵡)

134) 이 시가 나라 없는 식민지 청년의 내면을 형상화하고 있고 6연에서 고단한 모습의 여급을 튤립을 의미하는 "울금향 아가씨"로 호칭하고 있다는 점에서 "패롵 서방"은 "울금향 아가씨"와 호응하는, 화자를 포함해 시에 등장하는 청년들로 보는 것이 타당해 보인다. 이는 시를 구성하는 소재들이 모두 이국적인 존재이며 우울한 정서를 환기한다는 점에서, 시의 대상들은 식민지 청년들의 내면이 투영된, 즉 주체에 의해 철저하게 표상된 세계라고 할 수 있다.

서방", "울금향 아가씨", "異國種강아지"—이 이루는 시의 정황은 후반부에 노정되는 화자의 내면에 의해 포착되어 구성된 것이다.

「카페・프란스」는 시적 주체의 내면과 긴밀하게 상통하는 사물들로 구성된 하나의 풍경을 보여준다. 자기 자신도 대상화되어 참여하는 풍경은 시인의 지적・정서적 반응이 총체적으로 작용한 세계이다. 객관과 주관이 삼투된 세계 속에서 시인은 자신의 정서를 객관적 사물의 세계로 전환함으로써 보다 선명한 방식으로 자기 형상화에 이르게 된다. 시인의 육체적 감각에 의해 재편된 「爬虫類動物」의 세계와 달리 「카페・프란스」는 객관적인 사물 세계들로 구성된 풍경을 통해 일제강점기하 식민지 청년의 내면을 형상화한다. 주체의 내면을 통과한 사물들로 이루어진 두 편의 시는 현실을 시인이 어떻게 감수하는가를 잘 보여준다. 시인의 일방적 감정으로 채색된 세계가 아닌 사물들과 시인의 주관이 함께 작용한 이러한 의식의 풍경은 대상들과 상면한 존재의 내면을 생생하게 드러낸다.

객관적인 사물의 세계를 하나의 표상 세계로 재편하는 의식의 작용은 비단 현재적 상황에만 적용되는 것이 아니라 이전에 지나쳤던 세계를 하나의 풍경으로 보게 한다. 「넷이약이 구절」은 앞의 두 시와 달리 전근대적인 고향의 현실을 하나의 풍경으로 인식하는 시인의 의식을 드러낸다.

집 떠나가 배운 노래를
집 차저 오는 밤
논ㅅ둑 길에서 불럿노라.

나가서도 고달피고
돌아와 서도 고달펏노라.
열네살부터 나가서 고달펏노라.

나가서 어더온 이야기를
닭이 울도락,

아버지께 닐으노니 ―

기름ㅅ불은 깜박이며 듯고,
어머니는 눈에 눈물을 고이신대로 듯고
니치대든 어린 누이 안긴데로 잠들며 듯고
우ㅅ방 문설쭈에는 그사람이 서서 듯고,

큰 독 안에 실닌 슬픈 물 가치
속살대는 이 시고을 밤은
차저 온 동네ㅅ사람들 처럼 도라서서 듯고,

― 그러나 이것이 모도 다
그 녜전부터 엇던 시연찬은 사람들이
긋닛지 못하고 그대로 간 니야기어니

이 집 문ㅅ고리나, 집웅이나,
늙으신 아버지의 착하듸 착한 수염이나,
활처럼 휘여다 부친 밤한울이나,

이것이 모도다
그 녜전 부터 전하는 니야기 구절 일러라.
―「녯니약이 구절」 전문

'1925. 4월'로 창작 시점이 표기된 위의 시는 《신민》(1927.1)에 발표된 작품이다. 제작 시기와 내용의 정황으로 볼 때 시인의 전기적인 체험이 사실적으로 형상화된 작품으로 보인다. 시는 크게 세 부분으로 나눌 수 있다. 1・2연은 화자가 집에 돌아오는 과정에서 느꼈던 심정을 서술한 부분이고, 3・4・5연은 집에 돌아와서 그간에 있었던 일들을 이야기하는 장면, 6・7・8연은 이야기를 듣는 집안의 풍경에서 발견한 화자의 인식 내용을 그리고 있다. 시의 어조나 리듬이 지용의 초기시의 일반적인 특징과 달리 소월풍의 전통적인 성격을 띠고 있다. 그것은 이 시가 그리고 있는 고향 마을의 삶의 내용을 시의 형식 속에 형상화한 결과라고 생각된다.

첫 부분에서 화자는 집으로 돌아오는 "논ㅅ둑 길에서" "집 써나가 배운 노래를" 불렀다고 서술하고 있다. 그 노래는 아마도 화자의 고달픈 삶이 담긴 노래였을 것이다. 그런데 2연은 타지에서 체험했던 고달픔이 고향집에 돌아와서도 여전히 반복됨으로써 '열네살부터' 시작된 고달픔이 계속된다고 토로하고 있다. '-노라'라는 무시제 종결어미는 고달픈 삶의 지속성을 반영한 것으로 시의 마지막 종결 어미 '~구절 일러라'와 호응된다.

시의 두 번째 부분인 3~5연은 화자가 타지에서 경험했던 일들을 밤새도록 이야기하는 장면을 그리고 있다. '기름불이 깜박이'는 공간에서 "어머니는 눈에 눈물을 고이신대로 듯고" 어린 누이는 "안긴데로 잠들며 듯고" 화자의 아내인 "그사람"은 "우ㅅ방 문설쭈에"서 "서서 듯고" 있다. 뿐만 아니라 동네 사람들도 "도라서서 듯고" 있다. 이야기를 듣는 가족과 고향 사람들의 모습에서 화자는 고단한 삶의 모습을 본다. 전근대적인 공간에서 발견된 가족의 풍경은 그가 경험했던 문명의 세계로 인해 인식된 것이다. 퇴영적인 감상과 의식의 상태에 머물러 있는 어머니와 아내, 잠에 곯아떨어진 누이동생, 신기할 것도 없는 이야기를 몰려와 돌아서서 듣는 마을 사람들의 모습은 근대 문명의 변방에서 근대적 세계를 동경하는 전근대적인 고향을 환기시킨다. "큰 독 안에 실닌 슬픈 물"이라는 매우 웅숭깊은 비유로 형상화된 고향의 정경은 역동적인 문명의 세계와는 전혀 상반된 공간이다. 화자는 여기에서 발견한 풍경을 순간적인 모습으로 보지 않고 예전부터 지금까지 전해져 내려오는 고단한 삶의 형상으로 인식한다. "그 녜전부터 엇던 시연찬은 사람들이/씃닛지 못하고 그대로 간 니야기"란 고향 사람들의 생활과 의식의 세계를 지배하는 설화적 공간이면서,

동시에 화자가 이야기를 하고 있는 공간에서 발견한 고향의 삶의 모습인 것이다.

시인은 이러한 풍경에 담긴 고단한 삶의 의미를 구체적인 사물들에 위임한다. '집 문ㅅ고리', '집웅', '늙으신 아버지의 착하디 착한 수염', '활처럼 휘여다 부친 밤한울'은 고단한 삶을 살아가는 전근대적인 고향의 모습을 환기하는 형상들이다. 소박한 자연의 상태를 상징하는 이러한 사물들을 통해 시인은 선대로부터 이어진 이야기, 그리고 아직도 종결되지 않은 삶의 모습을 본다. 그러한 삶은 "착하디 착한" 것이지만 근대적 관점에서 볼 때 "시연찬은" 것에 불과하다. 그래서 화자는 "돌아와 서도 고달펏노라"고 토로하는 것이다. "착하디 착한" 것과 "시연찬은 이야기"라는 표현 사이에는 복잡한 감정과 의식이 작동하고 있다. 부정적인 것은 아니지만 문명의 현실에는 부적합한 전근대적인 삶의 모습은 근대를 경험한 시인에게 착잡한 심정을 불러일으키는 것이다. 그것은 옳고 그름의 문제가 아니라 쓸모의 문제이기 때문이다. 화나 짜증이 나는 것이 아니라 '고달프다'고 고백하는 화자의 모습은 근대적인 세계를 긍정적인 것으로만 수용하지 않는 시인의 복잡한 내면을 암시한다.

이전에는 느끼지 못했던 고향의 삶을 하나의 풍경으로 포착한 시인의 의식은 감상적인 낭만의 세계로부터 멀리 떨어져 있다. 그렇다고 지용이 세계를 지적으로만 파악하는 것은 아니다. 여러 연구자들이 지적한 것처럼 지용의 시는 주체의 감각・정서가 의식과 함께 작용하는 세계이다. 「넷니약이 구절」에서 형상화된 고향의 풍경은 결코 단순하지 않은 시인의 인식을 반영하고 있는데, 그것은 지용이 대상 세계를 합리적인 이성으로만 수용하지 않기 때문이다. 정서와 이성이 함께 투영된 풍경은 주관과 객관이 삼투된 공간이다. "착하디 착한"과 "시연찬은 이야기"라는 표현 사이에 놓여있는 복잡한 심경은 지용의 시가 지닌 중요한 특질 중의 하나이다. 이러한 관점은 널리 알려진 「鄕愁」의 세계가 단순한 동경의 공간이 아님을 암시한다.

넓은 벌 동쪽 끝으로
옛이야기 지줄대는 실개천이 회돌아 나가고,
얼룩백이 황소가
해설피 금빛 게으른 울음을 우는 곳,

— 그 곳이 참하 꿈엔들 잊힐리야.

질화로에 재가 식어지면
뷔인 밭에 밤바람 소리 말을 달리고,
엷은 조름에 겨운 늙으신 아버지가
짚벼개를 돋아 고이시는 곳,

— 그 곳이 참하 꿈엔들 잊힐리야.

흙에서 자란 내 마음
파아란 하늘 빛이 그립어
함부로 쏜 활살을 찾으려
풀섶 이슬에 함추름 휘적시든 곳,

— 그 곳이 참하 꿈엔들 잊힐리야.

傳說바다에 춤추는 밤물결 같은
검은 귀밑머리 날리는 어린 누의와
아무러치도 않고 여쁠 것도 없는
사철 발벗은 안해가
따가운 해ㅅ살을 등에지고 이삭 줏던 곳,

— 그 곳이 참하 꿈엔들 잊힐리야.

하늘에는 석근 별
알수도 없는 모래성으로 발을 옮기고,
서리 까마귀 우지짖고 지나가는 초라한 지붕,
흐릿한 불빛에 돌아 앉어 도란 도란거리는 곳,

ㅡ그 곳이 참하 꿈엔들 잊힐리야.

ㅡ「鄕愁」 전문

1923년 3월로 창작 시점이 표기된 향수는 1927년 《조선지광》(1927.3)에 발표된 작품이다. 시는 고향을 형상화한 다섯 개의 연과 "ㅡ그 곳이 참하 꿈엔들 잊힐리야"라는 문장이 5회 반복되어 총 열 개의 연으로 구성되어 있다. 고향을 구체적으로 묘사하고 그렇게 묘사된 고향을 '잊을 수 없다'고 고백하며 마무리되는 시의 형식은, 생생한 묘사와 직접적인 서술이 하나의 패턴으로 반복되며 이어짐으로써 선명한 인상과 정서의 간절함을 강화하는데 기여한다.

7연이 형식적으로는 과거 시제로 되어있지만 내용으로 보아 과거에 종결된 것이 아니라는 점에서 5연을 제외한 나머지 부분은 고향의 현재 모습과 관련되어 있다. 고향의 자연 풍경을 형상화한 1연, 아버지를 회상하는 3연, 어린 시절을 추억하는 5연, 어린 누이와 아내에 대해 묘사한 7연, 집안의 밤 풍경을 형상화한 9연 등, 이 시가 그리고 있는 풍경은 사실적인 것이라기보다 시인의 내면에 의해 구성된 풍경이다. 게다가 자연을 묘사한 1연과 자신의 어린 시절을 추억하는 5연을 제외하고는 모두 가족 구성원의 모습과 관련되어 있다. 그런 점에서 대상에 대한 느낌을 함축한 표현들에 주목할 필요가 있다.

1연에 묘사된 고향의 자연은 평화롭고 한가하다. "옛이야기 지줄대는 실개천이 회돌아 나가고" "얼룩백이 황소가" "게으른 울음을 우는" 고향의 자연 풍경은 단순히 자연의 형상만을 그린 것이 아니라 그 속에 살아가는 사람들의 모습도 암시한다. 자연의 상태가 그대로 보존되기 위해서는 그 공간에서 살아가는 사람들의 삶의 모습 역시 자연 상태에 가까워야 한다. 그런데 1연의 훼손되지 않은 자연의 정경과 달리 이후에 묘사된 가족의 모습은 고단하고 가난하며 초라하다. 따라서 이 시가 묘사한 고향의 풍경은 결코 사랑스럽고 그리운 삶의 원천[135]으로 보기 어렵다. "엷은 조름에 겨운 늙으신 아버지가/짚벼개를 돋아 고이시"고 "아무러치도 않고 여쁠 것도 없는/사철 발벗은 안해가/따가운 해ㅅ살을 등에지고 이삭"을 주우며 "흐릿한 불빛에 돌아 앉"은 식구들이 있는 그 곳은, 그립지만 마음 아픈 곳이다.

이러한 관점에서 바람소리를 형상화한 2연의 비유나 미지의 세계에 대한 유년기의 동경을 그린 5연, 시간의 흐름을 형상화한 9연의 표현 등, 생생하고 참신한 이 시의 비유들이 별로 친숙하지 않은 것이라는 점은 중요하게 재고할 대목들이다. 즉 「향수」의 공간은 순수한 토종의 공간이 아니라 시인 자신의 유소년기의 기억과 근대적인 교육을 통해 형성된 교양 체험이 뒤섞여서 창조된 혼종(hybrid)의 공간－근대 체험을 통해서 굴절되었거나 아예 근대의 시선에 의해서 창조된 상상의 공간[136]으로 볼 수 있다는 점이다. 물론 이러한 견해를 제시한 논자 역시 「향수」가 환기하는 고향을 순결하고 이상적인 것으로 보고 있다.

시에 형상화된 고단하고 가난하며 초라한 고향의 이미지를 고려한다면, 「향수」의 풍경은 근대의 시선에 의해 창조된 이상적인 공간이 아니라 근대의 관점에서 발견된 전근대적 고향의 이미지이다. 그렇다면, "그 곳"이 "참하 꿈엔들 잊힐" 수 없는 것은 순결하고 행복한 공간이어서가 아니라 그리우면서도 안타까운 공간이기 때문이다. "옛이야기 지줄대는" 고향의 안쪽에는 노동에 겨운 고단한 가족들과 특별한 매력을 갖추지 않은 아내,

---

135) 김흥규, 『한국현대시를 찾아서』, 한샘출판사, 1994, 323쪽.
136) 오성호, 「「향수」와 「고향」, 그리고 향토의 발견」, 김종태 편, 『정지용 이해』, 태학사, 2002, 202쪽.

그리고 문명의 혜택을 입지 못한 생활 환경 등이 자리하고 있다. 그러나 그 곳은 "내 마음"이 자란 곳이며 "돌아 앉어 도란 도란거리는" 다정함이 있던 곳이다.

이는 앞에서 살폈던 「녯이약이 구절」의 "집 문ㅅ고리", "집웅", "늙으신 아버지의 착하듸 착한 수염", "활처럼 휘여다 부친 밤한울"로 상징된 고향의 이미지와 유사하다. "큰 독 안에 실닌 슬픈 물 가치" 고여있는 고향을 발견한 시인이 "착하듸 착한" 것과 "시연찬은 이야기"로 그곳의 삶의 모습을 인식한 것처럼, 「향수」의 화자 역시 고향의 모습을 이중적으로 감수하고 있는 것이다. 따라서 "-그 곳이 참하 꿈엔들 잊힐리야"라는 반복되는 탄식 속에는 그리움과 서글픔, 안타까움 등 서로 상충하는 감정들이 복잡하게 교차하고 있는 것이다.

이 시의 해석상 논쟁이 된 어휘들-"회돌아"·"해설피"·"석근"·"서리 까마귀"-은 이러한 일련의 정조가 바탕이 된 것으로 해석할 수 있다.[137] "옛이야기 지줄대는 실개천", "회돌아", "해설피", "게으른", "조름

137) "회돌다"는 '휘돌다'와 유사한 의미를 갖는 어휘지만 단순히 '휘돌다'의 작은말로 볼 수만은 없다. 사에구사 도시카쓰(三枝壽勝)는 "회돌다"의 회가 한자 '回'·'廻'에서 왔음을 어휘의 사용 사례와 고증을 통해 주장하였다. 「향수」의 공간이 하나의 자족적인 성격을 띤 곳이고 시간적 단절이나 발전이 진행되는 곳이 아니라는 점에서 "회돌다"는 한자 '回'의 의미와 관련된 것으로 보는 것이 온당하다. "해설피"는 어휘의 사용 사례로 볼 때, '해가 설핏하다'의 의미로 보는 쪽이 설득력 있지만, 시의 문맥으로 볼 때는 "금빛 게으른 울음을 우는"을 수식하는 부사로 보는 것이 좀 더 설득력 있다. '혜프다'와 '슬프다'의 변형 결합으로 보는 민병기의 견해나 '어설프다'의 이형표기로 보는 이희중의 주장은, 「향수」의 풍경이 근대적인 시각에서 돌아본 전근대적인 고향의 이미지라는 점에서 시의 맥락에 부합하는 해석이라 판단된다. 아울러 "석근"이라는 어휘는 지용이 직접 선(選)한 『지용시선』에 "성근"으로 표기가 되어 있고 지용의 발언 기록을 고려할 때 '듬성듬성한'의 의미로 보는 것이 타당하다. 게다가 이 어휘가 삽입된 9연이 상당히 깊은 밤이고 전체적으로 초라한 분위기라는 점에서 '섞여 있는'이 아니라 '성긴'으로 보아야 한다. 이러한 관점에서 "서리 까마귀" 역시 무리진 '떼까마귀나' 흰 모습의 '갈까마귀'로 보는 것보다는 '힘없고 초라한 까마귀'로 본 민병기의 견해가 보다 설득력 있다(이와 관련된 논의는 민병기의 『정지용』(건국대학교출판부, 1996, 65~71쪽)과 사에구사 도시카쓰의

에 겨운 늙으신 아버지", "傳說바다에 춤추는", "아무러치도 않고 여쁠 것도 없는/ 사철 발벗은 안해가/ 따가운 해ㅅ살을 등에지고 이삭 줏던", "석근", "서리 까마귀 우지짖고 지나가는 초라한 지붕", "흐릿한 불빛" 등 화자의 정서가 반영된 일련의 표현들은 「향수」가 묘사한 고향의 풍경이 초라하고 고단하고 가난한 이미지 위에 기초하고 있음을 공통적으로 환기한다. 이 시의 고향을 순수하고 행복한 공간으로만 볼 수는 없다. 지용은 근대적인 세계를 긍정적인 것으로만 인식하지 않았지만, 그렇다고 전근대적인 고향의 세계를 돌아가고 싶은 세계로 그리지도 않았다. 「향수」는 근대문명을 경험한 시인이 발견한 그립고 서글프고 안타까운 고향의 풍경인 것이다. "참하 잊힐" 수 없다는 탄식의 반복은 시인의 이러한 복잡한 심정을 절실하고 애절하게 전해준다.

위에서 살펴본 정지용의 시는 사물 세계에 대한 시인의 지적・정서적 인식이 총체적으로 반영된 공간이다. 시의 풍경은 시인의 내면을 통과한 세계이며, 시인은 풍경 속에서 자신과 자신을 둘러싼 현실 공간을 인식한다. 「향수」는 근대를 경험하고 근대인의 사선에서 고향을 발견하는 시인의 내면과 감수성을 잘 보여준다. 근대적 현실과 근대적 시선에 의해 발견된 전근대적인 고향에 대한 시인의 인식은 결코 단순하지 않다. 그것은 지용의 시가 사물 세계를 자신의 감각과 정서와 이성을 동원하여 감수하기 때문이다. 이러한 지각 방식은 아스팔트의 느낌이 심미적으로 유쾌하더라도(愁誰語 I −2(아스팔트)) 기계적 시간에 의해 통제되는 일상은 고통스러우며(「時計를 죽임」), 전근대적인 고향의 세계가 "착하디 착한" 것이어도 그것은 '시연찬은' 것에 불과한 것이라는 상충하는 인식에서도 확인할 수 있다. 감정이 드러나도 감상에 떨어지지 않는 것은 시인이 객관세계와의 연관 속에서 자신과 대상을 인식하기 때문이다. 많은 논자들이

「鄭芝溶의 詩 「鄕愁」에 나타난 낱말에 대한 考察(修正版)」(김신정 편, 『정지용의 문학세계연구』, 깊은샘, 2001, 205~231쪽), 이희중의 『현대시의 방법 연구』(월인, 2001, 195~202쪽)을 참고할 것).

주목한 지용의 감각은 사물 세계를 지적·정서적으로 감수하는 특질을 의미하는 것이라 볼 수 있다. 이는 주체의 존재감이 총체적으로 부각되는 방식이라 할 수 있다. 이러한 특징은 연애 경험을 형상화한 시에서도 마찬가지로 드러나는데, 경험 자체가 보다 내밀한 것인 만큼 좀더 특이한 방식으로 표현된다.

우리들의 汽車는 아지랑이 남실거리는 섬나라 봄날 왼하로를 익살스런 마드로스 파이프로 피우며 간 단 다.
우리들의 汽車는 느으릿 느으릿 유월소 걸어가듯 걸어 간 단 다.

우리들의 汽車는 노오란 배추꽃 비탈밭 새로
헐레벌덕어리며 지나 간 단 다.

나는 언제든지 슬프기는 슬프나마 마음만은 가벼워
나는 車窓에 기댄 대로 회파람이나 날리쟈.

먼데 산이 軍馬처럼 뛰여오고 가까운데 수풀이 바람처럼 불려 가고
유리판을 펼친듯, 瀨戶內海 퍼언한 물 물. 물. 물.
손까락을 담그면 葡萄빛이 들으렷다.

입술에 적시면 炭酸水처럼 끓으렸다.
복스런 돛폭에 바람을 안고 뭇배가 팽이 처럼 밀려간 다 간,
나비가 되여 날려간다.

나는 車窓에 기댄대로 옥토끼처럼 고마운 잠이나 들쟈.
靑만틀 깃자락에 마담·R의 고달픈 뺨이 붉으레 피였다, 고은 石炭불처럼 이글거린다.
당치도 않은 어린아이 잠재기 노래를 부르심은 무슨 뜻이뇨?

잠 들어라.
가여운 내 아들아.
잠 들어라.

나는 아들이 아닌것을, 웃수염 자리 잡혀가는, 어린 아들이 버얼서 아닌것을.

나는 유리쪽에 가깝한 입김을 비추어 내가 제일 좋아하는 이름이나 그시며 가 쟈.

나는 늬긋 늬긋한 가슴을 蜜柑쪽으로나 씻어나리쟈.

대수풀 울타리마다 妖艶한 官能과 같은 紅椿이 피맺혀 있다.
마당마다 솜병아리 털이 폭신 폭신 하고,
집웅마다 연기도 아니뵈는 해ㅅ볕이 타고 있다.
오오, 개인 날세야, 사랑과 같은 어질머리야, 어질머리야.

靑만틀 깃자락에 마담 R의 가여운 입술이 여태껏 떨고 있다.
누나다운 입술을 오늘이야 싫것 절하며 갑노라.
나는 언제든지 슬프기는 슬프나마,
오오, 나는 차보다 더 날러 가랴지는 아니하랸다.

—「슬픈 汽車」 전문

「슬픈 汽車」는 창작 시점(1927.3)과 배경 공간(日本東海導線車中)이 부기되어 《조선지광》(1927.5)에 발표된 작품이다. 마담 R과의 기차 여행 경험을 그리고 있는 이 시는 지용의 일반적인 창작 방법처럼, 객관적인 사물 세계와의 상호 작용 속에서 자신의 내면을 형상화하고 있다.

시는 달리는 기차를 묘사한 1 · 2연, 차창을 통해서 밖의 풍경을 형상화한 3 · 4 · 5연, 화자와 마담 R의 상황을 그린 7 · 8 · 9연, 다시 차창 밖 풍경을 그린 10연, 다시 실내의 정황을 묘사한 11연 등 다섯 부분으로 나누어져 있다. 물론 크게 차창 밖 풍경과 실내 풍경으로 구분할 수 있다. 시의 정황을 정리하면, 화자는 유월의 어느 봄날 연상의 여인인 마담 R과 함께 바닷가를 지나는 기차를 타고 있다. 창 쪽에 앉은 화자는 차창 밖으로 보이는 풍경을 감상하며 뺨이 붉게 물든 마담 R의 자장가를 듣고 있다. 어찌 보면 단순하고 특별한 게 없어 보이는 시는 자신의 속내를 결코 단순하게 드러내지 않고 풍경에 실어서 표현하는 시인의 창작 방법을 보여준다.

작품의 서두는 앞의 시에서도 확인했던 것처럼 전체적인 분위기를 암시하는 내용으로 이루어져 있다. 유월 봄날 "왼하로를" "우리들의 汽車"는 "유월소 걸어가듯 걸어"가고 "노오란 배추꽃 비탈밭 새로" "헐레벌덕어리며" 지나 "간 단 다". "우리들의 汽車'는 '지나간다"가 아니라 '지나 간 단다'이다. 시의 마지막 표현이 화자의 욕망을 의지적인 선언으로 마무리하고 있는 것처럼, 1·2연의 종결어미는 단순한 서술형이 아니라 청자를 향해 자신들의 사랑을 설명하는 형태를 띠고 있다. 한편 화자와 마담 R 사이의 사랑을 상징하는 기차가 "느으릿 느으릿" 걸어가기도 하고 "헐레벌덕어리며" 지나간다는 것은 두 사람 사이, 혹은 화자의 이중적인 심리 정황을 비유한 것이다. 이 시는 두 사람 사이의 애정을 다루고 있지만 이를 직접 드러내지 않는다. 화자의 행위 방식처럼, 시에는 아무렇지도 않은 것처럼 차창 밖의 풍경이 묘사되어 있고, 마담 R은 "당치도 않은 어린아이 잠재기 노래를" 부르고 있다. 그런데 재미있는 것은 마담 R의 자장가를 듣는 화자가 자신은 아들이 아니며 어린 아이도 아님을 독백의 형식으로 능청맞게 서술하고 있지만, 사실은 그전에 "옥토끼처럼 고마운 잠이나 들쟈"며 자신의 심정을 피력했다는 점이다. 차창에 기대어 눈을 감은 화자를 보고 마담 R이 자장가를 불렀는지, 아니면 마담 R이 조성한 분위기가 화자의 내밀한 욕망을 자극하여 "옥토끼처럼 고마운 잠"에 들고 싶게 만든 것인지는 명확하게 판단할 수 없지만, 어쨌든 자장가를 불러준 마담 R의 입술을 "누나다운 입술"이라고 "실컷 절하"며 지금 타고 가는 기차가

빨리 가지 않았으면 좋겠다고 고백하는 것은 객실에서 벌어지고 있는 정황이 화자에게 강렬한 사랑의 감정을 불러일으키고 있음을 보여준다. 다시 말해 연상의 여인인 마담 R이 자장가를 부르는 객실의 상황과 "옥토끼처럼 고마운 잠"은 화자의 연애 감정이나 내밀한 욕망과 관련되어 있는 듯하다.

이 작품보다 두 달 전 같은 지면에 발표된 「柘榴」에는 "홍보석 같은" "柘榴열매를" 보며 두 사람 사이의 사랑을 상상하는 부분이 나오는데, 거기에서도 자신들의 은밀한 사랑을 "자근아씨야, 가녀린 동무야, 남몰래 깃들인/ 네 가슴에 조름 조는 옥토끼가 한쌍."으로 표현한 바 있고 「슬픈 偶像」에서도 여인의 가슴을 묘사하는 대목에서 "해가 솟는듯 달이 뜨는듯 옥토끼가 조는듯 뛰는듯 美妙한 伸縮과 彎曲을 갖은 적은 언덕으로 비유할것도 둘이 있으십니다"로 기술한 바 있다. 사랑과 몽롱한 수면의 상태, 그리고 심장의 이미지가 관련되는 것은 다음에 살펴볼 「幌馬車」에서도 확인된다.[138] 어쨌든 「슬픈 汽車」의 객실 풍경은 화자의 사랑의 욕망을 반영하고 있다. 이 점에서 2연의 "헐레벌덕어리며 지나"가는 기차처럼, 4·5연의 차창 밖 풍경 역시 매우 역동적이며 강렬한 감각으로 구성되어 있다. 아울러 마담은 "고은 石炭불처럼" 빰이 이글거리고 나의 가슴은 "늬긋 늬긋하"다. "산이 軍馬처럼 뛰여오고" "수풀이 바람처럼 불려가고" "퍼언한 물"이 펼쳐져 있고 그 물을 "입술에 적시면 炭酸水처럼 끓"을 것 같고 뭇배들이 "복스런 돛폭에 바람을 안고 팽이 처럼" 밀려가고 등등 이러한 강렬한 감각으로 구성된 장면들과 부조화처럼 보이는 객실의 정황은

138) 지용의 시에 심장의 이미지가 빈번하게 출현하는 것은 주목할 만한 사실이다. 형상성 혹은 감각적 이미지가 지용 시의 중요한 특질 중의 하나지만 그것이 지적이고 이성적인 방식으로 심화·확대되지는 않는다. 이는 지용의 언어적 감각이 모더니즘적 사유에서 비롯된 것이 아니라 자신의 내면을 언어로 형상화하는 심미적 기질과 태도에서 비롯된 것이 아닌가 하는 생각을 하게 만든다. 그런 점에서 지용 시의 풍경은 세계를 인식하는 의식 공간이면서, 한편으로는 자신의 내면을 우회적으로 드러내는 내면 공간이다.

화자의 이중적인 내면이 반영된 사랑의 풍경인 셈이다. 시인은 차창 밖으로 보이는 풍경에서 자신의 욕망을 발견하고, 사물들과의 연관 속에서 자신의 내면을 형상화한다.

9연은 다른 차창 밖의 장면들과 달리 화자의 욕망을 본격적으로 표현한다. 화자가 차창 밖에서 발견한 "妖艶한 官能과 같은 紅椿"은 "빰이 붉으레 핀" 차창 안쪽의 마담 R에 대한 화자의 심리적 반응이다. 관능적인 욕망으로 피어오른 紅椿과 마당 한쪽에 "털이 폭신 폭신 한" "솜병아리"가 어우러진 이 장면은 화자의 내면 상태가 투영된 형상인 것이다. 엄밀하게 말해 9연은 차창 밖으로 지나가는 사실적인 장면이 아니라 화자의 내면이 구성한 주관적인 형상이다. "대수풀 울타리마다" 그리고 "마당마다"(밑줄 : 필자), 요염한 관능의 紅椿과 솜병아리가 있는 것이다. 차창 밖에 가득한 붉은 동백과 솜병아리의 폭신폭신한 털은 사랑으로 끓어오르는 화자의 내면 상태를 상징한다. 이 풍경 위로 "타고 있"는 햇볕은 '어질머리'로 사랑을 느끼는 화자의 심리를 보여준다. 그런데 왜 "마당마다 솜병아리 털 폭신 폭신 한" 정경이 붉은 동백과 함께 하나의 장면을 이루고 있는가. '1924. 4. 鴨川상류에서'라고 창작시기와 장소가 부기되어 1926년 11월에 《新民》에 발표된 「紅椿」이라는 시에도 '紅椿'과 '솜병아리'가 함께 어우러진 장면이 등장한다. 그렇다면 「슬픈 汽車」의 9연은 사랑에 대한 시인의 일정한 의식 상태를 암시하는 형상으로 볼 수 있을 듯하다. 다시 본문으로 돌아와 '솜병아리'와 '폭신 폭신함'이 갖는 의미를 유추해보면 시인의 내면에 자리잡은 사랑의 이미지는 아마도 모성적인 것과 관련된 듯하다. 화자는 앞에서 아들도 아니고 어린 아이도 아닌 자신에게 웬 자장가냐고 반문하고 있지만 사실은 시인의 내면에서는 모성적인 사랑을 간절히 원하고 있는 듯하다.[139] 요염한 관능, 모성적

139) 휘문고보 재학중에 발표한 소설 「三人」은 모성에 대한 시인의 의식을 암시해준다. 자전적 사실을 소설화한 것으로 보이는 이 작품에서 주인공의 아버지는 첩을 두고 처자를 돌보지 않는 박정한 사람으로 설정되어 있고, 어머니는 가난한 살림을 꾸리

사랑에 대한 동경, 객실의 정황 사이의 큰 격차로 인해 시인은 '어질머리'로 사랑을 경험한다. 따라서, "오오, 개인 날세야"라는 탄식은, 맑은 풍경 속에 끓어오르는 사랑의 열망을 상징한 표현이라 할 수 있다. <안으로 熱하고 겉으로 서늘한 시>로 대표되는 지용의 창작 방법은 시인의 기질과 밀접하게 관련된 것으로 보인다.

시 전체의 의미 맥락을 고려하여 다시 시의 서두를 살펴보면 1연과 2연의 "우리들의 汽車"의 각각의 형상은 3연 이후에 전개되는 객실의 정황과 화자의 내면을 총체적으로 함축한 풍경이라고 볼 수 있다. 이런 점에서 "걸어 간 단 다" "지나 간 단 다"라는 표기 형태는 일차적으로 기차의 흐름을 시각화한 것이지만 본질적으로는 자신들의 사랑을 가상의 청자를 향해 밝히는 방식으로 판단된다.

은밀한 사랑의 내면을 마치 퍼즐과 같이 풍경 속에 흩어놓는 이러한 방식은 「幌馬車」에 오면 보다 몽환적이고 강렬한 감정의 상태로 형상화된다.

> 이제 마악 돌아 나가는 곳은 時計집 모퉁이, 낮에는 처마 끝에 달어맨 종달새란 놈이 都會바람에 나이를 먹어 조금 연기 끼인듯한 소리로 사람 흘러나려가는 쪽으로 그저 지줄 지줄거립데다.
>
> 그 고달픈 듯이 깜박 깜박 졸고 있는 모양이—가여운 잠의 한점이랄지요—부칠데 없는 내맘에 떠오릅니다. 쓰다듬어 주고 싶은, 쓰다듬을 받고 싶은 마음이올시다. 가엾은 내그림자는 검은 喪服처럼 지향없이 흘러나려 갑니다. 촉촉이 젖은 리본 떨어진 浪漫風의 帽子밑에는 金붕어의 奔流와

며 자식을 유학 보내는 비운의 여인으로 그려져 있다. 한편, 지용의 글과 주변 문인들의 증언을 참조해볼 때, 지용에게는 유학시절에 만난 연인이 있었고, 자신의 사랑을 노출시키기를 꺼려했던 그는 사랑 때문에 심한 갈등을 했던 것으로 보인다. 아마도 이러한 지용의 행태는 자신의 성장기 경험에서 비롯된 것이며 모성에 대한 동경도 이와 관련된 듯하다. 이 부분은 민병기의 『정지용』(건국대출판부, 1996, 40~44쪽)을 참고할 것.

같은 밤경치가 흘러 나려갑니다. 길옆에 늘어슨 어린 銀杏나무들은 異國斥候兵의 걸음제로 조용 조용히 흘러 나려갑니다.

슬픈 銀眼鏡이 흐릿하게
밤비는 옆으로 무지개를 그린다.

이따금 지나가는 늦인 電車가 기이익 돌아나가는 소리에 내 조고만魂이 놀란듯이 파다거리나이다. 가고 싶어 따듯한 화로갛를 찾어가고싶어. 좋아하는 코-란經을 읽으면서 南京콩이나 까먹고 싶어, 그러나 나는 찾어 돌아갈데가 있을나구요?

네거리 모통이에 씩 씩 뽑아 올라간 붉은 벽돌집 塔에서는 거만스런 XII 時가 避雷針에게 위엄있는 손까락을 치여 들었소. 이제야 내 목아지가 쭐 빳 떨어질듯도 하구료. 솔닢새 같은 모양새를 하고 걸어가는 나를 높다란데서 굽어 보는것은 아주 재미 있을게지요. 마음 놓고 술 술 소변이라도 볼까요. 헬멭 쓴 夜警巡査가 예일림처럼 쫓아오겠지요!

네거리 모통이 붉은 담벼락이 흠씩 젖었오. 슬픈 都會의 뺨이 젖었소. 마음은 열없이 사랑의 落書를 하고있소. 홀로 글성 글성 눈물짓고 있는것은 가엾은 소-니야의 신세를 비추는 빩안 電燈의 눈알이외다. 우리들의 그전날 밤은 이다지도 슬픈지요. 이다지도 외로운지요. 그러면 여기서 두 손을 가슴에 넘이고 당신을 기다리고 있으릿가?

길이 아조 질어 터저서 뱀눈알 같은 것이 반쟉 반쟉 어리고 있오. 구두가 어찌나 크던동 거러가면서 졸님이 오십니다. 진흙에 챡 붙어 버릴듯하오. 철없이 그리워 동그스레한 당신의 어깨가 그리워. 거기에 내머리를 대이면 언제든지 머언 따듯한 바다울음이 들려 오더니…………

……아아, 아모리 기다려도 못 오실니를……

> 기다려도 못 오실 니 때문에 졸리운 마음은 幌馬車를 부르노니, 회파람처럼 불려오는 幌馬車를 부르노니, 銀으로 만들은 슬픔을 실은 鴛鴦새 털 깔은 幌馬車, 꼬옥 당신처럼 참한 幌馬車, 찰 찰찰 幌馬車를 기다리노니.
>
> —「幌馬車」 전문

'1925. 11月 京都'로 창작 시점과 장소가 명기되어 《조선지광》(1927. 6)에 발표된 이 작품은 앞에서 살펴본 「슬픈 汽車」와 같은 산문시의 형태로 기술되어 있다. 물론 보다 강렬한 감정의 유로를 보이는 「幌馬車」의 시형이 더 풀어져 있긴 하다. 두 작품 모두 움직이는 화자의 눈에 포착된 풍경을 형상화하고 있다는 점에서는 유사하다.

이 시의 제목인 '幌馬車'는 덮개를 씌운 마차의 일종이다. 시는 거리를 지나며 여러 상념을 쏟아내는 전반부(1～4연)와, 연인으로 보이는 '소－니야'를 생각하며 황마차를 기다리는 후반부(5～8연), 크게 두 부분으로 나뉜다. 시상은 화자의 시선이 공간적인 인접성에 따라 이동하거나 연상이 계기적인 진행에 따라 다음 연상으로 옮겨가는 환유적인 방식[140]에 따라 전개된다. "浪漫風의 帽子"를 쓴 화자는 도시의 거리를 밤비를 맞으며 걸어가고 있다. 특정한 목적지가 없어 보이고 거리의 풍경을 '흘러 나려 간다'고 반복해서 표현하는 것으로 보아 화자는 부유하는 정서적 상태에 처해 있는 듯하다. 여기에 여러 번 반복되는 화자의 졸린 상태가 결합되어 시는 전체적으로 몽환적이며 어디론가 흘러내리는 듯한 하강적인 분위기가 지배하고 있다.

화자의 눈에 처음으로 들어온 대상은 "時計집"이다. 거기에서 낮에 보았던 "時計집 처마 끝에 달어맨 종달새"를 연상한다. 화자에게 "고달픈 듯이 깜박 깜박 졸고 있는 모양"으로 비쳐진 종달새는 "쓰다듬어 주고 싶"고 "쓰다듬을 받고 싶은" 자기연민의 대상이다. 화자의 시선과 연상은 "종

---

140) 권혁웅, 「한국 현대시의 시작방법 연구」, 고려대 박사학위논문, 2000, 34쪽.

달새" → "가엾은 내그림자" → "異國斥候兵 같은 銀杏나무"로 옮겨간다. 전체적으로 음울하고 어두운 방식으로 전개되는 몽롱한 상념들은 3연의 전차 소리에 의해 깨어난다. 3연과 4연의 연상들을 통해 볼 때 화자를 둘러싼 외부의 세계는 위압적이고 공포스러운데 반해 화자는 자신을 초라하고 왜소한 대상으로 인식하고 있다. "종달새", "그림자", "조고만魂", "솔닢새" 등 고달프고 음울하며 허약한 모습으로 비유된 화자와 달리 세상의 이미지는 낯선 공포의 대상들인 "異國斥候兵", "電車", "時計塔", "夜警巡査" 등으로 그려진다. 이러한 대비적 풍경은 슬픔과 자기 연민의 정서를 강하게 드러내는 화자의 심리적 배경이 되고 있다. 따라서 3연에서 "가고싶어 따듯한 화로갛를 찾어가고 싶"다는 화자의 고백은 매우 절실한 것이다. 그런데 "좋아하는 코—란經을 읽으면서 南京콩이나 까먹고 싶어"라는 이어지는 진술은 무엇을 의미하는가. '따듯한 화로가를 찾아가고 싶다'는 앞 문장과 연관시켜 분석하면, "코란經"과 "南京"은 따뜻한 이미지와 관련된 것일 테고, 코란을 바이블로 삼는 이슬람교가 '따듯한' 중동지역과 관련된다는 점에서 보면 이 문장의 의미는 간단해진다. 그런데 이 작품이 최초로 발표된 《조선지광》에는 "코란경"이 아니라 "馬太傳 五章"으로 표기되어 있다. '마태전 오장'은 마음이 외롭고 쓸쓸한 자들에게 위로가 되는 내용[141]으로 이루어져 있다. 이러한 점을 고려한다면 시의 화자는 자신에게 위로가 될 따뜻한 공간을 간절하게 찾고 있는 것이다.

젖은 담벼락에서 '눈물짓는 가엾은 소냐'를 연상한 화자는 그녀와 함께 했던 사랑의 추억을 떠올린다. '동그스레한 어깨'를 가진 그녀는 화자에게

141) "심령이 가난한 자는 복이 있나니 천국이 저희 것임이요 애통하는 자는 복이 있나니 저희가 위로를 받을 것임이요 온유한 자는 복이 있나니 저희가 땅을 기업으로 받을 것임이요 의에 주리고 목마른 자는 복이 있나니 저희가 배부를 것임이요 긍휼히 여기는 자는 복이 있나니 저희가 긍휼히 여김을 받을 것임이요 마음이 청결한 자는 복이 있나니 저희가 하나님을 볼 것임이요 화평케 하는 자는 복이 있나니 저희가 하나님의 아들이라 일컬음을 받을 것임이요 의를 위하여 핍박을 받은 자는 복이 있나니 천국이 저희 것임이라."(「마태복음」 5장 3~9절)

"따듯한 바다"를 환기하는 모성으로 각인되어 있다. 문제는 그녀가 더 이상 기다려도 올 수 없는 대상이라는 점이다. 7연에서 터져 나오는 강렬한 슬픔의 고백은 절망의 끝에 선 화자의 내면을 환기시킨다. 이러한 상황에서 화자는 몽상의 힘으로 따듯한 바다와 그녀를 닮은 "幌馬車"를 부른다. 화자가 기다리는 황마차란 「슬픈 汽車」에서도 확인했던 모성성의 세계이다. 「슬픈 汽車」에서 화자가 손을 담그고 싶었던 망망한 바다와 「幌馬車」의 따듯한 바다는 시인의 의식이 간절히 지향하는 동경의 세계인 것이다.

이 시는 시인의 격렬한 감정이 드러난 작품이지만 그러한 감정이 사물 세계와의 교통 속에 분출됨으로써 하나의 생생한 슬픔의 형상을 이루고 있다. 대상 세계와 주체의 내면이 서로 넘나들며 생성한 이 슬픔의 풍경은 시인의 의식을 보다 심층적으로 드러낸다. 그것은 감정의 직정적인 노출이 표현할 수 없는 형상의 힘에서 비롯된 것이다. 지용은 사물 세계에서 자신의 감정을 발견하고 그것을 풍경의 형식으로 형상화함으로써 자기를 표현한다.

사물 세계에서 자신의 내면의 이미지를 발견하고 그것을 하나의 풍경으로 형상화함으로써 지용의 시는 단순한 감상에 떨어지지 않을 수 있었다. 그의 시에 형상화된 대상 세계는 시인의 감정과 정서를 담아내기 위해 구성된 세계이며, 각각의 사물들은 화자와의 관계 속에서 그 의미를 부여받는다. 그러한 사물들로 구성된 풍경은, 풍경을 이루는 대상들이 화자의 내면을 드러내는 상관물들이라는 점에서, 하나의 일관된 정조와 내면을 드러내는 형상이 된다. 물론 시의 형상 속에 표현된 화자의 내면은 감정에 국한되지는 않는다. 그러나 지용 시가 드러내는 인식의 내용은 깊은 이성적 사유에 기초한 것이라기보다 사물 세계를 내면의 풍경으로 발견하는 감수성 자체라고 할 수 있다. 지용 시의 지적인 면모는 자신의 내면을 대상 세계에서 발견하고 그것을 하나의 시의 풍경으로 언어화하는 과정에서 발생한다. 지용 시의 형상이 드러내는 것은 주체의 존재감이다.

다음의 시에서 존재감을 생생하게 드러내는 지용의 감각을 좀더 구체적으로 확인할 수 있다.

귀에 설은 새소리가 새여 들어와
참한 은시계로 자근자근 얻어맞은듯,
마음이 이일 저일 보살필 일로 갈러저,
수은방울처럼 동글 동글 나동그라저,
춥기는 하고 진정 일어나기 싫어라.
※
쥐나 한마리 훔켜 잡을 듯이
미다지를 살포-시 열고 보노니
사루마다 바람 으론 오호! 치워라.

마른 새삼넝쿨 새이 새이로
빠알간 산새새끼가 물레ㅅ불 드나들듯.
※
새새끼 와도 언어수작을 능히 할가 싶어라.
날카롭고도 보드라운 마음씨가 파다거리여.
새새끼와 내가 하는 에스페란토는 회파람이라.
새새끼야, 한종일 날어가지 말고 울어나 다오,
오늘 아침에는 나이 어린 코끼리처럼 외로워라.
※
산봉오리-저쪽으로 몰린 푸로우예일-
페랑이꽃 빛으로 볼그레 하다,
씩 씩 뽑아 올라간, 밋밋 하게
깎어 세운 대리석 기둥 인듯,
간ㅅ뎅이 같은 해가 익을거리는
아침 하늘을 일심으로 떠바치고 섰다,
봄ㅅ바람이 허리띄처럼 휘이 감돌아서서
사알랑 사알랑 날러 오노니,

새새끼도 포르르 포르르 불려 왔구나.

—「이른봄 아침」 전문

1927년 2월 《新民》에 발표된 이 시는 지용 시의 감각적 성격이 잘 드러나 있는 작품이다.[142] 사물 세계와 내면의 연관 양상을 보다 선명하게 확인할 수 있는 이 작품은 지용 초기시의 풍경의 특질을 잘 보여준다. 시는 초봄의 이른 아침 정경을 그리고 있다.

1연은 새소리에 의해 잠이 깨는 과정에서 화자가 느끼는 정서 상태를 표현한다. 하루가 시작되는 기상 과정에서 화자는 두 가지 감정을 드러낸다. 하나는 "참한 은시계로 자근자근 얻어맞은듯" 하다는 것이고, 또 하나는 "마음이 이일 저일 보살필 일로 갈라진"다는 것이다. 두 감정을 수식하는 비유들은 "은시계"와 "수은방울"이다. 지용의 시에 빈번하게 출현하는 맑고 깨끗한 느낌의 이미지들이다. "은시계" · "수은방울"은 "이른봄 아침"이나 "새소리"와 잘 어울리는 이미지 계열이고, 그것이 표현하려는 부분적인 내용—이를테면 갈라지는 것을 감각적으로 형상화하기 위해 동글 동글하게 나동그라지는 수은방울을 비유한 것—과 잘 부합한다. 그러나 새소리를 듣고 일어나기 싫은 감정을 "참한 은시계로 자근자근 얻어맞은듯" 하다고 표현하거나 해야할 일들로 심란한 마음을 수은방울에 비유한 것은 그것이 표현하려는 내용과 어울리지 않는다. 이를테면, 전자의 표현을 그 이미지가 주는 느낌대로 '기계적 시간에 의해 종속된 현대인의 고통'으로 분석해놓으면 이는 시 전체의 문맥에서 볼 때 지극히 과도한 해석일 것이다. 이러한 이미지와 내용의 상위성(相違性)은

142) '1926.3 京都에서'라는 창작 시점과 장소가 부기되어 《신민》에 발표되었을 당시에는 현재의 작품 끝에 한 개의 연이 더 있었다. "산에서 새색기 가 처저를 왓다./싸알간 샛네트를 쓰고 왓다./싸알간 샛네트 가 하나 잇섯스면—/사철 발버슨 어린 누이 씨워 주고/호. 호. 호. 손쌕 치며 놀녀대 볼가./내 어린 누이 도/산 에서 온 조그마한 손님 이여니." 이 부분은 시상의 집중력을 제고하기 위해 삭제한 것으로 판단된다.

비단 이 부분의 문제만은 아니다. 화자의 내면을 함축하고 있는 "나이 어린 코끼리"라는 핵심적인 표현 역시 시 전체의 내용과 부합하는 것은 아니라는 점이다.

반면, '이른봄 아침'의 느낌을 형상화한 2·3연은 주체의 감각과 행위 양상이 대상 세계의 움직임과 잘 어우러지면서 초봄 아침의 맑고 상쾌한 느낌을 탁월하게 표현하고 있다. 이렇게 사물과 만나 형상화되는 내면은 감각을 통해 잘 표현되지만, 그것이 수시로 드러내려는 것은 세계나 자아에 대한 깊은 성찰이 아니라 주체의 감정이나 느낌이다. 물론 감정이나 느낌이 이성적인 사유와 분리되는 것은 아니며, 지용의 시 역시 감정이나 느낌을 포함한 의식의 총체가 반영된 것이지만, 지용의 초기시는 시인의 주관적 정서를 형상화하려는 욕망을 강하게 보여준다. 세계나 자신에 대한 보다 본격적이고 깊이 있는 사유에 앞서 지용의 시는 시인의 정서나 감정을 사물들의 형상에 얹어 표현하려는 방법에 가깝다. 이 작품의 경우에도, '이른봄 아침'이라는 제목을 달고 있지만 시는 사물 세계와 호응하는 맑고 상쾌한 느낌 너머에서 배어나오는 시인의 고단하고 슬픈 정서를 틈틈이 드러낸다. '이른봄 아침'의 세부에서 느껴지는 이미지와 '나이 어린 코끼리'가 함께 어우러진 시의 풍경은 시인의 내면에서 작용하는 구심력의 정체를 보여준다. 감각이 펼쳐 보이는 대상 세계의 형상과 그 형상의 구심력으로 작용하는 주관 정서를 형상화하려는 욕망은, 비판적 평자들에 의해 제기된 '의식의 결여'와 닿아있는 지용 시의 특징이다. 지용의 초기 시는 세계에 대한 사유나 반성에 앞서 사물 세계와 감각적으로 교통함으로써 시인의 주관적인 정서나 느낌을 구체적인 형상 속에 표현한다. 그러한 점에서 그의 초기 시는 이성적 통찰의 세계라기보다 시인의 내면을 객관적인 형상으로 구성한 세계라고 볼 수 있다. 시의 내용보다 창작 방법의 측면에서 지적이며 객관적인 것이다.

「이른봄 아침」보다 3년 정도 뒤에 발표된 「아츰」은 지용 시의 이러한 특질이 보다 선명하게 드러나는 작품이다.

프로펠러 소리…………
鮮姸한 커―앤를 돌아나갔다.

快晴! 짙푸른 六月都市는 한層階 더자랐다.

나는 어깨를 골르다.
하픔……목을 뽑다.
붉은 숑닭모양 하고
피여 오르는 噴水를 물었다……뿜었다……
해ㅅ살이 함빡 白孔雀의 꼬리를 폈다.

垂蓮이 花瓣을 폈다.
옴으라쳤던 잎새. 잎새. 잎새.
방울 방울 水銀을 바쳤다.
아아 乳房처럼 솟아오른 水面!
바람이 굴고 게우가 미끄러지고 하늘이 돈다.

좋은 아츰―
나는 탐하듯이 呼吸하다.
때는 구김살 없는 흰돛을 달다.

―「아츰」 전문

「아츰」은 《조선지광》(1930. 8)에 처음으로 발표된 작품이다.[143] 「이른 봄 아침」처럼 봄날 아침을 묘사한 작품인데, 초봄이 아니라 유월 도시의 아침이라는 점에서 차이가 난다. 작품은 봄날 아침의 상쾌함과 건강한 생명력을 다양한 감각적 이미지를 통해 형상화하고 있다. 「이른봄 아침」처

143) 《조선지광》에 발표될 당시에는 연 구분이 없는 단련시였는데, 《문예월간》(1931.12)에 재수록 되면서 현재와 같은 형태로 수정되었다.

럼 맑고 깨끗한 이미지들이 하나의 계열을 이룸으로써 유월 도시의 쾌청한 봄날 아침을 그리고 있다. “프로펠러 소리”, “鮮姸한 커-앤”, “噴水”, “白孔雀”, “睡蓮”, “水銀”, “힌돛” 등으로 이어지는 맑고 깨끗한 이미지들과 “숳닭”과 “乳房처럼 솟아오른 水面”, “게위” 등으로 이어지는 생명력의 이미지가 서로 어우러져 봄날 아침의 풍경이 실감나게 그려진다. “한層階 더자란” “六月都市”란 이러한 이미지들이 환기하는 성숙한 도시적 생명력을 뜻하는 것이다.

이 시에서 주목할 대목은 시의 화자가 대상 세계의 일부로 옮겨 앉는 3연이다. 앞에서 본 시들의 경우에는 화자가 사물 세계에서 자신의 내면의 이미지를 발견하거나 사물을 매개로 한 연상을 통해 주관적인 내면을 드러내는 방식으로 하나의 풍경을 구성하는데 반해 이 시의 화자는 풍경의 일부로 참여함으로써 자신이 감각한 유월의 느낌을 직접 구현하는 대상이 된다는 점이다. 쾌청한 유월의 아침에 어깨를 고르는 과정에서 생명력이 강한 수탉의 느낌을 스스로에게서 받은 화자는, 상쾌한 생명력이 느껴지는 분수의 물줄기를 연상하고 여기에서 한걸음 나아가 분수와 햇살이 연출하는 백공작의 이미지를 떠올린다.144) 4연에서 묘사한 못의 형상이 환

---

144) 권영민은 3연에 등장하는 분수를 실제의 공간으로 해석한다(권영민, 『정지용 詩 126편 다시 읽기』, 민음사, 2004, 142~143쪽). 화자가 자신의 행동에서 수탉을 연상하고 이와 같은 연상작용에 의해 자연스럽게 시선을 옮기도록 유도한 곳이 분수대라는 것이다. 이와 같은 권영민의 해석은 지용 시의 내용을 지나치게 사실적인 풍경으로 해석하고 있다. 이 시는 기본적으로 하나의 대상 세계와 관련된 이미지를 하나의 연에 포괄하는 방식으로 구성되어 있고 각 연은 유사한 느낌을 환기하는 사물들로 이루어져 있다. 그리고 시의 표현을 찬찬히 살피면, 권영민도 인정한 것처럼 수탉이 화자의 이미지라면, 물고 뿜는 주체는 생명체이어야 온당하다. ‘噴水’가 나온다고 분수대가 있어야 한다는 것은 지극히 단순한 발상이다. 수탉이 하늘을 향해 지르는 소리에서 솟아오르는 噴水를 연상한 것으로 보는 것이 이미지의 흐름이나 시의 구성의 측면에서 타당하다. 물의 이미지를 묘사한 4연의 “乳房처럼 솟아오른 水面” 역시 시인의 주관적인 상상력에서 비롯된 것이며, 두 곳의 물의 이미지가 ‘생명력의 물’의 성격을 띠고 있다는 점에서 분수와 관련된 표현은 연상 내용으로 보아야 한다. 지용 시의 풍경이 시인의 내면에 의해 구성된, 본질적으로 주관적인 형

기하는 맑고 깨끗한 생명력과 화자가 풍경의 일부가 되어 연출하는 동적인 생명력은, 2연에서 단적으로 표현한 성숙한 생명력을 형상화하는 두 축이 되고 있다.

지용의 초기 시에서 화자는 매우 분명하게 자신의 존재감을 드러낸다. 사물 세계에서 자신의 내면의 이미지를 발견하고 이를 통해 주관적 정서를 드러내고 그리고 또 다른 연상으로 이어감으로써 구성되는 풍경은 시인의 주관적 정서를 형상화한 것이다. 그의 풍경은 주관과 객관이 어우러진 형상 세계이지만 그 풍경을 구성하는 주체는 명확하다. 주체가 뚜렷하게 드러나는 지용의 초기시의 풍경은 후기 시로 넘어가면서 중요한 변화를 보이는데, 그것은 「아츰」에서 드러나는 것처럼 주체가 대상 세계의 일부로 참여한다는 것이다. 이러한 특징은 다음의 「바다」에서 보다 분명하게 나타난다.

바다는 뿔뿔이
달어 날랴고 했다.

푸른 도마뱀떼 같이
재재발렀다.

꼬리가 이루
잡히지 않었다.

힌 발톱에 찢긴
珊瑚보다 붉고 슬픈 생채기!

상 세계라는 점에 비추어 보면, 시의 형상을 사실에 기초하여 해석하는 것은 지용 시의 창작 방법을 도외시한 것일 뿐만 아니라 시의 풍경을 무미건조한 것으로 전락시키는 해석 방식이라 할 수 있다.

가까스루 몰아다 부치고
변죽을 둘러 손질하여 물기를 시쳤다.

이 앨쓴 海圖에
손을 싯고 떼었다.

찰찰 넘치도록
돌돌 굴르도록

회동그란히 바쳐 들었다!
地球는 蓮닢인양 옴으라들고……펴고……

―「바다 2」 전문

1935년 12월《詩苑》에 발표된 「바다 2」는 시기나 작품의 완결성에 있어서 바다 시편들[145]의 완결편이라 할 수 있다. 이 작품을 둘러싸고 벌어진 여러 논자들[146]의 각별한 관심은 「바다 2」의 중요성을 간접적으로 입증해 준다. 특히 바다 시편 전체와의 연관 속에서 이 시를 면밀하게 분석한 최동호는 「바다 2」가 감각적인 초기시의 세계에서 후기 시로 이행하는 분기점에 해당한다고 보았다. 아무튼 이 시는 대상을 형상화하는 지용의 독특한 언어적 감각과 상상력을 확인할 수 있는 작품일 뿐만 아니라 이전의 시들과는 다른 특징이 내재된 작품인 것은 분명하다.

---

145) 정지용의 시에서 '바다'를 제목으로 한 시는 모두 9편이며, 「甲板우」·「船酔 1」·「風浪夢 1」·「말 2」·「갈메기」·「海峽」·「다시 海峽」·「地圖」·「말 3」·「船酔 2」 등 바다를 주요 소재로 삼고 있는 시는 대략 10여 편 정도이다.

146) 민병기, 앞의 책, 78～82쪽.
이숭원, 『정지용 시의 심층적 탐구』, 태학사, 1999, 116～119쪽.
최동호, 「난삽한 지용시와 바다 시편의 해석」(『디지털 문화와 생태시학』, 문학동네, 2000, 152～171쪽).
권영민, 앞의 책, 62～70쪽.

「바다 2」를 해석할 때 가장 문제가 되는 부분은 5~6연의 행위 주체를 누구로 보는가 하는 점이다. "앨쓴 海圖"를 완성한 주체를 화자로 보면 이 시는 지도를 보며 바다의 풍경을 상상하는 화자의 상상력을 그린 것이 되고, 바다로 보면 바다의 형상에서 연상된 상상의 세계를 묘사한 것이 된다. 이 시의 해석과 관련된 논쟁은 엄밀하게 말해 작품 자체의 내재적 분석만으로는 한계가 있을 뿐만 아니라 소모적인 것이 될 수 있다. 그것은 이 작품의 심상이 개인적으로 다른 정황을 연상시키기 때문이다. 아울러 이 시를 해석할 때 고려할 점은 작품의 의미를 보다 풍요롭게 해준다는 이유로 특정한 해석을 수용하는 근거로 삼아서는 안 된다는 점이다. 작품 분석의 과정에서 은밀하게 작용하는 과잉 해석의 욕망은 특정 시인을 신화화하는 계기가 될 수 있으며 그렇게 분석된 작품은 더 이상 텍스트로서의 근거를 상실하게 된다는 점을 고려해야 한다. 「바다 2」는 지용의 창작 방법과 상상력의 구조를 고려하여 작품의 내재적인 분석을 수행할 때, 그 의미가 보다 온전하게 구명될 수 있으며 작품의 위상도 제대로 자리매김 될 수 있다.

5·6연의 의미를 해명하기에 앞서 명확하지 않은 어휘의 의미를 먼저 살펴보기로 한다. 5연 2행과 6연 2행에 사용된 "시쳤다"와 "싯고"는 《시원》에 발표될 당시 "씻었다"와 "씻고"로 표기되었다. '씻다'를 '시치다'라고 표기한 경우는 지용의 시에서 더 이상 발견되지 않는다. "거룩한 피가 이믜 이나라의 흙을 조찰히 씨섯도다"(「勝利者 金안드레아」·1934. 9), "나는 늬긋 늬긋한 가슴을 蜜柑쪽으로나 씻어나리자"(「슬픈 汽車」·1927. 3) 등에서 지용은 '씻다'로 표기하였고 1935년에 발간된 『정지용시집』에서도 동일한 형태로 표기하고 있다. 뿐만 아니라 '씻다'의 피동형 혹은 사동형으로 "씻기다"와 "씾기다"를 사용하고 있다. "바람에 별과 바다가 씻기우고"(「바람 1」·1932.4), "桔梗 꽃봉오리/흔들려 씻기우고"(「朝餐」·1941.1), "찬물에 씾기여/砂金을 흘리는 銀河!"(「별2」·1941) 등, 지용은 기본형 '씻다'에 사동·피동형 선어말어미 '(ㅎ)기'를 결합한 형태인 "씻기

다"와 "씾기다"를 "시치다"와 구분되는 용법으로 사용하였다. 아울러 "시쳤다"를 "씻었다"의 동일한 의미의 어휘로 보면 5연의 "물기를 시쳤다"는 잘못된 표현이다. '씻다'의 목적어가 물기가 될 수는 없다. 참고로 사전에 등재된 '시치다'라는 어휘에는 "바느질할 때, 여러 겹으로 맞댄 조각이 잘 붙어 있지 않고 듬성듬성 뜨다"라는 의미가 있다.

이러한 어휘적인 용례 이외에 「바다 2」와 유사한 발상에 의해서 창작되었다고 평가되는 「地圖」[147]는 정지용 시의 서술 과정에 대한 중요한 단서를 제공해준다. 「地圖」의 정황은 매우 분명한데 그것은 화자의 위치가 명확하기 때문이다. 시인이 지도를 보고 바다를 상상하는 과정을 그대로 보여주는 이 작품은 이제까지 앞에서 살펴보았던 지용 시의 구성 방식을 시의 내용에서 직접 설명하고 있다. 지용 시의 경우 사물 세계와 관계를 맺는 주체는 비교적 명확하게 시의 문면에 나타난다. 사물 세계를 대상화하고 그것에 대한 시인의 느낌이나 인식을 더함으로써 다른 사물로 이전하거나 또 다른 연상으로 전개되는 방식은 초기 시의 풍경이 구성되는 양상이다.

이제까지 살펴보았던 풍경의 구성 방식에서 볼 때, 「바다 2」는 실제의 바다에서 상상력이 전개되는 것으로 보아야 한다. 지용의 시에서 대상의 의미가 불분명한 사례는 많이 발견되지만 대상을 인식하는 주체를 의도적으로 감추는 경우는 거의 없다. 지용 시의 모호성은 화자의 내면이 객관적인 풍경으로 형상화되고 자신의 정서나 느낌을 단편적인 표현들을 통해 드러냄으로써 발생한다. 시인이 지도를 보고 상상하는 것임을 밝힌 「地圖」와 달리 이 작품은 바다의 형상을 묘사하는 것에서 시작한다. 파도 치는 바다에서 "도마뱀떼"의 이미지를 발견한 시인은 생동감 넘치는 표현을 통

---

147) "地理教室專用地圖는/다시 돌아와 보는 美麗한 七月의庭園/千島列島附近 가장 짙푸른 곳은 眞實한 바다 보다 깊다./한가운데 검푸른 點으로 뛰여들기가 얼마나 恍惚한 諧謔이냐!/倚子우에서 따이빙姿勢를 取할수있는 瞬間,/教員室의 七月은 眞實한 바다보담 寂寞하다"(「地圖」 전문).

해 살아 있는 바다를 그려내고 있다. 그런데 대상을 감각적으로 형상화하다가 갑자기 감정의 어사를 담고 있는 "슬픈 생채기!"라는 표현이 등장한다. 이 풍경을 사실적인 것으로 보면 '생채기'는 파도에 침식된 해안 절벽이나 모래의 붉은 빛깔로 볼 수 있고, 이를 바다 속에 대한 상상으로 보아서 내면의 이미지로 생각하면 표면적인 사물 세계에서 이면을 사유하는 시인의 정신으로 볼 수 있다.

그러나 앞의 시들에서 확인한 것처럼, 지용은 시의 형상 속에 자신의 정서를 표현하려는 욕망을 자주 보인 바 있다. 자신의 내면을 드러내는 시에서는 '나'라는 화자를 통해 대상에 대한 느낌이나 상념을 피력하고 그렇지 않은 경우에도 대상 세계와 무관해 보이는 정서를 직접 표출한 바 있다. "슬픈 생채기!"를 정신의 작용으로 보는 것은 지용 시의 언어적 표현에 지나치게 과도한 의미를 부여하는 해석이다. 이 시의 형상을 구성하는 사물들에서 "슬픈 생채기!"를 정신의 의미로 해석할 만한 부분은 사실상 찾아보기 어렵다. "슬픈 생채기!"는 파도에서 도마뱀의 이미지를 발견한 시인이 파도의 포말에서 흰 발톱을 연상함으로써 거기에서 유발된 단편적인 감정을 표현한 것으로 보는 것이 적절하다. 이 시의 풍경은 바다의 감각적인 형상에 집중되어 있으며, 그러한 점에서 작품의 후반 부분도 대상을 행성의 차원에서 상상하는 것으로 보아야 한다.

5 · 6연의 내용은 바닷물이 빠진 후에 만들어진 해안가 형상을 "앨쓴 海圖"로 표현한 것으로 볼 수 있다. 바다의 풍경에서 거대한 하나의 해도를 연상한 시인은 풍경을 구성할 때 자주 표현했던 방식대로 풍경의 바깥에서 대상을 바라보는 상상을 하게 되는 것이다. 바닷물이 밀려나간 썰물 상태에서 시인은 지표면에 바닷물이 흘러 다니는 지구를 물방울이 동글동글 구르는 연닢의 형상으로 인식한다. 소재의 바깥과 안쪽을 두루 상상하며 사물을 하나의 대상으로 인식하는 이러한 방식은 「爬虫類動物」이나 「슬픈 汽車」에서도 확인할 수 있었다. 비단 눈에 보이는 것을 묘사하는 차원이 아니라 대상을 지적 · 정서적으로 자유롭게 구성해내는 이러한 형상 방

식은 눈에 보이지 않는 것을 표현한 것이지만 깊이 있는 의식의 표현으로 보기는 어렵다. 사물을 창작 주체의 의식을 통해 재구성한, 주체의 존재성이 뚜렷하게 현현되는 표현 방식 정도로 보면 될 듯하다.

이 작품에서 중요하게 보아야 할 대목은 사물과 함께 풍경을 구성하던 화자가 표면에서 사라졌다는 사실이다. 사물과의 연관 속에서 자신의 내면을 드러내며 풍경의 일부로 참여하던, 풍경의 안쪽에 존재하던 화자는 「바다 2」에 이르러 풍경의 배후로 물러난다. '나'가 사라진 자리에 대상 자체가 행위의 주체로 전환하는 상상력이 발동하고 있는 것이다. 이러한 시상의 전환은 앞에서 보았던 「아츰」에서 화자가 자신에게서 수탉의 이미지를 발견하고 수탉의 생명력에서 분수의 이미지를 연상함으로써 대상 세계의 일부가 되는 대목에서 부분적으로 실현되었던 방식이었다. 화자와 대상 세계의 상호 작용을 통해 풍경을 구성해가는 방식에서, 화자가 대상 세계의 일부가 되어 풍경에 참여하는 방식으로, 그리고 풍경의 표면에서 물러나 사물들의 세계로 이전하는 이러한 양상이 지용 시가 변모해 가는 큰 줄거리라 할 수 있다. 물론 이러한 양상은 3절에서 살펴볼 그의 후기 시에서 집중적으로 나타난다.

이상에서 살펴본 것처럼, 지용의 초기 시는 시인의 주관을 통과한 사물들이 화자의 내면과 어우러져 하나의 풍경을 이루는 방식으로 형상화되어 있다. 사물들과 시인의 주관이 육체적 감각을 통해 형상화된 시는 주체에 의해 재편된 세계를 보여준다. 시인의 주관을 주관적인 방식이 아니라 객관적인 형상으로 표현하는 지용의 시는 주체의 존재성이 분명하게 드러나는 주관화된 사물 세계라고 할 수 있다. 지용 시의 새로움은 사물들의 세계를 주관이 투영된 대상의 세계로 형상화한 데 있다. 그의 시는 시인의 감정에 의해 일방적으로 채색된 주관의 세계가 아니라 시인의 이성과 정서에 의해 재구성된 객관적인 형상 세계이다.

지용의 초기 시는 사물들을 주관화하는 창작 주체의 인식 작용을 분명하게 보여준다. 그 세계는 감정에 의해 채색된 것은 아니지만 시인의 감정과 정서가 투영된 공간이다. 그의 시는 주관의 총체가 반영되어 있지만, 깊은 이성적 통찰보다 시인의 주관적인 정서가 보다 강하게 지배하는 세계이다. 그의 시는 감정이 배제된 세계가 아니라 감정을 객관적인 형상 속에, 혹은 형상과 함께 표현한 세계라 할 수 있다. 그런 점에서 지용의 시는 창작 방법의 관점에서 현대적이다.

2. 이원화된 세계와 의식의 풍경

정지용의 초기 시는 시인의 정서가 사물들과 함께 하나의 풍경을 구성하고 있는 세계이다. 사물들을 표상의 세계로 재편한 시의 풍경은 주관이 사물들을 대상의 세계로 전환하는 과정을 잘 보여준다. 주체의 존재성이 생생하게 지각되는 이러한 과정은 깊이 있는 사유나 통찰을 보여주기보다 사물들을 감수(感受)하는 시인의 내면을 구체적이고 감각적으로 드러낸다. 따라서 그 세계는 대체로 여러 사물들과 시인의 주관이 결합하여 전체를 이루는 구성적인 형식을 취하게 된다. 물론 풍경을 구성하는 사물들은 시인의 주관에 의해 포착된 대상들이어서 그 자체로서 의미를 갖는 것은 아니다. 그 세계는 시인의 내면을 드러낸다는 점에서 하나의 정조를 띠거나, 혹은 서로를 비춤으로써 주관적 정서를 구체화한다. 이러한 초기 시는 후기 시로 전개되면서 사물들을 대상화하는 주체의 인식과정이 소멸되고, 시에 포착된 대상들만으로 하나의 세계를 구성하는 단계로 이전해 간다.

이 절에서는 초기 시에서 후기 시로 넘어가는 과정을 보여주는 작품들을 검토하고자 한다. 현실에 대한 시인의 의식이 보다 집중적인 방식으로 형상화된 시편들과 보이지 않는 세계에 대한 신념이 내재된 신앙시편들은 시인의 내면을 감각적인 방식으로 드러낸 초기 시와 변별되는 면모를 지니고 있다.

내어다 보니
아조 캄캄한 밤,
어험스런 뜰앞 잣나무가 자꼬 커올라간다.
돌아서서 자리로 갔다.
나는 목이 마르다.
또, 가까히 가
유리를 입으로 쫏다.
아아, 항안에 든 金붕어처럼 갑갑하다.
별도 없다, 물도 없다, 쉬파람 부는 밤.
小蒸氣船처럼 흔들리는 窓.
透明한 보라ㅅ빛 누뤼알 아,
이 알몸을 끄집어내라, 때려라, 부릇내라.
나는 熱이 오른다.
뺨은 차라리 戀情스레히
유리에 부빈다, 차디찬 입마춤을 마신다.
쓰라리, 알연히, 그싯는 音響 —
머언 꽃!
都會에는 고흔 火災가 오른다.

—「琉璃窓 2」 전문

1931년 《新生》에 발표된 「유리창 2」는 특별한 정황을 묘사하고 있다. 시는 대상 세계에 대한 화자의 감정 상태와 행위 반응으로 이루어져 있다. 초기 시의 일반적인 풍경 구성 방식처럼, 사물에 대한 화자의 감정과 이로부터 파생된 연상, 그리고 화자의 또 다른 정서적 반응으로 이어지는 구성적인 형식을 이 시에서도 확인할 수 있다.

시는 화자의 행위로부터 시작된다. 유리창 안쪽에 선 화자가 "뜰앞"을 내어다 보면서 생성되는 시의 풍경은 유리창 밖의 사물 세계에 대한 화자의 주관적인 반응에 의해 특정한 정조를 띤다. 화자가 유리창 밖을 "아조 캄캄한 밤"으로 인식함으로써 "뜰앞 잣나무"는 "어험스런" 대상이 된다.

"짐짓 위엄 있어 보이다. 혹은 텅 비고 우중충하다"[148]는 의미의 '어험스럽다'는 유리창 밖의 대상 세계를 낯설고 공포스러운 것으로 인식하는 화자의 내면을 암시한다. 이러한 화자의 정서 상태가 "뜰앞 잣나무"를 "자꼬 커올라가"는 활물의 대상으로 변형시킨다. 유리창의 안쪽에 위치한 화자에 의해 낯설고 괴상한 것으로 변형된 유리창 밖의 풍경이 다시 그 안쪽에 있는 화자의 내면을 자극함으로써 화자는 자신을 어항 안에 놓인 "金붕어"로 인식하게 된다. 낯설고 위압적인 유리창 밖의 정경에서 갈증을 느끼는 화자는 자신을 어항 안쪽에서 밖을 향해 입을 뻐끔대는 금붕어로 비유한다. 어항 안에 갇힌 금붕어와 유리창 밖의 사물들을 괴상하고 공포스러운 것으로 인식하는 유리창 안쪽의 화자가 겹쳐지면서 시는 현실 세계에서 갈증과 위압감을 느끼는 화자의 내면 풍경으로 전환된다. 금붕어를 외부의 세계와 차단시키는 어항의 "갑갑한" 이미지가 외부 현실을 바라보는 화자의 유리창에 투영된 것이다.

사실적인 정황과 이로부터 연상된 비유가 결합하여 시의 풍경은 감각적이면서 매우 선명한 것이 되었다. 아울러 이렇게 구성된 풍경은 유리창 밖을 불안한 내면으로 바라보는 화자의 현재 정황이 보다 일반적인 것임을 암시한다. '별도 없고 물도 없는' 세계는 암울하고 답답한 현실을 상징한다. 시인은 이러한 현실을 다시 "小蒸氣船"이라는 공간으로 비유함으로써 유리창 안쪽에 위치한 화자의 들끓는 내면을 드러낸다. 낯설고 위압적인 현실에서 벗어나고 싶은 화자의 강렬한 충동이 현재의 공간을 '소증기선'으로 인식하게 하는 것이다. 불안과 갈증의 상태를 타파하고 싶은 화자의 뜨거운 충동은 "이 알몸을 끄집어내라, 때려라, 부릇내라."라는 매우 강한 직정적인 표현을 통해 표출된다. 화자는 자신을 둘러싼 현실을 타파하고 싶은 것이다. 그것은 앞에서 제시된 어항의 이미지, 답답하고 소통할 수 없는 현실에 대한 강한 부정이다.

148) 최동호 편, 『정지용 사전』, 고려대 출판부, 2003, 229쪽.

<낯설고 불안한 유리창 밖의 밤풍경 → 항안에 든 金붕어 → 小蒸氣船>으로 이어지는 시는 화자의 현재 상황을 현실에 대한 내면의 풍경으로 읽게 만든다. 화자의 정서가 투영된 시의 표면적인 상황과 거기에서 연상된 화자의 내면의 이미지가 결합된 시의 풍경은 그 구성 요소들이 서로의 이미지를 강화함으로써 현실에 대한 시인의 인식을 매우 감각적이면서 효과적으로 형상화하였다. 지용의 초기 시의 구성 방식처럼, 「유리창 2」 역시 사물에 대한 화자의 반응이 결합하여 하나의 풍경을 이루되, 보다 조직적인 방식으로 시의 이미지와 감정 표현이 집중되고 있다. 초기 시보다 구성의 밀도가 높아졌다. 이러한 특징은 시인의 정서나 감정이 보다 조직적인 의식의 상태를 지향해 가고 있음을 시사한다. 지용 시의 전개 과정을 볼 때, 시인의 감정 형상의 욕망은 점차 의식의 형상화로 이전해 간다. 물론 이 시의 종결부는 시인의 내면이 여전히 심미적인 상태에 머물고 있음을 보여준다. '어항에 든 붕어'와 '소증기선'의 이미지를 통해 현실에 대한 부정 의식을 강렬하게 드러내고 있지만, 14행 이후의 표현들은 앞에서 표출된 강렬한 감정의 열도를 희석하는 감상의 상태를 노정한다. "뺌은 차라리 戀情스레히/유리에 부빈다, 차디찬 입마춤을 마신다."라는 감각적인 표현은 현실에 대한 비판적 의식의 고양을 감상의 수준으로 돌려버린다. 여기에서의 접촉의 감각은 타자적 존재에 대한 소통 열망[149]이 아니라 세계와 소통하고자 하는 열망을 더 이상 감당할 수 없는 시인의 의식 상태를 반영한 것이며, 관성적으로 감각의 언어를 도피처로 삼는 시인의 태도를 보여주는 것이다. 뺌을 "차라리 戀情스레히 유리에 부비"고 "차디찬 입마춤을 마신다"는 것은 갑갑한 현재의 상태를 타파하고자 하는 강렬한 의식을 감각적인 자기위안으로 종결하는 행위일 뿐이다. "유리를 입으로 쪼다"가 "차디찬 입맞춤을 마시"는 행위로 종결되는 이 시의 전개 과정은 근대에 대한 비판적인 통찰을 보다 치열하게 진전시키지 못하는 시인의

149) 김신정, 앞의 글, 52쪽.

내면을 드러낸다.

이렇게 고조된 감정의 상태가 종결된 후에 화자는 유리창 저편을 바라보며 담배를 피운다. "머언 꽃!", "都會에" 피어오른 "고혼 火災"란 유리창에 비친 화자의 담뱃불이다. 현실에 대한 부정적인 의식 상태를 흡연 행위로 마무리하는 화자는 자신의 내부에서 끓어오르는 "熱"을 이렇게 해소한다. 강렬한 의식의 열도는 그 자체로 "꽃"이 될 수 없으며 "고혼" 상태일 수 없다. '목이 마르고' '갑갑하고' 그리고 '때리고 부서뜨리고' 싶은 화자의 강렬한 내면의 "熱"은 유리창을 통해서 "머언 꽃"과 "고혼 火災"로 다시 돌아온다. 그것은 표면적으로는 유리창에 비친 화자의 담뱃불이지만, 실제로는 유리창을 관통하지 못한 채 유리에 되비쳐진 화자의 내면을 드러낸다. "머언 꽃!"과 "고혼 火災"는 시인의 내면으로 귀환한, 현실세계에 대한 부정적인 의식인 셈이다. 그것은 아름답지만 더 이상 열도와 생명력이 결여된 심미적 형상이다. "쓰라리"와 "알연히"의 거리는 담뱃불을 켜는 화자의 이중적인 내면 상태를 암시하는 어사이면서, 동시에 현실의식을 심미적인 감각의 세계로 귀결시키는 시인의 태도를 암시한다. '맑고 깨끗한 소리'를 환기하는 "알연히, 그싯는 音響―"의 세계는 현실에 대한 '쓰라린' 의식을 "머언 꽃"과 "고혼 火災"의 형상으로 종결하는 시인의 심미적 의식을 보여준다. 현실에 대한 단편적인 인식이나 인상을 묘사하는 데에서 좀더 집중적인 의식을 보이는 이러한 특징은 다음 시편들에서도 확인할 수 있다.

> 한밤에 壁時計는 不吉한 啄木鳥!
> 나의 腦髓를 미신바늘처럼 쫏다.
>
> 일어나 쫑알거리는 「時間」을 비틀어 죽이다.
> 殘忍한 손아귀에 감기는 간열핀 목아지여!
>
> 오늘은 열시간 일하였노라.

疲勞한 理智는 그대로 齒車를 돌리다.

나의 生活은 일절 憤怒를 잊었노라.
琉璃안에 설레는 검은 곰 인양 하품하다.

꿈과 같은 이야기는 꿈에도 아니 하련다.
必要하다면 눈물도 製造할뿐!

어쨌던 定刻에 꼭 睡眠하는 것이
高尙한 無表情이오 한趣味로 하노라!

明日!(日字가 아니어도 좋은 永遠한 婚禮!)
소리없이 옮겨가는 나의 白金체펠린의 悠悠한 夜間航路여!

—「時計를 죽임」 전문

《카톨릭 青年》(1933.10)에 수록된 이 작품은, 이보다 약 2년 전에 발표한 「무서운 時計」(1932.1)에서 단편적으로 표출되었던 근대적 시간 의식을 본격적으로 드러낸다. 「무서운 시계」에서 단순히 공포감으로 표출되었던 시간에 대한 반응은 이 작품에 이르러 생활의 전반을 통제하는 시간이라는 관념으로 심화되었다. 노동과 일상, 그리고 감정까지 통제하는 가공(可恐)할 시간에 관한 인식은 근대적 세계에 대한 시인의 보편적인 문제의식을 보여준다. 「時計를 죽임」에는 근대적 일상에 대한 시인의 비판 의식과 함께 재기 넘치는 언어 감각이 표현되어 있다.

이 작품 역시 현재의 상황에서 발단된다. 화자는 "한밤에 壁時計"에서 들려오는 소리를 "不吉한 啄木鳥"의 소리로 듣는다. 시계 소리에서 탁목조를 연상하는 화자에게 시계는 더 이상 편리한 문명의 이기가 아니다. 탁목조는 시계를 고통스러운 것으로 인식하는 화자의 모습을 보여준다. "나의 腦髓를 미신바늘처럼 쪼"는, 집요하게 고통을 새기는 대상으로 묘사된 시계 소리는 단지 존재의 바깥에 머물러 있지 않고 이미 육체 내부에 각인된 감각으로 형상화되어 있다. 화자가 시계소리를 "腦髓를 미신바늘처럼 쪼"는 것으로 느끼는 것은 시계가 상징하는 내면화된 문명의 감각이 그에게 심한 피로감과 고통을 주고 있음을 보여준다. '탁목조'와 "뇌수를 쪼는 미신바늘"이라는 매우 감각적인 표현을 통해 시인은 근대적 시간이 주는 피로감과 고통을 잘 형상화하고 있다. 시계소리에서 고통을 느낀 화자는 시계를 멈추게 한다. 화자에 의해 동작이 정지되는 시계의 모습을 "殘忍한 손아귀에 감기는 간열핀 모가지"로 묘사한 것은 이 시 전체가 형상화하고 있는 시간과 인간의 역학관계를 고려할 때 오히려 전도된, 부적절한 표현인 듯 보인다. 물론 이 부분을 지용의 초기 시에서도 가끔씩 나타나는 대상에 대한 파편적인 인상으로 볼 수 있다. 이러한 점에서 화자가 "비틀어 죽이"고자 한 것이 시계가 아니라 "「時間」"임을 강조한 부분은 시인의 의도를 분명하게 암시한다. 다시 말해 화자에 의해 동작이 정지되는 시계는 그야말로 "가녈핀 모가지"를 지닌 대상이지만, 그것은 근대적 생활 세계 전반을 완강하게 지배하고 있는 시간의 표면적인 형식일 뿐인 것이다. 시간의 형식인 시계를 멈추게 할 수는 있지만 시계가 상징하는 시간은 결코 죽일 수 없다. 화자가 죽이고 싶은 것은 "「時間」"이지 시계는 아닌 것이다. 시간은 근대를 살아가는 사람들의 내면에 들러붙어 생활 세계 전체를 통제하는 감각으로 각인된, 결코 죽지 않는 불멸의 형식인 것이다.

시간에 따라 인간들은 노동하지만, 노동이 끝난다고 해서 시간에 지배된 생활 감각이 정지되는 것은 아니다. 등분되고 분절된 방식으로 인간의 행위를 통제하는 시간은 단순히 인간의 행위만을 지배하는 것이 아니라 생활 감정까지 조절한다. 시계로 상징되는 합리적 이성의 세계는 존재의 감정과 사유까지 철저히 통제하는 매우 강력한 지배 체계이다. "琉璃안에 설레는 검은 곰"은 기계적 일상에 구속된 시인의 자조적인 자화상을 상징한다. "꿈과 같은 이야기는 꿈에도 아니 하랸다./ 必要하다면 눈물도 製造

할뿐!"이라는 시인의 탄식은 합리적 이성이 지배하는 근대 세계에 대한 거부감을 보여준다. 4~7연에 나타난 화자의 태도는 표면적으로 체념과 순응의 태도를 취함으로써 합리적 이성의 세계, 기계적 일상이 지배하는 근대 세계의 완강함을 역설적으로 드러낸다.

합리적 이성이 지배하는 일상은 예측가능한 세계이다. 마지막 연의 "明日"은 기계적 시간에 의해 통제되고 그에 따라 반복되는 근대적 시간의 상징인 것이다. '밝다, 환하다'는 의미의 "明"은 전혀 베일에 가려져 있지 않은 미래의 시간을 형상으로 보여준다. 어제와 같은 오늘, 오늘과 같을 내일, 전혀 특별할 게 없는 반복되는 시간은 따분하고 피로한 것일 수밖에 없다. 반복되는 "婚禮"에는 설렘이나 긴장의 감정이 있을 수 없다. "永遠한 婚禮"란 기대와 긴장이 완전히 배제된, 기계적 형식만이 남은 일상을 상징한다. 해(日)와 달(月)의 결합인 "明日"의 '明'은 그 결합의 문자 형상으로 인해 혼례를 상징하지만, 그것은 아무런 긴장과 신비로움을 갖지 못하는 모든 것이 명확한 <"明"日>일뿐이라는 점에서 설렘을 주지 못하는 시간인 것이다.[150] "(日字가 아니어도 좋"다는 것은 '明' 자체에 이미 반복되는 시간의 의미가 담겨있기 때문에 "日字"가 필요 없는 것이다. 그러한 점에서 "소리없이 옴겨가는 나의 白金체펠린"은 궤적에 따라 진행하는 달을 비유한 것으로 볼 수 있다.[151] 이는 자연 대상이 근대적 시간을 내면화한 존재에 의해 근대적인 시간을 지각시키는 형상으로 전환된 것이

---

150) 권영민은 이 부분을 하루의 모든 일과를 잊고 잠자리에 들어 내일을 기대하는 설레는 화자의 모습으로 보았는데(권영민, 앞의 책, 136쪽), 이는 부분적인 어휘에 현혹되어 시의 의미를 정반대로 해석한 중대한 오독이다.

151) 이숭원은 "白金체펠린"을 '흰빛으로 장식된 시계 초침'으로 보았다(이숭원, 앞의 책, 125~126쪽). 시의 전반부에서 화자가 시계를 정지시켰고, "白金체펠린"을 수식하는 구절이 "소리없이 옴겨가는" 것이라는 점을 고려한다면, "白金체펠린"을 시계초침으로 보기는 어렵다. 화자가 시계소리에 매우 예민하고 공격적인 반응을 보였고, 전반부와 전혀 상반된 태도로 "나의 白金체펠린"이라고 명명한 것을 참고한다면, "白金체펠린"은 내면화된 시간의 상징으로 보아야 한다. "소리없이 옴겨가는" 달로 보거나, 아니면 시간을 내면화한 화자의 상상 속의 형상으로 보는 것이 온당하다.

다. 근대와 무관한 자연을 시간의 형상으로 감수하는 이러한 인식의 전환 과정은 근대적 형식의 내면화를 잘 보여준다. 시간은 시계가 아닌 "「시간」"에 종속된 근대인들의 내면에 존재하는 것임을 이 시는 형상화하고 있다.

사실적 상황에서 시작된 시는 근대적 일상에 대한 시인의 의식을 집중적으로 서술하고, 그것을 내면화한 주체가 자연 대상인 달을 시간의 형상으로 인식하는 과정을 통해 근대적 시간과 반복되는 일상에 관한 시인의 의식을 잘 보여준다. 개인의 주관적인 정서를 감각적인 형상으로 표현하려는 욕망을 자주 드러내었던 초기의 작품들과 달리 이 시는 시인의 의식에 보다 집중하는 특징을 나타낸다. 기계적 시간과 합리적인 이성이 지배하는 근대 세계에 대한 시인의 의식은 다음에서 살필 「歸路」에서 좀더 육화된 정서로 표현된다.

> 鋪道로 나리는 밤안개에
> 어깨가 저윽이 무거웁다.
>
> 이마에 觸하는 쌍그란 季節의 입술
> 거리에 燈불이 함폭! 눈물 겹구나.
>
> 제비도 가고 薔薇도 숨고
> 마음은 안으로 喪章을 차다.
>
> 걸음은 절로 드딜데 드디는 三十적 分別
> 咏嘆도 아닌 不吉한 그림자가 길게 누이다.
>
> 밤이면 으레 홀로 돌아오는
> 붉은 술도 부르지않는 寂寞한 習慣이여!
>
> —「歸路」 전문

「歸路」는 「時計를 죽임」에서 드러난 시인의 시간 의식이 생활 감정으로 육화되어 절실하게 표현된 작품이다. 아스팔트에서 심미적 즐거움을 느끼는(「愁誰語 I -2 :아스팔트) 감각과 상반된 반응을 보이는 이 시의 화자는 안개 내린 가을밤의 포장도로 위에 있다. 무거운 심리 상태에 처해 있는 화자에게 감각적으로 전해오는 가을밤의 싸늘한 기운과 "거리에 燈불"은 생기를 느끼게 하는 대상들이다. "거리에 燈불이 함폭!", '가득히, 온통'의 의미인 "함폭"이라는 부사어는 "거리에 燈불"에 감정이 크게 흔들린 화자의 내면을 암시한다. 이 구절을 '등불이 눈에 온전히 들어왔다'는 의미로 읽거나 아니면 '거리에 온통 등불이 가득하다'라는 의미로 해석하든, "거리에 燈불에서" 화자의 마음이 크게 감동한 것은 틀림없다. 화자는 이러한 1·2연의 풍경에 '눈물 겹다'는 감정을 토로한다. 3연의 "제비도 가고 薔薇도 숨"었다는 것은 계절적 배경을 사실적으로 표현한 것이면서, 동시에 화자의 내면에서 사라진 생기의 상실을 서술한 것이다. 마음에 찬 "喪章"이란 감정의 생기가 상실된 내면을 상징한다. 그것은 "절로 드딜데 드디는" 자동화된 일상에서 연유한다. 반복되어 익숙해진 더 이상 신비로운 것이 없는 일상은 '마음이 확고하게 도덕 위에 서서 움직이지 않는다는' 이립(而立)의 나이 삼십의 부정적인 면을 닮았다. 시인에게 "三十"은, 분별은 얻었을지 모르지만 삶의 생기는 사라진 나이이다. 모든 것이 정해지고 뻔해진 "三十적 分別"은 「時計를 죽임」에서 집중적으로 형상화된 반복된 일상, 더 이상 설렘과 기대를 줄 수 없는 근대적 일상을 뜻한다. 따라서 2연에서 화자가 대상을 감각하는 것은 대상 자체가 주는 의미뿐만 아니라 대상을 감각하는 그 자체로도 "눈물 겨운" 것이라 할 수 있다. 더 이상 감각적·감정적 생기를 느낄 수 없는 삶은, 엄밀하게 말해 주검의 상태이다. 일상 속에 깊이 드리워진 이러한 "不吉한 그림자"는 기계적 시간으로 상징된 합리적 근대 세계가 삶 속에 들여놓은 반생명의 흔적이다. 시인이 "붉은 술도 부르지않는 寂寞한 習慣"으로 명명한 근대적 일상이란, "不吉한 啄木鳥"(「時計를 죽임」)에 의해 귀결된 "일절 憤怒를 잊은" 채 "琉璃안에서" 하품하는 피로한 삶이며 "必要하다면 눈물도 製造하고" 꿈에서조차 꿈꾸지 않는 "高尙한 無表情"의 삶인 것이다.

「時計를 죽임」과 「歸路」에서 집중적으로 다루어진 근대적 일상에 대한 반성은 그동안 단편적으로 제기되었던 근대적 삶에 대한 시인의 인식이 보다 심화되었음을 보여준다. 이는 대체로 주관적 정서를 감각적 언어로 형상화하던 초기의 시작 태도의 변화를 암시한다. 앞의 시에서도 표현되었던 근대적 일상 속에 둔화된 감각과 감정, 이러한 일상에 대한 비판적 성찰, 그리고 이후에 살펴볼 종교적 신념은 지용의 시가 현상적인 감각 너머를 지향하는 중요한 계기가 된 것으로 생각된다. 이전에 자주 표현되지 않았던 시인의 의식을 직접 드러내는 서술 표현이나, 보이지 않는 관념 세계를 상징하는 상징어들의 등장[152]은 지용 시의 중요한 변화 양상이다. 이는 참신한 비유와 묘사로 화자의 주관적인 정서를 감각적인 언어로 형상화하였던 초기 시의 세계에서, 상대적으로 소박한 언어들로 구성되는 풍경을 통해 그 이면을 드러내는 후기시의 세계로 옮겨가는 과도기적 징후라고 볼 수 있다.

> 그의 모습이 눈에 보이지 않었으나
> 그의 안에서 나의 呼吸이 절로 달도다.
>
> 물과 聖神으로 다시 낳은 이후
> 나의 날은 날로 새로운 太陽이로세!

---

152) 「歸路」를 예로 들어보면, 언어의 참신한 결합을 통해 인식의 충격을 주거나 감정을 드러내려는 표현은 별로 보이지 않는다. 시인은 자신의 내면을 참신하고 감각적인 언어의 조직 방식을 통해 표현하지 않고 "제비", "薔薇", "喪章", "不吉한 그림자", "붉은 술" 등의 상징어를 동원하여 직접 서술하는 방식을 취하고 있다. 이는 지용 시에 집요하게 작용해왔던 감각적인 형상 욕망, 즉 세계를 경험하는 주체의 존재감을 감각적인 언어로 형상하려는 욕망에 변화가 시작되었음을 암시한다.

뭇사람과 소란한 世代에서
그가 다맛 내게 하신 일을 진히리라!

미리 가지지 않었던 세상이어니
이제 새삼 기다리지 않으련다.

靈魂은 불과 사랑으로! 육신은 한낱 괴로움.
보이는 한울은 나의 무덤을 덮을뿐.

그의 옷자락이 나의 五官에 사모치지 안었으나
그의 그늘로 나의다른 한울을 삼으리라.

—「다른 한울」 전문

원래 개신교 신자였던 지용은 일본 유학시절 카톨릭으로 개종한다.[153] 카톨릭 신앙을 받아들인 지 상당한 시간이 지난 뒤에 《카톨릭 青年》에 집중적으로 발표된 종교시는 그것이 성취한 성과 자체보다 정지용 시의 변모의 단초라는 측면에서 중요한 의미를 갖고 있다. 앞에서도 살폈던 것처럼 종교시가 발표될 무렵, 지용은 자신의 시에 현실에 대한 의식적인 성찰을 담기 시작한다. 아울러 일상에 대한 피로감과 육체적 감각·감정에 대한 변화된 인식이 표출되기도 한다. 이러한 지용 시의 변모의 조짐은 종교시에서 본격화된다.

1934년에 발표된 「다른 한울」은 현상 세계 너머에 존재하는 신(神)에 대한 절대적인 믿음을 토로한 작품이다. 물론 지용의 종교시들이 대체로 종교적 성격이 강한 잡지에 수록된 것이라는 점에서 발표지면의 특수성을 감안하더라도, 그의 종교시들은 삶과 세계에 대한 시인의 변모된 의식을 담고 있어서 시의 전모를 살피는 데 중요하게 검토되어야 할 작품들이다.

---

153) 장도준, 『정지용시연구』, 태학사, 1994, 37쪽.

「다른 한울」은 종교적 개안을 통해 절대자의 주재 아래 놓이게 된 삶의 기쁨과 신앙의 다짐을 내용으로 하고 있다. 육신의 세계는 "한낮 괴로움"의 세계이고 영혼의 세계는 "날로 새로운 太陽"이라는 단순한 이분법적 구도는 그의 종교시에 두루 적용되는 발상이다. 현실과 신앙의 세계에 대한 가치 판단이 확연히 갈리는 이러한 의식의 상태라면, 당연히 "보이는 한울은" "새삼" 기다릴 게 없는 무덤의 세계로 인식될 것이다. 이러한 종교적 인식은 신앙의 내용을 단순 서술한 것이어서 문학적인 관점에서는 별로 주목할 만한 것은 아니다.

이 시에서 눈여겨보아야 할 대목은 1연과 마지막 연에서 거듭해 피력하고 있는, 절대자의 은혜가 실감나지 않는다는 고백이다. "그의 모습이 눈에 보이지"도 않고 "그의 옷자락이 나의 五官에 사모치지 안었으나" 신앙의 대상인 절대자에 복속되어 평안을 얻겠다는 고백은 역설적으로 육체적 감각을 여전히 세계 인식의 핵심으로 삼고 있는 시인의 의식을 다시 한번 확인시켜 준다. 이러한 인식이 전제된 신앙 고백은 매우 솔직한 것이지만 동시에 신앙의 위반 가능성을 내포한 것이다. 본질적으로 현실의 초월을 전제로 성립되는 종교적 신념의 세계에서 절대자의 지각 여부를 거듭해서 표명하는 것은 비신앙적인 내면을 암시하는 것이다. 종교적 신념을 형상화한 지용의 신앙시에는 이러한 존재의 감각이 매우 깊숙하게 개입되어 있다. 기독교 신앙을 가진 신자들의 내면에 내주(內住)한다는 '聖靈'[154]하나님을 형상화한 「그의 반」에도 이러한 특징은 매우 뚜렷하게 나타난다.

---

154) 기독교 신앙의 절대자는 성부(聖父)·성자(聖子)·성령(聖靈)의 세 위격(位格)을 가진 삼위일체(三位一體)의 신이다. 이 세 위격은 동일한 본질을 공유하고, 유일한 실체로서 존재한다. 유일신으로서의 성부 하나님과 지상에 육체를 입고 임재한 성자 예수그리스도, 그리고 기독교 신앙을 믿는 신자들의 내면에 내주하는 성령 하나님의 세 위격으로 존재하는 삼위일체 하나님은, 325년 니케아 공의회(公議會)에서 교회의 정통신조로 공인되었으며, 451년 칼케돈 공의회에서 추인되어 그리스도교의 정식 교의로 확립되었다. 이는 개신교와 카톨릭에 공통된 정통 교리이다(『성서대백과사전·4』, 정인찬 편, 기독지혜사, 1980, 704~705쪽 <信條>).

내 무엇이라 이름하리 그를?
나의 령혼안의 고흔 불
공손한 이마에 비추는 달,
나의 눈보다 갑진이,
바다에서 솟아 올라 나래 떠는 金星,
쪽빛 하늘에 힌꽃을 달은 高山植物,
나의 가지에 머물지 않고
나의 나라에서도 멀다.
홀로 어여삐 스사로 한가러워—항상 머언이,
나는 사랑을 모르노라 오로지 수그릴뿐.
때없이 가슴에 두손이 염으여지며
구비 구비 돌아나간 시름의 黃昏길우—
나—바다 이편에 남긴
그의 반 임을 고히 진히고 것노라.

—「그의 반」 전문

1931년 10월 《시문학》에 발표된 이 시는 내면에 존재하는 신앙의 대상을 여러 개의 보조관념을 통해 형상화하고 있다. "달", "金星", "高山植物", "머언 이" 등 성령을 묘사한 비유들은 자신 속에 내재하는 신을 한결같이 화자로부터 멀리 있는 천상적 존재로 표현한다. 자신의 "령혼안의 고흔 불"임에도 불구하고 "나의 가지에 머물지 않고/나의 나라에서도 멀"리 존재한다고 표현된 신은, 결코 감지하거나 소통할 수 있는 대상이 아니다. 교리로 이해한 성령과 시인이 느끼는 신은 별개의 존재이다. 이 시는 표면적으로는 신앙의 대상을 형상화한 종교시지만 실제로는 화자와 절대자 사이의 건널 수 없는 거리가 표명되어 있다. "쪽빛 하늘에 힌꽃을 달은 高山植物"과 같이 고귀하고 "홀로 어여삐 스사로 한가"롭게 존재하는 우아한 신은 "구비 구비 돌아나간 시름의 黃昏길우"에 있는 화자와는 전혀 무관한 존재이다. 이 시에 깊게 드리워진 우수의 정조는 신앙의 대상과 신

봉자 사이에 놓인 이 거리에서 발생된 것이다.[155] 생활과 내면에 전혀 육화되지 않은 신앙의 대상을 시인은 찬양하고 있는 것이다. 자신이 보고 경험하는 세계보다 "갑진이"라고 표현된 고귀한 신앙의 대상을 향해 시인이 할 수 있는 것은 오직 복종일 뿐이다. "나는 사랑을 모르노라 오로지 수그릴뿐"이라는 고백은 신앙의 대상을 향한 절대적인 믿음을 표현하고 있지만, 한편으로는 결코 내면화되지 않은 신앙의 상태를 드러낸다. 감각으로 감지되지 않는 절대자의 세계라는 인식은 앞에서 살펴본 「다른 한울」을 비롯해 지용의 종교시들에 공통적으로 내재된 의식이다. 그러나 「그의 반」이 절대자에 대한 신앙 고백에 치중하고 있는데 반해 《카톨릭 청년》에 수록된 일련의 종교시들은 현실적 삶에 대한 깊은 고뇌와 신앙적 태도를 함께 담아내고 있다는 점에서 변별된다. 아래의 「또 하나 다른 太陽」은 이러한 지용의 현실적 고뇌와 감각 세계에 대한 시인의 태도를 담고 있다.

> 온 고을이 밧들만 한
> 薔薇 한가지가 솟아난다 하기로
> 그래도 나는 고하 아니하련다.
>
> 나는 나의 나히와 별과 바람에도 疲勞웁다.
>
> 이제 太陽을 금시 일어 버린다 하기로

155) 신앙의 대상 세계를 도저히 도달할 수 없는 영역으로 인식하는 이러한 시인의 의식은 이상적인 세계를 여성의 육체적 이미지에 비유하여 형상화한 「슬픈 偶像」(1938)에도 잘 표현되어 있다. 초기와 후기 시의 교량 역할을 하는 작품들, 그 속에 비친 고독의 정조는 이러한 의식과 관련된 것으로 판단된다. "마침내 이 세계는 비인 껍질에 지나지 아니한 것이, 하늘이 쓰이우고 바다가 돌고 하기로소니, 그것은 결국 딴 세계의 껍질에 지나지 아니하였읍니다.//조개껍질이 잡착히 듣는 것이 실로 다른 세계의것이었음에 틀림없었거니와 내가 어찌 서럽게 돌아서지 아니할수 있었겠읍니까./바람소리도 아모 뜻을 이루지 못하고 그저 겨우 어룰한 소리로 떠돌아다닐뿐이었읍니다.//그대의 귀에 가까이 내가 彷徨할 때 나는 그저 외로히 사라질 나그내에 지나지 아니하옵니다."(「슬픈 偶像」에서).

그래도 그리 놀라울리 없다.

실상 나는 또하나 다른 太陽으로 살었다.

사랑을 위하얀 입맛도 일는다
외로운 사슴처럼 벙어리 되어 山길에 슬지라도—

오오, 나의 幸福은 나의 聖母마리아!

—「또 하나 다른 太陽」 전문

「또 하나 다른 太陽」(1934)은 현실과 신앙의 세계를 "태양"과 "또하나 다른 太陽"이라는 대립된 구도로 인식하면서 절대적 대상에 대한 믿음을 피력하고 있다. "보이는 한울"과 "다른 한울"이라는 표현을 사용했던 시 「다른 한울」과 동일한 구조와 내용으로 이루어진 작품이다. 현실의 가치 있는 것들을 상실한다 해도 "그리 놀라울리 없다."는 화자의 고백 속에는 현실 세계의 한계와 신앙의 가치가 명확하게 피력되어 있다. 「다른 한울」에서 "육신은 한낱 괴로움"이라고 도로했던 시인은 "나의 나히와 별과 바람에도 疲勞웁다"는 보다 구체적인 서술로 삶에 대한 피로감을 밝히고 있다. 이 무렵의 시들에서 빈번하게 등장하는 이러한 삶의 고뇌와 피로감은 초기 시에 나타난 슬픔의 감정과 질적으로 다르다. 초기 시의 슬픔이 세계를 감각적으로 형상화하게 하는 정서적 동력으로 작용한 데 비해 종교시들에 보이는 이러한 피로감은 현상 세계에 대한 저조한 관심을 반영한다. 이 시의 1연은 심미적인 감각 세계에 지고의 가치를 부여하지 않는 시인의 태도를 단적으로 표현하고 있다. "온 고을이 밧들만 한/薔薇 한가지가 솟아난다 하기로/그래도 나는 고하 아니하"겠다는 고백은 현상적인 삶과 현실에 대한 피로감을 반영한다. 그것은 절대자에 대한 믿음을 고백하는 자리에서 표현의 효과를 강조하기 위해 동원한 수사로 보기 어렵다. 대체로 참신한 비유나 감각적 형상 언어들이 사라지고 상징어들—'장미'·'별'·'바람'·'태양'·'입맛'—로 채워진 지용의 종교시는 삶에 대한 시인의 태도를 직접적으로 드러내는 특징을 보인다. 언어적 수사를 통해 새로운 인식과 감각을 형상화하려 했던 초기 시와 달리 그의 종교시들은 보이지 않는 세계에 대한 믿음을 상징어로 직접 표현해낸다. 이러한 일련의 특징들은 언어에 대한 관심에서 관념의 세계로 이동해 가는 지용 시의 변모를 암시하는 단서들로 생각된다.

> 문득, 령혼 안에 외로운 불이/ 바람처럼 일는 悔恨에 피여오른다. (「별 1」)

> 나의 적은 年輪으로 이스라엘의 二千年을 헤였노라./ 나의 存在는 우주의 한낮焦憔한 汚點이었다. (「나무」)

> 귀밑에 아른거리는/ 妖艶한 地獄불을 끄다. (「恩惠」)

> 나의 가슴은/조그만 「갈릴레아 바다」
> 때없이 설레는 波濤는/ 美한 風景을 이룰수 없도다. (「갈릴레아 바다」)

지용의 종교시편에서 인용한 위의 구절들에는 지나온 삶에 대한 회한과 감각적 세계에 대한 시인의 태도가 서술되어 있다. 종교적 신념 속에서 시인은 자신의 삶을 방황의 삶으로 규정한다. 이제까지의 자신의 인생을 이역(異域)을 헤매며 방황한 "이스라엘의 二千年"으로 규정한 것은 시인이 신앙의 세계를 본향의 삶으로 인식하고 있음을 보여준다. 따라서 지나간 생은 "한낮焦燥한 汚點"에 불과한 것이 된다. "바람처럼 일는 悔恨"은 이러한 삶에 대한 후회와 탄식으로서 지용의 종교시에 바탕을 이룬다. 시인은 이러한 삶을 감각이 지배하는 세계로 보았다. 그가 생각한 감각의 세계는 두 가지였는데, 하나는 육체적 욕망과 관련된 것이었고, 다른 하나는 심미적인 세계와 관련된 것이었다. 「恩惠」에서 회한의 대상인 "귀밑에 아른거리는/妖艶한 地獄불"은 육체적 관능이 지배하는 세계로서 결과적으로 자신을 우주의 "焦燥한 汚點"이 되게 만든 삶의 방식이었다.[156] 감각과 관련된 또 하나의 영역은 사물들을 감수하고 형상화할 수 있는 원천으로서의 심미적 내면이었다. 자신의 가슴을 "조그만 「갈릴레아 바다」"로 비유한 시인은 "때없이 설레는 波濤"로는 "美한 風景을 이룰수 없"다고 밝히고 있다. 심미적 형상 세계의 원천이라 할 수 있는 가슴 속의 "설레는 波濤"란 사물들을 심미적 대상으로 감수하는 주체의 주관적인 정서라 할 수 있다. 시인의 주관적인 정서 반응에 의해 감각적으로 구성되는 심미적 세계를 화자는 아름다운 풍경으로 부르지 않는다. 그것은 "설레는 波濤"로는 "美한 風景을 이룰수 없"기 때문이다. 이는 주체의 주관을 통해 구성되는 심미적 세계에 대한 반성의 의미를 담고 있다.

종교적 신념을 내면화하는 과정과 함께 진행된 이러한 감각적 세계에 대한 성찰은 삶을 바라보는 시인의 태도에 중대한 변화를 가져오게 한다. 다음에 살펴볼 「悲劇」은 삶에 대한 시인의 태도를 잘 보여준다. 삶의 고통을 매우 생생한 형상으로 표현했던 이전의 작품과 달리 이 작품에는 삶 전체를 정관하는, 시인의 변화된 태도가 담겨 있다.

---

156) "S와의 사이도 단순한 우정으로 해석하쟈, 가장 갓가히 마조 대한 두 언덕우에 스쟈. 다만 그 사이에 시퍼런 쒸여넘지 못할 심연을 닉닉히 드려다 보자—가장 자유로운 그리스도교도의 해석을 그는 취해진 것이다. 그리스도가 그어노신 深淵을 신앙하엿다, 그러나 멧번이나 그는 언덕에서 眩暈을 늣기엿슬가? 쒸여넘으면 넘는다. 넘고 아니 넘은 것은 하여간 27세ㅅ적 P는 가엽슨 양심을 길넛다, 그것은 안으로 안으로 기여드는 적은 새로서 길우에 써러트려 업시할가 하면 안으로 안으로 깃드는 것이엿다."(「素描2」). 자신을 P, 자신이 사랑한 여인을 S라는 이니셜로 표기한 인용 부분에는 연애 문제로 갈등하는 지용의 내면이 담겨있다. S와의 사랑을 진행시키지 못하게 한 내부 검열로서 기독교 신앙이 작용하였음을 확인할 수 있다. 이 대목을 통해 볼 때, 기독교 신앙은 지용의 삶에 중요한 규율이었으며, 이렇게 갈등했던 삶의 국면들은 훗날 신앙 양심의 측면에서 회한의 대상이 되었을 것으로 판단된다.

「悲劇」의 힌얼골을 뵈인적이 있느냐?
그손님의 얼골은 실로 美하니라.
검은 옷에 가리워 오는 이 高貴한 尋訪에 사람들은 부질없이 唐慌한다.
실상 그가 남기고 간 자최가 얼마나 香그럽기에
오랜 後日에야 平和와 슬픔과 사랑의 선물을 두고 간줄을 알었다.
그의 발옴김이 또한 표범의 뒤를 따르듯 조심스럽기에
가리어 듣는 귀가 오직 그의 노크를 안다.
墨이 말러 詩가 써지지 아니하는 이 밤에도
나는 맞이할 예비가 있다.
일즉이 나의 딸하나와 아들하나를 드린일이 있기에
혹은 이밤에 그가 禮儀를 가추지 않고 오량이면
문밖에서 가벼히 사양하겠다!

—「悲劇」 전문

「琉璃窓 1」이나 「發熱」 등에서 자식의 죽음으로 인한 고통과 슬픔을 생생한 감각으로 묘사했던 정지용은 이 작품에서 자신에게 닥쳤던 비극[157]의 의미를 정리하고 있다. 그것은 비단 비극적인 사건에 대한 견해만이 아닌 삶에 대한 전반적인 태도를 표명한 것이라 볼 수 있다. 우선 시인이 묘사한 "비극"의 모습에 관해 살펴보면, 비극은 검은 옷을 입고 "실로 美한" "힌얼골"에 조심스럽게 "발옴김"을 하는 존재이다. 지용의 시에 흰색은 대체로 순수하고 정갈한 이미지와 관련된다.[158] 비극의 얼굴이 희

157) 이숭원에 따르면 지용에게는 10여명의 자녀가 있었고 그중 4남매만 생존하였다. 이 작품에 표현된 딸과 아들의 죽음에 관해서는 「發熱」(1927.7), 「琉璃窓」(1930.1)에 각각 형상화되어 있다(이숭원, 앞의 책, 34~35쪽).

158) "咆哮하는 검은밤, 그는 鳥卵처럼 희다"(「파라솔」), "山에서 자라거니/이마가 알빛 같이 희다"(「붉은 손」), "여인들 은 팔구비 가 동글 도다. 이마 가 희 도다"(「우리나라 여인들은」), "오직 하나일 그대의 눈(雪)에 더 희신 코, 그러기에 불행하시게도 季節이 爛漫할지라도 항시 高山植物의 향기외에 맡으시지 아니하시옵니다", "흰 나리꽃으로 마지막 裝飾을 하여드리고 나도 이 이오니아바다ㅅ가를 떠나겠읍니다"(「슬픈 偶像」), "어름 금가고 바람 새로 따르거니/힌 옷고롬 절로 향긔롭어라"(「春

고 "실로 美"하다는 인식은 슬픔을 맑고 깨끗한 이미지로 형상화해온 언어 표현 방식과 연관된 것으로 보인다. 비극의 얼굴을 "실로 美"하다고 강조하는 것은 그의 방문이 "高貴한 尋訪"이며 그의 "남기고 간 자최가" "香그럽기" 때문이다. 비극을 부정적으로 보고 그 방문에 "唐慌하"는 사람들과 달리, 화자는 비극의 모습을 이렇게 아름다운 것으로 인식한다. 화자가 비극에 대해 사람들과 상반된 인식을 하는 가장 중요한 이유는, 사람들은 비극이 찾아오는 <순간>을 생각하는 데 반해 화자는 내면에 일어나는 비극의 <효과>에 주목하기 때문이다. 비극이 다녀간 뒤 오랜 후에 찾아오는 내면의 "平和와 슬픔과 사랑"을 화자는 비극의 선물로 보고 있다. 그래서 비극의 얼골은 "실로" 아름다운 것이며 그의 방문은 "高貴한" 것이 된다. 현상이 아니라 그것의 이면을 바라보는 시인의 관점은 "때없이 설레는 波濤"로 "美한 風景"(「갈릴레아 바다」)을 만들고자 했던 태도로부터 상당히 멀리 떨어져 있다.

'비극은 현실적으로 당황스러운 일이지만 축복으로 돌아온다'는 이러한 생각과 함께 비극에 대한 또 하나의 중요한 인식은, 비극의 방문 여부는 사람들의 노력과 무관하다는 점이다. 비극의 방문에 사람들이 "부질없이 唐慌한다"는 것은 '사실상 당황할 필요가 없다'는 점과 '당황해봤자 어쩔 수 없다'는 인식이 함께 내재되어 있다. "高貴한 尋訪"으로 묘사된 비극의 모습과 "唐慌하"는 사람들의 반응 사이에 존재하는 엄청난 거리는 인간이 처한 숙명적 현실이다. "표범의 뒤를 따르듯 조심스럽게" 찾아오는 비극의 방문에 당황하지 않는 인간은 없다. 비극의 방문을 준비할 수는 없는 것이다.

그렇다면 "맞이할 예비가 있다"는 화자의 고백은 무슨 의미인가? 그것은 "일즉이 나의 딸하나와 아들하나를 드린일이 있기에" 마음의 준비가 되어 있다는 것이다. 그런데 자식의 죽음을 화자는 자발적인 헌신의 의미

雪」), "별을 잔치하는 밤 흰옷과 흰자리로 단속하다"(「별2」).

를 담은 '드린 일'로 표현하고 있다. 이는 성경의 인물인 아브라함이 자신이 섬기는 신 여호와의 명령에 따라 아들 이삭을 바쳤던 것을 연상시킨다.[159] 이러한 점들을 고려해 볼 때, 화자는 자신에게 찾아온 비극을 신의 뜻과 같은 숙명적인 것으로 받아들이고, 그 비극을 통해 "香그러운" "平和와 슬픔과 사랑"을 얻게 된다고 인식한 듯하다. 비극이 평화가 되기 위해서, 그리고 슬픔을 선물로 받아들이기 위해서는 숙명에 대한 수용의 자세가 전제되어야 한다.[160] 3행의 "부질없이"라는 부사어에는 이러한 숙명에 대한 수용의 태도가 담겨 있다. 따라서 "맞이할 예비가 있다"는 것은 운명에 대한 수용의 태도를 밝힌 것이다.

그런데 시의 마지막 부분은, "맞이할 예비가 있다"는 표현과 상반된 "사양하겠다!"는 내용으로 종결되고 있다. 이 부분의 해석에서 우선 고려할 것은 문장의 구조이다. 이 시의 10행—"일즉이 나의 딸하나와 아들하나를 드린일이 있기에"—은 의미상 9행과도 관련되고 12행과도 관련된다. 즉 자식을 "드린일이 있기에" "맞이할 예비가 있다"라는 도치 구문으로 읽을 수도 있고, "드린일이 있기에" "사양하겠다!"는 의미로도 읽을 수 있

---

159) 아브라함의 믿음을 시험했던 여호와는 자식을 제물로 바치기 위해 아브라함이 제단 위에 올려 놓은 이삭을 양으로 대체하게 하고, 그에게 복을 내릴 것을 약속한다(「창세기」 22장 1~19절).

160) 이 무렵에 발표된 「不死鳥」에는 슬픔을 하나의 숙명으로 인식하는 시인의 의식이 형상화되어 있다. 제목이 환기하는 것처럼, 여기서의 슬픔은 단순한 일회적 감정이 아니라 인간의 삶에 깃든 근원적인 숙명에 해당한다. 그리스도의 부활의 상상력에 기초해 '죽지 않는 슬픔'을 형상화한 이 시에는 슬픔을 숙명으로, 나아가 평화와 사랑을 동반하는 신의 섭리로 보는 시인의 관점이 내재되어 있다. "悲哀! 너는 모양할 수도 없도다./너는 나의 가장 안에서 살었도다.//너는 박힌 화살, 날지안는 새,/나는 너의 슬픈 울음과 아픈 몸짓을 진히노라.//너를 돌려보낼 아모 이웃도 찾지 못하였노라./은밀히 이르노니—「幸福」이 너를 아조 싫여하더라.//너는 짐짓 나의 心臟을 차지하였더뇨?/悲哀! 오오 나의 新婦! 너를 위하여 나의 窓과 우슴을 닫었노라.//이제 나의 靑春이 다한 어느날 너는 죽었도다./그러나 너를 묻은 아모 石門도 보지 못하였노라.//스사로 불탄 자리 에서 나래를 펴는/오오 悲哀! 너의 不死鳥 나의 눈물이여!"(「不死鳥」 전문).

다. 전자의 의미는 앞에서 확인한 바 있다. 후자의 구문 구조에는 "혹은 이밤에 그가 禮儀를 가추지 않고 오량이면"이라는 조건문이 걸려 있다. 그렇다면 문제는 비극이 과연 예의를 갖추고 오는가 하는 점이다. 이 시의 표현에 따르면, 비극의 발걸음은 "표범의 뒤를 따르듯 조심스러"우며 방문할 때 노크를 한다. 이 노크 소리를 "가리어 듣는 귀"는 안다. 여기에서 "오직 그의 노크를 아"는 "가리어 듣는 귀"는, 무엇을 가리어 듣는 것인가. 앞 부분의 맥락을 고려하면 가리어 듣는 것은 "그의 노크"이다. 다시 말해 "香그러"운 선물을 주는 존재로서의 그, "그의 노크"를 안다는 것이다. 아울러 앞에서도 밝힌 바 있듯이 인간은 비극이 찾아오는 순간을 알 수 없어서 당황할 수밖에 없다. 그것이 인간의 숙명이다. 이러한 점들을 고려할 때, "문밖에서 가벼히 사양하겠다!"는 것은 <사양하고 싶지만 사양할 수 없음을 나는 안다>라는 의미로 판단된다. 그러한 점에서 "가벼히"라는 부사어는 완강한 거부가 아니라 숙명을 수용하는 내면의 표현인 것이다.

이 작품은 비극의 성격을 형상화하여 삶에 대한 자신의 태도를 밝히고 있다. 숙명에 대한 수용과 인간 존재에 대한 인식이 투영된 「悲劇」은 순간적인 정서나 상황에 대한 시적 반응을 넘어 보다 확대된 시야로 삶을 관조해 가는 시인의 태도를 보여준다. 이 시에 형상화된 슬픔은 시인의 주관적인 감정을 넘어 인간의 삶에 내재한 비극적 성격을 다룬 것이라는 점에서 주목된다.

삶과 예술에 대한 성찰이 담긴 종교시편에는 지용 시의 변모를 해명할 만한 중요한 단서들이 표현되어 있다. 일상에 대한 고뇌와 피로감, 지나온 생에 대한 회환, 감각적 세계에 대한 성찰 등, 삶과 예술에 대한 총체적인 반성을 담고 있는 이 시편들은 감각적인 형상의 세계 너머를 보게되는 시인의 의식을 담고 있다. 이러한 변모의 단서는 언어 표현에서도 나타난다. 주체의 주관적 정서가 사물 세계와 반응하는 과정을 참신한 비유와 묘사에 의해 생생한 감각적 형상으로 표현했던 방식은, 주체의 의식을 직접 서술하고 그것을 선명하게 표현하기 위해 형상의 도움을 받는 방식으로 전환된다.

《카톨릭 靑年》을 중심으로 발표했던 과도기적 성격의 시들 중에서 초기 시의 풍경과 확연히 구분되는 두 편의 시를 간략하게 살펴보고자 한다. 이들 시의 풍경은 이번 장에서 살펴보았던 지용 시의 특질을 보다 선명하게 보여준다.

白樺수풀 앙당한 속에
季節이 쪼그리고 있다.

이곳은 肉體없는 寥寂한 饗宴場
이마에 시며드는 香料로운 滋養!

海拔五千呎이트 卷雲層우에
그싯는 성냥불!

東海는 푸른 揷畵처럼 옴직 않고
누뤼 알이 참벌처럼 옮겨 간다.

戀情은 그림자 마자 벗쟈
산드랗게 얼어라! 귀뜨람이 처럼.

—「毘盧峯」 전문

1933년 《카톨릭 靑年》에 발표되었던 「毘盧峯」은 초기 시와 매우 다른 이질적인 풍경을 보여주고 있다. 화자의 주관과 대상 세계가 서로 작용하는 과정을 통해 구성된 초기 시의 풍경과 달리, 이 시에는 사물에 대한 주관의 투영 과정이 배제되어 있다. 화자는 시의 표면에서 물러난 대신, 대상을 묘사하는 관점으로 풍경에 개입한다.

시는 비로봉 근처를 묘사한 1·2연, 담뱃불을 긋는 화자를 묘사한 3연, 비로봉에서 동해를 바라본 4연, 화자의 내면을 드러낸 5연으로 구성되어 있다. 표면적으로 화자의 행위나 내면은 대상 세계와 직접 관련을 맺고 있지 않다. 3연은 화자의 행위를 객관적으로 묘사하고 있고 5연은 화자의 내면을 직접 서술하고 있다. 화자와 사물들이 어우러지며 풍경을 구성하는 방식 대신, 화자의 내면은 묘사된 대상 세계에 직접 투영되어 있다. "白樺수풀"을 묘사한 1연에서 화자는 늦가을의 정취를 드러낸다. 이 "白樺수풀"의 형상에는 찬 기운으로 움츠러드는 화자의 계절 감각이 담겨있다.[161] 그러나 이 육체 감각은 화자의 정서를 드러내기 위한 것은 아니다. 오히려 2연이 환기하는 정신적인 느낌과 관련되어 있다. 2연은 비로봉의 형상인 듯하지만 사실은 대상에 대한 화자의 느낌이다. 1·2연을 통해 맑고 깨끗한 늦가을의 비로봉 풍경이 만들어진다. 3연은 화자가 매우 높은 지점에 있음을 알려준다. 4연은 비로봉에서 본 동해와 우박이 내리는 근처의 풍경을 묘사하고 있는데, 정적인 1·2연과 달리 동적이다. 이상의 내용으로 볼 때, 이 시에 형상화된 비로봉은 차고 맑고 깨끗한 이미지로 형상화되어 있다. 이렇게 형상화된 풍경에 시인은 "戀情은 그림자 마자 벗쟈"라는 내면을 덧붙인다. 화자는 비로봉의 풍경을 정신적인 것으로 감수한다. "앙당한" "白樺수풀"과 찬 기운이 조성하고 있는 "이곳"을 화자는 "肉體없는 寥寂한 饗宴場"으로 묘사하고 이곳에서 받은 감각을 정신적 "滋養"으로 표현하였다. 화자가 육체와 밀접하게 관련된 "戀情"을 향해 "산드랗게 얼어라!"라고 외치는 것은 화자의 강한 정신적 지향을 의미한다. 비로봉이 주는 정신성을 강조하기 위해 강렬한 육체성을 환기하는 "戀情"이 시의 맥락과 무관하게 출현한 것이다. 이 시의 풍경은 결과적으로 화자의 정신적 지향이 구성한 세계라고 할 수 있다.

---

161) 참고로 '앙당하다'는 "마르거나 졸아지거나 굳어지면서 조금 뒤틀리다. 혹은 춥거나 겁이 나서 몸이 조금 움츠러지다"라는 뜻을 갖고 있다(최동호 편, 『정지용사전』, 222쪽).

대체로 화자의 주관적 정서나 인식을 사물들을 통해 형상화함으로써 주체의 존재성을 강하게 환기시켰던 초기 시의 풍경과 달리, 이 시의 화자는 풍경의 주체로 전면에 나서지 않고 대상을 묘사하는 관점에 개입함으로써 자신의 내면을 표현하고 있다. 그 내면은 시인의 육체가 느끼는 사적인 감정이나 정서가 아니라 정신의 성격에 가깝다. 그러한 관점에서 주로 화자의 육체적 느낌과 관련되었던 감각은 보이지 않는 것을 드러내는 기능으로 작용한다. 이러한 특질은 다음 절에서 살펴볼 지용의 후기 시에서 본격적으로 나타난다.

> 石炭 속에서 피여 나오는
> 太古然히 아름다운 불을 둘러
> 十二月밤이 고요히 물러 앉다.
>
> 琉璃도 빛나지 않고
> 窓帳도 깊이 나리운 대로—
> 門에 열쇠가 끼인 대로—
>
> 눈보라는 꿀벌떼 처럼
> 닝닝거리고 설레는데,
> 어느 마을에서는 紅疫이 躑躅처럼 爛漫하다.
>
> —「紅疫」 전문

「毘盧峯」과는 또다른 풍경을 보여주는 이 시는 1935년 《카톨릭 青年》에 처음으로 발표되었다. 선명한 풍경을 형상화한 이 작품은 매우 정연한 형식으로 구성되어 있다. 3행으로 이루어진 세 개의 연은 정적과 죽음을 환기하는 2연을 중심으로 대칭적인 구도를 취하고 있다. 1·3연은 모두 붉은 색의 이미지를 띠고 있는데, 1연의 이미지는 따뜻하고 심미적이며 3연은 차갑고 역동적이다. 1연은 가옥의 내부를, 2연은 가옥의 외부를 3연은 눈 내리는 풍경과 홍역이 창궐한 마을을 묘사하고 있다.

이 시가 설정한 풍경은 모호한 구석이 있는데, 그것은 2연에 묘사된 가옥이 1연에서 그리고 있는 가옥의 외부인지 명확하지 않기 때문이다. 시에서 가장 눈에 띄는 부분은 3연인데, 이 대목은 지용의 탁월한 감각을 잘 보여준다. "紅疫이 躑躅처럼 爛漫하다"에는 홍역에 감염된 사람의 얼굴이나 신체에 생기는 붉은 반점의 이미지, 홍역이 마을 전체로 창궐해 가는 이미지, 그리고 "爛漫한" 철쭉의 이미지가 중첩되어 매우 역동적인 성격을 띠고 있다. 이러한 삼중의 이미지를 내재한 표현이 "꿀벌떼"로 묘사된 눈보라의 생동하는 이미지와 결합되면서 홍역은 신체에 위해를 가하는 돌림병의 의미에서 강렬한 생명력을 환기하는 이미지로 전환된다. 이러한 관점에서 이 시를 분석하면, 2연은 생명력이 위축되는 정적과 죽음의 계절인 겨울의 이미지를 가옥의 외부 풍경을 통해 형상화한 것이고 1연은 오랜 세월 동안 지속되어온 생명력을 심미적인 형상으로 표현한 것이라 할 수 있다. 이렇게 해석해 보면, 겨울은 역설적으로 홍역을 통해 강렬한 생명력이 잠재된 시간으로 역전되는 것이다.[162]

어쨌든 이 시의 형상은 이전 시편들의 풍경과 매우 다른 특징들을 보여준다. 가장 중요한 점은, 화자뿐만 아니라 인간이 등장하지 않는다는 점이다. 1연과 3연의 형상에서 사람들의 모습을 상상할 수는 있지만, 서술의 표면에서는 인간의 모습이 철저하게 제거되어 있다. '나'로 등장하는 화자뿐만 아니라 대상 세계를 통해 내면을 드러내는 주체의 모습이 소멸하였다. 「毘盧峯」보다 훨씬 철저한 방식으로 주체가 배제되어 있는 것이다. 아울러 이 시의 감각적인 형상은 육체의 존재성과 무관하게 시의 풍경을 선명하게 드러내는데 복무하고 있다. 주체의 휘발이라 할 수 있는 이러한 특징은 주체의 존재성을 강하게 환기시켰던 지용의 감각이 변화하고 있음을

162) 이렇게 해석할 수 있는 근거는, 홍역이 생명을 위태롭게 할 만큼 치명적인 병이 아니라는 점과 정적의 세계로 묘사된 2연의 가옥은 홍역이 돌고 있는 3연의 "어느 마을에" 해당하지 않는다는 점에서이다.

시사한다.

시적 주체가 소멸하고 대상으로 구성된 이러한 풍경에서 시의 의미는 서술의 층위에서 포착되지 않는다. 사물들이 지배하는 시의 세계는 상징의 풍경으로 바뀌게 되는 것이다. 이러한 특징은 다음 장에서 살펴볼 작품들에서 본격적으로 나타난다.

3. 독립된 세계와 방법으로서의 풍경

시의 풍경은 다양한 방식으로 구성된다. 사물들과 주체의 내면이 상호작용하여 구성된 풍경은 창작 주체의 감수 방식과 세계관을 반영한다. 주체에 의해 대상화된 사물들은 정서적 매개물로, 혹은 인식 내용의 구체적 형상으로 기능하는데, 이렇게 세계를 감수하고 심미적 형상을 구성하는 과정에는 개인의 감수성뿐만 아니라 문화적 공동체의 세계상이 투영되기 마련이다.

앞에서 살펴본 지용의 초기 시의 풍경은 대상 세계를 감수하는 시인의 의식과 그것을 심미적 형상으로 구성하는 독특한 창작 방법을 함께 보여주었다. 그 풍경 속의 대상들은 시인의 내면을 드러내는 사물로서, 혹은 시인의 인식이 발견되는 공간으로 기능하였다. 시인은 주관적인 방식으로 사물들과 관계를 맺으며 그 일련의 과정을 그림으로써 대상 세계를 감수하는 자신의 내면을 드러내었다. 이렇게 구성된 시의 풍경은 세계를 느끼고 인식하는 주체의 존재성이 부각되는 장(場)이었다. 지용의 섬세한 감각적 언어들은 인식 주체의 존재성을 생생하게 환기하는 방식으로 사물들을 형상화하고, 역으로 그러한 사물들을 통해 주체의 정서를 물질화한다. 시의 풍경을 통해 창작 주체의 감수성을 분명하게 환기하는 지용의 시는 대상 세계가 인간에 의해 인식되고 구성된다는 사실을 주지시킨다는 점에서 현대적이다.

이러한 지용의 초기 시는 종교시편들이 발표되는 1932, 3년을 전후로 하여 중요한 변화를 보이는데, 그것은 삶에 대한 의식적인 성찰에서 비롯된다. 근대적 시간에 의해 재편된 일상에 대한 피로와, 현상 너머에 존재하는 종교적 영역에 대한 관심, 그로 인한 감각적 현상 세계에 대한 의식의 변화 등은 그의 시에서 창작 주체의 작용력이 약화되는 주요 원인으로 작용한 듯하다. 「毘盧峯」(1933)과 「紅疫」(1935) 등은 창작 주체가 대상 세계를 주도적으로 구성하는 방식에서 벗어나 시의 풍경의 일부로 참여하거나 풍경의 배후로 물러서는 양상을 뚜렷하게 보여준다. 이러한 변화는 표면적으로 초기 시와 후기 시를 확연하게 구분짓는 중요한 요인이다. 이른바 '동양정신'이나 '동양적 산수화'의 세계로 평가되는 지용의 후기 시는 그 풍경에서 초기 시와 변별되는 특징들을 보여준다. 이는 사물과 창작 주체가 관계 맺는 방식, 그리고 이를 하나의 풍경으로 구성하는 언어 표현에서 드러난다. 사물과 창작 주체 사이의 관계 변화는 시의 풍경을 이루는 사물들간의 관계에도 중대한 변화를 줄 수밖에 없다. 대상 세계와 주체의 역학관계가 변한다는 것은 풍경의 변화를 의미한다. 시의 풍경을 주도적으로 구성하던 주체가 풍경의 일부가 되거나 배후로 물러나면 대상 세계를 이루는 사물들은 나름대로 하나의 질서 속에 구성될 테고, 사물과 인식 주체는 이전과는 다른 방식으로 관계를 맺을 것이다. 이는 시의 풍경이 보다 복합적인 힘들이 작용하는 공간으로, 그리고 초기 시와 다른 세계상을 환기하는 장으로 변모하게 됨을 의미한다.

지용의 후기 시를 검토할 때 염두에 두어야 할 것은, 변화된 풍경 속에 지속되는 것이 무엇이고 풍경의 배후에 무엇이 있는가 하는 점이다. 지용의 초기와 후기 시는 표면적으로 상당히 거리가 있으며, 그에 대한 평가도 매우 상이하다. 지극히 근대적인 성격을 띤 초기 시와 이른바 '동양적인 세계'로 평가받는 후기 시 사이의 간극이 해명되지 않는다면, 지용 시의 시사적 의의는 제한될 수밖에 없다. 이러한 점을 고려하면서 그의 후기 시를 살펴보고자 한다.

담장이
물 들고,

다람쥐 꼬리
숯이 짙다.

山脈우의
가을ㅅ길―

이마바르히
해도 향그롭어

지팽이
자진 마짐

흰들이
우놋다.

白樺 홀홀
허올 벗고,

꽃 옆에 자고
이는 구름,

바람에
아시우다.

―「毘盧峯」 전문

이 작품은 1937년에 처음으로 발표된 작품이다. 앞에서 살폈던 「毘盧

峯」(1933)과 동일한 제목을 달고 있지만, 두 작품은 상당한 차이를 보인다. 1933년작 「비로봉」이 그의 초기 시보다는 창작 주체의 비중이 약화됐지만, 여전히 대상 세계를 형상화하는 주체의 주관이 강하게 개입되어 있고 종결부에 이르러 주관적 정서를 직설적으로 표현하고 있는데 반해, 이 작품의 주체는 풍경을 구성하는 대상 속에 물러나 있거나 사물화 되어 있다. 사물을 수식하거나 서술하는 주관적 표현들이 대폭 제거되었고 참신한 비유나 묘사를 통해 사물에 대한 인상이나 감각을 드러내는 표현도 없어졌다. 형식이나 내용 면에서 이 작품의 언어는 매우 단출하다. 이렇게 언어가 간결해짐으로써 풍경을 구성하는 사물들의 존재가 명확해졌다. 하나의 행이 한두 개의 어휘로 구성되어 있고 두 개의 행이 아홉 개의 연을 이루고 있어서 행과 행, 연과 연 사이의 휴지는 길고 깊어졌다. 이러한 형식으로 인해 사물들의 움직임은 매우 선명하게 인식된다. 이는 수사적 언어를 통해 주체의 감각을 생생하게 보여주던 것과 달리, 사물 자체의 존재감을 선명하게 드러내는 방식이라 할 수 있다.

시의 대상들은 객관적으로 묘사된다. 1・2연은 담장이와 다람쥐의 모습을 간결하게 서술하였다. 대상을 묘사하는 서술어가 각기 하나뿐이어서 "물 들고" "숱이 짙다"라는 표현은 전면적으로, 그리고 선명하게 인식된다. 3연에서는 시의 공간을 드러내면서 동시에 화자의 위치를 암시하고 있다. 4~6연은 화자의 모습을 보여준다. '이마를 바르게 드니'라는 뜻의 "이마바르히"[163]라는 어사는 화자의 존재를 흐리기 위한 의도적인 표기 방식으로, 이러한 의도는 "휜들이/우놋다"[164]라는 표현에도 동일하게 나타난다. 지팡이를 짚으며 산길을 걷는 화자의 존재를 사물의 반응을 통해

---

163) "이마바르히"는 《조선일보》(1937.6.9)나 《청색지》(1938.8)에 "이마 바르히"로 표기되어 있다. 이는 주체의 존재를 드러내지 않으려는 시인의 의식이 표기 방식에 반영된 것으로 볼 수 있다.

164) "휜들이"는 "휜돌"의 오기로 보인다. 이 작품이 발표된 《朝鮮日報》(1937.6.9)와 《青色紙》(1938.8)에 모두 "휜돌이"로 표현되어 있다(이숭원 주해, 『정지용시집』, 깊은샘, 2003, 199쪽).

표현한 것은 풍경의 표면에서 주체의 존재성을 배제하려는 의도라고 할 수 있다. 산길을 가는 화자를 지팡이와 흰돌이 부딪혀 나는 소리로 표현함으로써 화자는 사물 세계를 주관화하는 주체가 아닌 하나의 사물로서 풍경에 참여하게 된다. 사물이나 사물의 배후로서 풍경에 참여하는 것은 결코 창작 주체의 몰개성을 의미하지 않는다. 그것은 대상 세계를 하나의 중심 속에 재편하는 원근법적 시각에서 중심을 풍경 전체로 분산시키는 산점 투시(散點透視)로의 전환에 비근한 것이라 할 수 있다.[165] 이는 주체의 소멸이 아니라 관점의 변화이다. 아울러 '지팡이'와 '흰돌'의 호응을 통해 화자의 존재를 환기하는 방식은 대상 세계에 역동성을 부여하며 시를 생성적(生成的) 진행의 풍경으로 만든다. 이러한 관점에서 행과 행, 그리고 연 사이의 긴 휴지는 화자의 이동을 암시하는, 공간과 시간을 함축한 상징적 공간이 되는 것이다. 화자는 이동하지만 움직임은 드러나지 않고, 묘사된 사물들은 적지만 그 사물 세계가 암시하는 시공간은 무한히 확대된다. 이러한 형식은, 실재가 존재하는 비실재의 상징으로서 여백을 중시했던 산수화의 구성 원리에 닿아있다.

빈곳의 신비감을 통해 자연의 무한함과 광대함을 상징했던 산수화의 관점은 실재하는 것을 강조하기 위해 화면을 가득 채우는 서양화의 방식과는 다른 형상 사유에 기초해 있다. 서양의 과학적 원근법이 깊이를 성취하기 위해 공간 체험을 하나의 시점에 고정함으로써 공간 단위의 연속성과 측정 가능성을 확보하고 공간 체험을 제한한[166] 반면, 동양의 산수화는 시점의 분산, 분산된 시점에 의한 공간 분할, 그리고 여백을 통해 시공간의 깊이를 성취하였다. 실재하는 것들을 통해 깊이의 착각을 유발하는 과학적 원근법과 달리, 동양의 산수화는 비실재하는 것들을 상상하게 함으로써 깊이를 창조한다. 아울러 하나의 고정된 눈을 통해 한쪽 측면에서만 물체를 보는 과학적 원근법이 그림의 구석을 돌아 다른 각도에서 볼 수

---

165) 졸고, 앞의 글, 19~21쪽.

166) 조지 로울리, 『東洋畵의 原理』, 김기수 역, 중앙일보사, 1980, 180~190쪽.

없다는 단순하고 뒤집을 수 없는 경험적 사실에 바탕하고 있는 데[167] 반해 동양의 산수화는 시점의 다양화와 여백, 포치(布置) 등을 통해 시·공간을 무한히 개방한다. 형상 사유에 나타난 이러한 특징들은 비단 예술가들만이 특별하게 인식한 심미적 형식의 문제가 아니라, 해당 문화권의 사람들에게 부과되었던 일종의 제도이자 규범으로, 그리고 익숙하고 당연시하고 살아온 하나의 습속이며 습관[168]으로 작용하였다. 동양 산수화의 방법은 창작 주체를 풍경의 배후로 물러나게 하고 휴지와 사물을 통해 보이지 않는 움직임과 시공간의 깊이를 형상화한 「毘盧峯」의 창작 방법과 상통한다.

보이지는 않지만 산길을 걷는 화자가 암시되고 이 화자의 산행과 함께 펼쳐지는 「비로봉」의 풍경은 시상의 전개에 의해 시·공간이 확장되는 생성적 풍경이라 할 수 있다. 이는 화자의 주관이 사물들을 감수하고 인식하면서 구성되는 풍경과는 다른 성격의 것이다. 「비로봉」의 풍경은 주체의 존재성이 은폐되는 가운데 시·공간의 진행에 따라 구성되는 사물들의 객관적인 형상 세계이다. 주체의 존재감이 부각되고 그의 주관에 의해 구성되는 세계는 아니다. 따라서 풍경의 표면에 드러나지 않은 화자의 움직임을 통해 포착된 대상들은 주관적 감정과 정서보다는 세계를 관조하는 화자의 의식을 표현한다.

이러한 관점에서 전반부에 묘사된 대상들보다 7~9연에 등장하는 사물들은 보다 본격적으로 시인의 의식 세계를 형상화한다. "홀홀/허울 벗고" 있는 "白樺"나 "꽃 옆에 자고/이는 구름"은 객관적인 듯한 형상으로 묘사되어 있지만, 그것은 모두 시인의 내면에 의해 포착되고 그것을 드러내는 방식으로 형상화되어 있다. 세속의 허울을 모두 벗은 "白樺"나 "꽃 옆에 자고/이는 구름"은 모두 욕망과 인위에서 벗어난 자연 상태를 보여준다. 그 대상들은 무엇을 만들거나 의도적으로 나타내지 않는다. "白樺"는 이

167) E. H. 곰브리치, 『예술과 환영』, 차미례 역, 열화당, 1989, 279~280쪽.
168) 이진경, 『근대적 시·공간의 탄생』, 푸른숲, 1997, 57쪽.

를 보다 능동적으로 체현하고 구름은 그 자체로서 이를 형상화한다. 자고 일어났다가 바람에 의해 사라지는 구름의 형상은 의지와 욕망이 무화된 자연 상태의 삶 자체를 상징한다. 그것은 엄밀하게 말해, 무화의 의식조차 없는 자연 자체인 것이다. 이를 위해 시인은 '일어나는'을 "이는"으로, '빼앗기다'를 "아시우다"[169]라는 어사로 표현하였다. 능동과 의지의 뉘앙스를 표현에서 배제한 것이다. "자고" '이고' "아시우"는 구름의 모습은 단지 구름의 삶을 환기하는 데서 그치지 않고 보다 구체적인 생명 대상인 꽃의 삶을 상징한다. "꽃 옆에 자고/이는 구름"의 삶은 구름 옆의 꽃의 삶이기도 한 것이다. 바람에 의해 낙화하는 꽃의 삶이 구름의 모습을 통해 환기된다. 구름의 모습에서 매우 탁월하게 형상화된 자연의 존재 방식은 이 시의 대상들에 일관되게 투영된 의식이라 볼 수 있다. "물 들고"·"숯이 짙다"·"이마바르히"·"마짐"·"우놋다" 등은 주체의 능동성을 환기하지 않는 자동형 표현이거나, 아니면 이를 의도적으로 배제하기 위해 조탁이 가미된 표현들이다. 대상을 포착하고 이를 형상화한 언어 표현들은 자연에 대한 시인의 의식을 형상화하고 있다. 이는 「비로봉」의 화자의 존재 방식과 유사하다. 대상 세계를 자신의 주관에 의해 구성하지 않고 풍경의 배후로 물러남으로써 사물들을 드러나게 하는 화자의 존재 방식은 자연 상태 자체를 살아가는 대상들의 존재 방식과 동일한 것이다. 화자의 존재 방식과 시에 묘사된 사물들의 모습, 그리고 섬세한 언어들은 자연의 삶 자체를 시의 형식과 내용으로 잘 구현하고 있다. 이 시에 담긴 자연에 대한 시인의 의식은 동일한 공간 체험을 다룬 「九城洞」에서 보다 명료하게 나타난다.

골작에는 흔히
流星이 묻힌다.

---

169) "아시우다"는 '빼앗다'의 옛말인 '앗다'의 피동형 '앗이다'에 '우'를 결합한 조어이다.

黃昏에
누뤼가 소란히 싸히기도 하고,

꽃도
귀향 사는곳,

절터ㅅ드랬는데
바람도 모히지 않고

山그림자 설핏하면
사슴이 일어나 등을 넘어간다.

—「九城洞」 전문

「구성동」은 「毘盧峯」과 함께 금강산 산행 체험을 바탕으로 하여 제작된 작품이다. 「비로봉」보다 압축된 형식을 취하고 있는 이 시는 구성동 골짜기 풍경을 통해 시인이 인식한 자연을 형상화한다. "골작"과 "절터"에서 "流星"·"누뤼"·"꽃"·"사슴", 드러나지 않은 "바람"이 보이는 모습은 객관적인 사실의 세계인 듯하지만, 그것은 시인의 의식에 의해서 구성되고 창조된 세계이다.

꽃을 묘사한 3연을 제외하고 이 시의 나머지 연은 동감(動感)을 품고 있다. 그것은 생명력을 발산하는 움직임이라기보다 소멸하는 것에 가깝다. 이러한 동감은 1연에서 2연으로, 그리고 4연에서 5연으로 진행되며 고조된다. 안정된 리듬으로 이루어진 1·3연과 달리 2·4연은 파격적인 리듬으로 동적인 느낌을 강화하고 있다. 이러한 시의 내용과 형식은 3연을 기준으로 대칭을 이루고 있어 3연에 시상이 집중되는 효과를 유발한다. 다시 말해 이 시의 내용과 형식에 나타나는 동감은 1연에서 2연으로 진행되며 고조되다가 3연에 이르러 멈추고, 다시 4연에서 5연으로 진행되며 고조되다 소멸하는 양상을 보임으로써 3연이 시상의 회귀점이 되는 구조로 이루어져 있다.

이 시의 풍경을 이루는 대상들은 본질적으로 능동성과 의지가 배제되어 있다. 시의 공간인 구성동은 "流星이 묻히"고 "누뤼가 소란히 싸히기도 하"는 곳이다. 그 곳은 움직임이 있었다가 사라지는 공간으로 의지가 실현되는 곳이 아니라 자연 현상이 있는 공간이다. 그 공간에서 벌어지는 것은 행위가 아니라 현상이다. 이러한 현상의 의미는 모든 대상들의 움직임에 내재되어 있다. 3연의 꽃은 "귀향"을 살고 5연의 사슴은 "山그림자 설핏하면" "등을 넘어간다". 자발적인 의지에 의해 행동하지 않고 어떠한 상태에 있거나 혹은 어떠한 상태로 돌아가는 것이다. "묻힌다"(1연), "싸히기도 하고"(2연), "모히지 않고"(4연) 등의 표현에 반복되는 선어말 어미 '히'는 풍경에 내재한 자연의 움직임의 의미를 어감 속에 새기려는 시인의 의도를 담고 있다.

3연은 이 시에 담긴 이러한 자연의 의미를 선명하게 보여준다. 그동안 이 대목은 시인의 내면을 환기하는 것으로 해석되어 왔다. 그것은 '귀향 살다'라는 어휘에 꽃의 정황으로 보기에는 과중한 의미가 부과된 것으로 판단하여, 이를 꽃을 바라보는 시인의 내면으로 해석한 데서 연유한 것이다. 이러한 해석은 3연을 전체의 맥락과 분리시키고 자연을 일방적으로 주관화하는, 시인과 자연을 분리하는 관점이다. 3연을 시인의 의식의 투영으로 본다면, 이 시를 구성하는 대상들은 시인과 불균질적인 관계를 맺는 것이고, 이는 대상 전체로서 자연 자체를 형상화한 「구성동」의 치명적인 균열로 볼 수 있다. 그것은 자연을 소재로 하여 창작 주체의 정서를 표현할 것일 뿐, 시인이 인식한 자연의 세계와는 무관한 것이 된다.

이 대목을 분석하기에 앞서, 먼저 이 시의 창작 배경을 밝힌 지용의 산문을 살펴보기로 하자.

> 한 더위에 집을 떠나온 것이 山우에는 이미 가을기운이 몸에 스미는 듯하더라. 순일을 두고 산으로 골로 돌아다닐제 어든 것이 심히 만헛스니

> 나는 나의 해골을 조찰히 골라 다시 진히게 되엇던 것이다. 서령 흰 돌우 흐르는 물기ㅅ에서 꽃가티 스러진다 하기로소니 슬프기는 새레 자칫 아프지도 안흘만하게 나는 산과 화합하엿던 것이매 무슨 괴조조하게시니 시조니 신음에 가까운 소리를 햇슬리 잇섯스라. 급기야 다시 돌아와 이 塵埃 투성이에서 겨우 개무덤따위 가튼 山들을 날마다 바로 보지 아니치 못하게 되고 보니 금강은 마침내 병이냥하게 나의 골수에 비치어 살어질 수 업섯다. 금강이 시가되엇다면 이리하여 된 것이었다.(「愁誰語 Ⅲ-2」)[170]

이 글에 나타난 지용의 생각을 정리하면, 첫째 금강산을 체험한 당시에는 산과 매우 깊은 동화를 이루어서 창작할 생각을 전혀 하지 않았고, 둘째 일상의 답답함으로 인해 금강산에 대한 그리움이 각별해졌고, 셋째 금강산에 대한 그리움이 골수에 사무쳐 시를 쓰게 되었다는 것이다. 이러한 지용의 고백은 세속의 번뇌를 씻어내기 위해 산수화를 그렸던 사대부 문인들의 내면과 흡사하다. 그것은 「구성동」의 세계가 일상의 고뇌와 주관적 감정이 투영된 세계가 아니라 오히려 이들을 정화시킬 수 있는 자연 형상임을 암시한다. "괴조조하게시니 시조니 신음에 가까운 소리를 햇슬리 잇섯스라."라고 밝힌 부분을 고려하면 지용은 금강산의 모습에서 매우 깊은 감명과 동화의 상태에 있었음을 짐작할 수 있다. 산행 당시, 창작할 생각을 전혀 하지 않았다는 점은 금강의 자연에 깊이 동화되어 일상의 고뇌와 감정을 잊고 있었음을 보여준다. 그렇다면 「九城洞」의 세계는 그가 동화되었던 금강의 자연을 그리워하여 이를 시의 풍경으로 형상화한 것이라고 볼 수 있다.

이러한 점을 참조하여 3연을 해석하면, 시인은 여기에서 "귀향 사는" 꽃의 내면을 보는 것이 아니라 "귀향 사는" 꽃이 환기하는 존재의 순수한 자연 상태를 보고 있는 것이다. 보여짐으로써 의미가 있다고 생각한 꽃이, 이곳에서는 다른 존재들과 동일하게 존재 자체의 생명을 살고 있다. "流

---

170) 『정지용전집2』, 1988, 민음사, 41쪽.

星"이나 "누뤼"나 "사슴"처럼 꽃도 "귀향 사는" 것이다. 시인은 '귀향 산다'는 표현이 환기하는 주체의 내면 정서에 관심을 둔 것이 아니라 '귀향 산다'는 어휘에 내재된 생명의 존재 방식을 주목한 것이다. 「구성동」의 세계에서 모든 존재는 '귀향 산다'. 「비로봉」에서 허울을 "훌훌 벗은" '白樺', "꽃 옆에서 자고/이는 구름", 그리고 구름 옆에 있는 꽃이 환기하는 삶은, 바로 "귀향 사는" 삶이다. 세속적인 허명과 욕망과 번뇌에서 벗어나 생명을 가진 존재로서 자연 상태를 살아가는 삶을 시인은 꽃에서 보고 있다. 아무도 보지 않지만 저마다 자신에게 주어진 삶을 살아가는 자연의 상태를 구성동의 풍경은 보여준다. "절터ㅅ드랬는데/바람도 모히지 않"는 이유는 꽃의 존재 방식에 선명하게 두드러진 자연의 삶 자체에 있다. 절은 인간의 번뇌와 욕망을 지양하는 마음들이 만든 공간이지만, 그 곳 역시 인위와 의도가 작용하는 곳이다. 사찰에 담긴 이러한 인간의 마음이 "절터"를 바라보는 시인의 시선에 담겨 있다. 가장 탈속적인 사찰, 이제는 그마저 허물어진 "절터"의 공간은 이러한 시인의 마음마저 정화한다. 이 절터에 "바람도 모히지 않"는 것을 시인은 바라본다. 보이지 않는 바람의 삶에까지 이른 자연의 삶, 이제 "절터"마저 구성동의 삶을 살고 있는 것이다.

아무런 지향과 의도도 없이 자연 자체를 살아가는 삶이 구성동에서 이루어지고 있다. "山그림자"가 설핏해지자 일어나 등을 넘어가는 "사슴"은 "귀향 사는" 꽃의 삶을 행위로서 실현한다. "사슴이 일어나 등을 넘어가"는 것은 "流星이 묻히"고 "누뤼가" "싸히기도 하"는 구성동의 자연 현상, 좀더 정확하게 말해 자연 자체인 셈이다.[171] 「구성동」의 풍경은 이 시에 등장하는 대상들에 내재된 자연 상태를 통해 하나의 자연을 구성한다. 자연을 인간에 동화시키는 것이 아니라 인간이 자연의 질서를 내면화하는

171) 여기에서 하나 고려할 점은 「구성동」의 풍경이 저마다의 삶을 사는 대상들로 구성되어 있다는 점이다. 사물들은 자신의 자연을 살고 있지만 그들간의 영향 관계는 보이지 않는다. 이 점은 지용이 형상화한 자연 세계의 특징 중의 하나이다. 이는 3장에서 살펴볼 지훈의 자연과 변별되는 대목이기도 하다.

<인간과 자연의 비분리>를 이 시는 풍경으로 보여준다.

지용의 초기 시가 주로 시인의 정서나 감정 등 주체의 주관적 내면을 그 존재성이 선명하게 지각되는 방식으로 형상화한 세계였음을 생각하면, 「비로봉」과 「구성동」은 지용 시의 변화를 뚜렷하게 보여주는 작품들이다. 다음에서 살펴볼 「비」는 앞의 두 작품보다 창작 주체의 작용이 약화되고 좀더 사실적인 자연의 모습을 보여준다.

> 돌에
> 그늘이 차고,
>
> 따로 몰리는
> 소소리 바람.
>
> 앞 섰거니 하야
> 꼬리 치날리여 세우고,
>
> 종종 다리 깟칠한
> 山새 걸음거리.
>
> 여울 지여
> 수척한 흰 물살,
>
> 갈갈히
> 손가락 펴고.
>
> 멎은듯
> 새삼 돋는 비ㅅ낯
>
> 붉은 닢 닢

소란히 밟고 간다.

—「비」 전문

1941년 《문장》에 발표된 「비」는 자연의 세계를 형상화한 지용 시의 한 극점을 보여주는 작품이다. 이는 작품의 완결도라는 점에서가 아니라 자연을 형상화하는 창작 방법의 측면에서 그러하다. 사물들로 구성된 이 시의 풍경은 매우 선명하고 감각적이다. 표면적으로 초기 시와 유사한 감각적 선명함을 보여주지만, 「비」를 비롯한 후기 시의 감각은 시인의 주관적 존재를 환기하는 초기 시와 달리 객관적으로 묘사된 사물들의 형상에서 연유한다. 이 시를 둘러싼 그동안의 논의들[172]은 이러한 「비」의 객관적인 풍경을 어떻게 볼 것인가 하는 점과 관련되어 있다. 이는 비단 이 작품에 대한 해석의 문제에만 국한되지 않고 지용의 후기 시를 바라보는 관점, 더 나아가 한국 현대시의 전통적인 국면을 해명하는 시사적 관점과 연관되어 있다.[173]

---

172) 이 작품과 둘러싼 중요한 논의들은 송욱의 『시학평전』(일조각, 1963, 203~205쪽), 문덕수의 『韓國모더니즘 詩硏究』(시문학사, 1981, 117~118쪽), 최동호의 「山水詩의 世界와 隱逸의 정신」(《민족문화연구》 제19호, 고려대 민족문화연구소, 1986), 장경렬의 「이미지즘의 원리와 <詩畵一如>의 시론 : 정지용과 에즈라 파운드, 그리고 이미지즘」(《작가세계》, 1999 · 겨울), 최동호의 「정지용의 산수시와 情 · 景의 시학 : 장경렬 교수의 「비」의 해석과 관련하여」(《작가세계》, 2000 · 가을) 등이 있다. 「비」의 시사적 의미를 정리한 이상숙은 사물시, 은일의 산수시, 시화일여, 정경교융론으로 변화하고 발전해 가는 이 시의 논의 과정은 지용시의 시사적 저변을 넓고 깊게 하는 한편 동양시학과 우리 시론과의 접점을 마련하는 중요한 성과라고 지적하였다(이상숙, 「"종종다리 깟칠한" 풍경과 "수척한" 물 : 「비」와 동양시학」, 최동호 외, 『다시 읽는 정지용 시』, 261쪽).

173) 정지용과 관련된 최동호의 일련의 연구들은 바로 이러한 관점의 궤적을 잘 보여준다. 「정지용의 「백록담과 「장수산」(『정지용의 시와 산문』, 깊은샘, 1983), 「정지용 시와 은일의 정신」(《민족문화연구》 19호, 고려대 민족문화연구소, 1986), 「서정시와 정신주의적 극복」(《현대시학》, 1990.3), 「하나의 道에 이르는 詩學 : 芭蕉와 萬海와 芝溶의 詩世界」(『하나의 道를 위한 시학』, 1997, 고려대출판부), 「정지용의 산수시와 情 · 景의 시학 : 장경렬 교수의 「비」의 해석과 관련하여」(《작가세계》, 2000

이 시의 해석에 앞서 염두에 두어야 할 것은, 이 시의 풍경이 기본적으로 객관적이고 감각적으로 묘사되어 있지만 시인의 내면이 투영된 듯한 어휘들과 어우러져 있어서 사람에 따라 다른 풍경으로 보일 수 있다는 점이다. 이를테면 '① 이른 봄에 살 속으로 스며드는 듯한 음산하고 찬 바람, ② 회오리 바람'이라는 두 개의 의미를 가진 "소소리 바람"을 ①의 의미로 적용하여 이 시를 읽으면, 4연의 "깟칠한"(몸이 야위어 살갗이나 털이 매우 거칠고 기름기가 없는)은 겨울을 나느라 거칠어진 산새의 모습을, 그리고 5연의 "수척한"(몹시 야위고 마른) "흰 물살"은 겨울을 지난 메마른 산의 형상을 암시하는 것으로 보아, 이 시는 비오는 봄날의 산속 풍경을 묘사한 것으로 해석할 수 있다. 이렇게 보면 「비」는 전체적으로 봄날의 생명력을 형상화한 작품이며, 부분적으로 시인의 연민의 정서를 담은 것으로 볼 수 있다. 반면 "소소리 바람"을 ②로 적용하여 시를 해석하면 이 시는 8연의 "붉은 닢"과 연관해서 비 내리는 가을 산속 풍경을 묘사한 작품으로 읽히게 된다. 그렇게 보면 4연의 "깟칠한"과 5연의 "수척한"이라는 어사는 가을의 이미지를 형상화한 표현으로 볼 수 있다. 이 시는 보는 사람에 따라 각기 다르게 해석될 수 있는 경계 지점에 놓여 있는 것이다.

이 글은 앞의 「구성동」을 보는 관점의 연장선에서 이 시를 해석하고자 한다. 지용의 후기 시에서 가장 중요한 변화는 창작 주체의 존재성을 시의 풍경에서 배제하는 것과 관련된다. 「구성동」에서 "귀향 사는" "꽃"은 시인의 내면이 투영된 대상이 아니라 세속적 방식과 무관하게 살아가는 자연 자체의 삶을 보여주는 대상이었다. 그것은 「구성동」의 풍경을 이루는 대상들에 공통적으로 내재된 삶의 방식이었다. 「구성동」은 금강의 자연에 동화되었던 지용이 이를 그리워하여 형상화한 자연의 풍경이었으며 그 자연은 시인의 주관적인 내면이 투영된 세계라기보다 시인이 인식한 자연을

·가을). 그의 이러한 작업들은 한국시의 정신주의적 성격을 해명하고 한국시의 전통 시학을 모색하려는 지향을 보여준다.

형상화한 의식의 세계였다. 이러한 관점에서, 「비」의 객관적인 풍경은 현상 자체의 리얼리티가 아닌 관념에 의한 리얼리티[174]이지만 그것을 현실에 대한 시인의 정신적 반응[175]으로 보기는 어렵다.

「비」는 크게 네 부분으로 나뉜다. 비가 오기 전을 묘사한 1·2연, 비가 막 내릴 무렵을 형상화한 3·4연, 비가 내려 물줄기를 이루는 장면을 묘사한 5·6연, 멎었다 다시 내리는 비를 그린 7·8연 등으로 나눌 수 있다. 1연은 비가 내리기 전 구름이 모이는 장면을 감각적으로 그리고 있고, 2연은 비가 내리기 전 바람이 몰리는 것을 동적으로 묘사하고 있다. 3·4연은 비가 "앞 섰거니 하야" 비를 피하기 위해 지상으로 내려온 산새의 모습을 형상화한다.[176] 5·6연은 내린 빗물이 물줄기를 이루어 흘러 내려가는 모습을 묘사하고 있는데 "수척한 흰 물살"과 "갈갈히/손가락 펴고"[177]라는 구절은 수량이 적음을 감각적으로 표현한다. 7·8연은 멎었다 다시 내리는 빗방울을 매우 생생하고 선명한 감각으로 묘사하고 있다.

간략하게 살펴본 「비」의 풍경은 비 내리는 전후의 산 속의 정황을 매우 생생하게 묘사하고 있다. 시인은 비유나 참신한 언어적 수사를 동원하지 않고 사물의 모습을 객관적으로 그려냄으로써 선명한 감각적 풍경을 담아낸다. 이 시의 풍경은 그 제목인 '비' 내리는 현상 자체를 묘사한 것은 아

174) 최동호, 「정지용의 산수시와 은일의 정신」, 87쪽.

175) 위의 글, 같은 곳.

176) 이 부분을 땅에 떨어지는 빗방울의 형상을 산새의 종종 걸음에 묘사한 것으로 보는 해석(이상숙, 앞의 글)은 참신하지만, 시의 전체적인 풍경이 비 내릴 무렵의 자연 사물들의 반응을 그리고 있어서 이 부분을 빗방울의 비유로 보는 것은 구성상 타당하지 않다. 아울러 지용의 산수시에서 하나의 현상을 묘사할 때 비유로 일관한 작품이 거의 없다는 점과 객관적으로 묘사된 사물들의 총체로서 시의 의미를 생성하는 후기 시의 창작 방법도 시의 해석과 관련하여 고려할 대목이다.

177) 김신정은 이 부분의 "손가락"을 화자의 것으로 보고 있는데(김신정, 앞의 글, 104쪽), 이는 지용 시를 주체의 직접적인 감각 욕망이라는 관점에서 보려는 의도가 지나치게 강박적으로 작용한 해석으로 보인다. 시의 화자가 풍경의 표면에 등장한다고 보는 것은 이 시의 구성으로 보아 매우 어색한 설정이다.

니다. 비 내리기 전후의 산 속의 정황을 그림으로써 시는 간접적으로 비 내리는 풍경을 형상화하고 있다. 산 속의 자연물들은 그 자연의 양태로서 비와 관련된 자연 현상에 참여한다. 시간의 진행에 따라 산 속의 자연물들은 저마다 자연스럽게 변화하며 이 자연 현상에 참여하고, 그 변화의 과정 전체를 통해 비 내리는 산 속의 풍경이 구성된다. "깟칠한"이나 "수척한" 대상의 상태 역시 그러한 자연의 변화 과정의 한 상태를 반영한다. 시의 화자는 이 생생한 감각의 현장이 자연물 자체로 온전히 드러나도록 풍경의 표면에서 물러나 있다.

「비」는 비 내리는 산 속의 풍경을 정관한 시인이, 산 속의 자연물들이 생생한 감각으로 참여하는 자연 현상을 그들의 존재가 온전히 드러나는 방식으로, 그리고 그들이 어우러진 상황 전체가 생생하게 보존되도록 구성한 풍경이다. 「비」의 풍경은 시인의 주관적인 내면이 투영된 세계가 아니라 시인의 감각에 생생하게 체험된, 살아있는 자연 자체의 형상인 것이다. 이때의 감각은 창작 주체의 존재성을 드러내는데 복무하기보다 자연의 존재를 구체적이고 온전히 체험하는 방편이 되고 있다. 창작 주체 자신을 드러내는 감각에서 대상 세계 자체를 체험하는 감각으로, 감각의 성격 변화가 이루어지고 있는 것이다.

지용의 후기 시에서 자연 자체를 형상화한 시들에 묘사된 자연은, 대체로 자신에게 내재된 자연의 삶을 살아간다는 점에서 시인에게는 동경의 대상으로 비쳐진다. 이는 인간과 자연의 세계를 함께 형상화한 후기의 작품들에서 보다 분명하게 드러난다.

> 伐木丁丁 이랬거니 아람도리 큰솔이 베혀짐즉도 하이 골이 울어 멩아리 소리 쩌르렁 돌아옴즉도 하이 다람쥐도 좇지 않고 뫼ㅅ새도 울지 않어 깊은산 고요가 차라리 뼈를 저리우는데 눈과 밤이 조히보담 희고녀! 달도 보름을 기달려 흰 뜻은 한밤 이골을 걸음이란다? 웃절 중이 여섯판에 여섯 번 지고 웃고 올라 간뒤 조찰히 늙은 사나히의

> 남긴 내음새를 줏는다? 시름은 바람도 일지 않는 고요에 심히 흔들리우노니 오오 견듸랸다 차고 兀然히 슬픔도 꿈도 없이 長壽山속 겨울 한밤내—
>
> —「長壽山 1」 전문

1939년에 발표된 「長壽山 1」은 자연의 세계와 화자의 내면이 함께 형상화된 작품이다. 사물들을 화자의 주관에 의해 대상화하거나 화자는 풍경에서 물러난 채 사물들을 객관적으로 묘사한 시들과 달리, 이 작품은 대상 세계와 화자의 내면이 독립된 형식으로 시의 풍경에 참여하고 있다. 화자는 시의 공간인 장수산에 대해 자신의 생각을 표명하고 있지만 대상 세계를 주관적으로 형상화하지 않는다. 화자의 내면과 장수산의 형상은 형식적으로 분리되어 있지만 두 세계 사이에는 긴장이 조성되어 있다. 그 긴장감은 대립과 분리의 성격을 띤 것이라기보다, 동경과 시름을 동반한 내면적인 것에 가깝다. 화자는 장수산에 있고, 장수산은 화자의 내면에 긴장을 유발한다. 산문시형은 화자와 장수산 사이에 놓여있는 이 내면적 긴장을 효과적으로 담기 위한 장치이다. 이 시의 형태는 장수산에 들어와 있으면서 이 공간이 지닌 정신적 성격에 대해 고뇌하는 화자의 정황을 표현하고 있는 것이다.

시는 크게 두 부분으로 나눌 수 있는데, 전반부는 '장수산'에 관해, 후반부는 화자의 내면을 표현하고 있다. 시의 분석을 위해 편의상 여섯 부분으로 나누면 다음과 같다.

> ①伐木丁丁 이랬거니 아람도리 큰솔이 베혀짐즉도 하이 골이 울어 멩아리 소리 쩌르렁 돌아옴즉도 하이 ②다람쥐도 좇지 않고 뫼ㅅ새도 울지 않어 깊은산 고요가 차라리 뼈를 저리우는데 ③눈과 밤이 조히보담 희고녀! 달도 보름을 기달려 흰 뜻은 한밤 이골을 걸음이랸다? ④웃절 중이 여섯판에 여섯 번 지고 웃고 올라 간뒤 조찰히 늙은 사나히의 남긴 내음새를 줏는다? ⑤시름은 바람도 일지 않는 고요에 심

히 흔들리우노니 ⑥오오 견듸랸다 차고 兀然히[178] 슬픔도 꿈도 없이 長壽山속 겨울 한밤내—

①은 장수산이 매우 깊은 산임을 청각적인 심상을 통해 감각적으로 표현하고 있다. 나무 넘어가는 소리를 환기하는 "伐木丁丁"과 "쩌르렁" 돌아오는 메아리 소리는 서로 상승작용을 하며 이 산이 매우 깊고 큰 산임을 암시한다. 장수산이 "베혀짐즉"할 만한 "아람도리 큰솔"을 품고 있는 것은 사실 내용이고, ①의 청각적 이미지는 산의 공간감을 표현하기 위한 가상적 장치이다. ②는 겨울 장수산의 깊은 고요를 표현한다. 깊고 큰 산임을 암시했던 ①의 청각적 심상이 ②에 조성된 고요를 강화한다. ①이 환기하는 울림의 깊이가 역설적으로 산의 고요를 환기하고 있다. 화자는 장수산의 고요를 자신의 감각으로 내면화하는데, "차라리"라는 어사는 공간에 속한 고요를 자신의 것으로 삼고 거기에 깊이 침윤된 화자의 내면을 보여준다. ①에서 환기한 청각적 이미지가 깊이를 환기하는 것이어서 화자가 내면화한 고요는 보다 효과적으로 표현되었다. ③은 ②의 고요가 어둠에 속한 것이 아닌 밝음에 속한 것임을 보여준다. 흰눈으로 덮힌 장수산을 환하게 비추는 달밤의 풍경은 깊고 고요한 이 공산의 성닐삼이 단순히 산에 속한 감각이 아니라 그 공간을 걷고 있는 화자의 내면과 관련된 것임을 암시한다. 화자는 장수산에서 느껴지는 이 충만한 정온감을 달을 의인화하고 발상을 역전시킴으로써 드러낸다. '이 골짜기를 걷기 위해서 달도 보름을 기다린 것이 아닐까?'라는 화자의 독백은 장수산을 오르며 화자가 경험했을 충일감을 환기한다. ④는 ①②③에서 묘사된 장수산의 성격을 직접 삶으로 살아내는 한 인간의 모습을 형상화하고 있다. "여섯 판에 여섯 번 지고"도 "웃고 올라 간" "조찰히 늙은 사나히"는 허정(虛靜)한

178) 이 시가 처음으로 발표된 《문장》(1939.3)에는 "兀然히"로 표기되어 있고, 시집 『백록담』에는 "几然히", 그리고 해방 후에 간행된 『지용시선』에는 "兀然히"로 표기되어 있다. 의미로 보아 『백록담』의 표기가 오기인 것으로 판단된다

탈속의 경지를 삶으로 보여주는 존재이다. 이 "조찰히 늙은 사나히"의 모습에서 화자는 장수산의 덕성을 본다. 장수산의 깊이와 고요와 충일, 그리고 "늙은 사나히"의 허정한 내면의 경지는 화자가 좇고 싶은 "내음새"이다. 화자는 자신이 들어와 있는 장수산에서 그 산의 경지를 보고 있는 것이다. 그러나 이 덕성과 경지를 확인하고 그것을 좇고 싶다고 생각한 순간, 화자는 그것이 산에 속한 것임을 자각한다. "?"는 산과 "웃절 중"이 보여준 탈속의 경지를 온전히 자기 것으로 삼을 수 있는가를 회의하는 화자의 내면을 암시한다. 산방에 켜둔 등불의 일렁임을 시각화한[179] ⑤의 형상을 자신의 내면의 이미지로 삼는 화자에게 "웃절 중"이 "남긴 내음새"는 산의 경지에 속한 것으로 생각된 것이다. 장수산과 "웃절 중"이 보여준 "바람도 일지 않는 고요"를 자각할수록 화자의 시름은 더욱 "심히 흔들리우는" 것으로 느껴질 수밖에 없다. 장수산과 화자의 이 거리가 장수산의 깊은 고요 속에 들어와 있는 화자를 더욱 흔들어대는 것이다. "오오 견듸란다"는 탄식은 이 거리를 자각한 화자의 강렬한 정서적 반응이자, 동시에 결연한 다짐을 보여주는 대목이다. "여섯번 지고 웃고 올라 간" "웃절 중"의 허정한 모습이 삶 속에서 우러나오는 자연스러운 것이라면, 화자의 견딤의 행위는 의지적이고 의식적인 것이다. 이 견딤의 의지와 장수산의 허정한 경지 사이의 거리가 시에 내포된 긴장의 원인이다. 그것은 산에 속한 덕성을 체화하고 싶은, 그러나 그것을 결연한 견딤으로 바꾸어야 하는 화자의 내면에서 발생한다. 이 견딤을 화자는 "차고 兀然히[180]슬픔도 꿈도 없이"라는 매우 결연한 태도로 다짐하는 것이다. "차고 兀然히 슬픔도 꿈도 없는" 상태란 그것 자체가 장수산의 경지이자, 동시에 이를 제 것으로 만들기 위한 화자의 결연한 태도를 환기한다. "슬픔도 꿈도 없"는 상태가, 도달한 경지일 경우[181]에는 "조찰히 늙은 사나히"가 환기하는

179) 권혁웅, 「「長壽山1」의 구조와 의미」, 최동호 외, 『다시 읽는 정지용 시』, 192쪽.
180) "兀然히"는 '홀로 우뚝한 모습, 無知한 모양'을 뜻한다.
181) 이러한 "웃절 중"에게서 확인할 수 있는 장수산의 경지는 1941년에 발표된 「忍冬

무욕의 평정을 보여줄 테지만, 그것이 태도를 뜻할 경우에는 실로 엄청난 정신의 고투가 필요할 것이다. 동화될 수 없는 인간과 자연의 경계선[182]을 이 시에서 확인하게 되는 것은 화자가 이르고자 하는 경지와 그 과정에서 요구되는 정신적 동력이, 그리고 그 사이의 부조화와 거리가 이 시의 공간에 함께 내재되어 있기 때문이다.

「長壽山 1」은 자연의 모습과 화자의 내면이 독립적으로 묘사되어 있으면서도 긴밀한 긴장의 관계 속에 연결되는 방식으로 형상화되어 있다. 그것은 대상 세계를 주관화함으로써 창작 주체의 존재감을 부각시켰던 방식과 화자가 풍경의 배면으로 물러난 채 자연 세계를 객관적으로 표현하던 방식을 새롭게 통합한 것이라 할 수 있다. 사물들의 세계는 그것대로 정관하되 그것을 자신의 내면과의 연관 속에서 사유하는 이러한 방식은 지용의 세계가 창작 주체의 주관적 정서에서 보다 의식적인 사유의 세계로 옮겨왔음을 보여준다. 이러한 점에서 창작 주체의 존재성을 부각시켰던 감각은 사물 세계를 생생하게 감지하게 하는 것으로 성격이 바뀌었다. 주관에서 대상 세계로, 그리고 이를 하나의 풍경 속에 통합하는 지용 시의 변모 과정은 시의 대상을 하나의 독립된 세계로 해방시키는 과정이라고도 볼 수 있다. 후기 시의 화자는 자신 앞에 놓인 대상 세계를 인식하며 자신의 내면의 문제를 사유하는 존재이다.

茶」에서 보다 구체적으로 형상화된다. 「인동차」의 "老主人"의 모습으로 표현된 이 경지는 담담하고 고요하며 평정한 삶이며, 세속의 현실에서 벗어난 무욕의 삶이다. 그런데 여기에서 주목할 대목은 이러한 삶의 경지가 '忍冬'의 구체적인 방법임을 시의 제목이 암시하고 있다는 것이다. 이는 지용의 시에서 견디고 참아내는 대상이 부정적인 현실이나 상황이 아님을 보여준다. 견딤과 참아냄 자체를 목적으로 삼는다는 점에서 지용의 견인은 방법적 도피에 가깝다고 볼 수 있다. 老主人의 腸壁에/無時로 忍冬 삼긴물이 나린다.// 자작나무 덩그럿 불이/도로 피여 붉고,// 구석에 그늘 지여/무가 순돋아 파릇 하고,// 흙냄새 훈훈히 김도 사리다가/바깥 風雪소리에 잠착 하다.// 山中에 冊曆도 없이/三冬이 하이얗다.(「忍冬茶」)

182) 최동호, 『하나의 道에 이르는 詩學』, 고려대출판부, 1997, 111쪽.

①풀도 떨지 않는 돌산이오　돌도 한덩이로　열두골을 고비 고비 돌았세라　찬 하눌이 골마다　따로 씨우었고　어름이 굳이 얼어　드딤돌이 믿음즉 하이　②꿩이 긔고 곰이 밟은 자옥에　나의 발도 노히노니　물소리　귀또리처럼 喞喞하놋다　③피락 마락하는 해ㅅ살에　눈우에 눈이 가리어 앉다 흰시울 알에 흰시울이　눌리워 숨쉬는다　온산중 나려앉는 휙진 시울들이　다치지 안히!　④나도 내더져 앉다　일즉이 진달레 꽃그림자에 붉었던　絶壁 보이한 자리 우에!

—「長壽山 2」 전문(①②③④는 인용자 표시)

「장수산 1」은 깊고 정밀한 장수산의 세계와 심히 흔들리는 화자를 내용상 수직적 공간의 위와 아래에 배치하여 고요한 자연 세계에 대한 화자의 내면의 긴장을 형상화하였다. 장수산을 묘사하는 과정 속에 화자의 움직임과 정서적 공명이 내재되어 있지만, 「장수산 1」은 기본적으로 대상 세계에 동화되지 못한 화자의 내면을 보여준다. 고요와 충일의 공간 속에 들어와 있음으로 인해 오히려 심히 흔들리는 화자의 내면 구도를 단련(單聯)의 산문시에 형상화함으로써 「장수산 1」은 매우 역동적인 긴장 공간을 표현하였다. 이러한 견인의 긴장과 달리 「장수산 2」의 화자는 자신의 심정을 대상 공간에 보다 편안하게 투사하는 듯 보인다. 「장수산 1」이 화자의 내적 긴장에 중심을 두고 있는데 반해 「장수산 2」는 대상 공간에 무게 중심이 놓여있다.

①은 장수산이 매우 깊고 견고한 공간임을 보여준다. 이곳은 외부로부터 불어오는 바람도 없고 "한덩이"의 돌로 이루어진 산들이 저마다 한 구비를 차지하고 별개의 하늘 공간을 보유한 매우 깊은 산이다. 굳게 얼은 얼음도 이 견고한 세계에 일조하는 사물인 셈이다. ②는 이 깊은 자족의 공간에 동화된 화자의 정서를 보여준다. 꿩과 곰이 지나간 흔적 위에 놓인 "나의 발"은 장수산을 오르면서 그 세계에 자연스럽게 동화된 화자의 모습을 보여준다. 산을 오르는 행위를 "나의 발도 노히노니"라는 수동형으로 표현한 것은 자연의 한 생명체로서 장수산에 동화된 화자의 내면을 보

여준다. "귀또리처럼 唧唧"하며 흐르는 물소리는 장수산에 동화된 화자의 충일감을 반영하면서, 이 공간에 생명력을 불어넣고 있다. ③은 절벽 위에 켜켜이 쌓여있는 눈을 묘사한 부분이다. "시울"은 '석벽 단층에 내려앉은 곡선의 적설층'을 뜻하는 것으로 화자는 절벽에 켜켜이 쌓인 눈의 형상을 바라보고 있다. 켜켜이 "눌리어" 쌓여있지만 "다치지" 않고 편안히 "숨쉬"는 이 적설층에서 화자는 자신이 동화된 장수산의 생명력을 발견한다. "눌리어" 있으면서 '살지고 듬직한 상태'의 "휙진 시울들"은 "꿩이 긔고 곰이 밟은 자옥에 나의 발도 노힌", 화자가 장수산을 오르며 자연스럽게 동화되었던 자연 세계의 생명 질서를 상징적으로 보여준다. 또 하나의 풍경의 발견인 셈이다. 화자의 내면이 발견한 이 풍경은 객관적인 자연 세계를 하나의 상징의 공간으로 전환하는 정신을 보여준다. ④는 ③에 묘사된 적설의 풍경에서 자연의 생명 질서 전체를 정관하는 화자의 의식을 묘사하고 있다. 그것은 켜켜이 쌓인 "휙진 시울들"의 공간에 함축된 생명의 모습을, 순환하는 자연 세계의 시간으로 전환함으로써 이 공간의 풍경을 자연의 원리로 감수하는 시인의 의식을 보여준다. 동사(凍死)의 계절인 겨울에 "눌리워 숨쉬"고 있는 "휙진 시울들"에서 시인은 생명력이 만개한 봄을 보고 있는 것이다. 봄을 생각하는 시인에게 이 적설의 풍경은 겨울을 통과하는 한 방법을 상징적으로 보여준다. 객관적인 대상 세계가 상징의 세계로 옮겨 온 것이다. 화자는 적설의 시울이 되어 "진달레 꽃그림자" 만개한 절벽(봄)을 기다리겠다는 셈이다.

이러한 시인의 의식은 다음에서 살펴볼 「예장」에서 본격적으로 드러난다.

①모오닝코오트에 禮裝을 가추고　大萬物相에 들어간 한 壯年紳士가 있었다.　舊萬物 우에서 알로 나려뛰었다.　웃저고리는 나려 가다가 중간 솔가지에 걸리어 벗겨진채　와이셔츠 바람에　타이가 다칠세라 납죽이 엎드렸다　한겨울 내―흰손바닥 같은 눈이 나려와 덮어 주곤 주곤 하

였다 ②壯年이 생각하기를 「숨도아이에 쉬지 않어야 춥지 않으리라」고 주검다운 儀式을 가추어 三冬내－俯伏하였다 ③눈도 희기가 겹겹히 禮裝같이 봄이 짙어서 사라지다.

－「禮裝」 전문(①②③ 인용자 표시)

「禮裝」은 1941년 1월에 《文章》지에 함께 발표한 「호랑나비」나 「盜掘」 등의 작품처럼 죽음을 모티프로 한 서사구조를 내포하고 있는 시편이다. 대체로 자살 사건을 시화한 것으로 평가받는 작품이다. ③은 앞에서 살펴보았던 「장수산 2」의 후반부의 내용과 매우 흡사하다. "획진 시울들"이 겹겹이 쌓인 절벽의 형상에서 진달래가 만개했던 봄을 생각한 시인은, 여기에서 시울들의 형상을 겨울의 "禮裝"으로 표현하고 있다. 그리고 그것이 사라지고 난 후 찾아온 봄을 서술한다. 그렇다면 이 시에 묘사된 "壯年紳士"의 모습은 이 "주검"의 겨울에 부합하는, "주검다운 儀式"을 보여주는 <"禮裝"의 형식>인 셈이다. 그것은 「장수산 2」에서 절벽의 "흰시울"들을 보며 "눌리워 숨쉬는다"라고 물었던 시인이 그 자리에 붉게 피었던 진달래를 떠올림으로써 자답했던 내용을, 봄을 기다리는 내면의 형상으로, 그리고 서사의 형식에 담아 제시한 것이라 하겠다. 다시 말해 시인은 겨울을 통과하는 자신의 내면을 「長壽山 2」의 "흰시울"들의 풍경에서 발견한 것이고, 이를 "壯年紳士"의 서사에서 다시 구현한 것이다. 이 모든 것을 의식하고 있는 화자는 겨울 속에 있다. 이 시의 모든 시제가 마지막 문장을 제외하고 모두 과거 진행형인 것은 이 산 속 겨울 풍경을 시간화하고 있는 시인의 의식을 시사한다. 즉 시인은 자신이 통과하는 시간의 풍경을 서사의 형식 속에 형상화한 것이다. 그것은 ②를 통해 "壯年紳士"의 모습을 화자의 내면으로 전환함으로써 서사 속 신사의 형상에 자신을 포개는 형식으로 구체화된다. 이 과거진행형의 서사에는 겨울의 한 가운데 있는 화자의 내면이 투사되어 있다. "한겨울 내－흰손바닥 같은 눈이 나려와 덮어 주곤 주곤"한 적설의 풍경은 겨울이 매우 깊었음을 보여주는 시간의 형상이자, 고통을 "겹겹히" 쌓인 흰눈으로 형상화함으로써 이를 심리적으로 무화시키려는 의식의 반영이다. "숨도아이에 쉬지 않"는 형상으로 "납족이 엎드"린 "壯年紳士"의 "주검다운 儀式"은 "겹겹히" 쌓인 "흰눈시울들"에 "나도 내던져 앉"겠다는 「長壽山 2」의 화자의 내면과 다름없다. "납족이 엎드"린 "壯年紳士"는 "흰시울"이 된 것이다. 이 "장년신사"의 모습을 시인은 "禮裝"으로 표현하였다. 그런데 여기에서 주목할 점은 「禮裝」의 봄이 무시제로 표현되어 있다는 점이다. '사라진다', 혹은 '사라질 것이다'도 아닌 "사라지다"이다. 믿음이나 소망, 혹은 의지가 배제된 무시제 서술어 "사라지다"는 표현은 이 시의 서사가 종결된 과거가 아니라 여전히 진행되는 상황임을 암시한다. 이는 「長壽山 2」에서 화자가 떠올린 것이 다가올 봄이 아니라 지나간 봄이었음을 다시 한번 환기시킨다. 다시 말해 자신이 발견한 자연의 풍경을 시인이 온전히 자신의 것으로 내면화하지 못했음을 보여준다. 이는 시의 풍경에 드러나 있지 않은 고통의 강도가 "三冬내―俯伏하"고 있는 "壯年紳士"의 모습에 함축되어 있음을 시사한다. 「長壽山 1」이나 「忍冬茶」 등에서 표현된 '견딤'과 '忍冬'의 의미는 시인이 처하고 있는 겨울의 시간을 표면적으로는 '고요'하게, 「禮裝」의 표현을 빌린다면 '숨쉬지 않고 俯伏함으로써' 넘어가려는, 좀더 정확히 말해 넘어갈 수 있음을 확신하지 못한 채 "俯伏"의 상태를 지속하려는 시인의 의식을 보여준다. 이는 「長壽山 1」에서 장수산의 고요 앞에 심히 흔들리는 화자의 시름이 왜 크고 격렬한 것이었는지를 해명해 준다. 정지용은 숨쉴 수 없는 상황을 "흰시울"의 형상으로 전환시킴으로써 무화시키려 하였으며, 이를 한 겨울에 속해 있는 자신의 내면으로 삼으려 한 것이다. "숨도아이에 쉬지 않어야 춥지 않으리라"는 "壯年紳士"의 독백은 시인의 고통스러운 내면을 잘 보여준다. 이것이 정지용의 고뇌와 견인의 실체이다. 구체적인 문제 의식이 결여된 고통의 상태, <텅빈 堅忍>은 고통스러운 상황 자체를 무화시키려는 욕망이며, 무화시키려는 의식을 지속하려는 무의식적 의지였던 셈이다. 구체적인 현실의 차원에서 보면 이러한 지용의 시적 태도는 현실 도피적인 것이지만, 그것은 결코 고통에서 벗어난 것은 아닌 셈이다. 이는 역설적으로 시인이 경험했을 고통의 하중을 암시한다.

> 序—랄 것이 아니라
>
> 내가 무엇이고 정성것 몇 마디 써야만 할 의무를 가졌건만 붓을 잡기가 죽기 보담 싫은 날 나는 천의를 뒤집어 쓰고 차라리 병 아닌 신음을 하고 있다.
>
> 무엇이라고 써야 하나?
>
> 才操도 탕진하고 용기도 상실하고 8·15 이후에 나는 부당하게도 늙어간다.
>
> 누가 있어서 "너는 一片의 정성까지도 잃었느냐?" 질타한다면 少許 항론이 없이 앉음을 고쳐 무릎을 꿇으리라.
>
> 아직 무릎을 꿇을 만한 기력이 남았기에 나는 이 붓을 들어 시인 尹東柱의 遺稿에 분향하노라.
>
> —「尹東柱 詩集 序」에서[183)]

위의 인용문은 해방 직후인 1946년에 간행된 윤동주의 유고 시집에 붙인 서문의 한 대목이다. 지용은 이 글에서 매우 고뇌하는 내면을 보이는데, 그것은 자신이 이 글을 쓸 만한 자격이 없다는 인식에서 비롯된 듯하다. 해방 이후 여러 산문에서 현실 지향의 문학을 강조한 점과 함께 참조해 본다면, 지용은 윤동주의 시집 앞에서 일제강점기 말의 자신의 모습을 심한 고통 속에 회고하는 듯하다. 시집 『白鹿潭』을 간행할 무렵을 '정신이나 육체적으로 가장 피폐한 때'였다고 고백한 지용에게 윤동주의 시는 심한 고통을 주었을 것이다. "일본놈이 무서워서 산으로 바다로 회피"(「散文」)[184)]하였으며, 정신과 육체를 피폐하게 했던 "生活도 環境도 어느 정도로 극복할 수 있는 것이겠는데 親日도 排日도 못한 나는 山水에 숨지

183) 『정지용전집2』, 313쪽.
184) 위의 책, 220쪽.

못하고 들에서 호미도 잡지 못하였다"(「朝鮮詩의 反省」)[185]던 자신의 과거, 「禮裝」의 표현을 빌린다면 '숨쉬지도 않고 俯伏한 삶'이, 윤동주의 시로 인해 되살아났을 것이다. 지용은 이 글에서 평을 삼가고 현실에 대한 고뇌를 담은 윤동주의 「病院」·「또 太初의 아침」·「肝」·「十字架」·「또 다른 故鄕」을 차례로 인용하면서 글을 마무리하고 있다.

"親日도 排日도 못한 나는 山水에 숨지 못하고 들에서 호미도 잡지 못하였다", 그리고 그 시절이 "가장 정신이나 육체로 피폐한 때"였다는 지용의 고백을 참조하면, 아무것도 하지 못했던 일제 강점기말의 지용은 심한 고통 속에 있었을 것이다. '숨쉬지 않고 俯伏한 채로' 지났던 "禮裝"의 삶에 내재한 고통을 지용은 직접 드러내지 않았다. 이는 "슬픔도 꿈도 없이" "견듸란다"(「長壽山 1」)고 했던 삶의 시적 표현인 셈이다. 시에 "슬픔과 꿈도" 담지 않는 것이 "숨쉬지 않고 俯伏하"면서 견디는 방법이었던 것이다. 「나븨」는 표현하지 않았던 지용의 고통스런 내면이 매우 드물게 표출된 작품이라 할 수 있다.

> ①시기지 않은 일이 서둘러 하고싶기에　暖爐에 싱싱한 물푸레 갈어 시워고　燈皮 호 호 닦어 끼우어 심지 뒤기니　불꽃이 새록 돋다　미리 떼고 걸고보니 칼렌다 이튿날 날자가 미리 붉다　이제 차츰 밟고 넘을 다람쥐 등솔기 같이 구브레 벋어나갈 連峰 山脈길 우에 아슬한 가을 하늘이여　②秒針 소리 유달리 뚝닥 거리는 落葉 벗은 山莊 밤　窓유리까지에 구름이 드뉘니 후 두 두 두 落水 짓는 소리　크기 손바닥만한 어인 나븨가 따악 붙어 드려다 본다　가엾서라 열리지 않는 窓　주먹쥐어 징징 치니 날을 氣息도 없이 네 壁이 도로혀 날개와 떤다 海拔 五千呎 우에 떠도는 한조각 비맞은 幻想　③呼吸하노라 서툴러 붙어있는 이 自在畵 한幅은 활 활 불피여 담기여 있는 이상스런 季節이 몹시 부러웁다　날개가 찢여진채　검은 눈을 잔나비처럼 뜨지나 않을가 무섭어라　④구름이

185) 위의 책, 266쪽.

다시 유리에 바위처럼 부서지며 별도 휩쓸려 나려가 山아래 어닌 마을 우에 총총하뇨 白樺숲 희부옇게 어정거리는 絶頂 부유스름하기 黃昏같은 밤.

—「나븨」 전문(①②③④ 인용자 표시)

이 시는 "海拔 五千呎" 산정의 산장을 공간으로 하고 있는 작품이다. 이 산장은 "山아래"의 "마을"과 달리 산에 속한 공간이라 할 수 있다. 시는 객관적인 현실의 상황을 서술하다가 유리창의 풍경에 대한 화자의 내면을 집중해서 서술하고 다시 현실로 돌아오는 구조로 이루어져 있다. 시의 서술은 객관적이며 화자의 정서에 관한 기술도 내면에서 일어나는 생각을 그대로 적어 내려가는 방식을 취하고 있다. 대상 세계를 주관화하지 않고 대상 세계에 대한 화자의 내면의 반응을 기술하고 있어서 본질적으로 서술의 태도는 의식적이라 할 수 있다.

①은 전체적으로 밝고 가벼운 화자의 내면을 보여준다. "시기지 않은 일이" "하고 싶"을 정도로 화자는 기분 좋은 흥분의 상태에 있다. "싱싱한 물푸레"를 "갈어 지피고" "燈皮"도 닦는 화자에게 휴일인 다음날 능선을 타는 산행이 계획되어 있는 듯하다. "連峰 山脈길"을 "다람쥐 등솔기" 같다고 묘사할 정도로 화자의 심리 상태는 경쾌해 보인다. 산장 안은 "새록돋"은 "불꽃"으로 훈훈하고 산장 밖은 상쾌한 가을 하늘이 펼쳐져 있다. ②는 ①에서 한참 시간이 지난, 밤의 산장을 묘사한다. ①의 분위기와 달리 ②에는 불안이 드리워져 있다. "秒針 소리"가 크게 들리고 낙엽이 떨어지고 구름이 모이면서 비가 내리는 일련의 정황들은 "한조각 비맞은 幻想"의 충격을 예비한다. 산장 밖은 비 내리는 가을밤의 스산함과 불안이 깔려 있는데 반해, 산장 안은 "싱싱한 물푸레"가 타오르는 따뜻한 공간이다. ①에서 분리되지 않았던 공간은 ②에 이르러 확연히 분리된 공간으로 의식된다. 화자는 "손바닥만한" 나비가 유리창에 "따악 붙어"서 안쪽을 "드려다 보는" 풍경을 본다. 유리창에 붙은 나비를 화자가 가엾게 보는 것

은 산장 안팎의 대비된 정황을 의식했기 때문이다. 가엾게 생각하며 나비를 쫓으려고 유리창 가까운 벽을 두드렸는데, 갑자기 자신이 있는 산장의 공간이 나비의 날개와 함께 떠는 것을 화자는 체험한다. 바로 이 경험이 화자의 내면에 큰 충격을 준다. 유리창에 붙어서 따뜻한 산장 안을 들여다보는 나비의 모습은 더 이상 객관적인 사실의 풍경이 아닌 화자의 내면을 되비추는 내면의 풍경으로 전환된다. 유리창에 붙은 나비를 쫓기 위해 벽을 두드린 화자의 행위는 결과적으로 바로 자신의 내면을 두드린 셈이 된다. "네 壁이 도로혀" 날개와 함께 떠는 이 현상은 화자의 내면에 충격을 주어 산장의 안과 밖을 전도시키고 화자의 내면을 밖으로 드러나게 하는, 낯설은 결과를 유발한다. 이 낯설은 체험에서 시인은 산장의 공간을 다시 한번 환기한다. "海拔 五千呎 우에 떠도는 한조각 비맞은 幻想". 화자의 내면이 밖으로 형상화된 이 풍경은, 산에 속하고 싶었던 자신의 무화의 욕망을 드러내는 풍경인 것이다. 「禮裝」에서 "壯年紳士"에 의해 표현되었던 '숨쉬지 않고 俯伏한' 상태를 지속하려한 자신의 내면－산의 고요를 제것으로 삼으려는 슬픔도 꿈도 없는 견인과 무화(無化)의 내면－을 화자는 만나게 된 것이다. ③은 외화(外化)된 이 내면의 풍경에 대한 화자의 양가적인 반응을 보여준다. "서툴러 붙어있는 이 自在畵"[186] 앞에서 화자는 한편으로 창 밖의 나비가 되어 안쪽을 보고, 한편으로는 창 안쪽에서 떨고 있는 창밖의 나비를 본다. 나비와 동화되고 분리되는 과정에서 부러움과 무서움이 발생한다. 부러움은 창밖의 존재가 산장 안쪽을 보며 느끼는 감정이며, 무서움은 산장 안쪽에 있는 사람이 자기 쪽을 들여다보는 바깥의 존재를 볼 때의 감정이다. 그러나 문제는 산장 안과 밖의 존재가 모두 자기라는 점에 있다. 그런 점에서 공포의 강도는 부러움보다 훨씬 강력한 것이다. 보고 싶지 않은 감춰진 자기를 대면하는 공포가 이 무서움의 정체이

186) "自在畵"는 사전적인 의미로는 '도구를 사용하지 않고 그린 그림'이지만 문맥으로 보아 어휘의 축자적 의미라 할 수 있는 '스스로 존재하는 그림'으로 보는 것이 타당한 듯하다.

다. 화자는 현상적으로는 산장의 안쪽에 있지만, 사실은 "날개가 찢어진채" 유리창에 "서툴리 붙어있는" "나븨"이다. 그러나 그 "나븨"는 산장의 안쪽에 있다. 산장 안쪽의 따뜻함은 부러운 것이지만, 그것은 실로 "이상스러운 季節"임을 화자는 본다. "날개가 찢어진채" "서툴리 붙어있는" "나븨"를 내장한 산장 안쪽의 화자, 화자의 이러한 양가적 내면이 "주검다운 儀式을 가추어 三冬내-俯伏하"는 "壯年紳士"의 내면이며, 장수산의 고요에 심히 흔들린 시인의 시름이다. 지용이 느꼈던 고통은 산장의 바깥에 있어야 할 자신이 산장의 안쪽에 있다는, 좀더 정확히 말해 산장의 안쪽에 있다는 사실을 잊으려는 자의식에서 비롯된다. 고통의 진원지는 시인의 내부에 있는 것이다. 이러한 점에서 ④의 "黃昏같은 밤"은 산장 안쪽의 붉음과 산장 바깥쪽의 어둠을 함께 내장한 화자의 내면을 상징한다.

고요의 상태를 지속하려는 정지용의 견인의 의지 속에는, 이 의지의 내용이 "山아래" "마을"과 동떨어진 "이상스러운 계절"임을 정관하는 의식이 자리잡고 있었던 것 같다. 자신의 의지를 비판적으로 정관한 의식은 고통스러운 현실과 닿아있었을 테고, 그래서 시인은 자기 안에 있는 자의식과의 대면을 두려워했을 것이다. 이 두려움은 "海拔 五千呎 우에 떠도는" "이상스러운 季節"을 지속해야 한 이유 중의 하나였을 것이다. 물론 그 지속의 의지는 그것의 고요한 표면과 달리 심히 흔들리는 고뇌를 내장한 것임은 충분히 짐작되는 바이다.

「나븨」에서 부분적으로 노출된 이러한 지용의 의식은 「盜掘」에서 파탄의 모습으로 형상화된다.

> ①百日致誠 끝에 山蔘은 이내 나서지 않었다 자작나무 화투ㅅ불에 확근 비추우자 도라지 더덕 취싻 틈에서 山蔘순은 몸짓을 흔들었다 ②심캐기늙은이는 葉草 순쓰래기 피여 물은채 돌을 벼고 그날밤에서 山蔘이 담속 불거진 가슴팍이에 앙징스럽게 后娶감어리 처럼 唐紅치마를 두르고 안기는 꿈을 꾸고 났다 ③모태ㅅ불 이운듯 다시 살어난다

④警官의 한쪽 찌그린 눈과 빠안한 먼 불 사이에 銃견양이 조옥 섰다
별도 없이 검은 밤에 火藥불이 唐紅 물감처럼 곱았다 다람쥐가 도로로 말려 달어났다.

―「盜掘」[187] 전문(①②③④ 인용자 표시)

이 시는 1941년 1월호 《文章》에 발표된 작품이다. <新作 鄭芝溶詩集>에 수록되어 발표된 「盜掘」은 함께 묶인 열 편의 작품 중에 표제시에 해당한다는 점에서 이들 시편들의 성격을 상징적으로 함축한 작품이라 할 수 있다.

「盜掘」은 시의 전면에서 화자가 배제된 채 서사적 연관성이 결락된 몇 개의 화소로 이루어져 있다. '도굴'이라는 제목을 참고하여 환몽 구조의 성격을 띤 이 시의 서사 구조를 정리하면, 두 가지 정도로 생각해 볼 수 있다. 첫째, 유일하게 현재 시제로 기술된 ③을 기준으로 앞과 뒤를 다른 꿈으로 보아 '꿈(①②)—현실(③)—꿈(④)'의 구조로 보면, 앞의 꿈은 "심캐기늙은이"를 주인공으로 하는 꿈이 되고 뒤의 것은 "심캐기늙은이"가 경관의 총에 맞아 죽는 꿈이 된다. 이렇게 보면 ①과 ②의 관계는 '꿈—꿈 속의 꿈'이라는 중층적인 구조가 된다. 이러한 액자 구조로 시를 분석하면, 서사 구조의 역동성과 긴장은 현저하게 약화되고 시의 현실 환기력도 떨어진다. 둘째, ②를 꿈으로 보아 '현실(①)—꿈(②)—현실(③)—현실(④)'로 보면, 이 시는 산삼 캐기를 간절하게 원하는 "심캐기늙은이"가 산삼 얻는 꿈(②)을 꾸고 깨어났다가 경관의 총에 맞아 죽는 내용의 서사가 된다. 이렇게 보면 시는 매우 역동적인 서사 속에 비극적 황홀감을 시각적으로 형상화한 작품이 된다. 산삼 캐기를 바란 "심캐기늙은이"가 "화투ㅅ불"에서 "山蔘순"의 환영을 보고 "그날밤" 꿈속에서 "唐紅치마를 두"른 산삼이 품에 안기는 꿈을 꾼다. 그리고 꿈에서 깬 후에 경관의 총에 맞아 죽는다.

---

187) 《文章》 제3권 제1호, 1941.1.

이렇게 '현실·꿈·또 다른 현실'로 구성된 서사는 "화투ㅅ불"-"山蔘순"-(담뱃불)-"唐紅치마"-"모태ㅅ불"-"빠안한 먼 불"-"火藥불"로 이어지는 선명한 이미지와 상호작용하면서 서사적 결락을 메우는 역동적 상상력을 유발하게 된다.

두 가지의 서사 구조 중 어떠한 것으로 보더라도, 이 시는 '욕망과 욕망의 좌절'을 형상화한 작품이다. "심캐기늙은이"가 간절히 원했던 것이 "山蔘"이고 이를 작품 제목인 '도굴'과 연관지어 보면, "산삼"은 시의 제목과 서사를 연관짓는 핵심 상징이 된다. '산삼'이 땅에서 자란 귀한 식물이고 '도굴'이 땅에 묻힌 귀한 물건을 몰래 훔치는 행위라는 점에서, 이 시의 "山蔘"은 도굴의 대상이자 시인의 욕망을 상징하는 상징물로 볼 수 있다. 시에서 "山蔘"은 "唐紅치마"를 두른 "后娶감어리"에 비유되었다. "后娶감어리"[188]에 '後娶'의 애욕의 이미지와 '后妃'의 고귀함의 이미지가 함께 내포되어 있다는 점과 "심캐기늙은이"의 죽음을 "唐紅 물감처럼 곻"은 "火藥불"의 이미지로 제시한 점을 고려하면, "山蔘"으로 상징된 시인의 욕망과 그것의 좌절이 심미적인 성격의 것임을 짐작할 수 있다. 그런 점에서 이 시를 이상적인 언어 세계에 도달할 수 없는 시인의 절망감의 표현으로 보는 견해[189]는 설득력이 있다.

이 시를 앞에서 살펴본 「나븨」나 「禮裝」 등 <新作 鄭芝溶詩集>에 함께 수록된 작품들[190]과 연관지어 살펴보면, "심캐기늙은이"의 죽음은 시인이 후기 시에서 지속적으로 지향해 왔던 세계의 파탄을 암시하는 것으

---

188) "后娶감어리"의 '后娶감+어리'로 구성된 말로써 '后娶감이 될 만한 사람'을 가리킨다. 여기서 "后娶"는 '後娶'와 '后妃'(임금의 아내)의 의미로 볼 수 있다. 이경수는 「도굴」의 "后娶감어리"라는 표현 속에는 '後娶'에서 연상되는 애욕의 이미지와 '后娶'에서 연상되는 고귀한 가치라는 의미가 이중적으로 작용하고 있다고 보았다(이경수, 「열린 액자의 구조: 정지용의 「盜掘」」, 최동호 외, 『다시 읽는 정지용 시』, 281쪽).

189) 이경수, 앞의 글, 287~290쪽.

190) 「朝餐」, 「비」, 「忍冬茶」, 「붉은손」, 「꽃과 벗」, 「盜掘」, 「나비」, 「호랑나비」, 「진달레」.

로 생각된다. 특히 죽음의 모티프를 소재로 한 「禮裝」이 "壯年紳士"의 자살을 가사(假死) 죽음의 상태로 다루었다는 점과 「盜掘」에서 타살에 의한 죽음을 꿈을 교차시키면서 "唐紅 물감처럼 곻"은 이미지로 묘사한 것은, 정지용의 후기 시에 내장된 시인의 의식을 암시한다. 그것은 시인이 죽음을 하나의 방법으로 삼고 있다는 것이며, 그 죽음이 본질적으로 내적인 것임을 뜻한다.

죽음을 하나의 방법으로 삼고 있다는 것은 지용이 죽음 의식을 지속시킴으로써 현실의 파탄을 끊임없이 유보함을 뜻한다. 지용은 주검이나 죽음의 결과를 다루지 않고 죽음의 상태에 몰입한다. 「盜掘」의 "火藥불이 唐紅 물감처럼 곻았다"는 표현을 "심캐기늙은이"의 심정을 묘사한 것으로 보든 아니면 화자의 반응으로 보든, 이때의 죽음은 비현실적이며 낭만적이다. 죽음을 가사 상태로 묘사하거나 황홀한 꿈의 세계와 연관시키는 이러한 태도는 시인이 죽음을 현상이나 결과로 받아들이지 않고 시적 방법으로 삼고 있음을 보여준다. 죽음을 방법적으로 지속하려는 이러한 시적 전략은 지용의 고요와 견인이 텅빈 것이었음을 다시 한번 환기시킨다. 이러한 특질과 연관시켜 본다면 지용의 시에 나타난 죽음은 본질적으로 내적인 것이다. 「禮裝」과 달리 타살에 의한 죽음을 다룬 「盜掘」 역시 죽음은 죽는 자의 의식 상태에 집중되어 있다. 죽음은 총을 겨누는 "警官"에게서 "后娶감어리"의 "山蔘"을 꿈꾸는 "심캐기늙은이"로 옮겨간다. 죽음의 이유나 동기는 배제되어 있다. 「盜掘」의 죽음은 「禮裝」의 파탄을 사실로 보여준다. 그러나 그 죽음은, 죽음을 황홀한 꿈의 이미지로 감수하는 자의 의식 속에 일어난 죽음이다. 「盜掘」과 「禮裝」의 죽음은 현실에 속한 것이 아니라 의식에 속한 죽음이다. 지용은 죽음을 시적 방법으로 삼아 죽음의 현실을 유예한 것이다.

지용의 후기 시는 자연을 본격적인 관조의 대상으로 삼았다. 이전까지 창작 주체의 내면을 표현하기 위해 소재로서 동원되던 것과 달리 지용의 시에서 자연은 구체적인 대상으로서 관조된다. 주체의 정서나 의식에 의해 의미가 부여되는 대상이 아니라 주체의 바깥에 독립적으로 존재하는 세계로서 자연은 형상화된다. 지용이 발견한 이른바 '동양적 자연' 혹은 '즉물의 세계'란 자연 대상을 주체로부터 해방시키는 언어의 발견이었다. 주체의 존재성을 환기하는 언어에서 사물의 존재감을 그대로 드러내는 언어로의 이전은 대상과 주체에 의해 구성되는 시의 풍경이 보다 복합적인 관계와 힘이 작용하는 장(場)으로 전환하게 됨을 의미한다. 사물과 주체가 공존하되 삼투하는 양상이, 수사적 성격이 약화된 언어들을 통해 형상화된다. 사물을 사물로서 형상화하고, 그렇게 형상화된 사물들의 상호 관계를 통해서 의미가 생성되는 언어의 풍경은 산수화의 형식과 유사한 방식으로 구성된다. 전통적인 자연 형상을 연상시키는 후기 시의 자연은 언어와 주체의 존재가 약화되고 사물들이 부각되는 양상을 띠고 있다.

이와 달리 주체가 풍경의 전면에 등장하는 경우, 주체와 자연은 독립된 세계로서 풍경에 참여한다. 창작 주체는 자연을 관조하며 그 속에서 삶의 문제를 사유한다. 후기 시의 자연은 일제강점기말 시인의 정신이 발견한 세계였으며, 전통적인 자연상을 환기하는 세계로 형상화 된다. 고요와 평담의 자연을 보며 지용은 고통스러운 현실을 통과할 수 있는 방법을 생각한다. 시의 풍경에 형성되어 있는 긴장감은 자연의 평정 상태와 주체가 처한 고통스러운 현실 사이의 격차에서 발생한다. 그의 시는 동양적 자연이 환기하는 고요와 평정의 세계를 동경했으며 이에 합류하기 위한 방법으로서 가사(假死) 상태를 생각했다. 후기 시의 죽음은 동양적 평정의 세계에 동화됨으로써 자신을 지우는 일이었다. 그의 견인은 고요를 내면화하고 그 상태를 지속시키는 것이었다. 방법으로서의 풍경이라 할 수 있는 자연 형상에서 일제강점기말의 현실을 견디는 지용의 정신을 볼 수 있다.

이제까지 논의했던 내용을 정리해보면, 정지용의 초기 시는 시인의 주관에 의해 재편된 세계였다. 사물들이 대상의 세계로 전환되는 과정을 잘 보여주는 그 세계는 주체의 존재성이 생생하게 지각되는 방식으로 형상화되어 있다. 초기 시에서 사물들은 독자적인 의미를 내포하지 않고 주체와의 관련 속에서 풍경에 참여한다. 시는 여러 사물들과 주체가 결합하여 풍경의 전체를 이루는 구성적인 형식을 취하며, 사물들은 인식 주체의 감수성을 생생하게 드러내는 방식으로 형상화된다. 지용의 시는 사물들을 표상의 세계로 전환하는 과정을 통해 시인의 내면을 표현한다. 따라서 감정은 직접적으로 표출되지 않고 물질화 되어 표현된다. 지용 시의 참신함은 창작 주체의 정서와 의식이 대상을 통해 형상화된다는 점에 있었다. 초기 시의 감각은 사물을 인식하는 주체에 속한 것이며, 사물은 주체의 감각에 의해 의미를 부여받고 풍경의 일부가 된다. 초기 시의 풍경은 현상 세계를 경험하는 주체에 의해 표상된 것이며, 그렇게 표상된 대상과 주체가 구성한 세계이다.

이러한 초기 시는 현실을 비판적으로 성찰하는 시들과 현상 세계 너머를 지향하는 종교시편에 이르러 중대한 방향전환을 한다. 주체의 존재성을 생생하게 환기하는 방식으로 형상화된 초기 시는 '현재－이곳'의 현상을 감각으로 감수하는 세계이다. 현실에 대한 피로감과 비판적 성찰, 그리고 보이지 않는 세계에 대한 신앙은 현상적인 감각 세계를 회의하는 계기가 된다. 주체에 의해 사물들이 주관화되었던 초기 시와 달리 이 무렵의 시편들에서 주체와 대상 사이에는 비판적인 거리가 발생한다. 아울러 세계를 감각으로 감수하는 시인에게 보이지 않는 신앙의 대상은 결코 동화될 수 없는 존재로 인식된다. 지용의 중기 시편들의 풍경에는 이 거리가 내재되어 있다. 사물들을 주체에 의해 재편했던 초기 시와 달리 중기 시의 주체는 현상 세계를 비판적으로 성찰하며 그 너머를 사유한다. 현실과 신앙, 이 두 세계와 주체는 분리되고 대상 세계는 감각에 의해 받아들여지기보다 의식에 의해 감수된다.

지용의 후기 시는 초기와 중기 시를 전통적인 자연상을 통해 통합한다. 사물들을 묘사하되 주관화된 언어가 아닌 사물들이 부각되는 방식으로 형상화된 시에서 주체는 풍경의 배후로 물러나거나 대상과 동등한 자격으로 풍경에 참여한다. 시인은 세계를 관조하며 자신의 문제를 사유한다. 후기 시에서 대상은 주체로부터 독립된 방식으로 존재하면서 주체가 사유하는 공간으로 기능한다. 따라서 풍경에서 발생하는 긴장은 세계를 사유하는 주체의 내면에서 비롯된다. 후기 시에서 뚜렷하게 부각되는 '동양적 자연 풍경'은 대상을 주체로부터 해방시킬 수 있는 언어의 발견이라는 점에서 중요한 성과이다. 아울러 그 세계는 현실의 문제를 사유하는 공간이라는 점에서 시인의 현실 인식이 투영된 공간이다. 고요와 평정의 자연에서 시인은 폭압의 현실을 통과할 수 있는 풍경을 발견한다. 후기 시에 등장하는 죽음 의식은 동양적 자연의 적막을 내면화하려는 것이었으며 그 고요 속에서 자신을 무화시키려는 의식의 표현이었다. 후기 시의 자연은 고통스러운 정신이 찾은 방법으로서의 풍경이었다.

정지용 시의 변모 과정은 근대적 주체에 의해 '시의 언어'가 갱신되는 과정을 보여준다. 지용의 초기 시가 보여준 새로움은 주체의 존재감이 생생하게 환기되는 방식으로 사물들을 대상화하고 그러한 과정을 통해 주체의 정서를 물질화함으로써 비롯된 것이었다. 그의 초기 시는 '지금-이곳'을 구체적으로 감각하는 주체를 생생하게 현시한다. 이와 달리 후기 시는 주체의 바깥에 독립적으로 존재하는 대상 세계를 객관적으로 형상화한다. 사물들을 표상의 세계로 전환하는 과정 속에서 주체의 의식을 드러내는 초기 시와 달리, 후기 시는 사물들의 존재감이 부각되고 대상과 주체가 공존하는 방식으로 형상화된다.

지용의 후기 시의 '동양적 자연'은 사물들을 주체로부터 해방시키는 언어의 발견이었으며, 부분적인 표현에 의미를 담기보다 시 전체를 의미의 단위로 보고 표현되지 않은 것을 환기하는 객관적 언어로 구성된 세계였다. 지용 시의 '전통적 성격'은 이른바 '동양적 풍경'을 표현하는 언어의 발견에 있다. 그러나 그의 언어가 형상화한 '동양적 자연상'은, 형상이 환기하는 정신성을 내면화한 세계는 아니었다. 그 '동양적 자연'은 자연을 대상으로 인식하는 근대적 주체에 의해 창조된 것으로서, 그 세계상에 내재된 정신에 동화되거나 그것을 내면화한 세계는 아니었다. 그가 형상화한 '동양적 자연'은 그 세계상을 환기하는 언어의 발견이라는 점에서 중요한 의의를 갖는다. 그의 후기 시에 집중적으로 나타나는 죽음의식은, 지용이 형상화한 '동양적 자연'이 고통스러운 현실 속에서 자신을 지우려는 시인의 정신이 찾은 세계임을 암시한다.

제3장

조지훈의 시

조지훈(1920~1968)은 1939년 4월 「古風衣裳」, 같은 해 12월 「僧舞」, 이듬해인 1940년 2월 「鳳凰愁」·「香紋」이 정지용에 의해 추천되어 시단에 나왔다. 추천을 완료하면서 지훈의 시를 "新古典"으로 규정했던 지용은 일년에 가까운 추천 과정을 통해서 지훈의 시가 일정한 방향을 잡아가도록 중요한 역할을 하였다.[191] 그것은 일종의 시사적 맥락을 형성하는

191) 지훈이 《文章》에 투고한 시편들에 대해 지용은 다음과 같이 평가한다. "趙芝薰君 「華悲記」도 좋기는 하였으나 너무도 앙징스러워서 「古風衣裳」을 取하였습니다. 매우 有望하시외다. 그러나 당신이 美人畵를 그리시랴면 以堂 金殷鎬畵伯을 당하시겠읍니까. 당신의 詩에서 앞으로 生活과 呼吸과 年齒와 省略이 보고 싶습니다."(《文章》 제1권 제3호, 1939.4 / 1회 추천), "趙芝薰君은 이번 시는 지저분하니 器具만 많었지 前것만 못하고…"(《文章》 제1권 제4호 1939.5), "趙芝薰君. 당신의 詩的 彷徨은 매우 慘憺하시외다. 當分間 明鏡止水에 一抹白雲이 거닐듯이 閑雅한 休養이 必要할가 합니다."(《文章》 제1권 제8호, 1939.9), "趙芝薰君 言語의 濫用은 結局 詩의 에스프리를 解消식히고 마는 것이겠는데 言語의 緊縮 節制여하로써 詩人으로서 一家를 이루고 안이룬것의 일단을 엿볼 수 있는 것인 줄로 압니다. 그러나 이런 詩作的 生長 過程은 年齒와 不斷한 習作으로서 自然히 發展되는 것이요 一朝의 老成然으로 되는 것은 아닙니다. 言語의 多彩 多角 微妙 曲折 이러한 것이야말로 青春詩人의 美質의 散火가 아닐 수 없읍니다. 青年 趙君의 시의 裝飾的인 一面에 向하여 얼마나 燦爛한 打開를 敢行한 것일지! 그러나 詩의 美的勤勞는 究極에 生活과 精神에 傾倒할 것으로 압니다."(《文章》 제1권 제11호, 1939.12 / 2회 추천), "趙芝薰君, 昨年 三月에 누구보다도 먼저 當選하여 今年 二月 以來 열한달만에 괴팍스런

영향 관계였다. 《文章》을 주도하며 시가 언어로 구성된 정신의 표현임을 지속적으로 강조했던 지용의 관점은 시 자체를 아는 것이 민족시 수립의 관건이라는 조지훈의 민족시론[192]을 통해 계승된다. 이른바 '순수시론'의 시사적 전통을 구성하게 되는 이들의 관계는 지용이 지훈을 추천하는 과정과 이후 지훈의 시가 전개되는 과정을 통해서 보다 구체적으로 확인할 수 있다. 지훈은 『趙芝薰詩選』의 <後記>에서 자신의 "詩世界는 <古風衣裳・僧舞>를 쓰면서부터 一變하였으며" '《文章》에 추천 받을 무렵이 자신의 시를 定立하기 위한 발판이 이루어진 때'라고 밝힌 바 있다. 지훈의 문학 세계는 지용과 변별되는 토양 위에서 전개된 것이지만, 그 정립의 과정에는 지용의 영향이 개입되어 있다. 그것은 시의 내용이나 형식 등과 관련된 직접적인 친연성의 측면에서라기보다 민족문학사의 전통적 맥락을 구성하는 관점에서의 영향력이라 할 수 있다. 이 글은 지훈 시의 전개 과정이 민족문학의 전통을 창조하는데 어떻게 기여하는가에 주목하고자 한다. 물론 이 과정을 통해 지용의 시 세계와 뚜렷하게 변별되는 지훈 시의 특질들이 해명될 것이다.

「文章」推薦制를 突破하시는구료. 미안스러워 親히 만나면 謝過할 覺悟가 있읍니다. 그러나 무릇 道義的인 것이나 藝術的인것이란 그것이 熾烈한 것이고 보면 不幸한 期間이나 環境이란 것이 애초에 없는 것이외다. 잘 견디고 참으셨읍니다. 選者의 못난 시어미 노릇으로 趙君을 더욱 빛나게 하였는가하면 어쩐지 選者도 한목 신이 납니다. 趙君의 回顧的 에스프리는 애초에 名所古蹟에서 捏造한 것이 아닙니다. 차라리 固有한 푸른하늘 바탕이나 고매한 磁器살결에 無時로 去來하는 一抹雲瑕와 같이 自然과 人工의 極致일가 합니다. 가다가 明鏡止水에 細雨와 같이 뿌리며 나려앉는 悲哀에 artist 趙芝薰은 한머리 白鷺처럼 도사립니다. 詩에서 깃과 쭉지를 고를줄 아는 것도 天成의 氣稟이 아닐 수 없으니 詩壇에 하나 「新古典」을 소개하며……쁘라－보우!"(《文章》 제2권 제2호, 1940.2 / 추천 완료). <詩選後>란에 지훈의 이름이 거론된 경우는 총 5회이고 이중 추천시는 3회이다. 추천의 과정에서 제외된 작품은 대체로 모더니즘 계열의 작품들이었고 추천사에서 거듭 강조한 점은 생활과 정신이었다.

192) 조지훈, 「순수시의 지향 : 민족시를 위하여」, 《백민》, 1947.1(『조지훈전집3・文學論』, 226쪽).

지훈은 한국 현대시사에서 민족문화에 대한 가장 뚜렷한 의식을 보여준 시인이다. 그는 시를 비롯한 각종 학술 활동을 통해 우리 문화 속에 흐르고 있는 전통적인 자질들을 탐색하였으며 아울러 문사적 전통의 한 모범을 실천적으로 보여주었다. 지훈에 관한 연구사에서 시인론이 각별하게 많다는 사실은 지훈이 환기하는 시사적 전통의 한 측면을 상징적으로 보여준다.

> "위기와 동요의 시대인 20세기 후반기에 소용돌이치는 역사의 상처를 조지훈은 자신의 상처로 겪어냈다. 지훈은 항상 현실을 토대로 하여 사물을 구체적으로 파악하려 하였고 멋을 척도로 하여 인간을 전체적으로 포착하려 하였다. 지훈은 전체가 부분의 집합보다 큰 인물이었다."[193)]

김인환의 「조지훈론」의 마지막 대목은 지훈 문학의 중요한 특질을 시사한다. 현실과 심미성, 삶과 문학을 통합하려는 의지는 지훈의 세계를 일관하는 핵심 원리이다. '전체가 부분의 집합보다 크다'는 평가는 시인뿐만 아니라 그의 시에도 동일하게 적용된다. 지훈의 시는 현실과 심미성을 아우르려는 의지가 일관되게 작용한 세계였다. 그의 시의 전개 과정은 현실과 삶에 대한 인식의 심화를 반영하면서 동시에 동아시아 세계관의 시적 변용 과정을 구체적으로 보여준다.

지훈은 시를 우주적 생명의 표현이자 인간성의 발현으로 인식했다. 그는 시란 우주 만물에 작용하는 자연의 이법이 온전히 드러나는 "제2의 자연"으로서, 우주적 생명 존재인 시인의 감성적 인격 속에서 탄생하는 것이라고 보았다.[194)] 지훈에게 '자연'과 '생명'은 단순히 시의 소재나 대상이 아니라 삶과 세계에 관한 시인의 태도가 투영된 장이었다. 그의 시는 현상 세계에 대한 즉흥적 반응이라기보다 시인의 감성적 인격의 반영이

193) 김인환, 「조지훈론」, 『다른 미래를 위하여』, 문학과지성사, 2003, 165쪽.
194) 『조지훈전집2 · 詩의 원리』, 20~23쪽.

다. 세계와 삶을 동일한 원리 속에서 감수하고 이를 자신의 감성적 인격 속에 내면화하는 지훈의 시는 "대상을 자기화하고 자기를 대상화하는 곳에 생기는 통일체 정신이 시의 본질"이며 "인간 의식과 우주 의식의 완전 일치의 체험이 시의 구경(究竟)"[195]이라는 시의식과 상통한다. 지훈에게 우주 자연의 원리와 이를 내재한 생명 개체들, 그리고 삶은 별개가 아니다. 사물들은 상면한 대상으로서 머물지 않고 삶을 비추는 세계로 감수된다. 따라서 이를 형상화한 "제2의 자연"으로서 시는 삶과 분리할 수 없는 상동의 세계가 되는 것이다.

지훈의 시는 시인의 세계관이 삶과 현실 속에 뿌리내리는 의식의 고투를 보여준다. 부정과 대결의 정신을 시의 본령으로 상정하고, 지훈의 시를 현실 도피적이며 심정적 위안의 세계로 비판하는 관점들은, 현실을 받아들이되 이를 넘어서려는, 시인의 내면에서 벌어지는 상대없는 싸움의 고뇌를 간과한다. 부정과 대결의 정신이 개체의 강렬한 존재의지를 전제로 한다면, 긍정과 통합의 정신 속에는 개체의 의지를 전체 속에서 실현하려는 의식의 고투가 내재되어 있다. 그것은 전체화의 과정이 아니라 인간과 자연을 분리하지 않고 현실을 방기하지 않으려는, 우주적·사회적 윤리의 심화를 보여준다. 이 글은 지훈 시의 전개 과정을 통해서 시인의 의식을 검토하고자 한다. 이는 지훈 시의 풍경과 자연의 의미를 해명하는 작업이 될 것이다.

작품은 창작 연대를 고려하여 <오대산 월정사>에서 외전강사로 재직하던 1941년에서 해방 이전까지의 시기를 기준으로 셋으로 분류하고 그 전개 과정을 살폈다.

---

195) 위의 책, 26쪽.

1. 존재론적 세계와 심미적 풍경

조지훈은 『趙芝薰詩選』의 <後記>에서 <地獄記> 시편들은 "習作時代의 바탕을 이루었던 作品 世界와 그에 血脈이 닿는 작품"들로서 간헐적이나마 전 기간에 걸쳐 지속되어 왔으며 자신의 "暗鬱과 懷疑, 華奢와 感覺"의 연원에 해당하는 작품들이라고 설명하였다. 같은 자리에 수록된 작품 연표를 함께 참조하면, 이 계열의 시편들은 「古風衣裳」이나 「僧舞」 등 《文章》 추천작들보다 시기적으로 앞선 것이지만 추천의 과정에서 배제됨으로써 부각되지 못한 것으로 판단된다. 그러나 <지옥기> 시편들은 시인의 의식의 심연을 보여주는 작품들로서 습작기부터 그의 시 세계의 저류를 흐르는, 주요 자질들이 함축된 것으로 보인다. 이 계열의 시편들은 소멸의 비애나 민족정서를 형상화한 「僧舞」 계열의 작품들과 함께 그의 시 세계의 중요한 토대가 되었다.

> 작은 나이프가 달빛을 빨아들인다. 달빛은 사과 익는 향기가 난다. 나이프로 사과를 쪼갠다. 사과 속에서도 달이 솟아 오른다.
>
> 달빛이 묻은 사과를 빤다. 少女가 사랑을 생각한다. 흰 寢衣를 갈아 입는다. 少女의 가슴에 달빛이 내려 앉는다.
>
> 少女는 두손을 모은다. 달빛이 간즈럽다. 머리맡의 詩集을 뽑아 젖가슴을 덮는다. 사과를 먹고나서 <이브>는 부끄러운 곳을 가리웠다는데…… 詩集속에서 사과 익는 향기가 풍겨 온다.
> 달이 창을 열고 나간다.
>
> 時計가 두時를 친다. 聖堂 지붕 위 十字架에 달이 걸려서 處刑된다. 落葉소리가 멀어진다. 少女의 눈이 감긴다.
>
> 달은 虛空에 떠오르는 久遠한 圓光 그리운 사람의 모습이 달이 되어

復活한다. 부끄러운 곳을 가리지 못하도록 두 팔을 잘리운 <미로의 비너스>를 생각한다. 머리칼 하나 만지지 않고 떠나간 옛사람을 생각한다.

*少女*의 꿈속에 달빛이 스며든다. *少女*의 心臟이 달을 孕胎한다. *少女*의 잠든 肉體에서 달빛이 퍼져 나간다. *少女*는 꿈속에서도 祈禱한다.

—「月光曲」 전문

「月光曲」은 《文章》에 추천 받기 직전인 1938년에 씌어진 작품이다. 「고풍의상」 계열의 시편들과 달리 서구적인 감각과 발상에 바탕한 이 작품에는 습작 무렵 지훈의 미의식이 투영되어 있다. 보들레르, 오스카 와일드, 플로베르 등에 심취해 있었던 이 시기에 지훈은 시를 심미적인 것으로만 생각했다고[196] 고백한 바 있다. 「월광곡」은 여성적 관능의 세계를 달빛의 이미지와 결합하여 감각적이고 탐미적인 풍경으로 형상화한 작품이다. 시는 전체적으로 달의 생성·소멸·부활이라는 시간적 계기를 소녀의 성숙과 중복시킴으로써 여성적 관능과 사랑을 그리고 있다. "*少女*"라는 어휘가 환기하는 순결함과 이브나 비너스[197]에서 연상되는 관능성을 함께 내

---

196) "처음 詩공부를 할 때 나는 詩人이란 美의 司祭요, 美의 건축사여야 한다고 믿었다. 그래서 사상이고 무어고간에 詩는 우리에게 아름다움만 주면 되는 것이라는 상당한 審美主義的 경향을 띠고 있었다"(조지훈, 「나의 詩의 遍歷」, 박두진·조지훈·박목월, 『青鹿集 以後』, 현암사, 1968, 351~352쪽).

197) 비너스는 로마신화에 나오는 사랑과 미(美)와 풍요(豊饒)의 여신으로 원래는 채소밭의 여신이었으나 그 특성이 그리스신화의 아프로디테와 일치하므로 아프로디테와 동일시되었다. 비너스는 로마시대부터 르네상스시대를 거치면서 특정의 민족신화의 틀을 벗어나, 여성의 원형으로 서양 문학과 미술에서 폭넓게 다루어졌다. 헤시오도스에 의하면 비너스는 하늘의 신 우라노스와 그의 아들 크로노스와의 싸움에서 생겨났다. 크로노스는 어머니 가이아의 음부 속에 숨어 있다가 아버지의 성기(性器)를 낫으로 잘라 바다에 던졌다. 이렇게 바다를 떠다니는 성기 주위에 하얀 거품이 모이고 그 거품 속에서 아름다운 처녀가 생겨났는데 그녀가 바로 비너스이다. 플라톤은 그의 『饗宴』에서 이 여신이 지니고 있는 두 가지 속성으로 고매한 천상의 사랑과 관능적인 지상의 사랑을 들었다. 서구문화는 이 여신의 이름을 빌어 풍만한 여성의 육체를 찬미하였고 근대에 이르러 이 여신을 중심으로 한 나체 여인상이 회화

포한 소녀의 이미지에는 관능적이지만 절제된 탐미성을 추구하는 의식이 담겨 있다. 이 시는 기본적으로 연상이 계기적인 진행에 따라 다음 연상으로 옮겨가는 환유의 방식에 기초해 있는데, 이러한 시상 전개 방식은 이 시의 관능성과 몽환적 이미지에 정적인 절제를 부여하는 형식으로 작용한다.

1연은 달빛의 이미지에 성적이고 관능적인 상징성을 부여한다. 남성성의 상징인 나이프와 달빛이 결합하여 "사과 익는 향기가" 나는 달빛으로 전이되는 과정은 관능적인 이미지를 감각적이고 아름다운 것으로 표현해 낸다. 달빛이 사과의 시각적·후각적 이미지와 결합하는 과정을 통해 달빛은 성적이고 관능적인 이미지로 전환된다. 달빛·사과가 환기하는 시각적·상징적 유사성과, 시각에서 후각으로 확대되면서 생성되는 성적인 이미지는 매우 감각적인 관능을 연출해낸다. 1연에서 성적인 상징으로 탄생하는 달빛의 이미지는 비너스의 기원과 흡사하다. 바다에 떠다니는 천상의 신 우라노스의 성기(性器)에서 탄생하는 비너스와, 나이프를 통해 "사과 익는 향기"가 덧입혀진 달빛의 이미지는 유사한 발상에 근거해 있다. 이 시 전체가 소녀의 성숙 과정을 그리고 있고 그것이 통과의례적인 성격도 겸하고 있다는 점에서 1연의 풍경은 인류학의 보편적 상징을 감각적으로 형상화한 것으로 볼 수 있다. 2연은 이러한 달빛의 이미지가 소녀에게 전이되는 과정을 그려낸다. 1연과 마찬가지로 네 개의 문장으로 구성된 2연은 소녀의 행위를 계기적으로 묘사하되, 달빛을 성적인 이미지로 창조한 1연처럼 절제된 관능으로 보여준다. "달빛이 묻은 사과를" 빨고 "흰 寢衣를 갈아 입는" 육체적 행위를 "少女가 사랑을 생각한다" "少女의 가슴

의 한 장르를 이루었다. 여신의 알몸을 아름다운 모습으로 나타내는 표현 형식은 금욕적인 중세의 기독교 세계에도 이어져 《창세기》의 이브나 그 후 막달라마리아 등의 상(像)을 통해서 형상화되었다. 참고로 그리스·로마 신화에 나오는 비너스의 손에는 비둘기·백조·제비·참새 등의 동물이나 천인화(天人花)·장미·모과·사과 등의 식물이 들려 있다.

에 달빛이 내려 앉는다"는 정신적 이미지의 문장과 교차시킴으로써 2연의 소녀는 순결한 관능으로 형상화된다. 3연은 2연의 소녀에 1연의 이미지를 결합함으로써 인류학적 상징의 세계를 연상시킨다. 사과에서 연상된 "이브"가 소녀의 이미지와 겹쳐지면서 소녀는 통과의례를 거친 성숙한 여인으로 옮겨간다. 그런데 이 시에 그려진 관능은 도발적이거나 퇴폐적이지 않다. <달빛－사과－소녀－이브> 등 성적인 여성성의 이미지들이 줄지어 등장하면서도 관능적 이미지는 향락적인 것으로 떨어지지 않는다. 그것은 「월광곡」의 관능이 정신에 의해 지배되어 있기 때문이다. 이러한 특징은 1연부터 지속되어온 시상의 전개 방식에서 잘 드러난다. 3연은 1・2연과 마찬가지로 육체적 이미지와 정신적 성격의 문장들을 교차하는 방식으로 구성되어 있다. <"두손을 모은다"→"간즈럽다"→"詩集을 뽑아 젖가슴을 덮는다"→"이브"→"詩集속에서 사과 익는 향기"> 3연의 전개 과정은 육체적인 관능의 이미지를 정신적인 것으로 제어하는 이 시의 특질을 보여준다.

4연은 소녀가 잠드는 과정을 달빛의 이미지를 통해 묘사한다. 달빛이 처형되고 "落葉소리가 멀어지"는 것은 현상적으로는 소녀가 잠에 들어가는 과정을 시각과 청각을 통해 표현한다. 물론 이러한 묘사는 꿈속에서 다시 달빛의 부활을 예비하는 장치이다. 이 시는 전체적으로 성적인 이미지로서 달빛의 생성・소멸・부활, 그리고 생명의 잉태라는 과정을 여인으로 성숙해 가는 소녀의 이미지와 중복시키고 있다. 그런데 소녀가 진정한 의미에서 여성이 되는 과정은 꿈속에서 이루어진다. 아울러 4연에서 "處刑된" 달빛은 5연에 이르면 다분히 정신적인 사랑의 상징으로 그 성격이 바뀌어 있다. "虛空에 떠오르는 久遠한 圓光", "부끄러운 곳을 가리지 못하도록 두 팔을 잘리운 <미로의 비너쓰>", "머리칼 하나 만지지 않고 떠나간 옛사람" 등 5연의 표현들은 앞에서 이어져온 육체적 관능성을 탈색시키면서 정신적인 사랑을 환기한다. 그런 점에서 달빛의 소멸을 '十字架의 處刑'으로 묘사한 4연의 이미지는 5연의 "두 팔을 잘리운 <미로의 비너

쓰>”를 형벌의 형상으로 연상시키고 관능적인 공간에 종교적 정신성을 부여하는 예비 장치로 기능한다. 달빛의 부활은 육체적 관능의 정화인 셈이다. 따라서 소녀가 꿈속에서 달빛을 잉태하는 6연은 기독교의 동정녀 탄생을 연상시킨다. “少女의 잠든 肉體에서” 퍼져나가는 6연의 달빛 속에는 시의 전반부에 형상화된 육체적 관능성이 배제되어 있다. “꿈속에서도 祈禱하”는 소녀는 더 이상 관능적이지 않으며, 이 시의 소녀는 소녀일 뿐 여인이 되지는 못한 셈이다.

「月光曲」은 달빛의 몽환적 이미지와 소녀의 육체적 이미지가 결합되어 성적인 관능의 세계를 환기하고 있지만, 그것이 정신성에 의해 제어됨으로써 순수한 소녀의 꿈을 그려내는 데 머물고 있다. 육체적 이미지와 정신성을 환기하는 표현들을 교차로 배치하는 문장 구성 방식과 계기적 연상에 의해 시상이 전개되는 순차적 표현 방식은 이 시가 형상화한 ‘정신성에 지배된 관능’을 묘사하는 형식적 장치라고 할 수 있다. 시의 내용과 형식에 고전적인 정신이 두루 작용한 것이다. 아울러 주목할 점은 이 시의 이미지와 풍경이 참신한 비유에 의해 형성된 것이 아니라 상징적 성격을 띤 소재들을 순차적으로 묘사함으로써 이루어진 것이라는 점이다.

시는 아름답기만 하면 되는 것으로 믿었던 습작기의 조지훈의 미에 관한 인식을 이 시에서 확인할 수 있다. 서구적 감각과 발상에 깊이 침윤되어 있었지만 그의 탐미적 의식 속에는 강렬한 정서적 에너지를 제어하는 고전 정신이 자리잡고 있었던 듯하다. 같은 시기에 강렬한 성적 관능을 매우 역동적으로 그려낸 서정주의 『花蛇』(1941)의 세계와는 확실하게 변별된다고 하겠다. 그런 점에서 「월광곡」은 시인의 미의식을 잘 드러내는 작품이라 볼 수 있다. 이 시의 심미적인 풍경은 서구적인 발상과 감각에 근거한 것이면서 동시에 고전적인 정신에 의해 제어된 세계라 할 수 있다. “이브”와 “비너스”가 환기하는 관능적인 여성성은 종교적 성격을 띠고 있는 정신성에 의해 통어된다. 이러한 점은 이 무렵의 지훈의 시에서 쉽게 확인할 수 있는 특질이다.

바람 속에서 鐘이 운다. 아니 머리 속에서 누가 징을 친다.

落葉이 흩날린다 꽃조개가 모래밭에 딩군다 사람과 새짐승과 푸나무가 서로 목숨을 바꾸는 저자가 선다.

사나히가 배꼽을 내놓고 앉아 칼 자루에 무슨 꿈을 彫刻한다. 계집의 징그러운 裸體가 나뭇가지를 기어 오른다. 혓바닥이 날름거린다. 꽃같이 웃는다.

劇場도 觀衆도 없는데 頭蓋骨안에는 悽慘한 悲劇이 無時로 上演된다. 붉은 欲情이 겨룬다 검은 殺戮이 찌른다. 노오란 運命이 덮는다. 천둥 霹靂이 친다.
아—.

그 原始의 悲劇의 幕을 올리라고 숨어 앉아 몰래 징을 울리는 者는 대체 누구냐.

울지 말아라 울리지 말아라 깊은 밤에 구슬픈 징소리. 아니 白晝 대낮에 눈먼 鐘소리.

—「鐘 소리」 전문

이 시는 화자의 의식과 정서가 보다 직접적이고 강렬하게 드러난 작품이다. 총 여섯 개의 연으로 구성된 시는 종소리가 울리면서 펼쳐지는 의식의 세계와 그것에 대한 화자의 반응을 서술하고 있다. 종소리에 의해 펼쳐진 세계는 "사람과 새짐승과 푸나무가 서로 목숨을 바꾸는" 무차별적이고 원시적인 혼돈의 "저자"이다. 그 세계는 원시적인 낙원의 공간이라기보다 "저자"라는 표현이 환기하는 무질서와 혼돈의 세계에 가깝다. "落葉이 흩날리"고 "꽃조개가 모래밭에 딩구"는 것은 이 "저자"가 평화로운 공간이 아니라 황량하고 혼란스러운 세계임을 암시한다. 3연은 "배꼽을 내놓고 앉"은 "사나히가" "칼 자루에" 새긴 "彫刻"의 이미지를 묘사하고 있다. 그것은 2연의 "저자"의 공간과 같이 계집과 뱀이 서로 뒤엉킨 원시의 세계를 그린다. 성경의 <창세기> 신화[198]에 바탕한 뱀과 계집의 이미지는 인간의 타락을 상징한다. 그것은 "배꼽을 내놓고 앉"은 "사나히"의 남성 상징인 "칼자루"와 결합되어 원초적인 성적 본능의 세계를 환기한다. "사나히"가 "칼 자루"에 새기는 "꿈"은 성적 욕망이다. 4연은 2·3연의 원초적인 혼돈의 풍경이 머리 속에서 펼쳐지는 의식의 세계임을 알려준다. 화자는 2·3연의 풍경을 포함하여 의식 속에서 벌어지는 환상의 세계를 "悲慘한 悲劇"으로 표현하고 있다. "붉은 欲情"·"검은 殺戮"·"노오란 運命"·"천둥 霹靂" 등은 원초적 혼돈의 공간에서 벌어졌을 사건들을 함축한 표현들이다. 그 "悲劇"은 인간의 원초적인 본능과 욕망이 빚은 사건들이다. 화자는 자신의 "頭蓋骨안에"서 벌어지는 이 비극의 환상을 괴로워하고 있다. "바람 속에서" 우는 "鐘 소리", 아니 "머리 속에서" 울리는 "징"은 "原始의 悲劇의 幕을 올리"는 신호인 셈이다. 화자는 그 "징을 울리는 者"가 누구냐고 묻고 있지만, 화자는 그가 바로 자신임을 잘 알고 있다. 화자의 탄식이 강렬하고 직설적인 것은 이 "原始의 悲劇"을 상연하는 자가 그 비극을 괴로워하는 내적 자아임을 인식하고 있기 때문이다. 존재 내부에 깊이 들어와 있는 죄악의 본성을 화자는 괴로워한다. 그것은 <창세기 신화>가 상징하는 인간의 숙명인 셈이다. 인간의 의식 속에 깊이 자

---

198) 성경은 인간의 타락과 고통의 연원을 인간이 에덴 동산에서 추방된 과정을 통해 설명한다. 「창세기」에 의하면, 여호와 신은 자신의 형상을 모방하여 최초의 인간인 아담을 창조하고 그의 갈빗뼈로 이브를 빚는다. 그리고 그들을 낙원인 에덴 동산에 살게 하고 모든 것을 누리되 동산의 중앙에 있는 선악과(善惡果)만은 따먹지 말라고 명한다. 그러나 이브가 뱀의 유혹을 이기지 못해 선악과를 따서 아담과 함께 먹게 되었고 이로 인해 눈이 밝아져 나뭇잎으로 치부를 가리게 된다. 신의 금기를 어긴 아담과 이브는 낙원에서 추방되고, 아담에게는 노동의 고통이, 이브에게는 해산의 수고가 부과된다(「창세기」 2장 18절~3장 24절 참조).

리잡고 있는 원초적 본능은 "깊은 밤"과 "白晝 대낮"을 가리지 않는 "눈먼" 욕망이다.

이 시의 풍경은 화자의 내면을 형상화하고 있다. 그 세계는 기독교적 발상에 기초한 것으로 자신의 의식 속에 뿌리내린 원초적 본능으로 인해 고뇌하는 화자를 그리고 있다. 이러한 화자의 내면은 본질적으로 종교적이다. 좀더 정확히 말한다면, 이러한 심성은 기독교적이다. 내면의 공간을 죄악의 대상 세계로 삼는 것은 본질적으로 기독교적 발상에 기초해 있다. 습작기 무렵 조지훈이 대면했던 서구적 세계는 문학적으로는 심미적인 것이었지만, 본질적으로는 기독교적인 체험에 닿아 있는 듯하다. 서구 문화의 영향이 형이상학적이고 존재론적 고민을 강하게 충격했던 것으로 판단된다.

이 어둔 밤을 나의 창가에 가만히 붙어 서서
방안을 드려다 보고 있는 사람은 누군가.

아무 말이 없이 다만 가슴을 찌르는 두 눈초리만으로
나를 지키는 사람은 누군가.

萬象이 깨여 있는 漆黑의 밤 감출수 없는
나의 秘密들이 파란 燐光으로 깜박이는데

내 不安에 질리워 땀 흘리는 수 많은 밤을
종시 창가에 붙어 서서 지켜 보고만 있는 사람

아 누군가 이렇게 밤마다 나를 지키다가도
내 스스로 罪의 思念을 모조리 殺戮하는 새벽에—

가슴 열어 제치듯 창문을 열면 그때사 저

薄明의 어둠 속을 쓸쓸히 사라지는 그 사람은 누군가.

—「影像」 전문

자신의 의식 속에서 일어나는 욕망 때문에 번민하는 화자의 모습은 「影像」에 이르러 보다 본격화된다. 이 시는 "罪의 思念"으로 인해 "不安에" 고통스러워하는 "나"와 "나를 지키는 사람"의 모습을 형상화하고 있다. 전자의 "나"는 현실적인 자아이고 후자의 "사람"은 "나"를 검열하는 또 하나의 내적 자아인 셈이다. 죄의식 속에 있는 자아와 이를 감시하는 자아 사이의 관계를 그리고 있는 이 작품은 본질적으로 죄의식에 관한 시인의 내면을 보여준다.

시의 화자가 괴로워하는 것은 "나의 秘密들" 때문이다. 이 비밀은 "漆黑의 밤"이 되면 오히려 "감출수 없"이 드러난다는 점에서 자의식적인 것이다. 이 비밀로 인해 생긴 불안이 사회적인 규범이나 법률을 위반해서 생긴 것은 아니다. "나"를 감시하는 "사람"이 사라지는 상황이 "내 스스로 罪의 思念을 모조리 殺戮하는" 때라는 점에서 비밀이나 불안의 원인은 "나"의 의식에 속한 것이며, 그것은 잘못된 행위로 인해서 생긴 것이 아니라 "罪의 思念" 때문에 비롯된 것이다. "罪의 思念"이라는 "비밀"은 "나"의 의식 속에 있으면서, 동시에 그것을 "殺戮하"려는 "나"에 의해 사라진다. 「鐘 소리」의 화자가 자신의 의식 속에서 일어나는 원초적 환상으로 인해 고통스러워했다는 점과 그것이 기독교적 상상력에 바탕을 둔 것이라는 점을 고려하면, 이 시의 "罪의 思念"은 인간의 존재 속에 숙명적으로 자리잡은 원죄 의식에 가깝다. 이는 정신적으로 성숙한 인간이 삶의 규준을 자기 내부에 확립하고 이를 지키지 못했을 때 발생하는 윤리적인 양심과 분명히 다른 것이다. "罪의 思念"은 그것을 제거하려는 자아의 의지와 관계없이 "깊은 밤에"도 그리고 "白晝 대낮에"(「鐘 소리」)도 생겨나는 불안의 싹이다. 「鐘 소리」의 풍경이 환기한 바 있는 <창세기>의 타락한 인간의 의식이 「影像」의 화자의 "思念" 속에서 반복되고 있는 것이다.

습작기의 조지훈의 시에 나타나는 이러한 종교적인 자의식은 이후의 시편들에서도 간헐적으로 확인된다. 기독교적 세계관과 관련하여 인간의 실존을 고뇌하는 모습은 「손」(1948), 「코스모쓰」(1952) 등의 작품에서도 나타난다.

> 3
> 神은 太初에 人間을 지을적에 흙으로써 빚지않고 <로고쓰>로 빚었더니라. 사람에게 말을 주어 祈求와 咀呪를 함께 가르쳤나니 귀로 善을 듣게하고 눈으로 惡을 보게한 者여 <로고쓰>로 손을 만들어 罪惡의 연모가 되게한 者여 너는 그대로 原罪의 果實, 人類는 손때문에 일어나고 손때문에 滅亡하리라. 救援하라 人間의 손을—아무것도 바라지 않는 이 靑年의 虛無한 企圖, 그 一切의 抛棄속에 哀切하고 眞實한 懇求가 있다.
>
> —「손」 3연

"疾走하는 汽車에 뛰어"들어 자살한 청년을 묘사한 「손」은 인간에 내재한 근원적 모순을 형상화하고 있다. 기독교적 발상에 기초한 이 시에서 인간은 본질적으로 이율배반적인 존재이다. "<로고쓰>"와 "손"은 인간을 여타의 생명 존재와 변별하게 하는 요소이다. 그런데 "<로고쓰>"는 인간을 신과 교감할 수 있는 존재로 만들었지만, 동시에 인간을 타락시킨 요인이었다. 성경의 「창세기」에서 인류 최초의 조상인 이브와 아담은 금기의 열매인 선악과를 먹음으로써 선악을 알게 되었고, 이로 인해 자신들이 벌거벗었음을 깨닫고 나뭇잎으로 몸을 가리게 된다. 최초의 이성은 성적인 수치심으로 발동하였으며, 최초의 문명 행위는 이 수치심을 해결하는 것에서 시작된 것이다. 이성의 출현이 죄악과 맞물려 있다는 이러한 인식은 「손」에 나타난 시인의 인간 이해와 흡사하다. 이성과 손에 의해 구축된 인간의 문명은 그 속에 내재한 근원적인 죄성(原罪)으로 인해 타락의 운명에서 벗어날 수 없다. 이는 영적이고 정신적인 인간이 결국에는 흙으로 돌아갈 수밖에 없다는 화자의 인간 이해와 상통한다. 「鐘 소리」와 「影像」에 나타난 종교적 심성과 자의식은 청년의 주검을 바라보는 「손」의 화자의 인식에 닿아있다.

습작기의 지훈에게 서구 (문학) 체험은 시에 대한 심미적 인식과 인간의 존재론적 이해에 깊은 영향을 준 듯하다. 이 점은 지훈 시의 전개 과정에 중요한 동인으로 작용한다. 등단 과정에서 배제된 습작 무렵의 <지옥기> 시편들은 「승무」나 「고풍의상」 등의 작품들과 내용에 있어서 많은 차이를 보이지만 태도에 있어서는 깊은 상관성을 지니고 있다.

얇은 紗 하이얀 고깔은 고이 접어서 나빌네라

파르라니 깎은 머리 薄紗 고깔에 감추오고
두볼에 흐르는 빛이 정작으로 고와서 서러워라

빈 臺에 黃燭불이 말 없이 녹는 밤에
오동잎 잎새마다 달이 지는데

소매는 길어서 하늘은 넓고
돌아설 듯 날아가며 사뿐이 접어올린 외씨보선이여

까만 눈동자 살포시 들어
먼 하늘 한개 별빛에 모도우고

복사꽃 고운 뺨에 아롱질듯 두방울이야
세사에 시달려도 煩惱는 별빛이라

휘여져 감기우고 다시 접어 뻗는 손이
깊은 마음 속 거룩한 合掌인양 하고

이밤사 귀또리도 지새우는 三更인데

얇은 紗 하이얀 고깔은 고이 접어서 나빌네라

—「僧舞」 전문

「고풍의상」에 이어 두 번째로 《文章》에 추천된 작품인 「僧舞」는 구상한 지 열 한 달, 집필한 지 일곱 달만에 완성된 작품이다.[199] 시인이 자신의 시 세계를 개척하는 작품으로 구상했을 만큼 각별한 의미를 지닌 「승무」는 그간 많은 논자들에 의해 그 언어적 특질이 해명되었다. 치밀한 구성과 섬세하게 조탁된 언어, 유장한 리듬 등의 형식적인 요소들은 이 시의 심미적 완결성을 구축하는 중요한 요소들이다. 그런데 지훈이 이 시를 구상하고 집필하는 과정에서 가장 고민했던 대목은 춤에 담긴 종교적 의미였다.

「승무」는 육체적 이미지와 '승무'라는 춤에 담긴 구도의 정신이 팽팽한 긴장을 이루는 구조로 구성되어 있다. 이 시의 가장 문제적인 대목은 춤을 추는 여승의 육체성에 있다. 1연과 8연은 '승무'의 이미지를 "얇은 紗 하이얀 고깔은 고이 접어서 나빌네라"는 표현으로 압축한다. 흰색에 담긴 정화(淨化)의 이미지와 나비가 보여주는 가벼움은 승무에 담긴 구도의 정신을 상징적으로 보여준다. 그러나 이 흰색의 이미지 뒤에는 "파르라니 깎은 머리"와 "고와서 서러"운 "복사꽃 고운 뺨"의 육체가 선명하게 자리잡고 있다. "두볼에 흐르는 빛이 정작으로 고와서 서러워라"라는 역설적 표현 속에는 인간의 육체성을 번뇌의 근원으로 인식하는 시인의 의식이 담겨 있다. "복사꽃 고운 뺨"을 "정작으로" 곱다고 인식하는 화자는 아름다운 육체 속에 내장된 욕망과 고뇌를 본다. 아름답지만 고뇌의 근원인 육체에서 시인은 인간의 근원적인 존재성을 확인한다. 육체와 구도의 정신, 아름다움과 근원적인 번뇌가 맞닿아 있는 모순의 풍경을 「승무」는 심미적으로 형상화한다.

---

199) 『조지훈전집2 · 詩의 原理』, 180～185쪽.

1연에서 화자는 일정한 거리에서 대상을 바라보며 그 일부를 비유의 방식으로 함축해 묘사한다. 그런데 여기에서 주목할 구절은 의미상 비유로 볼 수 있는 "나빌레라"라는 표현이다. 시인이 만든 이 조어는 '나비같구나'라는 의미를 지니고 있지만 이 표현이 환기하는 효과는 대상에서 화자의 느낌을 배제한다. 다시 말해 "나빌레라"는 승무를 추고 있는 대상을 화자의 개입 없이 나비로 전이시킨다. 이 표현을 단순히 언어적 아름다움을 위해 조탁된 것으로만 볼 수 없다는 것이다. 여승의 이미지를 나비의 형상으로 전이시킨 것은 '승무'에 담긴 모순적인 요소들의 충돌을 대상 자체의 이미지로 표현하기 위함이다. 2연은 1연과 달리 대상의 육체성을 강조한다. 화자가 대상에 매우 밀착해 있고 그에 대한 정서적 반응도 가장 직설적이다. '고와서 서럽다'는 역설적인 표현은 "煩惱는 별빛이라"는 6연 2행의 비약적 표현과 연관된다. 육체적 아름다움이 슬픔을 심화시킨다는 역설은 번뇌의 깊이와 정신적 구도의 강렬함 사이에도 작용한다. 3연은 승무의 배경 공간을 묘사한다. 화자는 대상에서 거리를 취하고 있되 공간의 분위기는 2연의 정서를 환기시킨다. "말없이 녹는" "黃燭불"은 타오르는 불이면서 동시에 소멸하는 불이다. 하늘의 불인 '별'을 지향하되 그것은 녹을 수밖에 없는 물질로 이루어진 불이다. 육체성과 탈육체성의 지향이 "黃燭불" 속에 함께 있다. "소매는 길어서 하늘은 넓고"라는 구절 역시 '고와서 서럽다'는 역설과 "黃燭불"의 이미지가 품고 있는 존재의 모순성을 비약적인 표현으로 보여준다. 소매가 길수록 하늘은 더 넓어 보일 것이고 번뇌가 깊을수록 별빛은 맑게 보일 것이다. 4연 2행은 이 시의 절정을 예비하기 위해 춤의 역동적인 움직임을 묘사한다. 춤의 정적인 동작을 표현한 5 · 6연의 앞과 뒤에 역동적인 춤동작을 묘사한 것은 육체성의 정화를 둘러싼 강렬한 구도의 몸짓을 보여주기 위함이다. 5연은 대상에 가장 밀착된 화자의 모습을 보여준다. 2연에서 직접적으로 표출된 화자의 정서는 5연에 이르러 춤을 추는 대상의 행위에 동화되었고 구도의 간절함은 이 부분의 고요 속에 함축되어 있다. 대상에 동화된 화자는 7연에서 다시 물러나 역동적인 춤의 동작을 묘사하고 8연에서 춤의 전체적인 모습을 그리면서 시는 종결된다.

「승무」는 춤에 담긴 구도의 정신을 표현하는데 집중되어 있다. 이 시의 육체성은 하나는 번뇌를 내재한 아름다운 형상으로, 다른 하나는 번뇌를 극복하기 위한 구도의 몸짓으로 형상화되었다. 대상과 화자의 거리는 전자의 경우에는 가깝고 후자의 경우에는 멀어지는 방식을 취함으로써 전체적으로는 구도의 정신을 표현하지만, 근원적으로는 육체성 속에 내재된 슬픔에 집중되어 있다. 「月光曲」이나 「鐘 소리」에 형상화된 인간 존재에 대한 시인의 의식이 여기에서도 나타나 있다. 그러나 「승무」는 이러한 인식을 전통적인 소재와 정서로 표현하고 있다.

소녀의 관능을 묘사한 「월광곡」, 육체성에 대한 기독교적 죄의식을 다룬 「鐘 소리」, 종교적 자의식을 드러낸 「影像」 등 <지옥기> 시편에 나타난 시인의 의식은 「승무」를 통해 한국적인 것으로 형상화된다. 구도의 정신을 표현하되 육체에 담긴 근원적인 모순을 형상화한 「승무」는 육체적 관능을 기독교적 관념으로 탈색한 「월광곡」의 심미성과 상당한 거리를 보인다. 「승무」가 육체성과 탈육체적 지향을 인간 존재의 근원적인 형식으로 보고 구도의 정신 속에서 육체성을 형상화하고 있는 반면, 「월광곡」은 관능적인 육체성을 기독교적 관념으로 휘발시킴으로써 심미성을 획득한다. 이는 「월광곡」의 관념적 심미주의가, 비극적 모순을 내장한 구도의 정신으로 이전된 것이라 할 수 있다. 「승무」의 심미성은 비극적인 인간 이해와 구도 정신 사이의 긴장에서 발생한 것이다. 이는 서구 문학의 심미주의와 기독교적 관념이 전통적인 소재를 시화하는 과정을 거치면서 시인의 주체적인 의식으로 성숙된 것이다. 시인은 「승무」의 춤은 자신이 춘 승무라고 고백한[200] 바 있다. 습작 시대에 지훈의 의식 세계를 지배하던 비극적인 인간 이해와 시에 대한 심미적 인식은 「승무」에 이르러 주체적인 방

200) 앞의 책, 184쪽.

식으로 탁월하게 형상화되었다.

이제까지 살펴본 것을 토대로 간략하게 지용과 지훈의 시적 출발을 살펴보면, 구체적인 사물들을 시인의 주관적인 감정과 정서의 대상으로 구성하고 변용한 정지용의 초기 시와 달리 조지훈의 시는 인간의 존재론적인 사유에서 출발한다. 지용의 시가 창작 주체의 존재성이 실감되는 방식으로 형상화 데 반해 지훈의 시는 창작 주체의 존재성이 약화되고 시인의 의식이 드러나는 방식으로 구성된다. 감각적인 이미지나 참신한 언어 구사가 돋보이는 지용의 초기 시와 달리 앞에서 살펴본 조지훈의 시에는 비유가 거의 나타나지 않는다.

서구적 관념에 침윤되어 있던 시작 초반기의 시인의 인식이 한국적인 소재를 통해 주체적으로 잘 형상화된 「승무」는 지훈의 시 세계에 중요한 전환의 계기가 된 것으로 보인다. 그것은 설익은 서구적 관념을 자기 것으로 성숙시키는 과정이었던 동시에 한국적인 것에 주목하게 된 계기였다. 그런 점에서 「고풍의상」은 한국적인 정서를 완상의 대상으로 삼는 본격적인 전환의 과정을 보여준다.

하늘로 날을듯이 길게 뽑은 부연끝 풍경이 운다
처마끝 곱게 느리운 주렴에 半月이 숨어
아른 아른 봄밤이 두견이 소리처럼 깊어가는 밤
곱아라 고아라 진정 아름다운지고
파르란 구슬빛 바탕에 자주빛 호장을 받힌 호장저고리
호장저고리 하얀 동정이 환하니 밝도소이다
살살이 퍼져나린 곧은 선이 스스로 돌아 曲線을 이루는 곳
열두폭 기인 치마가 사르르 물결을 친다
초마 끝에 곱게 감춘 雲鞋 唐鞋
발자취 소리도 없이 대청을 건너 살며시 문을 열고
그대는 어느 나라의 古典을 말하는 한 마리 蝴蝶
蝴蝶인양 사푸시 춤을 추라 蛾眉를 숙이고………

나는 이밤에 옛날에 살아 눈 감고 거문곳줄 골라보리니
가는 버들인양 가락에 맞추어 흰손을 흔들어지이다

—「古風衣裳」 전문

조지훈은 「승무」로서 자신의 시 세계의 처녀지를 개척하려고 무척 고심했지만 이보다 늦게 구상한 「고풍의상」에 자리를 양보하게 되었다고 밝힌 바 있다. 「고풍의상」은 「승무」가 구상되는 과정 중에 창작된 작품이다. 서구 문화에 침윤되어 있던 습작기의 지훈의 정신 세계는 「승무」와 「고풍의상」이 창작되는 과정을 통해 중요한 전환을 맞이하게 된다. '승무'와의 만남을 지훈은 다음과 같이 술회하고 있다.

> 내가 참 승무를 보기는 열 아홉 살 적 가을이다. 그 가을 어느날 수원(水原) 용주사(龍珠寺)에는 큰 재(齋)가 들어 승무 밖에 몇 가지 불교 전래의 고전음악이 베풀어지리라는 소식을 거리에서 듣고 난 나는 그 자리에서 곧 수원으로 내려가지 않을 수 없었다. 그 밤 나의 정신은 온전한 예술정서에 싸여 승무 속에 용입(溶入)되고 말았다. 재(齋)가 파한 다음에는 밤 늦게까지 절 뒷마당 감나무 아래서 넋없이 서있는 나를 깨닫지 못하였던 것이다. 지금도 그렇지만 나는 시정(詩情)을 느낄 땐 뜻모를 선율(旋律)이 먼저 심금에 부딪침을 깨닫는다. 이리하여 그 밤의 승무의 불가사의한 선율을 안고 서울에 돌아온 나는 이듬해 늦은 봄까지 붓을 들지 못하고 지내 왔었다. 춤을 묘사한 우리 시가(詩歌)로 본보기가 될 만한 것이 아직 없을 때이라 나에게는 오직 우울밖에 가중되는 것이 없었다.[201]

승무 공연 소식을 듣고 난 그 자리에서 수원으로 내려가지 않을 수 없었다는 고백은 당시의 지훈이 전통적인 것에 몹시 갈급해 있었음을 시사

201) 앞의 책, 181~182쪽.

해준다. 승무에 온전히 용입되었으면서도 오랜 동안 집필에 들어가지 못한 것은 승무가 준 충격과, 모범으로 삼을 만한 전통의 부재에 있었다. 「고풍의상」은 시 세계의 중요한 전환의 계기가 된 「승무」의 구상 과정 중에 제작된 작품이다. 「고풍의상」을 포함해 「香紋」·「舞鼓」·「別離」·「線」·「古調」·「鳳凰愁」 등 이 무렵에 발표된 작품들은 한결같이 민족적인 소재와 정서를 시화한 시편들이다. 「승무」가 구상되고 집필되는 과정은 시인의 정신적 자각이 매우 의식적으로 시작에 반영된 시기였다. 그것은 전통의 발견 과정이었다.

「고풍의상」은 정연한 질서를 갖추고 있다. 이 시는 <공간적 배경(1~3행)→저고리(4~6행)→치마(7~8행)→춤사위(9~12행)→감흥(13~14행)> 등의 순서로 전통 의상의 아름다움을 전아한 언어를 통해 형상화하고 있다. 전통 의상을 입은 여인의 동선을 따라가며 진행되는 완상의 과정에 화자는 자연스럽게 동화되어 있다. "곱아라 고아라 진정 아름다운지고", "환하니 밝도소이다", "그대는 어느 나라의 古典을 말하는 한마리 蝴蝶/蝴蝶인양 사푸시 춤을 추라" 등 대상을 묘사하는 과정에 표출된 화자의 내면은 대상과 분리되지 않은 방식으로 표현된다. 화자의 정서는 고풍의상을 입은 여인의 동선과 잘 어우러지는 운율과 언어로 표현되어 있다. 초반부에 묘사된 전통가옥의 아름다움과 고풍의상을 완상하는 화자의 내면 역시 이 시의 풍경의 일부이다. 전통적인 의상과 자연에 잘 어울리는 가옥, 그리고 여기에 동화된 화자의 정서, 이들이 어우러지면서 만드는 정취가 「고풍의상」에 형상화된 풍경의 의미이다. 「고풍의상」은 전통 의상의 아름다움만을 묘사하기 위한 작품이 아니라 그것에 함축된 삶의 예술적 정취를 환기하는 시편이다. "가는 버들인양 가락에 맞추어 흰손을 흔들어지이"는 화자의 모습은 예술적 정취에 동화된 경지를 민족의 과거의 삶으로 복원하는 시인의 의식을 보여준다.

「고풍의상」에서 형상화된 민족적인 정서는 「北關行 1」과 「밤길」 등을 통해 다양한 방식으로 표현된다.

안개비 시름없이 나리는 저녁답
기울은 울타리에 호박꽃이 떨어진다.

흙향기 풍기는 방에 정가로운 호롱불 가물거리고
젊은 나가니 나는 깅냉이 국수를 마신다.

두메산골이라 소치는 아이 풀피리 소리
베짜는 색씨 고요히 웃는 양이 문틈으로 보인다.

—「北關行」 전문

이 시는 객관적인 묘사로 이루어진 작품이다. 화자가 있는 공간을 묘사한 2연을 중심으로 1연은 산촌 가옥의 마당을, 3연은 산 마을 사람들의 모습을 그리고 있다. 안개비가 내리는 저녁 무렵, 두메산골을 지나던 "나가니"(나그네)인 화자가 한 집에 들어간다. 비도 내리고 저녁 무렵이라는 정황으로 보아 화자는 아마도 이곳에서 하룻밤을 청한 것으로 보인다. 화자가 먹고 있는 것이 강냉이 국수라는 점으로 미루어 정찬은 아니고 요기를 채우기 위한 음식을 대접받은 듯하다. 북관 지방의 토속 음식인 강냉이 국수를 만들어주고서 "베짜는 색씨"는 옆방으로 건너간다. 시에 묘사된 정황은 객관적이다. 풍경의 전후 상황이 배제되어 있고 화자의 정서도 겉으로 표현되어 있지 않다. 시인은 객관적인 묘사로 구성된 풍경을 통해 이 정황이 환기하는 삶의 정서를 드러낸다.

1연은 이 시의 배경을 보여준다. 날이 저물고 비가 내리고 기울어진 울타리에 호박꽃이 떨어지는 풍경은 여행 중에 있는 화자의 정서를 환기하면서 산골마을의 소박한 가옥의 형상을 묘사한다. 지역이 북관이고 호박꽃이 떨어지는 것으로 보아 계절은 초가을 정도인 듯하다. 하강적인 이미지와 4음보로 구성된 1연은 조금은 쓸쓸하면서도, 정적이고 소박한 분위기를 조성한다. "흙향기가 풍기는" 것으로 보아 화자는 불이 지펴진 방에 앉아 국수를 먹고 있는 듯하다. 밖에서는 "소치는 아이의 풀피리 소리"가

들려오고 화자가 앉은 방의 건너편에서는 베짜는 소리가 들려오고 있다. 특별할 것이 없는 시는 3연 2행의 열어놓은 문틈을 통해 풍경의 핵심적 의미를 드러낸다. "베짜는 색씨"는 "젊은 나가니"에게 "강냉이 국수"를 만들어 대접하고서 아마도 잠시 멈추었던 베짜는 일을 계속한다. "색씨"는 방을 건너가면서 문을 완전히 닫지 않고 약간 열어놓은 채로 일을 하고 있다. "젊은 나가니"와 내외를 하되 문틈을 약간 벌여놓음으로써 생소한 공간에 들어와 있는 상대를 차단시키지 않으려는 사려깊은 마음이 열어놓은 문틈을 통해서 보이는 것이다. 나그네의 방문을 귀찮아하지 않고 방에 불을 지피고 "강냉이 국수"를 대접한 후에 문틈을 약간 열어놓은 채로 건넌방에서 일을 하는 "색씨"의 마음에서 화자는 "정가로운"(맑고 정다운) 삶의 풍경을 발견한다. "색씨의 고요히 웃는" 모습은 단순한 외양이 아니라 시의 풍경에 함축된 산골마을 사람들의 삶이며 심성이다. 1연과 2연에서 각각 4음보와 3음보로 이어지던 운율이 3연에 와서 깨어지는 것은 이 풍경이 환기하는 삶에 대한 화자의 정서적 반응인 셈이다.

「고풍의상」에서 전통 의상에 함축된 삶의 예술적 정취를 형상화한 시인은 「北關行 1」에서 민족의 삶에 배어있는 심미성을 발견한다. 전통적인 의상에 담긴 삶의 예술적 정취를 그린 「고풍의상」이 과거의 민족적 삶을 환기하는 것이라면 「北關行 1」의 풍경은 민족의 현재 속에 무르녹아 있는 삶의 심미성을 그린 것이다. 「北關行 1」은 격식에 맞으면서도 격식을 뛰어넘고, 산뜻하면서도 은근하고 고운 정신미를 내장한 멋스러운 삶의 풍경이다.[202] "문틈으로 보이는" "베짜는 색씨"의 심성에서 격식과 변격, "정가로움"과 은근함을 갖춘 민족적 삶의 심미성을 시인은 보고 있는 것이다. 다음의 「밤길」은 「고풍의상」과 「北關行 1」에 나타난 정서를 자신의 것으로 삼는 시인의 모습을 보여준다.

202) 『趙芝薰전집8 · 한국학연구』, 나남출판사, 1996, 380~389쪽.

「이 길로 가면은 주막이 있겠지요」

「나그네 가는 길에 주막이 없으리야
꽃같이 이쁜 색시 술도 판다오」

얼근히 막걸리에 취하신 영감님
愁心歌 한가락을 길게 뽑으며
달구지 달달 산 모루를 돌아간다
白楊나무 가지 우에 별이 피는데·········

「人生······한번······죽어지면·········
萬壽······長林에······雲霧로구나」
구슬프고 아픈 가락 고요한 밤에
달구지꾼 영감님의 愁心歌 소리－

「여보 색씨 나이는 몇 살이오」
술상 앞에 앉은 색씨 두손을 쥐어 본다.
「열아홉·········」
새빨간 두볼이 고개를 들고서

「임자는 어데까지 가시는 길입네까」
「서울로 가는뎁쇼 같이 갈까요」
木花송이 터지듯이 꿈길이 피어나서
이 색씨 이 저녁에 서울길이 기룬게지!

「어 졸려라 이 색시 하로밤 같이 자구 갈까부다」
「자는 일 누가 말려······」

내가 도루 색시처럼 부끄러웠다.

長明燈 달아놓은 술집을 나오며
양산도 한가락을 날리어본다.

—「밤길」 전문

「밤길」은 「월광곡」·「승무」·「고풍의상」 등의 시편들과 달리 언어나 형식의 긴장미가 상당히 풀어져 있는 작품이다. 시는 주막을 찾고 주막에 들어가 술을 마시고 나오는 일련의 과정을 그리고 있다. 이 과정에서 만난 사람들과의 대화와 노래가 서술의 중심을 이루고 있다. 어둑어둑해지는 저녁, 길에서 만난 "달구지"를 몰고 가는 "영감님", 영감님이 부르는 "愁心歌", 술집 색시, 그녀와 나눈 대화, 주막을 나서며 양산도를 부르는 화자, 이러한 장면들과 언어로 구성된 「밤길」은 평범한 구어의 세계를 시의 풍경으로 옮겨놓고 있다. 시의 전반부(1~4연)에 중심을 이루는 "막걸리에 취하신 영감님"의 "愁心歌"는 시의 결미에서 화자가 부르는 양산도와 호응을 이룬다. 양산도 역시 세월의 흐름과 늙음에 대한 탄식을 주된 내용으로 하는 민요이다. 그런 점에서 수심가의 노랫말은 이 시에 흐르고 있는 정서를 대변해 준다. 화자를 비롯해 영감님과 색시는 인생의 무상함과 슬픔을 체현하고 있는 인물들이다. 화자와 술집 색시 사이의 대사와 행동을 묘사한 후반부(5~9연)의 풍경에는 인생의 슬픔과 쓸쓸함을 아는 자들의 연민이 배어있다. 술집을 뒤로하고 나오는 화자의 행위 속에는 술집 색시에 대한 연민과 무상한 삶에 대한 슬픔이 내장되어 있는 것이다. 술집을 나오며 양산도를 읊조리는 화자는 수심가를 부르는 영감님과 닮아 있다. 2연에서 "나그네 가는 길에" "주막"과 "꽃같이 이쁜 색시"가 있다는 영감님의 말은 무상한 인생을 위로하는 삶의 형식을 표현한 것이다. 그런 점에서 「밤길」은 삶에 대한 시인의 태도와 정서를 담은 풍경이 된다. 화자를 비롯해 이 시의 인물들은 통속(通俗)과 탈속(脫俗)을 함께 아우르고 있다. 그것은 멋이며, 그 멋은 삶에 대한 슬픔과 인생에 대한 연민에서 비롯된 것이다.

이 작품에는 「월광곡」이나 「鐘 소리」, 「영상」 등의 시편들에 나타난 육체적 관능에 대한 강박이나 죄의식, 그리고 자기분열적인 자의식이 보이지 않는다. 오히려 인생에 대한 깊은 연민이 바탕이 되어 통속을 끌어안는 의식을 보여준다. 아울러 구체적인 현장이 시의 풍경으로 들어와 있다. 조지훈의 초기 시는 보편적인 인간의 삶을 고민하는 시인의 의식을 공통적으로 드러내지만, 「월광곡」 계열과 「북관행 1」·「밤길」 등의 시편들은 매우 상반된 삶의 태도를 보여준다. 「승무」는 이 두 계열의 경계에 놓여 있는 작품으로 서구적 관념에서 비롯된 인간에 대한 비극적인 이해와 그러한 인간에 대한 연민이 구도의 정신 속에 형상화된 작품이었다. 「고풍의상」과 「북관행 1」은 일제강점기 후반에 시인이 발견한 민족의 삶의 심미적 경계를 보여준다. 그러한 삶은 예술적 정취와 넉넉한 품을 지닌 것으로서 심미적 정신과 심성이 바탕을 이룬 삶이라 할 수 있다. 「밤길」은 구어의 세계를 시의 풍경 속에 들여놓은 작품으로 삶에 대한 연민의 정서가 화자의 모습 속에 형상화된 작품이다. 이 시에 배어있는 삶에 대한 연민의 정서는 통속과 탈속의 경지를 아우르는 심리적 동력으로 작용하였다. 「월광곡」 계열의 작품들에 나타난 시인의 죄의식과 자의식은, 삶에 대한 이해와 거기에서 비롯된 연민의 정서를 통해 극복된다. 그러나 「밤길」에 나타난 시인의 인식은 세계와 언어에 대한 긴장을 완화시킴으로써 상투적이고 퇴영적인 세계로 후퇴할 가능성을 내장한 것이기도 하다. 「밤길」에서 보여준 화자의 정서는 자연에 집중했던 <오대산 월정사> 시절을 통과하면서 「완화삼」의 세계로 옮겨간다. 민족적인 정서에 대한 관심은 자연 이법의 질서를 삶의 원리로 감수하는 과정을 거치면서 보다 보편적인 세계관 속으로 편입된다.

조지훈의 시는 서구 문학과의 만남을 통해 본격화되었다. 습작 시절 지훈 시의 중심은 탐미주의와 종교적 자의식이었다. 시는 아름다운 것이며 인간은 본질적으로 죄의 속성을 지닌 존재라는 두 가지 인식은 사실상 통합하기 어려운 과제였다. 지훈이 생각한 시의 심미성은 기본적으로 절제를 바탕으로 한 고전 정신에 속한 것이어서 기독교적 관념에 기초한 자의식이 본격화될 경우, 그 내용을 온전히 담아낼 수 없었다. 「월광곡」이 보여준 관념적인 미의식과 「鐘 소리」나 「影像」에 드러난 강렬한 자의식의 표출은 시의 심미성과 시인이 고민했던 문제들이 제대로 통합되지 못했음을 보여준다. 이러한 습작 무렵의 시적 방황은 「승무」와 「고풍의상」 등의 시편들이 구상되고 창작되는 과정을 통해서 그 방향을 찾아가게 된다. 「승무」는 육체를 가진 인간의 고뇌와 구도의 정신을 전통적인 춤의 형식을 통해 형상화한다. 「승무」에 형상화된 육체성은 인간 고뇌의 조건이면서 동시에 구도의 정신을 추동하는 양가적인 의미를 가진 것이었다. 여기에서 육체는 단순히 죄악의 근원이 아니라 존재의 비극성을 인식하게 하는 연민의 조건이었다. 「승무」의 심미성은, 인간의 근원적인 조건으로서의 육체성과 그것을 정화하려는 구도 정신 사이의 긴장에서 발생한 것이었다. 이는 「월광곡」의 심미주의를 극복한 시적 방식이었다. 「승무」는 지훈의 시에 구체성이 확보되는 매우 중요한 계기였다. 「고풍의상」과 「북관행 1」에서 보여준 민족적 삶에 내재된 예술적 정취와 심성은 일제강점기말에 지훈이 발견하고 복원하기를 원했던 민족의 삶의 모습이었다. 「밤길」은 구어의 세계를 시의 풍경 속에 옮겨놓으면서 구체적인 생활의 현장에서 체감한 삶의 슬픔과 연민의 정서를 화자의 모습 속에 형상화하였다. 이 시편들은 서구적 심미성을 통과한 시인이 삶의 현장에서 발견한 구체적인 심미 세계였다.

2. 근원적 세계와 육화된 관념의 풍경

조지훈의 초기 시는 공통적으로 보편적인 인간의 문제에 집중되어 있다. 시인이 고민했던 바는 개별적인 존재의 문제라기보다 인간의 삶에 내재된 보편적인 문제였다. 「월광곡」이나 「鐘 소리」, 「승무」나 「밤길」의 세계는 모두 인간과 삶에 대한 보편적 인식과 관련되어 있다. 이러한 경향은 <오대산 월정사>[203] 시절을 통과하면서 보다 확대되어 인간의 삶을 포함하여 자연 세계 전체를 관통하는 의식으로 발전해간다. 자연에 대한 인식은 생명 세계와 삶, 그리고 역사를 대하는 시인의 태도에 중요한 규범으로 작용한다. 지훈의 자연 풍경에는 그의 삶과 이후의 시 세계 전체를 지배하는 원리가 함축되어 있다.

> 木蓮꽃 향기로운 그늘 아래
> 물로 씻은듯이 조약돌 빛나고
>
> 흰 옷깃 매무새의 구층탑 위로
> 파르라니 돌아가는 新羅千年의 꽃구름이여
>
> 한나절 조찰히 구르던
> 여흘 물소리 그치고
> 비인 골에 은은히 울려오는 낮종소리.
>
> 바람도 잠자는 언덕에서 복사꽃잎은

---

203) 조지훈은 1941년 혜화전문학교를 졸업하고 오대산 월정사(月精寺) 불교강원 외전강사(外典講師)로 취임한다(4월). 이곳에서 《文章》의 폐간, 일본의 진주만 기습, 싱가포르 함락 등 계속되는 비보에 과음하여 건강이 악화되었고 이로 인해 같은 해 12월 상경하게 된다. 이 무렵의 시편들에 대해서 지훈은 다음과 같이 설명한다. "절간 생활은 나의 詩를 또한번 변하게 하였다. 그것은 변이된 생활의 쾌적미와 당시 내가 심취했던 詩禪一如의 경지 때문이었다. 일체의 정서와 주관을 배제하고 자연을 있는 그대로 直觀하고 관조하는 敍景의 小曲調를 찾았다. 이때에 나는 詩語의 절약으로 短詩型을, 斷面의 全體性으로서의 상징의 법을 얻었다. 감각과 예지 그대로의 결정으로서 정적을 生動態에서 파악하고 生動을 靜止態로 포착하는 기법을 애용하였다.… 내 詩에 애수의 가벼운 구름조차 스치지 않은 밝은 미소의 法悅만이 있는 詩는 이 계열의 작품뿐이다."(조지훈, 「나의 詩의 遍歷」, 박두진・조지훈・박목월, 『青鹿集・其他』, 현암사, 1968, 355쪽)

종소리에 새삼 놀라 떨어지노니

무지개 빛 햇살 속에
의희한 丹靑은 말이 없고………

—「古寺 2」 전문

「古寺 2」를 포함하여 「山房」·「古寺 1」·「山 1」·「山 2」·「鶯吟說法」 등 총 6편의 시는 지훈이 오대산 월정사에 재직하던 시기에 창작된 작품이다. 이들 시편에는 지훈 시의 핵심을 이루는 자연관이 형상화되어 있다. 그것은 보이는 자연 사물뿐만 아니라 인간을 포함하여 모든 생명체들에 작용하는 우주적인 원리로서의 자연관이었다.

다섯 개의 연으로 구성된 시는 3연을 제외하고 모두 2행이며, 3연을 기준으로 시상이 고조되다가 하강하는 구조로 이루어져 있다. 이는 시의 리듬에도 반영되어 있다. 3연은 3행으로 구성되어 있을 뿐만 아니라 정적이고 안정된 리듬을 보이는 다른 연들과 달리 동적이다. 시는 <고사의 마당→"꽃구름"→"낮종소리"→"복사꽃잎"→"의희한 丹靑">의 순으로 시상이 전개되고 3연을 전후로 하여 소멸하는 대상이 2·4연에 배치되어 있다. 1·2연에는 고사의 뜰의 풍경이 그려져 있다. "木蓮꽃"과 "조약돌"이 어우러진 1연은 맑고 정갈한 사찰의 한 구석을 그린다. "木蓮꽃"이 환기하는 순수한 생명력과 "조약돌"의 깨끗한 이미지는 '古寺'의 공간에 성스러운 분위기를 부여한다. 1연의 두 소재는 2연에서 "구층탑"과 "꽃구름"으로 변용된다. "물로 씻은듯이" 빛나는 "조약돌"은 "흰 옷깃 매무새의 구층탑"으로, "향기로운" "木蓮꽃"은 "파르라니 돌아가는" "꽃구름"으로 바뀌어 있다. "파르라니"는 파란 하늘을 연상시키지만 "꽃구름"을 수식하는 표현이라는 점에서 구름의 생명력을 환기하는 색채 이미지라 할 수 있다.[204] 물론 "구층탑"과 "꽃구름"에는 1연의 자연물에 담겨있지 않

204) "파르라니"라는 색채어는 「僧舞」에서 젊은 여승의 육체적 생명력을 환기하는 이미

은 인간의 역사적 시간이 내포되어 있다. 오랜 세월 동안 변하지 않은 모습으로 자리를 지키고 있는 석탑과 그 위를 돌아가는 구름은 시간의 흐름 속에 변화하는 것들의 운명을 환기시킨다. 화려한 문명을 구축했던 신라 천년의 역사는 장구한 시간 속에 잠시 피었다 지는 꽃의 운명과 다를 게 없다. 꽃의 이미지가 부여된 구름은 생명 세계의 끊임없는 변전(變轉)을 연상시킨다. 1·2연에 묘사된 고사의 풍경에는 시간과 생명의 의미가 이미 내장되어 있는 것이다. 4음보가 주를 이루는 1·2연과 달리 3연은 3음보의 리듬으로 시작하여 동적인 느낌을 조성하였다가 다시 3행에서 4음보로 전환됨으로써 동중정(動中靜)을 통해 정일감(靜逸感)을 강화하는 구조로 이루어져 있다. "낮종소리"의 의미를 부각시키기 위한 장치인 셈이다. 지혜의 소리를 상징하는 종소리가 시의 공간 전체를 울리면서, 흐르던 물소리도 들리지 않고 있다. 고사의 공간은 "낮종소리"가 만드는 거룩한 정적에 휩싸여 있다. 그 소리에 "복사꽃잎"이 "새삼 놀라 떨어"진다. "복사꽃잎"이 떨어지는 것은 바람 때문이 아니라 종소리 때문이다. 종소리는 시간의 흐름을 알림으로써 생명 개체에 부여된 자연의 질서를 상기시킨 것이고 "복사꽃잎은" 내면화된 자연의 이법에 순응하여 낙화한 것이다. "새삼 놀라 떨어지노니"라는 표현 속에는 생명의 소멸을 바라보는 화자의 정서가 잠복되어 있다. 그것은 5연의 평정의 세계와 확연히 구분되는 "복사꽃잎"의 반응에서 드러난다. 이 시의 풍경에는 표면적으로 화자가 배제되어 있지만 내용상 인간적 의미가 덧입혀진 소재가 둘 있다. 4연의 "새삼 놀라 떨어지"는 "복사꽃잎"과 5연의 "말이 없"는 "의희한 丹靑"은 시인이 인식하는 생명 개체와 자연의 이법을 상징적으로 드러내는 핵심적인 소재이다. "무지개[205] 빛 햇살 속에", "복사꽃잎"에게 일어난 자연 현상을 묵

지로 사용된 바 있다. "파르라니 깎은 머리/薄紗 고깔에 감추오고// 두볼에 흐르는 빛이/정작으로 고와서 서러워라." 「승무」의 "파르라니"에는 젊은 여인의 생기와 여승이 되어 승무를 추어야 하는 고뇌가 함께 내포되어 있다.

205) 불교에서 무지개는 열반의 명광(明光)에 몰입하기 전에 윤회의 세계에서 도달할 수

시하는 "의희한 丹青"은 2연의 "구층탑"이나 3연의 "낮종소리"와 유사한 계열로서 영원한 시간과 자연의 질서를 상징한다. 불교적 법열을 환기하는 "무지개 빛 햇살 속에" 말없는 "의희한 丹青"과 "새삼 놀라 떨어지"는 "복사꽃잎"의 상반된 모습은 그 격차로 인해 슬픔을 유발한다. 5연의 결미의 말줄임표에는 시간의 지속뿐만 아니라 생명체의 생멸을 바라보는 화자의 정서도 내재되어 있다. 생명의 현상을 묘사한 4연과 이에 대한 반응의 형식을 취하고 있는 5연은 '실체로서의 자연'과 '근원적 질서로서의 자연'을 함께 보여줌으로써 개별적 자연물을 자연의 거시적 원리 속에서 파악하는 시인의 인식을 보여준다.

이러한 관점에서 본다면 뜰의 풍경을 묘사한 1·2연에는 시간과 생명에 대한 인식이 함축되어 있는 셈이다. 아울러 시상의 전개나 리듬을 통해 "낮종소리"에 집중되는 시의 구성 방식은 시인이 형상화하려 한 자연 이법의 완정함을 잘 드러내 준다. 그것은 자연의 질서를 인식한 순간 바로 낙화하는 생명체의 형상을 통해서, 그리고 "의희한 丹青"을 둘러싼 "무지개 빛 햇살"의 환한 이미지를 통해서 반복해 표현되어 있다. 이는 자연의 현상을 생명 개체의 관점보다 거시적인 자연의 질서 속에 감수하는 시인의 인식을 보여준다.

木魚를 두드리다
졸음에 겨워

고오운 상좌 아이도
잠이 들었다.

부처님은 말이 없이
웃으시는데

있는 가장 높은 단계의 의식 상태를 상징한다(진 쿠퍼, 『그림으로 보는 세계문화 상징사전』, 이윤기 역, 까치, 1994, 332쪽).

西域 萬里ㅅ 길
눈 부신 노을 아래

모란이 진다.

―「古寺 1」 전문

「고사 2」에 형상화된 우주 자연의 질서가 보다 간결한 형식 속에 압축되어 있는 작품이다. 이 시의 4・5연은 「고사 2」의 4・5연을 보다 함축적으로 형상화하고 있다. "무지개 빛 햇살 속" "의희한 丹靑"의 의미가 "서역 만리ㅅ 길/눈 부신 노을"이라는 무한한 우주 공간으로 확대되어 있다. "무지개 빛 햇살"이 상징하는 황홀한 법열의 상태는, 이 시에서 "눈 부신 노을"의 찬란한 이미지와 "서역 萬里"라는 성스럽고 무한히 개방된 공간의 이미지가 결합됨으로써 우주 삼라만상을 휩싸는 '근원적 질서로서의 자연' 자체의 이미지로 전환된다. 그것은 정적이고 정신적인 법열의 상태, 그 법열에 내재된 진리를 구체적인 대상의 동적인 이미지로 구현한다. 황홀한 노을은 서역의 도정(道程)을 온 우주 공간으로 확대시킴으로써 소멸하는 모란을 우주 자연의 이미지로 형상화한다. 3연의 부처님의 웃음은 "서역 만리ㅅ 길"과 "눈 부신 노을", 그리고 '지는 모란'이 만드는 풍경이 하나의 정신적인 의미임을 뜻한다. 부처님의 웃음 뒤에 펼쳐지는 자연 풍경은 언어를 뛰어 넘어 전달되었던 염화미소(拈華微笑) 속의 진리인 셈이다. 조지훈의 <禪問詩答>의 대목 중, (僧)"어디가 그대의 고향인가?"라는 물음에 "구름 좋고 달 밝은 곳 서역만리(西域萬里) 길"로 답하는 지훈의 선적인 사유는 부처님의 웃음 속에 자연의 풍경을 펼쳐놓은 이 시의 방법 속에도 내재되어 있다. 우주 자연의 이법이 평범한 낙화 현상 속에 담겨 있는 것이다. 이는 목어를 두드리다 그대로 잠이 든 "고오운 상좌아이"의 모습 속에도 실현되어 있다. 배고프면 밥을 먹고 졸리면 잠을 잔다는 평범한 표현 속에 담긴 선리(禪理)[206]를 상좌아이의 모습에서 발견할 수 있다.

이 시의 풍경은 그 자체로서 선적인 사유의 내용과 형식을 보여준다. 졸음에 겨워서 그대로 잠에 든 "상좌아이"의 모습이나 떨어지는 모란의 형상은, 자연스러운 현상 그 자체로서 우주 만물에 내재된 '근원적인 질서'로서의 자연을 형상화한다. 평범 속에 담긴 경이로운 진리를 이 시는 단순한 풍경 속에 표현하고 있다. 시에 담긴 의미는 단순하고 평범한 풍경의 이면에서, 좀더 구체적으로 말해 간결하게 묘사된 이미지와 이미지의 사이 즉 행간에서 울려나온다. "'모란이 진다'라는 구절에 아무런 補助觀念이 동원되어 있지 않고 아울러 상징적인 효과가 없기 때문에" 이 시에 특별한 의미를 부여할 수 없다는 한 논자의 비판은[207] 표현된 언어 자체에 의미를 싣지 않고 언어들의 풍경 너머에서 의미를 울려나오게 하는 이 시의 특질을 간과한 것이다. 이 작품은, 언어의 조작이나 언어 자체의 조직을 통해 의미를 구현하는 수사적인 방식에 의하지 않고 객관적으로 묘사된 사물의 이미지를 통해 그 속에 담긴 의미를 환기시킨다. 시의 의미는 언어 자체에 실려있지 않고 언어 너머에서 환기될 뿐이다. 모호하지만 매우 풍요로운 의미가 시의 풍경 속에 형성되는 것이다.

「고사 1」은 깨달음의 내용을 구체적인 이미지로 바꾸어 놓되 그 의미를 언어 자체에 담지 않고 행간에서 발생시킨다. 시인이 전하려는 뜻이 언어의 풍경이나 이미지에 표현되어 있지 않고 그 형상들의 너머에서 환기된다. 구체적인 시의 풍경과 그 풍경이 환기하는 의미가 서로 교차함으로써

---

206) 葛兆光, 『禪宗과 中國文化』, 정상홍 · 임병권 역, 동문선, 1991, 62쪽.

207) "… 그가 형상화한 古寺는 범속한 눈에도 그대로 비치는 現存的 세계에 불과하다. (중략) 놀 속에 지는 모란꽃이 草露같은 인생을 의미하고 그 꽃이 짐으로 하여 다시 來世를 약속하는 이른바 불교의 輪廻思想을 암시하는 것이라고 해석할 수도 있다. 그러나 '모란이 진다'라는 구절에 아무런 補助觀念이 동원되어 있지 않고 아울러 상징적인 효과가 없기 때문에 우리들의 이러한 주석은 이 시가 그 나름대로 유지하고 있는 완벽성을 파괴하는 결과가 될 뿐이다."(송재영, 앞의 글, 728쪽) 송재영의 관점은 기본적으로 시의 의미는 표현된 언어 자체에서 생성되는 것이라는 생각에 기초해 있다. 그의 관점에 의한다면 사물을 객관적으로 그려놓은 시들은 단순히 사물의 풍경으로 전락한다.

의미의 공간은 매우 웅숭깊은 것이 된다. 경외지경(景外之景)·상중지상(象中之象)이라는 동아시아 전통 시학의 의미를 이 시는 잘 보여준다.

지훈이 선(禪)을 시작의 방법으로 생각했던 것은 언어적 수사에 치중하지 않되 구체적인 이미지로 깊은 의미를 담아낼 수 있는 방법이 선적인 것에 있다고 생각했기 때문이다. 선(禪)은 "생명 그대로의 발로(發露)"이자, "종교에서 형식적 예의를 빼고 철학에서 논리적 사유를 좇고 예술에서 수식적 기교를 버리고 남은 것"[208]이라는 지훈의 인식은 평범에서 비범한 경이를 끌어내되 이를 구체적인 생명 현상 자체로서 표현하는 「고사 1」의 창작 방법 속에 탁월하게 형상화되어 있다. 잠든 상좌아이와 부처님의 웃음, 그리고 낙화의 풍경을 병치하되, 전자에서 후자로 건너뛰는 비약의 방식은 선적 사유와 발상법을 그대로 보여준다. 졸리면 자고 때가 되면 낙화하는 이 자연 현상은 우주 만물 속에 자연스럽게 내재된 생명의 질서이다. 그 평범한 현상을 이 시는 한편에서는 평화로운 잠든 풍경으로, 또 한편으로는 고도로 집중된 낙화의 풍경으로 형상화한다. 평범한 자연 현상과 비약이라는 시적 방법을 통해 「고사 1」은 우주 삼라만상에 내재된 거시적인 자연의 질서를 보여준다. 압축·비약·관조를 통해 단조성을 뛰어넘어 비범한 전체에 이르려했던 지훈의 시의식[209]은 「고사 1」에 잘 반영되어 있다. 상리(常理)를 뛰어넘는 선적인 사유와 발상이 무기교의 단순한 풍경 속에 깊이와 활력을 불어넣을 수 있는 방법임을 지훈은 생각한 것이다. 「고사 1」은, 형식이나 논리를 뛰어 넘고 정신주의·주지주의도 아니면서 논리 이외의 곳에서 인간 생활의 살아 있는 원리를 찾으려 했던 선(禪)[210]의 의도를 구체적인 형상을 통해 잘 보여준다.

「승무」나 「고풍의상」을 쓸 무렵 지훈의 시편들—「香紋」·「靜夜 1」·「靜夜 2」·「幽谷」—에서 보이는 소멸하는 자연의 형상은 <오대산 월정

208) 『趙芝薰전집4·수필의 미학』, 168쪽.
209) 『조지훈전집2·詩의 원리』, 220~225쪽.
210) 鈴木大拙, 『禪이란 무엇인가』, 신현숙 역, 을유문화사, 1984, 115쪽.

사> 시절에 이르면 자연의 질서를 상징하는 풍경으로 시에 편입된다. 이는 산사에서 보냈던 시절이 자연과 세계를 보는 관점의 정립기였음을 시사한다. 비애 속에 바라보았던 소멸 현상이 거시적인 생명의 원리라는 관점에서 관조됨으로써 지훈의 시에 등장하는 생멸 현상은 자연의 질서를 드러내는 풍경이 되고, 아울러 삶과 현실에 임하는 세계관으로 작용하게 된다. 「고사 1」에서 낙화의 풍경이 찬란한 이미지 속에 형상화된 것은, 생명체의 소멸이 거시적인 자연 질서의 한 단면으로, 그리고 그것 자체가 깨달음의 내용을 환기하기 때문이다. 즉 시의 풍경이 법열의 정신적 이미지와 겹쳐 있는 것이다. 그런 점에서 <오대산 월정사> 시절의 작품들에 나타나는 생명체의 소멸 현상은 정서적인 비애에 침윤되어 있지 않다. 다음에서 살펴볼 「鶯吟說法」은 자연의 질서를 온전히 긍정하는 시인의 의식이 잘 나타나 있다.

> 벽에 기대 한나절 조을다 깨면 열어재친 窓으로 흰구름 바라기가 무척 좋아라
>
> 老首座는 오늘도 바위에 앉아 두눈을 감은채로 念珠만 센다
>
> 스스로 寂滅하는 宇宙 가운데 몬지 앉은 經이야 펴기 싫어라
>
> 篆煙이 어리는 골 아지랑이 피노니 떨기낡에 우짖는 꾀꼬리 소리
>
> 이 골안 꾀꼬리 고운 사투린 梵唄소리처럼 琅琅하고나
>
> 벽에 기대 한나절 조을다 깨면 지나는 바람결에 속잎 피는 古木이 무척 좋아라
>
> ―「鶯吟說法」 전문

이 작품은 「고사 1」이나 「고사 2」 등의 시편들과 달리 언어적 긴장이 완화되어 있다. 행을 나누지 않고 하나의 문장을 하나의 연으로 삼고 있는 시는 화자의 정서를 편안하게 서술하고 있다. 이러한 언어 표현 방식은 화자의 내면 자체를 자연스럽게 드러내는 언어 형식이다. 이는 시인이 형상화하려는 자연과 적의(適意)의 삶을 화자의 정서와 언어를 통해 표현한 것이다.

「앵음설법」은 방에서 수도・공부하는 화자와 바위에서 좌선하는 "老首座", 그리고 사찰 주변의 자연으로 구성되어 있다. 시에 묘사된 자연은 모두 살아있는 경전의 성격을 띠고 있다. 사찰의 향로 연기로 묘사된 "아지랑이", "梵唄소리"로 들리는 "골안 꾀꼬리 소리", "바람결에 속잎 피는 古木" 등은 자연 속에 펼쳐진 경전이다. 방안의 "몬지 앉은 經"과 달리 생생한 감각 속에 펼쳐지는 생명 현상에서 화자는 경전에 담긴 의미를 온전히 느낀다. "스스로 寂滅하는 宇宙", 그것은 삼라만상이 운영되는 원리이며 경전의 궁극적인 의미이다. 자연의 이법을 자신 속에 내면화한 자연물들의 생명 현상이야말로 체득해야 할 도의 내용인 것이다. "寂滅"을 "스스로" 할 줄 아는 상태, 그것은 자연이며, 비움이며, 무심이다. 욕망과 번뇌에서 벗어나려는 참선 수도는, "스스로 寂滅하는" 자연을 삶 속에 온전히 회복하는 행위이다. 경전을 읽고 참선을 하는 행위와 자연 생명을 향유하는 것은 다를 게 없다. 그러나 본질적으로 자연의 상태란 인위(人爲)의 배제라는 점에서 생명 자체를 온전히 만끽하는 행위야말로 자연에 가깝다. "벽에 기대 한나절 조을다" 자연을 보며 "무척 좋아"하는 화자의 모습은 자연물들의 생명 현상과 닮았다. 화자의 행위는 그 자체로 자연인 셈이다. 「고사 1」에서 "목어를 두드리다" 잠이 든 "상좌아이"처럼 화자 역시 자연 자체를 실현하는 풍경의 일부인 것이다. "스스로"에 담겨있는 '자연(自然)'의 의미를 이 시는 언어와 풍경으로 드러낸다.

화자의 행위가 환기하는 자연과 적의(適意)의 삶은, 지극히 낙천적인 낙도(樂道)의 생활을 실천의 목표로 삼는 선(禪)의 본질[211]에 부합한다.

이는 극기복례(克己復禮)나 독선기신(獨善其身) 등 내면의 규율을 강조하는 유가적 관념에 예술적 생활 정취를 불어넣은 선종의 의의를 환기시킨다. 불교의 반야학(般若學)과 중국의 현학(玄學)이 결합하여 금욕주의적 규율을 자연과 적의의 인생철학으로 전환시킨 선종(禪宗)의 성립과정[212]은, 유·불·선(儒佛仙)의 전통이 동아시아 사대부들의 생활 속에 뿌리내리는 과정을 보여준다. 「앵음설법」에는 불교와 노장이 결합된 선종의 생활 정취가 담겨있다. 우주 삼라만상에 작용하는 자연의 이법, 그 불가의 진리를 생활의 정취로 감수하는 모습을 「앵음설법」은 잘 그려낸다. 조지훈과 그의 문학을 전통의 관점에서 논할 때 유·불·선의 사유를 함께 참고하는 것은, 시인의 세계가 동아시아의 사대부 전통에 밀접하게 닿아있기 때문이다. 그의 세계는 유·불·선, 그 중 어느 하나로 온전히 구명할 수 없는 성격을 띠고 있다. 조지훈 문학이 갖는 전통적 성격은 이러한 동아시아 사대부 전통이 실천적인 삶을 통해 구현되는 과정 속에 담겨 있다. <오대산 월정사> 시절의 작품에 형상화된 자연관은 이후 지훈의 시 세계에 구심력과 원심력의 중심으로 작용한다.

다음에서 살펴볼 「思慕」는 우주 자연의 이치를 내면화한 시인의 의식을 보여준다. 「앵음설법」에서 적의(適意)의 정취 속에 감수되었던 우주 자연의 이치는 「사모」에 이르러 보다 내밀한 의식의 세계로 내면화된다.

그대와 마조 앉으면
기인 밤도 짧고나

희미한 등불 아래
턱을 고이고

211) 柳田聖山, 『禪의 思想과 歷史』, 안영길·추만호 역, 민족사, 1989, 22쪽.
212) 葛兆光, 앞의 책, 154쪽.

단 둘이서 나노는
말 없는 얘기

나의 안에서
다시 나를 안아 주는

거룩한 光芒
그대 모습은

運命보담 아름답고
크고 밝아라

물들은 나무 잎새
달빛에 젖어

비인 뜰에 귀또리와
함께 자는데

푸른 창가에
귀 기울이고

생각 하는 사람 있어
밤은 차고나

—「思慕」 전문

이 시는 오대산 월정사를 떠난 다음 해인 1942년에 창작된 작품이다. 연가풍의 성격을 띠고 있는 시는 사랑하는 이를 그리워하는 화자와 그가 사모하는 대상에 관해 서술하고 있다. 세 부분(1~3연/ 4~6연/ 7~10연)으로 구성된 시에서 의미의 중심은 사모하는 대상을 서술한 두 번째 부분에 있다. 사랑하는 이와 마주 앉은 화자를 형상화한 첫 번째 부분은 이 둘의 관계가 말이 필요 없는 내밀한 사이임을 보여준다. "단 둘이서 나노는" 대화를 "말 없는 얘기"라고 표현한 것은 두 존재가 이심전심(以心傳心)으로 통하는 사이임을 말한다. 그런데 이 구절을 두 번째 부분과 관련해서 생각하면, "단 둘이서 나노는" 대화는 화자의 내면에서 이루어지는 것임을 알 수 있다. 화자는 자신이 사모하는 대상을 "나의 안에서/다시 나를 안아 주는" "거룩한 光芒", "運命보담 아름답고/크고 밝"은 존재로 표현한다. 물론 이 부분을, 화자가 사모하는 대상이 어떠한 존재인가를 밝힌 수사적 표현으로 볼 수 있다. 그러나 이 시의 후반부에서 대상을 생각하는 화자가 향하고 있는 것이 창 밖의 자연임을 고려할 때, 시에 묘사된 사모의 대상을 단순히 연인으로 보기는 어렵다. 같은 시기에 창작된 「窓」은 이 부분에 대한 중요한 단서를 제공해 준다.

> 강냉이 수숫대 자란/푸른 밭을 뜰로 삼고// 구름이 와서 자다/흘러 가고………// 가고 가면 무덤에/이른다는 오솔길이// 비둘기 우는 밭머리에/닿았읍니다// 외로히 스러지는 生命의/모든 그림자와// 등을 마주대고 돌아 앉아/말 없이 우는 곳// 至大한 空間을 막고/다시 無限에 통하나니// 내 여기 기대어/깊은 밤 빛나는 별이나// 이른 아침/떨리는 꽃잎과 얘기하여라
>
> ―「窓」 전문

「사모」에서 화자가 사모의 대상을 생각하는 곳인 '窓'은 이 시에서 생명에 대한 깊은 연민을 느끼는 공간으로 그려져 있다. 창을 통해 화자가 보는 것은 시간의 흐름이고 생명의 소멸이다. 모든 생명체는 "무덤에 이른다는 오솔길"을 가는 존재이다. 화자는 "외로히 스러지는" 존재의 운명을 창을 통해 보고 슬퍼한다. 따라서 이 시의 '창'은 모든 만물에 작용하는 자연의 이치와, 그 자연을 내재한 생명체들의 모습을 만나는 공간이다.

화자가 창에 기대어 "빛나는 별"과 이야기하는 "깊은 밤"은 자연의 이치를 생각하는 시간이며, "떨리는 꽃잎과 얘기하"는 "이른 아침"은 생명 존재들과 만나는 시간이다. 창은 '구체적 생명 존재로서의 자연'과 '근원적 질서로서의 자연'을 함께 만나는 공간이며, 유한과 "無限에 통하"는 공간인 것이다.

이러한 관점에서 본다면, 「사모」의 대상은 삼라만상에 작용하는 자연의 이치, 다시 말해 도(道)의 성격에 가깝다. 여기에서 사모의 대상을 묘사하는 형용어들은 동아시아 사상의 핵심 범주인 도를 수식하는 표현들과 유사하다. <크고 밝고 아름답고 거룩한> 존재, 그것은 인격적 형상으로 표현된 도의 모습이다. 아울러 도와 마음의 상관성은 유가적 전통에서는 매우 오랜 기간 동안 심도 있게 논의되었던 주제이다. 도와 마음의 관계를 보는 관점은[213] 조금씩 달랐지만 둘의 연관성은 공통된 전제였다. 「사모」의 4연은 화자의 내면 속에 깊이 뿌리내린 도의 모습을 그리고 있다. "나의 안에서/다시 나를 안아 주는" 모습은 화자의 의식 속에 깊이 내면화된 우주 삼라만상의 원리로서의 도를 인격적으로 형상화한 것이다. 화자는 이러한 자연의 질서가 자신의 세계를 떠받치고 지지하는 원리임을 내밀한 교감의 형상으로 그리고 있다. "희미한 등불 아래/턱을 고이고" "단 둘이서" "말 없는 얘기"를 나누는 모습은 시인이 우주 자연의 원리를 자신의 생명과 인격 속에 깊이 내면화하였음을 암시한다. 말로 전달할 수도, 그리고 전달할 필요도 없는 자연 이치의 감수(感受)는 존재의 생명과 인격을

---

213) 도와 마음의 상관성에 대한 논의는 <道論>을 체계화한 노자에게서 비롯되었으며, 이후 많은 사상가들의 중요한 주제였다. 이는 송대(宋代) 이후 중국 사상사의 중요한 흐름을 이루었으며, 둘의 상관성을 주창했던 대표적인 유학자로 주자학과 양명학을 각각 창도했던 주희(朱熹)와 왕수인(王守仁)을 들 수 있다. 주희는 마음을 도의 마음(道心)과 인간의 마음(人心)으로 나누어 도와 서로 통하는 마음을 도심이라 하고, 육체·정신과 서로 통하는 마음을 인심이라고 했고, 왕수인은 도와 마음은 둘이 아니라 하나라는 <心一元論>을 주창했다(張立文, 『道』, 권호 역, 동문선, 1995).

통해서 이루어지는 것이다. 염화미소(拈華微笑) 속에 전달된 불가의 진리처럼, 화자와 도 사이의 교감은 말 없이 이루어진다. 이는 시정신의 체득이란 "자연의 현상 모두가 하나의 커다란 보람 속에 혈연적 유대로 맺어져 있다는 것을" 느끼는 감성적 인격에서 온다고 본[214] 지훈의 시 의식과 통하는 대목이다. 1～4연은 자연의 원리로서의 도를 감성과 인격 속에 내면화한 화자를, 두 영혼의 내밀한 교감의 형상으로 묘사하고 있다. 이는 추상적이고 형이상학적인 우주 자연의 원리가 시인의 감성적 인격 속에 완전히 육화되어 있음을 뜻한다.

5·6연에 서술된 도에 대한 인식은 지훈의 삶과 시 세계에 매우 중요한 의미를 띠고 있는 부분이다. "그대 모습"이 "運命보담 아름답고/크고 밝"다는 서술 속에는, 우주 만물의 공통된 원리로서의 도가 사물 개개에 작용하는 이치로서의 운명보다 상위에 있으며 궁극적으로 아름다운 것이라는 믿음이 표현되어 있다. 이는 단순한 앎의 내용으로서의 인식이 아니라 감성적 인격 속에 내면화된 믿음이다. 이 믿음 때문에 감성적 인격을 가진 인간은 운명을 감수하고 자신의 존재를 초월하는 결단을 감행할 수 있는 것이다. 한국전쟁의 체험을 형상화한 「多富院에서」 전사자들의 주검을 목격한 시인이 "진실로 運命의 말미암음이 없고/그것을 또한 믿을 수가 없다면/이 가련한 주검에 무슨 安息이 있느냐?"고 절규했던 고백 속에는, 개체에게 닥친 운명을 우주 자연의 전체적인 원리 속에서 감수하는 시인의 믿음이 내재되어 있다. 역사에 대한 믿음과 책임 의식은 이러한 보편적 진리로서의 도를 삶의 원리로 받아들임으로써 가능한 것이었다. 이는 3절에서 살펴볼 현실과 역사에 관한 시편들에 깔려 있는 인식이다. 소멸과 죽음의 문제는 지훈의 시 세계에 가장 중요한 주제이지만, 이러한 생명의 비극성이 세계에 대한 근원적인 부정이나 거부로 작용하지는 않았다. 그것은 우주적 원리로서의 세계관이 시인의 감성적 인격 속에 깊이 내면

214) 『조지훈전집2·詩의 원리』, 22쪽.

화되어 있기 때문이다.

7·8연은 앞에서 표현했던 보편적 원리로서의 도를 자연의 풍경을 통해서 환기하는 대목이다. 달빛에 젖은 "비인 뜰"의 풍경은 5연에서 "거룩한 光芒"의 상징으로 표현했던 도가 자연 세계에 두루 작용하는 모습을 구체적인 형상으로 그려낸다. 모든 만물에 작용하는 도의 원리처럼, "비인 뜰에 귀또리와" "나무 잎새"는 "달빛에 젖어" 함께 잠들어 있다. 도가 작용하는 우주 만물의 평화로운 풍경인 셈이다. 자연의 생명 속에서 펼쳐지는 우주적 원리에 화자는 "귀 기울이고" 있는 것이다.

「사모」는 보편적 원리로서의 도가 시인의 의식과 감성적 인격 속에 깊이 내면화되어 있음을 잘 보여준다. 지훈은 우주의 보편적 질서를 추상적인 관념으로 인식하지 않고 자연과 세계에 투영되고 실현된 구체로 감수한다. 사랑하는 연인과 영혼의 교감을 나누는 모습으로 형상화된 도와 화자의 관계는 보편적인 원리에 시인이 온전히 동화되어 있음을 뜻한다. 이는 서구의 기독교적 관념에 침윤되어 죄의식과 자기분열적 자의식을 노정했던 습작 무렵의 시 세계와 매우 큰 차이를 보여준다.

정지용이 그의 종교시편들에서 신과 인간의 세계를 이원적으로 나누어 인식하고, 인간의 인식과 감각으로 신앙의 대상에 도달할 수 없음을 표현했던 것과 달리, 지훈의 시에서 천상과 지상의 세계는 분리되어 있지 않으며 시인은 감각과 인격으로 이를 온전히 감수하고 있음을 확인할 수 있었다. 신앙을 삶의 실천적 원리로 삼지 못했던 지용이 후기 시에서 동양적 자연을 시적 방법으로 삼았던 데 반해, 지훈은 자신의 감성적 인격 속에 내면화된 우주 자연의 원리를 생명 세계와 교감하며 역사적 현실에 임하는 실천적 토대로 삼았다. 지훈에게 자연은 자신과 별개로 존재하는 대상이나 관념의 세계가 아니라 자신의 존재와 삶의 구체적인 근거였다.

생명 세계에 대한 지훈의 깊은 교감과 연민의 정신은 자신의 감성적 인격 속에 내면화된 우주 자연이 원리에서 비롯된 것이다. 지훈 시의 생명

의식은 자연을 단순히 환경으로 인식한 것이 아니라 우주적 생명을 분유(分有)한 존재로 보는 동질감이 내재된 것이었다.

> 무너진 城터 아래 오랜 세월을 風雪에 깎여온 바위가 있다.
>
> 아득히 손짓하며 구름이 떠가는 언덕에 말 없이 올라 서서
>
> 한 줄기 바람에 조찰히 씻기우는 풀잎을 바라보며
>
> 나의 몸가짐도 또한 실오리 같은 바람결에 흔들리노라
>
> 아 우리들 太初의 生命의 아름다운 分身으로 여기 태어나
>
> 고달픈 얼굴을 마조 대고 나즉히 웃으며 얘기 하노니
>
> 때의 흐름이 조용히 물결치는 곳에 그윽히 피어 오르는 한떨기 영혼이여
>
> ―「풀잎斷章 1」 전문

1942년에 창작된 「풀잎斷章 1」은 「사모」와 「窓」 등의 시편들에 형상화된 세계관에 기초하여 "외로히 스러"져갈 운명에 대한 시인의 정서를 그린 작품이다. 시는 바위의 풍경을 그린 1연과 화자와 풀잎의 동화를 묘사한 2~6연, 그리고 생명의 모습을 형상화한 7연 등 세 부분으로 구성되어 있다. 1연에 묘사된 바위는 영원한 생명을 상징하는 대상이다. 「고사 2」의 "구층탑"이나 「앵음설법」에서 "老首座"가 앉은 바위는 모두 영원한 시간과 관련된 상징으로 사용된 바 있다. 돌은 자연을 지지하는 중심적인 형체이다. 늘 변하는 초목을 지지하기 위해 변함 없는 형체를 유지하는 돌은 흙 속에 깊게 묻혀있으면서 노출되어 있는 자연물이다. 숨김이 없으면서도 드러나지 않은 평담과 은일의 상징으로서의 돌은 무미(無味) 속에 담긴

최상의 미를 상징한다. 이 시의 바위 역시 적연부동(寂然不動)한 가운데 생명 현상을 정관하는 영구한 시간과 관련되어 있다. 그런데 이 바위는 "무너진 城터 아래"에서 "오랜 세월을 風雪에 깎여온" 것으로 서술되어 있다. 인간 세상과 별개의 자연물이 아니라 역사의 풍상을 인간과 함께 겪은 존재이다. 명멸하는 생명 현상과 인세의 풍상을 함께 겪으면서도 적연부동한 바위의 모습은, 시인의 정신적 지향을 함축하고 있는 형상이다. 바위는 보편적인 우주 자연의 원리를 내면화하되 생명과 인간의 현실을 함께 호흡하려는 시인의 정신을 상징적으로 보여준다. 1연 이후의 시의 풍경은 적연부동한 바위의 내면 풍경인 셈이다. 2연 이하의 내용과 별개로 보이는 듯한 1연의 바위의 모습에서 현상 세계를 감수하면서도 평정과 의연함을 고수하려는 시인의 정신을 확인할 수 있다. 화자는 높은 언덕에서 아래를 조망한다. 그런데 그가 바라보고 있는 대상은 거목이나 꽃이 아니라 미풍에도 흔들리는 풀잎이다. 적연부동의 바위와 달리 "한 줄기 바람에"도 흔들리는 "풀잎"은 우주의 모든 자연물을 같은 생명의 분신으로 느끼는 시인의 도저한 생명 의식을 환기시킨다. 자신을 미풍에 흔들리는 풀잎으로 보는 상상력 속에는 인간 중심의 사유나 우월함이 완전히 배제되어 있으며, "거룩한" 우주 자연의 원리 속에 생명을 영위하는 존재의 겸허함이 내재되어 있다. "나의 몸가짐도 또한 실오리 같은 바람결에 흔들"린다는 고백 속에는 자신을 우주적 질서 속에 놓인 미소(微小)한 존재로 생각하는 의식이 자리잡고 있다. 인간을 풀잎으로 상상하는 시적 표현은 주제 의식을 강조하기 위한 수사적 장치가 아니라 세계를 자연의 질서 속에 바라보는 시인의 진정한 생명의식을 보여주는 것이다. "아 우리들 太初의 生命의 아름다운 分身으로 여기 태어나/고달픈 얼굴을 마조 대고 나즉히 웃으며 얘기"한다는 표현에 담긴 서정적 상상력은 자연의 질서를 온전히 내면화한 사유에서 비롯된 것이다. 우주적 질서는 "運命보담 아름답고/크고 밝"(「思慕」)다는 인식이 여기에도 함축되어 있다. "고달픈 얼굴" 속에 내재된 삶의 고통과 슬픔은, 생명을 "아름다운 分身"으로 보는 의식으로 인해 비탄에 떨어지지 않는다. 그것은 우주 삼라만상을 통어하는 자연의 원리가 개개의 생명 개체의 운명보다 아름답고 크기 때문이다. 이 시가 우수의 정조를 띠고 있음에도 비탄의 정서에 빠지지 않는 것은 세계를 보는 시인의 이러한 믿음 때문이다. 시간의 흐름 속에서 "여기 태어"난 유한한 존재들의 삶의 고단함에 대한 깊은 연민과 그 생명체들이 "太初의 생명의 아름다운 분신"이라는 믿음은 "풀잎"과 "바위"의 형상 속에 담겨있는 시인의 내면이다. 이 시의 서정성은 "고달픈 얼굴"과 "太初의 生命의 아름다운 分身" 사이에 걸쳐있는 긴장에서 발생한다. 조지훈의 시에 형상화된 생명에 대한 교감과 연민의 깊이는 우주의 자연물들이 "太初의 生命"을 나눈 존재이며, 그 "太初의 生命"이 아름다운 것이라는 사유에서 비롯된다. 그의 시가 비애의 정서에 젖어 있으면서도 비극적인 파탄에 떨어지지 않는 것은 소멸하는 존재의 운명을 영원한 자연의 질서 속에서 감수하기 때문이다. 지훈 시의 비애는 유한한 자연물에 대한 연민이면서 동시에 인간 존재에 대한 슬픔이다.

피었다 몰래 지는
고운 마음을

흰 무리 쓴 촛불이
홀로 아노니

꽃 지는 소리
하도 가늘어

귀 기울여 듣기에도
조심스러라

杜鵑이도 한목청

울고 지친 밤

나 혼자만 잠 들기
못내 설어라

—「落花 2」 전문

일제강점기말의 암담한 현실 속에서 지훈이 노래한 것은 비애였다. 「고사 1」·「고사 2」·「산방」·「앵음설법」·「산 1」·「산 2」 등 자연의 생명 현상을 법열 속에 형상화한 <오대산 월정사> 시절의 시편들과 달리 상경한 뒤에 창작된 대부분의 작품들[215]은 우수와 비애에 젖어있다. 이 무렵의 시편들에는 앞에서 살핀 「고사」·「앵음설법」 등에 보이던 직관이나 평정이 사라지고 소멸의 풍경이나 우수에 젖어 방랑하는 인물들이 나타난다. 「落花 2」 역시 소멸의 풍경을 그린 작품이다. 7·5조 3음보의 운율을 띠고 있는 이 시는 낙화에 대한 화자의 정서를 묘사하고 있다.

화자는 촛불을 켜놓은 방안에 앉아 꽃이 지는 모습을 정관하고 있다. 주로 소멸의 슬픔을 표현한 이 시에도 앞에서 확인했던 자연관이 내재되어 있다. 시인은 낙화 현상을 "피었나 몰래 지는 고운 마음"으로, 그리고 그 마음을 "흰 무리 쓴 촛불이/홀로" 안다고 표현한다. 낙화의 풍경에서 "고운 마음"을 보는 것은 자신에게 부여된 운명을 받아들이고 조용히 떠나는 꽃의 모습을 화자가 정관하고 있기 때문이다. "몰래 지는" "마음", 그것은 자신에게 주어진 운명을 감수하는 순명(順命)의 태도이다. 이 마음을 아는 "흰 무리 쓴 촛불"은 화자를 드러내지 않고 낙화를 정관하는 화

---

215) 월정사에서 내려온 뒤에 창작된 작품으로는 「玩花衫」·「芭蕉雨」·「밤」·「窓」·「풀잎斷章」·「思慕」·「마을」·「도라지꽃」·「鷄林哀唱」(1942)·「落花 1」·「落花 2」·「律客」·「古木」·「落葉」·「倚樓吹笛」·「送行」(1943)·「石門」(1944) 등이 있다. 이 시편들은 대부분 소멸이나 체념, 우수와 비애의 정서에 깊이 침잠되어 있으며, 1944년에 창작된 「石門」은 매우 강렬한 비애와 함께 강렬한 기다림의 정서를 노정하고 있다.

자의 내면과 방안의 풍경을 그린다. "흰 무리 쓴 촛불"은 꽃의 이미지를 연상시키는 촛불의 형상으로서, 그것은 타오르는 불이면서 소멸하는 꽃이다. "흰 무리 쓴 촛불"이 "고운 마음"을 아는 것은 낙화를 정관하는 화자 역시 그 운명을 분유(分有)하고 있기 때문이다. 꽃이 "몰래 지는" 것처럼, 화자 또한 "홀로" 안다. 그것은 낙화하는 꽃과 화자가 같은 마음과 태도를 갖고 있기 때문이다. 엄밀하게 말해, 이 시에 묘사된 낙화의 풍경은 사실의 풍경이 아니라 내면의 풍경이다. 3연의 가늘게 들려오는 "꽃 지는 소리" 역시 화자의 내면의 소리이다. 이는 1연의 "고운 마음"과 호응하는 꽃의 모습이기도 하다. 모든 생명체들은 '몰래 지고', '가늘게 진다'. 화자만이 홀로 안다고 했던 "몰래 지는" 낙화의 모습을 "杜鵑이"도 알고 "한목청" 울다 지쳤다. 화자가 홀로 아는 것은 궁극적으로 "고운" 마음이고, 그것은 운명에 순응하는 화자의 태도인 것이다.

이 시는 소멸하는 존재의 슬픔을 운명으로 인식하는 시인의 내면을 형상화하고 있다. 시인은 어찌할 수 없는 운명을 정관하면서 그 소멸의 슬픔을 받아들인다. 조지훈의 시에서 강렬한 비극 정신을 볼 수 없는 것은, 시인이 생명의 소멸을 우주 자연의 질서 속에 인식하면서 그것을 개체에게 부여된 운명으로 감수하기 때문이다. 일제강점기말 지훈의 시는 소멸을 운명으로 받아들이는 비애의 정서로 가득하다. 이 무렵의 그의 시에는 강렬한 부정의 정신도 없지만 절망의 정서도 없다. 지훈은 순명의 태도로 소멸을 정관하면서 일제강점기말을 견딘 것이다.

이러한 지훈 시의 세계는 동양의 자연을 시의 풍경으로 삼으면서 고요와 적막과 죽음을 형상화하는 지용의 시 세계와 유사한 국면을 보인다. 그러나 지용이 암담한 현실을 죽음의 상태, 즉 고요와 적막을 지속시킴으로써 현실을 괄호치려고 했던 것과 달리, 지훈은 보편적인 질서를 전제로 하여 소멸하는 생명 현상을 자신의 운명으로 감수하고, 그것을 직시하였다. 지용의 시가 비애의 현실을 무화시키려한 데 반해, 지훈의 시는 현실을 슬픔 속에 정관한다. 지훈의 슬픔은 운명에서 비롯된 것이었으며, 개별 생명에게 부여된 운명은 '크고 밝고 아름다운' 우주적 질서 아래 놓인 것이었다. 이러한 지훈의 의식은 특정한 종교에서 비롯된 것은 아니었지만, 삶과 의식 세계 전체를 일관하는 신앙처럼 전면적이며 독실한 성격을 띤 것이었다. 해방 정국과 한국전쟁, 그리고 그 이후에 전개되는 시편들에서도 이러한 지훈의 의식은 보다 분명하게 나타난다. 이 점은 독실한 카톨릭 신자였던 지용과 변별되는 지점이다.

3. 감성적 세계와 윤리적 풍경

<오대산 월정사> 시절은 불과 7~8개월의 길지 않은 기간이었지만 세계를 보는 시인의 관점이 정립된 시기였다. 이 무렵, 그의 시에 집중적으로 형상화된 자연은 구체적인 자연물들의 단순한 형상이 아니라 생명 현상 속에 작용하는 근원적 질서로서의 자연이었다. 시인은 자연에서 우주 만물에 작용하는 보편 원리를 보았다. 지훈 시의 자연은 인간 세상을 둘러싼 환경이나, 인간과 별개로 존재하는 사물들의 세계가 아니라 삶과 현실을 포괄하는 우주적 질서였다. 아울러 궁극의 선(善)이라는 점에서 진리였다. 이 보편적 원리가 각 개체에게 부여된 것이 운명이며, 그 운명의 실현을 통해 세계는 운영된다. 그 운명의 핵심은 생명체의 생멸(生滅) 현상이다. 지훈 시에 형상화된 이러한 자연관은 자신을 포함한 모든 생명체와 인간 현실을 바라보는 관점이었다. 이러한 점에서 그의 시에 표출된 연민의 정신은, 모든 존재는 우주적 생명을 나눈 자들이라는 깊은 유대감에서 비롯된 것이었다. 생명의 소멸에서 시인은 개체에 부여된 운명의 슬픔을 보았으며, 그것을 통해 자신이 처한 부정적인 현실을 감내하였다. 그의 시에서 세계에 대한 근원적인 부정이나 거부의 정서를 발견할 수 없는 것은, 시인이 자연의 질서를 감성적 인격 속에 철저하게 내면화하고 있기 때문이다. 개체들의 운명보다 크고 아름다운 보편 진리에 대한 믿음은 일제강

점기말 생명체의 소멸을 정관한 시인의 내면 바탕이었다. 소멸하는 자연 현상을 보며 지훈은 운명과 자신이 처한 현실을 슬퍼했다.

자연과 삶, 그리고 현실을 하나의 일관된 원리 속에서 감수하였던 지훈의 시는 시간이 지나 세계관이 공고해질수록 시인의 의식을 직접 드러내는 양상으로 전개된다. 해방 이후, 그의 시는 대체로 시인의 내면을 형상화거나 그것을 직접 서술하는 방식을 취한다.

> 내 오늘밤 한오리 갈댓잎에 몸을 실어 이 아득한 바다속 蒼茫한 물굽이에 씻기는 한점 바위에 누웠나니// 〔…〕 아픈 가슴을 어찌란 말이냐 虛空에 던져진것은 나만이 아닌데 하늘에 달이 그렇거니 수많은 별들이 다 그렇거니 이 廣大無邊한 宇宙의 한알 모래인 地球의 둘레를 찰랑이는 접시물 아아 바다여 너 또한 그렇거니
>
> —「渺茫」 1·3연

위에 인용한 작품은 시인의 내면을 밤바다와 바위라는 소재를 동원하여 풍경화하고 자신의 정서를 직접 표출하는 방식으로 서술되어 있다. 시인은 암담한 현실 속의 자신을 밤바다와 바위라는 상징물을 통해 형상화하여 내면을 표출하기 위한 배경으로 삼고 있다. 왜소함과 무력함이 정서적 바탕을 이루고 있는 시는 화자의 고통과 이에 대한 자의식을 함께 드러낸다. 자신은 고통스럽지만, 그 고통은 모든 생명 세계가 공통으로 처한 조건이라는 인식은 철저하게 보편적인 세계관 속에서 자신을 바라보는 시인의 의식을 보여준다. 이는 시인의 고뇌가 존재의 보편적인 상황에서 비롯된 것이며, 시인이 부정적인 현상을 극단적인 비극의 정서로 감수할 수 없음을 암시한다. 시인의 내면을 직접 묘사한 위의 시는, 해방 전 시편들에 배어있던 슬픔이 보다 직접적인 방식으로 표현되어 있다. 위의 시를 비롯하여 해방 이후 지훈의 시들은 자신의 내면을 적극적으로 표출한다. 물론 시인의 내면은 앞의 시편들에서 형상화되었던 세계관에 바탕을 두고 있다.

나는 어느새 천길 낭떨어지에 서 있었다 이 벼랑끝에 구름속에 또 그리고 하늘가에 이름 모를 꽃 한송이는 누가 피워 두었나 흐르는 물결이 바위에 부디칠 때 튀어 오르는 물방울처럼 이내 공중에서 살아져버리고 말 그런 꽃잎이 아니었다.

몇만년을 울고 새운 별빛이기에 여기 한송이 꽃으로 피단 말가 죄 지은 사람의 가슴에 솟아 오르는 샘물이 눈가에 어리었다간 그만 불 붙는 심장으로 염통 속으로 스며들어 작은 그늘을 이루듯이 이 작은 꽃잎에 이렇게도 크낙한 그늘이 있을줄은 몰랐다.

한점 그늘에 온 宇宙가 덮인다 잠자는 宇宙가 나의 한방울 핏속에 안긴다 바람도 없는곳에 꽃잎은 바람을 일으킨다 바람을 부르는것은 날 오라 손짓하는것 아 여기 먼 곳에서 지극히 가까운 곳에서 보이지 않는 꽃나무 가지에 心臟이 찔린다 무슨 野獸의 體臭와도 같이 戰慄할 향기가 옮겨 온다.

나는 슬기로운 사람이 아니었다 그러기에 한송이 꽃에 永遠을 찾는다 나는 또 철 모르는 어린애도 아니었다 永遠한 幻想을 위하여 絶頂의 꽃잎에 입맞추고 기리 잠들어 버릴 自由를 抛棄한다.

다시 산길을 내려온다 조약돌은 모두 太陽을 呼吸하기 위하여 匕首처럼 빛나는데 내가 산길을 오를때 쉬어가던 주막에는 옛 주인이 그대로 살고 있었다 이마에 주름살이 몇개 더 늘었을뿐이었다 울타리에 복사꽃만 구름같이 피어 있었다 청댓잎 잎새마다 새로운 피가 돌아 산새는 그저 울고만 있었다.

문득 한마리 흰나비! 나비! 나비! 나를 잡지말아다오 나의 人生은 나비 날개의 가루처럼 가루와 함께 絶命하기에—아 눈물에 젖은 한마리 흰나비는 무엇이냐 絶頂의 꽃잎을 가슴에 물들이고 邪된 마음이 없이 죄 지은

懺悔에 내가 고요히 웃고 있었다.

—「絶頂」 전문

여섯 개의 연으로 구성된 산문시 「絶頂」은 1949년에 창작된 작품으로서 해방 이후 지훈 시의 경향을 잘 보여주는 작품이다. 의식의 흐름을 기록한 듯 비현실적인 진술로 이루어진 시는 관념적인 내용을 독백의 형식에 담아 표현하고 있다. 절제된 리듬과 언어의 형식미를 보여주던 이전 시와 달리 이 무렵의 시편들은 시인의 내면을 직접 드러내는 산문적인 진술로 이루어져 있다. 「절정」은 3·4연을 제외하고 나머지 연은 과거 시제이다. 5연이 하산 길의 풍경을 보여준다는 점에서 '절정'의 국면은 4연까지이고, 자의식을 서술한 4연에서 시인의 의식이 직접 드러나는 방식으로 구성되어 있다. 시는 연상이 계기적 방식으로 이어지면서 <꽃→그늘→꽃에 동화된 화자→화자의 의식→하산→나비>의 순으로 전개된다. 즉 1연에서 꽃을 묘사하고, 2연에서 꽃의 핵심 성격인 그늘을 제시하여 그늘을 거느린 꽃의 이미지를 형상화하고 3연에서 이 꽃에 동화된 화자를 드러내고 4연에서 동화된 화자의 의식을 서술한 후, 5연에서 하산의 풍경을 묘사하고 6연에서 나비의 형상을 통해 화자의 의식을 다시 보여주는 것으로 종결된다.

시를 좀더 상세하게 분석하면, 1연에는 시의 정황이 현실이 아니라 의식에 속한 것임을 시사하는 정보들이 담겨있다. "어느새"라는 표현을 통해 시는 일거에 특정한 성격의 공간으로 돌입한다. "천길 낭떨어지"에 있는 화자는 "벼랑끝"·"구름속"·"하늘가"에 피어있는 꽃을 본다. 이 꽃이 "공중에서 사라져 버리고 말 그런 꽃잎이" 아니라는 점에서 꽃과 관련된 세 개의 공간은 꽃이 상징하는 세 가지 성격을 암시한다. 2연은 꽃에 내포된 "크낙한 그늘"에 관해 묘사하고 있다. 화자는 꽃에서 오랜 시간 동안의 염원과 기다림을 본다. "몇만년을 울고 새운 별빛"이라는 투명한 이미지는 꽃에 시간성과 정화된 정서를 부여한다. 꽃은 유한한 존재이지만, 그 생명 속에는 긴 시간 동안의 깨끗하게 정화된 간절한 염원이 담겨있다. 3연은 앞에서 형상화된 꽃의 이미지를 화자의 존재로 이전한다. 꽃에 내재된 그늘 속으로 우주가 덮이고, 그 우주가 화자의 핏속으로 옮겨가는 상상력은 꽃에 내재된 상징을 생명 존재의 일반적인 성격으로 인식하는 시인의 의식을 보여준다. "벼랑끝" · "구름속" · "하늘가"에 피어있는 꽃에는 "몇만년을 울고 새운 별빛"이 만든 "한점 그늘"이 있다. 절체절명의 공간인 벼랑과 시간의 흐름 속에서 소멸할 구름, 그리고 영원한 보편 질서를 상징하는 하늘은 생명의 존재 방식을 의미한다. 시인은 보편적 질서 아래 소멸의 운명을 타고난 생명체들에게서 긴 시간에 축적된 간절한 염원을 본다. 시간을 공간화한 "크낙한 그늘" 속에는 무한한 시간 동안 생명체들을 통해 이어져 내려온 정화된 염원과 기다림이 담겨있다. 화자는 꽃에서, 그리고 꽃과 동화된 자신의 생명에서 이를 느낀다. 꽃잎이 일으키는 바람을 통해 화자는 "野獸의 體臭와도 같이 戰慄할" 우주적 염원을 느끼는 것이다. 그것은 자신의 생명에 닿아있는 원시적 생명력이며, 우주적 심성이다. 꽃에서 "몇만년을 울고 새운 별빛"을 보는 것은 생명에 내재된 우주적 심성을 자각하는 것이다. 유한한 생명체가 소멸의 운명을 뛰어넘을 수 있는 것은 자신의 존재에 닿아있는 유구한 시간성과 보편적 가치에 대한 자각 때문이다. 지훈이 꽃에서 발견한 "크낙한 그늘"은 자신의 생명으로 이어진 우주적 염원과 기다림이었다. 자신을 "슬기로운 사람"도, "철모르는 어린애"도 아니라고 하는 시인의 고백은 꽃에서 영원을 발견하되, 그 속에 담긴 투명한 "별빛"을 자신의 생명에서도 본다는 것을 의미한다. 그것은 지훈의 세계가 단순한 심미나 낭만의 세계가 아니라 우주적 심성을 지향하는 세계임을 뜻한다. "絶頂의 꽃잎에 입맞추고 기리 잠들어 버릴 自由를 抛棄한다"는 진술은 심미적 세계를 넘어 의지적 성격을 지향하는 시인의 의식을 보여주는 것이다. 5 · 6연의 하산 길에서 만난 자연물들은 유한한 시간을 부여받은 존재의 슬픔을 환기한다. 5연은 앞에서 형상화된 의식의 풍경이 순간적인 것이 아니라 오랜 시간에 걸쳐 이루어진 것임을 시사한다. 주막 주인의 이마에 주름살이 늘었다는 것은 이 시의 시간이 상당히 긴 것임을 뜻한다. 다시 말해, 꽃에서 "크낙한 그늘"을 보고 그 속에 동화되는 화자의 일련의 행위는 수십 년의 삶을 통해 도달한 의식의 과정을 표현한 것이다. 그러한 관점에서 꽃의 공간적 성격을 묘사한 1연은 생명을 우주의 보편적 원리 속에서 인식했던 시인의 의식을 상징하는 풍경이며, 2·3연은 1연의 인식 위에 생명의 간절한 염원을 발견하는 의식의 각성 과정을 형상화한 것이다. 따라서 이 시의 화자가 도달한 '고요한 웃음'은 「古寺」나 「鶯吟說法」이 환기하는 법열과 다른 것이다. 그 속에는 "꽃"에서 "몇만년을 울고 새운 별빛"을 발견하고 그것을 자신의 핏속에 동화시키는 의식의 각성 과정이 담겨있기 때문이다. 여기에서 생명은 형이상학적 원리 속에 규정되는 존재로 머물지 않고 간절한 염원을 담은 의지적이고 감성적인 존재로 전환되어 있다. 이는 지훈의 시가 소멸의 슬픔을 극복하는 과정을 보여준다. 화자가 고요히 웃을 수 있는 이유는 생명의 감성적 의지를 발견하고 각성했기 때문이다. 그것은 결코 "邪된 마음이 없"는 것이지만 생명 존재의 감성 의지를 강조한다는 점에서, 즉 우주적 원리 속에 놓인 개별 생명체의 존재성을 부각시킨다는 점에서 "죄"인 셈이다. "絶頂의 꽃잎을 가슴에 물들이고 邪된 마음이 없이 죄 지은 懺悔"란 생명 존재의 의의를 감성 의지 속에 발견하고 이를 실현하려는 시인의 의식을 보여준다.

<오대산 월정사> 시절에 자연에 대한 직관을 통해 체득했던 세계관은 일제강점기말의 현실을 통과하면서 소멸의 슬픔을 정관하는 세계로 옮겨간다. 자연의 질서를 우주의 보편적 진리로 인식한 시인은 부정적인 현실을 타개할 방법을 발견하지 못한다. 일제강점기말에 지훈의 시가 집중했던 소멸의 슬픔은 우주적 원리 속에서 개체에게 부여된 운명을 정관한 데서 비롯된 것이다. 이 무렵의 그의 시에서 비극적 절망이나 현실 극복의 동력, 그 어느 것도 발견할 수 없는 것은 현실의 정황을 보편적 원리와 운명의 형식으로 파악한 시인의 세계관 때문이었다. 운명을 정관하는 것은

폭압의 현실을 견딜 수 있는 유일한 방법이었던 셈이다. 「절정」은 이러한 지훈 시가 변화하는 방향을 보여준다. 일제강점기와 해방 정국을 거치면서 시인은 개별 존재에 닿아있는 우주적 생명력, 그 주체의 감성 의지를 자각하게 되는 것이다.

한편 주체의 생명력을 환희 속에서 형상화한 「절정」과 달리 같은 해에 창작된 「언덕 길에서」는 현실에 강한 피로를 느끼면서 이러한 주체의 의지적 생명력을 고단한 것으로 감수하는 시인의 내면을 드러낸다.

龍의 비늘을 지녔으나 소나무는 이 엷은 흙 우에 뿌리를 서려 둔 채 드디어 오늘에 늙고 말았다.

松虫이 기는 그 수척한 가지에는 한점 그늘을 던질 잎새조차 없고 이따금 흰구름이 여기 걸리어 太陽을 가리울뿐

太初以來로 地心에 용솟음치던 불길에 밀리어 퉁겨져 나온 바위가 하나 그 옆에 낡은 세월을 지키고 있노니

이는 사나운 意慾의 化石 原罪의 刑罰을 참고 견디어 애초의 그 자리 그대로 앉아 風雨霜雪에 낡아간다.

내 오늘 어지러운 세월 흔들거리는 人生을 가누려고 저 浩浩한 하늘 아래 이몸을 바래우고 돌아가는 길 人事의 어지러움에 차라리 病든 老松을 슬퍼하여 沈黙에 입다문 바위를 내 가슴치듯 두다려 본다.

바위는 끝내 울지 않는다. 어인 나비 한 마리 이 열리지 않는 돌문에 엎디어 이끼처럼 피고 있는 것—아 이 간절한 기도를 위해서 肉身이 짐짓 隱花의 植物을 닮을 것을 생각한다.

이는 蝴蝶이 아니라 한 마리 蛾로다. 내 그의 고달픈 꿈을 깨우지 않고

書室로 돌아가노니

어찌 견디랴 오늘밤 내 벼갯머리에 하루의 목숨이 다한 蜉蝣의 무리가 숨 가쁘게 맴돌다 죽어가는 모습을―.

―「언덕 길에서」 전문

1~4연에 묘사된 소나무와 바위의 형상은 생명력이 고갈된 모습이다. 두 자연물은 5연에 서술된 화자의 정서가 투영되어 있다. 혼란한 현실 속에서 심한 피로감과 안타까움을 느끼는 화자의 내면이 "수척한" 모습의 "老松"과 "風雨霜雪에 낡아가는" 바위로 형상화되어 있다. 의연한 정신성을 상징하는 노송과 바위를 이렇게 황폐하게 형상화한 것은 시인의 내면이 매우 피로한 상태에 있음을 시사한다. 「풀잎斷章 1」에서 인세의 풍상을 함께 겪으면서도 적연부동했던 바위의 모습은 이 시에 이르러 삭막한 시간 속에 "낡아가는" 형상으로 그려져 있다. 바위가 겪는 고통을 "原罪의 刑罰"로 표현할 정도로 시인은 당면한 현실에서 심한 고통을 느끼는 듯하다. 6연은 고통스러운 정신이 발견한 의식의 풍경이다. 화자는 바위에 붙어 있는 나비의 이미지에서 혼란스러운 현실을 타개하고 싶은 자신의 간절한 염원을 본다. 화자가 나비를 "이끼처럼 피고 있는 것"으로 보는 것은 이끼에 내재된 바위의 정신을 생각하기 때문이다. 오랜 시간을 묵묵히 인내하는 "隱花의 植物"에서 화자는 "열리지 않는" 현실을 통과하는 정신을 생각한다. 7연에서 그 나비를 "蝴蝶이 아니라 한 마리 蛾"라고 표현한 것은 "蝴蝶"에 담긴 심미적이고 낭만적인 이미지를 배제하기 위함이다. 「絶頂」의 나비에는 주체의 감성 의지에 물들었던 고요한 웃음이 내재되어 있었다. 이 시의 나비를 "蛾"라고 고쳐 부르는 것은 현실에 대한 시인의 인식을 암시한다. 바위에 붙은 나비에게서 현실을 타개하려는 이미지를 발견했음에도 불구하고 화자는 그 모습에서 "별빛"을 보지 않고 "숨 가쁘게 맴돌다 죽어가는" 개체의 "고달픈 꿈"을 본다. 바위의 모습에서 "原罪의

刑罰"을 보고, "돌문에 엎디어 이끼처럼 피고 있는" 나비의 모습을 "고달픈 꿈"으로 보는 화자의 모습은 해방 정국의 혼란을 극도의 암담한 심정 속에 경험하는 시인의 내면 상태를 보여준다. 이 시에서 지훈의 시를 지탱하던 세계관은 배면으로 물러나 있다.

「절정」과 「언덕 길에서」는 현실에 임하는 시인의 상이한 정서를 보여준다. "꽃"에서 "몇만년을 울고 새운 별빛"을 발견한 「절정」의 화자는 생명에 내재한 우주적 감성 의지를 자신의 것으로 삼는다. "絶頂의 꽃잎에 입맞추고 기리 잠들어 버릴 自由를 抛棄한다"는 진술은 시인의 정신적 지향을 천명한 것이었다. 심미적이고 낭만적인 세계에 머물지 않고 "별빛"에 담긴 생명의 염원을 주체의 감성 의지를 통해 실현하겠다는 각성은 해방 이후 조지훈 시에 바탕이 되는 의식이다. 존재의 생명력에 대한 자각을 환희 속에서 형상화한 「절정」과 달리 「언덕 길에서」는 현실 타개의 의지를 "고달픈 꿈"으로 표현하였다. 주체의 감성 의지를 바라보는 시인의 정서가 상반된 방식으로 표출되었지만 두 편의 시가 주목한 것은 존재의 생명 의지였다. 소멸의 운명을 정관하던 일제강점기와 달리 혼란한 해방 정국에서 시인이 주시한 것은 주체의 의지였다. 운명과 의지, 이는 해방을 전후로 한 조지훈 시의 방향 전환을 시사하는 대목이다. 그러한 점에서 「절정」과 「언덕 길에서」에 등장하는 "죄"—"邪된 마음이 없이 죄 지은 懺悔"(「절정」), "사나운 意慾의 化石 原罪의 刑罰을 참고"(「언덕 길에서」)—라는 표현은 습작기 무렵의 원초적 욕망에 대한 종교적 자의식이 주체의 생명 의지로 극복되었음을 보여준다. 양자의 의식은 인간에 대한 보편적 이해라는 점에서 공통되지만 성격과 관점에서 큰 차이를 지닌다. 전자가 인간을 부정적으로 보고 죄를 개인의 관념적 자의식이라는 차원에서 접근하고 있다면, 후자는 현실 극복 의지를 죄로 인식하고 이를 인류 보편의 생명 감성이라는 차원에서 긍정적으로 다룬다. 관념적이고 개인적인 자의식으로 죄를 인식했던 습작기와 달리 해방 이후 지훈의 시는 인간의 주체적 의지를 죄로 인식하고 있다. 부정적인 욕망에 대한 관념적 자의식이 인간의 실천적 의지에 대한 주체적 각성으로 전환된 것이다. 지훈의 시는 보편적 질서 위에 인간의 역할과 실천 의지를 강조하는 세계로 옮겨 간다. 소멸의 운명이나 그로 인한 슬픔과 체념의 정서는 인간의 생명 의지에 대한 각성을 통해 현격하게 약화된다. 이러한 시인의 의식은 한국전쟁을 지나면서 매우 뚜렷하게 부각된다.

> 여기는 그저 짙은 오렌지빛 하나로만 물든 곳이라고 생각하십시오 사람 사는 땅위의 그 黃昏과도 같은 빛갈이라고 믿으면 좋습니다. 무슨 머언 생각에 잠기게 하는 그런 숨 막히는 하늘에 새로 오는 사람만이 기다려지는 곳이라고 생각하십시오.
>
> 여기에도 太陽은 있읍니다. 太陽은 검은 太陽, 빛을 위해서가 아니라 차라리 어둠을 위해서 있읍니다. 죽어서 落葉처럼 떨어지는 生命도 이 하늘에 이르러서는 눈부신 빛을 뿌리는것, 허나 그것은 流星과 같이 이내 스러지고 마는 빛이라고 생각하십시오.
>
> 이곳에 오는 生命은 모두 다 파초닢 같이 커다란 잎새 위에 잠이 드는 한 마리 새올습니다. 머리를 비틀어 날개쭉지 속에 박고 눈을 치올려 감은채로 고요히 잠이 든 새올습니다. 모든 細胞가 다 죽고도 祈禱를 위해 남아 있는 한가닥 血管만이 가슴 속에 촛불을 켠다고 믿으십시오.
>
> 여기에도 검은 꽃은 없읍니다. 검은 太陽빛 땅위에 오렌지 하늘빛 해바라기만이 피어 있읍니다. 스스로의 祈禱를 못가지면 이 하늘에는 한송이 꽃도 보이지 않는다고 믿으십시오.
>
> 아는것만으로는 아무 소용이 없습니다. 첫사랑이 없으면 救援의 길이 막힙니다. 누구든지 올수는 있어도 마음대로 갈수는 없는곳, 여기엔 다만 오렌지빛 하늘을 우러르며 그리운 사람을 기다리는 祈禱만이 있어야 합니다.
>
> —「地獄記」 전문

한국 전쟁이 진행 중인 1952년에 창작된 「地獄記」는 암담한 현실 속에서도 포기하지 않는 생명 정신을 형상화한 작품이다. 시인은 황폐한 현실을 구원할 수 있는 길이 "첫사랑"에 있으며 "아는것만으로는 아무 소용이 없"음을 거듭해서 강조한다. 그렇다면 "첫사랑"은 실천이며 구체적인 행위를 가리키는 것이다. 시인은 "첫사랑"을 "그리운 사람을 기다리는 祈禱"라고 보았으며, 그 기도는 "스스로"에게서 발원하는 것이어야 함을 강조한다. 그것은 희망의 가능성을 현실에서 찾을 수 없기 때문이다. 2연과 3연에서 묘사된 대상의 모습은 생명력이 부재한 현실에서 무력하게 소멸해가는 존재들의 모습을 보여준다. "流星과 같이 이내 스러지고 마는 빛"과 "머리를 비틀어 날개쭉지 속에 박고 눈을 치올려 감은채로 고요히 잠이 든" 새들의 모습은 부정적인 현실 속에서 무력하게 소멸해가는 위축된 생명력을 암시한다. 이러한 상황에서 시인이 제시하는 기도란 현실에 직접 참여해서 무엇인가를 이루어내는 행위라기보다 희망을 포기하지 않고 참고 기다리는 정신을 뜻한다. 따라서 그 기도는 "스스로"를 발원지로 삼는 정신이다. 시인이 "스스로의 기도"를 "첫사랑"으로 바꾸어 표현하는 것은 "스스로"를 발원지로 삼는 "기도"는 주체의 감성 의지를 생명으로 삼기 때문이다. 그러한 점에서 "검은 太陽빛 땅위에 오렌지 하늘빛 해바라기"(4연)는 "오렌지빛 하나로만 물든 곳", "숨 막히는 하늘에 새로 오는 사람만이 기다려지는 곳"(1연)으로 표현된 현실에 가득한 염원이 스스로 몸을 입은 것이라 할 수 있다. 첫사랑의 기도가 화신(化身)하는 길, 그것이 부정적인 현실을 구원할 수 있는 방법인 것이다. 여기에서 주목할 점은 5연의 "그리운 사람을 기다리는 祈禱만이 있어야" 한다는 진술의 전제가 되는 현실을 시인이 "누구든지 올수는 있어도 마음대로 갈수는 없는곳"으로 인식하고 있다는 점이다. 이는 개체에게 부여된 운명을 실천적인 의지로 전환시키는 시인의 의식을 시사한다. "마음대로 갈수는 없는곳"이라는 표현 속에는 현실을 주어진 운명으로 감수하면서도 삶을 포기하거나 부정하지 않고 그 속에서 책임을 다하려는 생명 감성이 작동하고 있다.

「절정」·「언덕 길에서」·「지옥기」 등에 공통적으로 전제되어 있는 것은 부여된 운명을 수동적으로 정관하던 태도에서 벗어나 현실에 보다 적극적으로 대응하려는 주체의 감성의지였다. 이는 우주적 보편 질서에 대한 인식 위에 주체의 생명 의식이 더해진 형국이다. 이러한 시편들은 혼란한 현실을 보다 적극적으로 타개하려는 생명 의지의 각성이라는 점에서 시인의 변화된 의식을 보여준다.

한편, 생명의 주체적 의지를 부정적 현실에 대한 대응이라는 관점에서 다룬 이들 시편들과 달리 생명의 감성 의지를 보편적인 세계에 대한 지향으로 형상화한 시편도 있다. 「念願」은 개체의 감성 의지를 우주적 보편 세계로의 복귀라는 관점에서 다루고 있다.

> 아무리 깨어지고 부서진들 하나 모래알이야 되지 않겠읍니까. 石塔을 어루만질때 손끝에 묻는 그 가루같이 슬프게 보드라운 가루가 되어도 恨이 없겠읍니다.
>
> 촛불처럼 불길에 녹은 가슴이 굳어서 바위가 되던 날 우리는 그 차운 비바람에 떨어져 나온 分身이올시다. 宇宙의 한알 모래 자꾸 작아지는 나는 끝내 그의 모습이올시다.
>
> 고향은 없읍니다. 기다리는 임이 있읍니다. 지극한 소망에 불이 붙어 이몸이 영영 사라져 버리는 날이래도 임은 언제나 만나뵈올 날이 있어야 하옵니다. 이렇게 거리에 바려져 있는 것도 임의 소식을 아는 이의 발밑에라도 밟히고 싶은 뜻이옵니다.
>
> 나는 자꾸 작아지옵니다. 커다란 바위덩이가 꽃잎으로 바람에 날리는 날을 보십시요. 저 푸른 하늘가에 피어 있는 꽃잎들도 몇 萬年을 닦아온 조약돌의 化身이올시다. 이렇게 내가 아무렇게나 바려져 있는것도 스스로 움직이는 生命이 되고자 함이올시다.

출렁이는 波濤속에 감기는 바위 내 어머니 품에 안겨 내 太初의 모습을 幻想하는 조개가 되겠읍니다. 아—나는 조약돌 나는 꽃이팔 그리고 또 나는 꽃조개.

—「念願」 전문

위에 인용한 작품은 「지옥기」와 같은 해인 1952년에 창작된 작품이다. "첫사랑"과 "스스로의 祈禱"로 표현된 주체의 감성 의지가 구원의 방법임을 강조했던 「지옥기」는 부여된 현실의 운명 위에 주체의 의지를 결합함으로써 암담한 현실을 감내하는 시인의 의식을 형상화하였다. 「念願」 역시 생명 개체에 부여된 운명과 개체의 의지가 시의 중심 내용을 이루고 있다. 그런데 이 시의 경우에는 현실이 시의 풍경에서 물러나고 "임"이 전면으로 등장한다. 화자의 간절한 바람은 "임"을 향해 있고, 궁극적으로 "임"과의 합일을 목표로 하고 있다. 이 시에서 "바위덩이" · "조약돌" · "모래알" · "꽃잎" · "꽃이팔" · "꽃조개" 등의 소재들은 모두 "그"의 "分身"이다. "그"는 "그"의 "分身"들이 "기다리는 임"이며, "내 어머니"이며 "太初의 모습"이다. 이 시의 화자는 이 많은 소재들로 유전해가는 "그"의 "분신"이다. "그", "어머니", "太初의 모습"으로 표현된 "임"은 우주적 본원의 질서를 상징하는 도의 형상이다. 화자는 모든 존재들을 "임"에게서 "떨어져 나온 分身"으로 인식한다. 이 시는 "떨어져 나온 분신"들이 본체로 돌아가고자 하는 지향을 그린 작품인 셈이다. 그런데 그 본체(어머니)는 특정한 시공 속에 존재하는 대상은 아니다. 돌아갈 "고향은 없"고 "기다리는 임"만 있다는 것은 화자가 귀환할 "그"가 특정한 상태나 구체적인 형상을 갖춘 대상이 아님을 뜻한다. 화자는 3연에서 "임"을 "만나뵈올 날이 있어야 한다"고 했으며 4연에서 자신이 되고자 하는 상태를 "스스로 움직이는 生命"이라고 밝히고 있다. 그렇다면 "임"을 "만나뵈올 날"은 궁극적으로 "스스로 움직이는 生命이" 되는 때를 가리키는 것이다. 시의 화자가 지향하는 "임"과 "그"와 "어머니"란 '스스로 운영되는 자연'이다. 그 자연은 삼라만상으로 분화되기 이전의 카오스에 가까운 "태초의 모습"이다. 그러한 관점에서 본다면 4연에서 <"바위덩이"→"조약돌"→"꽃잎">의 순서로 유전해 가는 상상력은 "스스로 움직이는 生命"에 가까워지려는 존재의 지향일 것이다.

여기에서 눈여겨 보아야 할 점은 "스스로 움직이는 生命"을 지향하는 것이 "스스로의 祈禱"를 강조했던 「지옥기」의 발상과 상통한다는 점이다. 구원의 길이 '스스로를 발원지로 삼는 기도'와 "첫사랑"에 있다는 「지옥기」의 의식은 "스스로 움직이는 生命"에 이르는 것을 궁극적인 목표로 삼는 「염원」의 지향과 다르지 않다. 「지옥기」에서 존재가 지녀야 할 내면으로 제시된 상태가 「염원」에서는 하나의 존재의 모습으로 형상화되어 있는 것이다. 그렇다면 시인이 지향하는 바는 궁극적으로 우주적 보편 원리로서의 자연의 상태를 자신의 감성적 인격 속에 새겨 넣는 것이라 할 수 있다. 지훈의 정신은 존재의 감성적 생명이 외부의 상태에 좌우되지 않고 스스로의 발원으로 유지되는 생명의 상태를 추구한 것이다. 이는 주체의 의지를 통해 생명 개체에게 부여된 운명을 우주적 보편 질서에 합일시키는 것, 우주적 자연의 생명 원리를 주체의 감성 인격 속에 체현하는 것이라 할 수 있다.

「코스모쓰」는 「지옥기」와 「염원」에서 제시된, 자연을 인격화한 존재의 모습을 '코스모쓰'라는 대상을 통해 구체적으로 형상화한다.

> 코스모쓰는 그대로 한떨기 宇宙 무슨 꿈으로 태어 났는가 이 작은 太陽系 한줌 흙에—
>
> 차운 季節을 제 스스로의 피로써 애 게 피어있는 코스모쓰는 向方 없는 그리움으로 발 돋음하고 다시 鶴처럼 슬픈 모가지를 빼고 있다. 붉은 心臟을 뽑아 머리에 이고 가녀린 손길을 젓고 있다.
>
> 코스모쓰는 虛妄한 太陽을 등지고 돌아 앉는다. 서릿발 높아가는 긴 밤

의 별빛을 우러러 눈뜬다. <카오쓰>의 야릇한 無限秩序 앞에 少女처럼 옷깃을 적시기도 한다.

神은 <사랑>과 <미움>의 두 世界 안에 그 서로 원수된 理念의 領土를 許諾하였다. 닿을길 없는 꿈의 象徵으로 地球의 한모퉁이에 피어난 코스모쓰－코스모쓰는 별바래기 꽃, 絶望속에 生誕하는 愛憐의 넋. 죽음 앞에 고요히 웃음 짓는 殉教者. 아아 마침내 時間과 空間을 잊어버린 宇宙. 肉體가 精神의 무게를 지탱하지 못하는 코스모쓰가 종잇장보다 얇은 바람결에 떨고 있다.

코스모쓰는 어느 太初의 <카오쓰>에서 비롯됨을 모른다. 다만 이미 태어난 者는 有限임을 알뿐, 宇宙여 너 이미 生成된 者여! 有限을 알지 못하기에 無限을 알아 마지막 祈禱를 위해서 피어난 코스모쓰는 스스로 敬虔하다.

코스모쓰는 깊은 밤만이 아니라 대낮에도 이 太陽系만이 아니라 다른 太陽系에서도 밤낮을 가리지 않고 무수한 별이 떨어져 가는 것을 안다. 宇宙는 한갓 變化와 壞滅만으로도 無限持續하는 立命임을 안다. 풀버레 목숨같이 흘러간 별이 어느 渾沌 속에서 다시 새로운 太陽系를 이룩할 것을 믿지 않는다.

코스모쓰는 하염 없는 꽃, 부질없는 사랑. 코스모쓰가 피어난 저녁에 별을 본다. 내가 코스모쓰처럼 피어 있을 어느 하늘을 찾아 億兆光年의 限없는 零을 헤여본다. 코스모쓰는 이 하얀 종잇장 위에 한줄의 詩가 쓰여지지 않음을 모른다.

코스모쓰는 흘러온 별. 宇宙는 한송이 꽃. 고향이 없다 뜨거운 입맞춤이 있다. 그리움은 외로운 者를 숨막힌 抱擁에서 놓아주질 않는다. 뼈조차 자최 없이 한방울 이슬로 녹을 때까지………

코스모쓰가 이미 그리움에 야외여 간다. 서럽지 않다.

―「코스모쓰」 전문

「코스모쓰」는 한국 전쟁이 끝난 이듬해인 1954년에 창작된 작품이다. 시인은 코스모스 꽃의 형상에서 착상하여 '코스모스'라는 이름이 환기하는 '질서와 조화의 세계로서의 宇宙'를 사유하고 우주 생명체로서의 자신의 내면을 서술한다. 이 시의 "코스모쓰"는 코스모스라는 이름의 꽃과 질서의 세계로서의 우주, 그리고 그 구체적인 우주적 생명체로서의 화자, 이렇게 삼자의 성격을 함께 내포한 대상이다. 여기에서 '질서와 조화의 세계로서의 코스모스'는 형이상학적인 원리가 아니라 변화와 괴멸을 지속하는 구체적인 우주를 뜻한다는 점에서 그 세계를 구성하는 생명체의 속성을 함께 드러낸다. 시인은 "코스모쓰" 꽃의 형상에서 대상이 지닌 핵심 성격을 포착한다. "코스모쓰"를 가녀리고 애달픈 존재로 보게 하는 것은 "종이장보다 얇은 바람결에" 흔들리는 형상이다. 시인은 그 흔들림에서 "肉體가 精神의 무게를 지탱하지 못하는" 존재의 이미지를 발견한다. 강렬한 정신성을 환기하는 "코스모쓰"의 형상은 "이미 生成된" 유한자로서 "닿을 길 없는 꿈"을 지닌 존재의 모습을 상징한다. 이 시에서 "코스모쓰" 꽃이 주는 이미지의 핵심 의미는 "코스모쓰"의 꿈이 "닿을길 없는" 것이라는 데 있다. "닿을길 없"지만 "닿을길 없는 꿈"을 꾼다는 점에서 "코스모쓰"는 "愛憐의 넋"이며 "하염 없는 꽃"이고 "부질없는 사랑"이다. "코스모쓰"가 상징하는 이러한 비극성은 본질적으로 존재의 유한성에서 비롯된 것이다. 삼라만상의 모든 생명체들은 "풀버레 목숨같이" 소멸할 운명을 타고 난다. 우주가 "한갓 變化와 壞滅만으로도 無限持續하는 立命"이라는 사실은 그 "立命" 속에 놓인 존재의 무상함을 의미한다. 따라서 꿈과 그리움을 갖는 것은 '하염없고 부질없는' 행위인 것이다. 더욱이 화자는 소멸 이후에 대한 믿음을 갖고 있지 않다. 이러한 점에서 "코스모쓰"는 존재의 역설을 환기한다. "풀버레 목숨같이 흘러간 별이 어느 渾沌 속에서 다시 새로운 태양계를 이룩할 것을 믿지 않"음에도 불구하고 <꿈과 그리움과 기도>를 갖는 모습은, 무한을 향해 있는 유한한 삶의 비극성을 보여준다.

여기에서 주목해야 할 대목은, 이 시에 '그리움과 기도'의 목적이 제시되어 있지 않다는 점이다. 시인은 "코스모쓰"의 모습에서 "向方 없는 그리움"과 "닿을길 없는 꿈"을 보았다. 무엇에 대한 그리움인지 무슨 꿈인지에 관해서는 설명하지 않고 있다. 시인이 강조하는 것은 꿈을 지니고 그리워하고 기도하는 행위 자체이다. "고향이 없다 뜨거운 입맞춤이 있다"는 표현 속에는 행위 자체를 목적으로 삼는 시인의 의식이 내재되어 있다. 그리움과 기도는 존재의 외로움에서 발원한 "뜨거운 입맞춤"과 "포옹"의 행위이다. 따라서 유한한 존재의 순수한 생명의식이 '그리움・꿈・기도' 속에 있는 것이다. "포옹"을 "하염없는 사랑의 카타르시스"이며 "永遠한 訣別의 純粹持續"(「抱擁」)이라고 보는 시인은 "코스모쓰"에서 순수한 생명 의식의 발현 상태를 목격하고 있는 것이다. 시인은 시(詩) 역시 이러한 "입맞춤"과 "포옹"의 행위로 생각한다.

또 하나 주목할 대목은 재생(再生)에 대한 시인의 견해이다. 시인은 6연에서 우주는 "壞滅만으로도 無限持續하는 立命"이며, "흘러간 별이" "다시 새로운 太陽系를 이룩할 것을 믿지 않는다"고 하였다. 7연에서는 "내가 코스모쓰처럼 피어 있을 어느 하늘을 찾아 億兆光年의 限없는 零을 헤여본다"고 서술하고 있다. 이러한 내용에 비추어 본다면 지훈은 생명의 재생을 믿지 않았으며, 그것이 실제라고 하더라도 존재에게 별로 의미 없는 것으로 생각한 듯하다. 이 시에서 '꿈・그리움・기도・입맞춤・포옹' 등 존재의 성격을 보여주는 행위들은 대상이나 목적을 지향하지 않고 그 행위의 현재성 자체를 드러내는 데 집중되어 있다. 이는 삶에 대한 시인의 태도가 불교적 교리에 기초해 있지 않으며, 궁극적으로 유가적인 성격에 가까운 것임을 보여준다. 이 시에서 "코스모쓰"가 환기하는 삶의 태도는 존재의 유한성을 인정하되 이를 강렬한 생명 의식으로 전환하는, 지극히 현세 지향적인 성격을 띠고 있다. 물론 그 이시 속에는 "코스모쓰"에 내재된 존재의 근본적인 비애가 담겨 있다. 삶과 현실, 그리고 역사를 보는 지훈의 시각은 우주적 입명 속에서 생명의 유한성과 존재론적 비애를 보되, 그것을 강한 의지로 전환하는 현세 지향적인 생명 의식에 기초하고 있다.

> 萬身에 피를 입어 높은 언덕에
> 내 홀로 무슨 노래를 부른다
> 언제나 찬란히 티어올 새로운 하늘을 위해
> 敗者의 榮光이여 내게 있으라.
>
> 나조차 뜻 모를 나의 노래를
> 虛空에 못박힌 듯 서서 부른다.
> 오기 전 기다리고 온 뒤에도 기다릴
> 永遠한 나의 보람이여
>
> 渺漠한 宇宙에 고요히 울려가는 설움이 되라.
>
> —「歷史 앞에서」 전문

『歷史 앞에서』(1956)의 표제작인 위의 작품은 '變化와 壞滅만으로 無限持續하는' 우주적 존재로서 역사를 바라보는 시인의 의식을 형상화하고 있다. 시인의 의식을 상징적인 소재나 의식의 풍경을 통해서 형상화한 시편들과 달리 이 시는 역사에 대한 시인의 태도를 화자의 모습과 진술을 통해 직접 표현한다. 이 시에서 시인의 역사 의식을 단적으로 보여주는 대목은, 역사의 한 고지에서 부르는 노래가 "나조차 뜻 모를 나의 노래"라는 부분이다. "滿身에 피를 입"고 오른 "높은 언덕에"서 화자는 자신이 부르는 노래의 의미를 모른다고 밝히고 있다. 수많은 희생과 상처 속에 전개되어 온 역사의 의미를 시인은 알 수 없다고 고백한다. 그런데도 시인은 "무슨 노래를" "허공에 못박힌 듯 서서 부른다". 그리고 그 노래를 "나의 노래"라고 표현한다. 이렇듯 역설적인 성격을 내포한 노래는, 노래가 울려

펴지는 공간이 제한된 역사의 시간이 아니라 "묘막한 우주"라는 데 그 본질이 있다. 이는 화자의 정황과 화자의 노래가 지향하는 공간이 대비적으로 묘사된 시의 구조와도 관련되어 있다. 시의 노래는 찬란한 우주를 지향하고 있는데 반해 그 노래를 부르는 화자는 근본적으로 비애에 젖어 있다. 여기에서 화자는 역사의 주인도, 역사를 개척하는 자도 아니다. 아울러 이 역사는 구체적인 사건을 포괄하는 시간 개념이 아니라 본질적으로 우주적 시간이다. 시인은 역사를 개별 단위에서 보지 않고 광대한 우주적 시간이라는 관점에서 보고 있다. 따라서 이 시의 구도는 우주적 시간과 유한한 개별자의 대비를 그리고 있는 것이다. 이 시의 화자가 부르는 노래는 앞의 시편들에서 표현되었던 '꿈과 그리움과 기도'인 셈이다. "언제나 찬란히 티어 올 새로운 하늘을 위해" 자신에게 "敗者의 榮光"이 있으라는 화자의 선언은 유한한 존재로서 우주의 보편적 원리에 적극적으로 복명(復命)하는 인간의 모습을 보여준다. 인간은 유한한 존재라는 점에서 본질적으로 패자이며 그가 부르는 노래는 "설움"일 수밖에 없다. 그럼에도 불구하고 화자는 "찬란히 티어 올 새로운 하늘을" 노래한다.

역사에 대한 이러한 시인의 인식은 우주의 보편적 원리 속에서 인간을 이해하는 관점에 기초하고 있다. 그 속에는 유한한 존재의 설움이 담겨 있되, 현실에서 존재의 감성 생명을 발현하려는 책임 의식이 내재되어 있다. 「코스모쓰」에서 그리움과 기도의 구체적인 목적이 없었듯이 시인이 부르는 노래는 시인조차도 "뜻 모를" 노래이다. 이 시 역시 구체적인 역사의 의미를 지향하지 않고 역사 앞에 선 존재의 태도를 형상화한다. 그것은 돌아갈 고향이 없는 존재의 생명 의식, 즉 "뜨거운 입맞춤"·"포옹"에 주목했던 「코스모쓰」의 시 의식과 동일하다. "뜻 모를" 노래를 "나의 노래"라고 한 것은 행위의 목적보다 행위 자체에 의미를 부여하는 시인의 인식을 보여준다. 이 시의 설움은 "뜻 모를" 노래를 "나의 노래"로 부르는 역설에서 비롯된 것이며, 노래의 내용을 존재를 초월하는 우주적 단위에서 찾는 데서 발생한다. 시인은 역사 앞에 서 있지만 그의 의식은 본질적으로 초역사적인 관점을 취하고 있다. 이 시에 형상화된 역사관은 본질적으로 우주 전체를 포괄하는 세계관인 것이다.

지훈의 후기 시는, <오대산 월정사> 시절에 보였던 자연관 위에 해방의 과정을 통과하면서 발견한 주체의 의지가 결합됨으로써 개체에게 부여된 운명을 현실 지향적인 생명 의식으로 전환하는 특징을 보여준다. 그의 시는 결과적으로 현실에 대한 유가적 책임의 윤리에 닿아있지만, 그 내면에는 존재론적 비애가 자리잡고 있다. 현실과 관련된 시편들에서 보이는 독특한 정조는 존재의 슬픔과 생명 의식이 함께 작용한 데서 비롯된 것이다. 그런데 사회적 현실과 무관한, 순수하게 생 자체를 관조하는 시편들에서 시인은 자연의 이치를 자신의 인격 속에 온전히 체현한 모습을 보여준다. 작고하기 5개월 전에 발표한 「病에게」(1968.1)는 지훈의 시 세계가 도달한 순명(順命)의 최종 지점을 잘 보여주고 있다.

> 어딜 가서 까맣게 소식을 끊고 지내다가도
> 내가 오래 시달리던 일손을 떼고 마악 안도의 숨을 돌리려고 할 때면
> 그때 자네는 어김없이 나를 찾아오네.
>
> 자네는 언제나 우울한 방문객
> 어두운 音階를 밟으며 불길한 그림자를 이끌고 오지만
> 자네는 나의 오랜 친구이기에 나는 자네를
> 잊어버리고 있었던 그 동안을 뉘우치게 되네
>
> 자네는 나에게 휴식을 권하고 生의 畏敬을 가르치네
> 그러나 자네가 내 귀에 속삭이는 것은 마냥 虛無
> 나는 지그시 눈을 감고, 자네의
> 그 나즉하고 무거운 음성을 듣는 것이 더없이 흐뭇하네
>
> 내 뜨거운 이마를 짚어 주는 자네의 손은 내 손보다 뜨겁네

자네 여윈 이마의 주름살은 내 이마보다도 눈물겨웁네
나는 자네에게서 젊은 날의 초췌한 내 모습을 보고
좀더 성실하게 성실하게 하던
그날의 메아리를 듣는 것일세

生에의 집착과 未練은 없어도 이 生은 그지없이 아름답고
地獄의 형벌이야 있다손 치더라도
죽는 것 그다지 두렵지 않노라면
자네는 몹시 화를 내었지

자네는 나의 정다운 벗, 그리고 내가 공경하는 친구
자네가 무슨 말을 해도 나는 노하지 않네
그렇지만 자네는 좀 이상한 성밀세
언짢은 표정이나 서운한 말, 뜻이 서로 맞지 않을 때는
자네는 몇 날 몇 달을 쉬지 않고 나를 說服하려 들다가도
내가 가슴을 헤치고 자네에게 傾倒하면
그때사 자네는 나를 뿌리치고 떠나가네

잘 가게 이 친구
생각 내키거든 언제든지 찾아 주게나
차를 끓여 마시며 우리 다시 人生을 얘기해 보세그려

—「病에게」 전문

이 시는 병을 가상의 청자로 상정하여 삶과 죽음에 관한 시인의 태도를 표현하고 있는 작품이다. 이 작품에는 오랜 투병 과정을 통해 시인의 감성적 인격 속에 체득된 삶의 외경과 죽음에 대한 달관이 자연스럽고 친근한 어조 속에 잘 드러나 있다. 이 시에서 병은 화자의 삶을 조율하는 역할을 한다. 병은 일에 매몰되어 있을 때는 쉼을 주고 죽음에 경도되어 있을 때는 긴장을 줌으로써 생의 본질과 외경을 각성시키는 존재이다. 화자는 병

을 통해 삶의 아름다움과 죽음의 안식을 경험한다. 화자의 내면과 반대로 작용하는 병의 행보에서 화자는 삶 자체의 의미를 생각하게 된다. 자신과 병의 어긋난 관계에서 생의 아이러니를 발견하고 삶의 외경과 죽음에 접근해 가는 시인의 태도에서 기욕(嗜慾)을 버리고 정신적 자유와 달관에 도달하는 노경(老境)의 경지를 볼 수 있다. 노경이란, 들뜬 정열이나 과도한 집착과 욕망으로부터 벗어나서 허정(虛靜)의 상태에서 전체를 내다보는 경지이다. 병은 시인의 마음을 허정의 상태에 이르게 함으로써 삶 자체의 아름다움과 생의 허무함을 경험하게 한다. 삶의 편에서 죽음을 바라보고, 죽음의 편에서 삶을 바라보게 하는 이 과정은 삶을 전체적인 시선에서 조망하게 한다. 따라서 그 삶은 그 자체로서 "그지없이 아름다"운 것이 된다.

조지훈의 시는 줄곧 삶의 존재론적 문제들과 고투해 왔다. 물론 그 고투는 격렬한 거부와 부정의 방식이 아니라 슬픔과 정관(靜觀) 속에서 진행되었다. 우주의 운행 원리 아래 놓인 개체의 운명을 수락하되 어떻게 생명의 의의를 발견할 것인가 하는 문제는 지훈의 시가 일관되게 고민해온 주제였다. 그것은 삶에서 죽음을, 죽음에서 삶을 바라보는 과정이었으며, 궁극적으로 생(生)과 사(死)를 통합한 보편적 삶의 문제였다. 지훈의 시편들은 운명을 수락한 자의 생명 의식을 노래한다. 사회와 역사의 문제를 다룬 시편들에도 이러한 관점은 일관되게 나타난다. 우주적 자아로서의 존재에 대한 인식은 지훈의 시 세계 전체를 떠받치고 있는 시의식의 대전제이다. 「病에게」의 정조 속에 깊이 녹아있는 삶에 대한 외경과 죽음에의 달관은, 생(生)과 사(死)를 통합해서 삶을 감수하되 생명의 감성 의지 자체를 향유하려는 시인의 진정성을 보여준다. 지훈이 결코 포기하지 않았던 삶에 대한 거시적 관점은 그의 시가 고민해왔던 거대한 주제였으며, 그의 시 세계의 기반이었다.

이제까지 논의했던 내용을 간략하게 정리하면, 서구의 문학 체험에서 본격화된 지훈의 시는 인간에 대한 이해를 시의 주제로 삼으면서 출발하였다. 육체적 관능과 종교적 자의식이 문학적 심미주의와 섞이면서 전개되는 그의 습작기 작품들은 성숙하지 못한 상반된 충동이 결합하여 관념적이고 자기분열적인 양상을 띠게 된다. 서구적 관념에 침윤되어 있던 습작 무렵, 중요한 전환점이 된 것은 「승무」·「고풍의상」 등에 형상화된 민족적인 것에 대한 관심이었다. 물론 이러한 전환의 직접적인 계기는 지훈을 추천했던 지용에 의해 이루어진 것이었다. 지훈은 인간의 존재론적 고뇌를 민족적인 소재와 결합한 「승무」를 통해 인간에 대한 연민의 정서를 구도의 정신 속에 형상화한다. 아울러 민족적인 소재와 정서에 대한 관심 속에서 일제강점기말 민족적 삶에 내재한 심미적 심성과 예술적 정취를 시의 풍경 속에 담아낸다. 이러한 계열의 작품을 통해 습작기에 보였던 관념적이고 병적인 자의식은 인간에 대한 보편적인 연민의 정서로 전환된다.

<오대산 월정사> 시절은 지훈의 시에 일관되게 드러나는 세계관의 형성기였다. 불교적인 분위기 속에서 자연을 정관하게 된 이 시기를 지나면서 그는 생명과 자연 현상을 우주적 원리 속에서 인식하게 된다. 우주적 원리 속에서 생명 현상을 사유하는 것은 그의 시를 지배하는 관점이다. 그가 인식했던 우주적 원리는 단순히 추상적이고 형이상학적인 원리로서 머물지 않고 시인의 감성적 인격 속에 깊이 내면화됨으로써 종교적인 신앙의 성격에까지 이른 것이라 할 수 있다. 일제강점기말, 우주적 질서 속에서 존재와 현실을 인식한 지훈이 할 수 있었던 것은 개체에게 부여된 운명을 정관하는 일이었다. 현실은 그에게 소멸하는 현상으로 감수되었으며, 우주적 원리를 신앙한 그가 할 수 있었던 것은 소멸의 운명을 지키는 일이었다.

일제강점기말과 해방기를 통과하면서 지훈의 시가 발견한 것은 개체의 생명 의식이었다. 그것은 오랜 시간 동안 개체에서 개체로 이어진 우주적 생명력이었으며, 시인은 이 생명력을 통해 우주적 원리와 합일되는 주체의 의지를 발견하게 된다. 이러한 의식은 한국전쟁을 지나면서 스스로에

게서 발원하는 주체적 생명 감성으로 발전하게 된다. 물론 그러한 의식 속에도 개체의 운명을 거시적인 원리 속에서 바라보는 관점은 작용하였다. 운명과 주체의 의지를 함께 사유하는 지훈의 시는 삶과 현실과 역사를 보는 시각 속에 두루 전제되어 있다. 사회와 현실의 문제를 다룬 시편들에서 주체의 감성 생명은 결과적으로 책임의 윤리라는 성격을 띤 것이었으며, 그럼에도 불구하고 그러한 생명 의식은 개체에게 부여된 소멸의 운명 위에 기초하고 있어서 비애의 성격을 내재한 것이었다.

지훈은 자신과 타인, 인간과 자연 생명, 삶과 현실, 역사와 우주를 하나의 연관 속에서 사유하였다. 그것은 단순히 지적인 성격에 국한되지 않고 시인의 감성과 삶과 세계관에 두루 작용하는 것이었다. 따라서 그의 시의 자연 현상은 대상 세계의 문제가 아니라 인간의 문제였으며 동시에 자신의 문제였다. 개체를 전체의 관점에서 바라보고, 전체를 개체의 생명과 관련해서 인식하는 것은 그의 시 세계의 대전제이다. 그의 사유 속에 깊이 뿌리내린 우주적 질서는 그의 시에 깊고 넓게 자리잡고 있는 비애의 원인이다. 부여된 운명을 살아내야 하는 생명체의 고뇌는 자신의 삶과 현실과 역사와 우주 자연을 바라보는 지훈 시의 일관된 화두였다. 우주적 원리를 감성적 인격 속에 전면적으로 받아들였던 시인은 개체의 운명을 감수하되 어떻게 삶 자체에 충실할 수 있는가의 문제로 고민하였다. 그가 발견한 것은 주체의 감성 생명이었으며 그것은 자연에 대한 생명의 윤리로, 현실에 대한 책임의 윤리로, 삶 자체에 대한 외경으로 전개되었다. 지훈의 시 세계를 관통하는 이러한 생명 의식은 우주의 생명체를 근원적으로 아우르는 생명의 윤리이며, 타자와 타자의 현실을 깊이 공감하고 유대감을 마련할 수 있는 연민의 정서를 내재한 것이었다. 아울러 현실을 직시하되 구원의 가능성을 스스로에게서 찾으려는 정신이었다.

지훈은 개체와 현상을 전체와의 연관 속에서 파악하였다. 이러한 시인의 사유 방식은 존재와 삶을 보다 근원적인 관점에서 관조하게 하고 생명세계에 대한 깊은 정신적 유대감을 제공하는 미덕을 지니고 있다. 그러나 이러한 미덕에도 불구하고 시인의 세계관이 대상이나 현상을 바라보는 관점 속에 강력하게 작용함으로써 지훈의 시는 환원주의의 위험에 노출되어 있는 것도 사실이다. 이는 지훈의 시를 떠받치고 있는 사유 체계가 상투성의 거점으로 작용할 수 있음을 의미하는 것이다. 그의 시는 개인에 의해 감수된 고유한 감각 세계가 아니라 사물과 현상에 작용하는 본원적인 질서를 관조하는 세계이다. 본질적으로 상징의 성격을 띠고 있는 지훈의 시는 대상 세계를 바라보는 관점이 두드러질수록 작품간의 변별성이 약화된다. <오대산 월정사> 무렵의 시가 보여주었던 심미적 풍경 속에는 대상 세계와 우주적 질서 사이의 긴장이 조성되어 있었다. 그러나 해방 이후 시인이 각성한 존재의 생명 의지는 운명의 비애를 전환하려는 강한 염원을 띠고 있어서 시의 심미성을 약화시키는 방식으로 작용하게 된다. 시인의 의식이 직접 서술됨으로써 언어적 경제를 중시했던 지훈의 시는 산문의 세계에 가까워진다. 서술의 장황함과 상투성이 두드러지는 시편들에는 계몽의 수사학이라 할 만큼 시인의 의식이 과잉 서술되어 있다.

지훈의 시는 미적 근대성을 체험한 시인이 민족적인 정서와 전통적인 사상을 시화하는 과정을 보여준다. 서구적 심미성과 기독교적 관념에 침윤되었던 시인의 의식이 민족적인 것과 결합되어 구도의 정신으로 전환되고 민족의 삶에 내재된 심미적 심성과 예술적 정취를 발견하는 과정은 미적 근대성의 경험이 전통적인 것과 어떻게 만나는가를 보여주었다. 아울러 지훈의 시는 동아시아의 사상 전통이 구체적인 시의 세계로 형상화되는 일련의 과정을 본격적으로 보여주었다. 이는 자연과 인간, 삶과 현실을 아우르는 비분리의 세계관이, 시인의 삶이 반영된 시 세계의 전개과정을 통해 구체적으로 실현되었음을 뜻한다. 지훈 시의 '전통적 성격'은 본질적으로 개별적인 시편들에 속한 것이라기보다 시 세계가 전개되는 일련의 과정에서 드러나는 것이라 할 수 있다. 그의 시는 동아시아적 사유에 기초한 시인의 세계관이 삶과 현실 속에서 심화되는 과정을 구체적으로 보여준 세계였다.

제4장

정지용 · 조지훈 시의 자연 풍경의 특징과 문학사적 의의

자연은 동서양을 막론하고 예술의 중요한 소재이다. 자연은 인간의 삶과 불가분의 관련을 맺고 있는 범주여서 그것 자체를 소재로 삼고 있다는 사실이 특정한 문화권의 고유한 특질이 될 수는 없다. 또한 자연에 대한 두 가지 범주, 즉 구체적인 '실체로서의 자연'과 실체적 자연을 생성하고 변화시키는 '근원으로서의 자연'이라는 개념 역시 그 내포는 다소 상이하지만 자연을 이해하는 관점들에 공통적으로 나타나는 내용이다. 아울러 예술 작품에 형상화된 자연은 '있는 그대로서의 자연'이나 '근원으로서의 자연' 자체가 아니라, 그것을 바라보는 인간의 정신과 관련된다는 점에서, 자연의 하위 개념을 특수한 문화권만의 고유 개념으로 인식하는 것은 온당하지 못하다. 미적 대상으로서의 자연 형상은 본질적으로 인간화된 자연이다. 그 자연 속에는 대상을 바라보는 창작자의 시각과 내면이 투영되어 있으며, 그 시각 속에는 문화적인 요소와 개인적인 성격이 함께 섞여 있다. 예술 작품의 자연 형상이 보여주는 문화적 성격은 자연에 관한 이해의 차이에서 비롯된 것이라기보다 궁극적으로 자연에 대한 태도의 차이에서 발생한다.

일제강점기말의 정지용과 조지훈은 자연을 시의 주요 대상으로 삼았다. 그들의 시에 형상화된 자연은 이른바 '동양적인 자연'이라 평가받고 있지만, 그 시편들의 자연 풍경은 이전의 한국시가의 전통적인 자연상과 변별된다. 구태여 '자연시'라는 범주 개념을 설정할 필요가 없을 정도로 자연은 동아시아의 시가 전통에서 가장 중요한 소재였으며[216] 한국의 시가에서도 창작자의 내면을 드러내는 규범이나 관념으로서 중요하게 다루어졌다. 한국 고전시가의 자연미를 면밀하게 검토한 최진원[217]은 한국 고전시가의 자연이 대체로 윤리적 규범으로서의 성격을 띠고 있다고 평가하였다. 그런데 한국고전시가에 형상화된 자연은 구체적인 대상을 관찰하고 사색함으로써 형성된 것이라기보다 창작 주체가 지니고 있는 윤리적 규범을 정당화하기 위한 근원적인 질서로서의 성격에 가깝다. 그 자연은 공동의 윤리적 규범을 내면화한 공동체의 관습적인 세계상이 반영된 추상적인 관념이라 할 수 있다. 그것은 문화적・문학적 관습 속에 있는 자연으로서, 이러한 자연이 실존적 자각을 얻기 위해서는 개인에 의해 감각적으로 재발견되어야 했다.[218] 추상적 관념으로서의 자연으로부터 구체적인 자연으로 이전해 가는 과도기적 성격의 자연을, 김소월의 시는 보여준다. 이를테면 「산유화」 같은 작품에서 자연은 규범적이고 관습적인 성격에서 벗어나 개인에 의해 발견된다. 그 자연은 안주와 초월의 세계가 아닌 고독을 조건으로 삼는 자연으로서[219] 실존적 개인에 의해 자각된 자연이다. 그러나 그 자연은 형이상학적인 자연으로, 개인이 구체적으로 경험한 대상 세계는 아니다. 다시 말해 김소월 시의 자연은 관습적이고 윤리적인 성격에서 벗어나 개인에 의해 자각된 세계이지만, 구체적으로 감각된 실체로서의 자연은 아니다. 정지용 시의 자연이 갖는 의미는 이 지점에서 발생한다. 지용 시에 형상화된 자연은 개인에 의해 지각되고 발견된 구체적인 자연

216) 김종길, 「자연, 시, 동아시아 전통」, 김우창・피에르 부르디외 외 63명, 『경계를 넘어 글쓰기』, 2000년 서울 국제문학포럼 논문집, 민음사, 2001, 98쪽 참조.

217) 최진원, 『국문학과 자연』, 성대출판부, 1977.

218) 이남호, 「한국 현대문학에 나타난 자연의 모습」, 『현대한국문학 100년』, 유종호 외 31인, 민음사, 1999, 349쪽.

219) 김종길, 앞의 책, 118쪽

이다. 그 자연은 공동체의 윤리적 규범을 정당화시켜주는 근원 세계로서의 자연이 아니라 실존하는 개인이 감각으로 체험한 세계이며, 주체에 의해 주관적으로 수용되고 파편적으로 형상화된 세계가 아니라 객관적인 실체로서 존재하는 세계이다. 주체는 자신의 정서나 의식에 의해 대상을 주관화하지 않고 자연을 지각하는 과정에서 발생하는 자신의 내면을 함께 형상화한다. 따라서 그 세계는 주체와 대상이 독자적인 영역을 유지하면서도 상호 연관되는 방식으로 존재하는 공간이다. 지용의 자연 속에는 대상을 바라보고 그 속에서 사유하는 주체가 자리잡고 있다. 그 자연은 윤리적 규범의 근거로서 인간의 의식을 단순히 추인해 주는 세계가 아니라 실존적 개인의 정신이 작용하는 사유의 공간이다. 지용이 자연의 형상 속에 정신을 담으려 했다는 견해[220]는 일리가 있지만 그 정신이 보편적인 이념이라는 것[221]은 옳지 않다.

박목월・박두진・조지훈 등, 이른바 청록파 시인들의 자연은 개인에 의해 발견된, 아울러 이른바 '동양적 자연상'을 환기하는 정지용의 자연에 기초하고 있다. 그러나 그 세계는 실제로서의 자연이 아니라 정신적 공간의 성격을 띠고 있다. 그것은 이남호의 지적처럼 청록파의 자연이 현실의 자연을 잃어버림으로써 출현한 정신적 공간[222]이기 때문이다. 따라서 그들의 자연은 일제강점기말이라는 특수한 현실에 대한 정신적 대응으로서의 세계라 할 수 있다. 박목월이 세속으로부터 단절된 신비로운 심미적 공간을 형상화하였다면, 박두진은 경외와 구원의 성격을 띤 기독교적 공간을 창출하였다. 반면 지훈은 천도(天道)가 작용하는 순리의 세계를 형상화한다. 지훈의 자연은 단순히 '혼란해지면 현실에서 물러나 은둔하는 유가적인 致仕의 공간'[223]이거나 '극도로 정제된 미학적 공간'[224]이 아니라

220) 오세영, 「자연시와 性・情의 탐구」, 『한국현대시인연구』, 2003, 월인, 208쪽.
221) 위의 글, 같은 곳.
222) 이남호, 앞의 책, 375쪽.
223) 오세영, 「선비정신과 자연의 의미」, 위의 책, 495쪽.
224) 이남호, 위의 글, 같은 곳.

우주삼라만상의 운행 원리로서의 도가 작용하는 구체적인 자연이면서 현실의 문제를 고민하는 사유의 공간이다. 그것은 형이상학적이면서도, 현실이 함께 투영된 공간이라는 점에서 문제적이다. 아울러 그 자연은 특정한 시기에 출현한 단기적인 소재가 아니라 그의 시 전체를 관통하는 세계관의 근원이자, 삶이나 현실의 문제와 긴밀하게 관련되며 심화되어 가는 시 정신의 중심이라는 점에서 독보적이다.

이 논문에서 대상으로서의 성격이 분명하게 나타나는 두 시인의 자연을 문제삼는 것은, 주체의 의식이 본격적으로 형상화된다는 점, 아울러 형상의 유사성에도 불구하고 두 시인의 자연은 근본적인 차이를 내재하고 있어 전통적인 자연상의 이질적인 국면을 뚜렷하게 보여준다는 점에 있다. 이는 세계상의 차이에서 비롯된 것으로써 두 시인의 자연 형상에는 사물세계에 대한 상이한 태도가 반영되어 있으며, 궁극적으로 지용과 지훈 시의 핵심적인 특질이 함축되어 있다. 지용 시의 자연 풍경은 한국시사에서 자연의 성격이 전환되는 모습을 선명하게 보여주며, 지훈 시의 자연은 지용의 자연을 계승하면서 동아시아 전통의 본격적인 심화 양상을 실천적으로 보여준다. 지용의 자연은 그의 초기 시가 도달한 지점이자 동시에 그의 시가 더 이상 전개되지 못한 최종점이다. 지훈의 자연은 시 세계 전체를 일관하는 거점이면서 해방 이후 그의 시가 나아가는 지점을 예고한다. 지용과 지훈 시의 전개 과정은 그들 시의 자연 형상과 긴밀하게 관련되어 있다. 궁극적으로 두 시인의 자연은 지용과 지훈 시의 특질이 함축된 세계이면서 그들 시가 성취한 시사적 전통의 성격을 분명하게 보여준다.

지용과 지훈 시의 자연 풍경은 전통의 맥락을 강하게 의식했던 두 시인이 발견한 동양적인 자연이었으며, 동시에 일제강점기말이라는 특수한 현실에서 그들이 찾았던 방법으로서의 세계였다. 따라서 그 속에는 자연을 인식했던 두 시인의 태도와, 자연을 시의 소재로 삼았던 동기가 내재되어 있다. 정지용과 조지훈 시의 자연 풍경은 두 시인의 시 세계의 특질을 함축적으로 보여줄 것이며, 그들 시의 전통적인 성격을 드러낼 수 있을 것이다. 두 시인의 자연 풍경을 살피는 것은 표면적으로 유사해 보이는 지용과 지훈 시의 자연 형상의 이질성을 드러내는 작업이다.

골에 하늘이
따로 트이고,

瀑布 소리 하잔히
봄우뢰를 울다.

날가지 겹겹히
모란꽃닢 포기이는듯.

자위 돌아 사폿 질ㅅ듯
위태로히 솟은 봉오리들.

골이 속 속 접히어 들어
이내(晴嵐)가 새포롬 서그러거리는 숫도림.

꽃가루 묻힌양 날러올라
나래 떠는 해.

보라빛 해ㅅ살이
幅지어 빗겨 걸치이매,

기슭에 藥草들의
소란한 呼吸!

들새도 날러들지 않고
神秘가 한끗 저자 선 한낮.

물도 젖여지지 않어
흰돌 우에 따로 구르고,

닥어 스미는 향기에
길초마다 옷깃이 매워라.

귀또리도
흠식 한양

옴짓
아니 긘다.

—「玉流洞」 전문

「옥류동」은 1937년 11월 《朝光》에 수록된 작품이다. 자연을 시의 중요한 소재로 삼기 시작할 무렵에 창작된 이 시는 「毘盧峰」・「九城洞」과 함께 금강산 산행 경험을 바탕으로 씌어졌다. 2행을 하나의 연으로 하여 13개 연으로 구성된 시는 절제된 언어와 정제된 형식 속에 구체적인 금강의 자연을 그리고 있다. 이 시에 형상화된 자연 풍경에는 표면적으로 화자가 배제되어 있다.[225] 화자는 시의 풍경의 배후로 물러나 대상을 감각하는 주체로서 표현 속에 잠복해 있다. 화자가 사라진 자리에는 구체적인 자연

225) 시의 풍경에서 화자가 배제되는 것은 금강산을 소재로 한 「비로봉」과 「구성동」의 경우에도 마찬가지다. 그런데 화자가 배후로 물러난 채 구성된 풍경은 금강산을 소재로 한 시편들뿐만 아니라 「난초」・「紅疫」・「바다2」(1935.12)・「파라솔」・「폭포」 등 이 시기에 창작된 여러 작품들에서도 확인할 수 있는 특징이다. 물론 이러한 점이 이 시기에 창작된 모든 작품들의 공통점은 아니지만 전통적인 동양 산수화의 소재를 형상화한 경우 일관되게 나타나는 특징이라는 점에서 시인의 의식적인 창작 방법의 일환임을 알 수 있다. 따라서 풍경에서 화자의 위치는 지용 시의 변모의 단서이며 전통적인 자연 풍경의 창작 방법이라는 관점에서 함께 고려할 요소이며, 아울러 풍경을 구성하는 다른 요소들과의 연관 속에서 다루어야 할 내용이다.

물들로 이루어진 풍경이 펼쳐져 있다. 자연물이 시인의 정서나 의식을 드러내기 위해 부분적으로 동원되는 방식과 달리, 이 시는 자연물들로만 이루어진 자연 풍경이라는 점에서 이전의 자연과는 근본적으로 변별된다. 한국의 시가 전통에서 의식이나 관념의 대상이 아닌 구체적인 자연물로서 한편의 자연 풍경을 형상화한 경우는 찾아보기 어렵다. 자연은 일상의 한 부분이었지만, 그것 자체가 시가의 목적이 된 경우는 거의 없었다. 그러한 점에서 이 시의 자연은 의식되지 않았던 자연의 발견이다.

이를 좀더 자세히 살펴보기 위해 표현의 특징을 분석해 보면, 우선 이 시는 대상 자연의 바깥에서 안쪽으로 들어가는 방식으로 전개된다. 그러나 시상이 보이지 않는 화자의 동선(動線)을 순차적으로 따르면서 진행되지는 않는다. 시는 골짜기의 안쪽을 향해 들어가는 1·2연, 산봉우리를 멀리서 묘사한 3~5연, 산골짜기 안쪽 형상을 묘사한 6~9연, 산길의 자연물을 묘사한 10~13연 등 크게 네 부분으로 나뉜다. 전체적으로 바깥에서 안쪽으로 시상이 전개되지만 화자의 움직임이 환기되지 않음으로써 행과 행, 연과 연 사이의 휴지는 화자의 이동이나 시간의 경과를 암시하는데 기여하지 않는다. 시의 휴지는 표현의 여운을 연장하고 확대하는 기능으로 작용한다. 1·2연은 이 시의 자연 공간의 특징을 묘사한다. 1연은 봉우리들로 둘러싸인 골짜기의 웅숭깊음을 골짜기에서 바라보이는 하늘의 정경과 잔잔히 울려오는 폭포소리를 통해 묘사한다. 매우 간결하면서도 단순한 표현으로 시는 일거에 공간의 깊이에 도달해 있다. 3·4연은 봉우리들로 둘러싸인 산골짜기의 풍경을 원거리의 고지에서 묘사한다.[226] 산골

226) 산봉우리들의 형상을 묘사한 이 대목은 그의 산문에서도 유사한 발상으로 서술되어 있다. "내금강 연봉이 모조리 한눈에 들어오는데 낙조에 물들어 빛깔이 시각으로 변해나간다. 말머리로 보면 말머리요 소로 보면 소요 매가 날개를 접고 있는사 싶으면 토끼가 귀를 쓰다듬는 모상이다. 달이 뜨는 듯 해가 지는 듯 뛰어나온 날까지 구기어진 골짜구니 날래솟은 봉오리가 전체로 주름잡힌 황홀한 치마폭으로 보아도 그러려니와 겹겹이 접히여 무슨 소린지 서그럭 서그럭 소리가 소란한 모란꽃 송이 송이로 보아도 역시 그러하다. 현란한 색채의 신출귀몰한 변화에 차라리 음악적 쾌

짜기를 둘러싼 봉우리들은 "모란꽃닢 포기이는 듯" 겹겹이 둘러쳐 있고 각각의 봉우리들은 쓰러질 것 같이 위태롭게 서 있다. 대상을 구체적으로 형상화해내는 감각이 매우 돋보이는 부분이다. 이 부분은 이내의 풍경을 묘사한 5연과 더불어 이 시가 묘사한 공간의 전체적인 이미지를 심미적인 감각의 형상으로 직조해낸다. 산뜻하게 파르스름한 모습을 뜻하는 의태어 "새포롬"과 접촉의 감각을 묘사한 의성어 "서그러거리는", 그리고 사람의 발길이 닿지 않은 외진 곳을 의미하는 "숫도림"이 결합된 "새포롬 서그러거리는 숫도림"은 공간의 신비로운 분위기를 감각적인 언어로 탁월하게 그려낸다. 이는 골짜기의 생기를 집중적으로 그려낸 후반부를 예비하는 표현이라 할 수 있다. 1·2연은 사실적이면서 간결한 방식으로 공간의 깊이를 성취하고 3～5연은 감각적인 이미지를 통해 1·2연에서 묘사한 공간에 심미적인 생기를 불어넣는다. 6～9연은 산봉우리들로 둘러싸인 골짜기의 안쪽 형상을 기운생동하는 풍경으로 그려낸다. "모란꽃닢"으로 묘사한 이 골짜기의 전체적인 이미지에 호응하여 해는 "꽃가루 묻힌양" 충일한 생명력으로 날아오르고 그 햇빛이 내리비치는 골짜기 안쪽의 약초들은 "소란한 呼吸!"을 발산한다. 실제로 6～9연의 자연은 정적인 공간이지만, 이 시의 풍경은 매우 역동적이고 기운충만한 신비로운 생명의 공간으로 형상화되어 있다. 10～13연은 "藥草들의/소란한 呼吸"으로 묘사한 산속의 기운을 강렬한 향기로 바꾸면서 그것에 흠뻑 몰입한 "귀또리"의 형상을 그린다. 물론 이렇게 묘사된 "귀또리"의 형상은 11연의 "옷깃"을 통해 간접적으로 드러난 화자의 모습을 암시한다. 공간의 신비로운 분위기에 온 감각으로 몰입해 있는 화자의 상태가 12·13연의 극도로 절제된 표현과 휴지 속에 담겨있다.

이 시의 풍경은 구체적인 대상으로서의 자연을 묘사하고 있다. 시인이

감이 몸을 저리게 한다."(「愁誰語Ⅱ－3(內金剛素描1)」, 『정지용전집2·산문』, 35쪽).

자신의 정서나 관념을 드러내기 위해 자연물을 동원하지 않고 자연 자체의 형상화를 목적으로 삼고 있다는 사실은 매우 중요한 자연 풍경의 변화이다. 이 시의 주제는 자연이며, 그것도 구체적인 대상으로서의 자연이다. 구체적인 자연 형상이 풍경의 주제로 포착되었다는 것은 자연 공간이 비로소 주체의 표상 대상이 되었음을 의미한다. 그러한 관점에서 이 시에 형상화된 자연은 주체의 감각에 의해서 구성된 대상으로서의 자연이다. 다시 말해 「옥류동」의 자연 풍경은 육체적 감각으로 세계를 인식하는 주체에 의해 미적으로 감수된 자연이다. 시의 화자가 풍경의 전면에서 배제되어 있지만 풍경은 화자의 감각에 의해서 구성되어 있다. 이 시의 자연 풍경은 대상을 감수하는 주체에 의해 구성된 자연이라 할 수 있다. 정적인 자연 공간이 기운생동하는 동적인 공간으로 전환된 것은 주체의 감각 때문이다. 이 자연은 창작자의 인품이 투영된 정신적 공간도 아니며 영원한 자연성을 환기하는 불특정 공간도 아니다. 「옥류동」의 자연은 주체에 의해서 감각적으로 향유되는 구체적인 감각의 대상이다. 아울러 자연 풍경의 전면에서 배제되어 있는 화자는 자연의 일부로서 그 속에 동화된 삶을 살아가는 존재가 아니라 자연을 자신의 감각으로 온전히 구성하는 주체이다. 「옥류동」의 자연 풍경은 인간의 감정이나 정서를 위해 자연을 주관화하지 않고 화자를 배후로 물러나게 함으로써 객관적인 자연 형상을 부각시키고 이를 절제된 언어와 정제된 형식으로 표현하였다는 점에서 전통적이지만, 그 객관적인 풍경이 본질적으로 주체의 감각에 의해 구성된 것이라는 점에서 근대적이다. 사물을 객관적으로 묘사하되 비유를 통해 대상의 감각성을 증폭시키는 이미지 생성 방법은 이 시의 자연 풍경에 내재된 이중성을 보여준다. 「옥류동」의 자연 풍경은 자연에 대한 동아시아의 심미성을 가장 잘 보여주는 동양 산수화의 자연과 근본적인 차이를 지니고 있다. 근원적인 것과 허정한 마음의 세계를 지향하는 산수화[227]의 자연은

---

227) 동양의 산수화는 근본적으로 외관(外觀)의 세계보다 마음 속 깊은 곳에 있는 내관

구체적이고 감각적인 현상 세계의 자연은 아니다. 「옥류동」의 자연은 지용에 의해 새롭게 발견된 현상적인 자연이다.

구체적인 자연을 대상으로 삼아 기운생동하는 감각 세계를 묘사한 지용과 달리 지훈의 풍경은 자연 자체의 움직임에 집중되어 있다.

> 닫힌 사립에
> 꽃잎이 떨리노니
>
> 구름에 싸인 집이
> 물소리도 스미노라
>
> 단비 맞고 난초 잎은
> 새삼 치운데
>
> 볕바른 미닫이를
> 꿀벌이 스쳐간다.
>
> 바위는 제 자리에
> 옴찍 않노니
>
> 푸른 이끼 입음이
> 자랑스러라.
>
> 아스럼 흔들리는

(內觀)의 세계, 현상계보다 본체계의 표현에 마음을 기울인다. 문명이나 감각의 현란함을 지양하고 허정한 마음과 본래의 소박한 바탕을 추구한다는 점에서 심화(心畵)라고도 불리는 수묵산수화는 본질적으로 대상을 향해 있지 않고 자연에 동화된 마음을 지향한다. 이러한 수묵산수화의 정신은 감각을 배제하고 근원으로서의 도를 지향하는 현색(玄色)·묵색(墨色)에 단적으로 표현되어 있다(조민환, 『중국철학과 예술정신』, 예문서원, 1997, 342~345쪽 참조).

소소리 바람

고사리 새순이
도르르 말린다.

—「山房」 전문

위의 시는 지용의 「옥류동」과 마찬가지로 두 개의 행이 하나의 연을 이루고 있는 작품이다. 「옥류동」보다 전통적인 시가 형식에 가까운 「山房」은 여덟 개의 연이 둘씩 짝을 이루어 기・승・전・결로 전개되는 구조를 취하고 있다. 한시의 대표적 형식인 대우(對偶)를 구성 형식으로 삼고 있는 것이다. 전(轉)에 해당하는 5・6연을 제외하고 대체로 4음보의 안정된 운율 속에 '산방'의 뜰의 풍경이 묘사되어 있다. 하나의 의미 단위로 묶여 있는 두 개의 연은 서로 호응하면서 다른 단위들과 연관됨으로써 전체적인 의미 구성에 참여한다. 이 시의 자연은 하나의 자족적인 세계로 구성되어 있다. 1・2연은 시의 공간이 외부로부터 독립된 전일(全一)의 세계임을 암시한다. "닫힌 사립"에 "꽃잎이 떨리"고 "구름에 싸인 집"에 '물소리가 스미는' 것은 '산방'이 생명의 흐름이 있는 자족적인 공간임을 보여준다. '산방'이라는 공간의 전체적인 성격을 드러내는 1・2연과 달리 3・4연은 자연물의 개별적인 모습을 묘사하고 있다. 난초와 꿀벌은 이른봄의 생명체의 양태를 보여주는 소재이다. "난초 잎"이 '새삼 칩다'에는 난초와 동화된 화자의 정서적 반응이 담겨있고 꿀벌에 대한 객관적 묘사에는 미닫이 근처에 있는 화자의 존재가 암시되어 있다. 3・4연에는 자연물을 바라보는 화자가 간접적으로 드러나지만 그것이 대상의 묘사 속에 적극적으로 개입되어 있지는 않다. '새삼 칩고' '스쳐가는' 것은 본질적으로 대상에 속한 감각이며 행위이다. '춥다'가 아닌 '칩다'는 이 감각어의 주체가 난초이며 화자가 난초에 동화되어 이 감각을 느끼고 있음을 환기한다. 아울러 '스쳐가는'이라는 표현에는 꿀벌이 움직이는 방향 속에 화자의 존재가 암시되어 있다. 이는 풍경의 일부로서 자연을 관조하는 화자를 보여준다. 이와 달리 바위에 대한 묘사에는 화자의 정서가 좀더 직접적으로 투영되어 있다. "닫힌 사립"과 "구름에 싸인 집"이라는 공간에서 일어나는 생명 현상을 적연부동한 상태로 지켜보는 바위는 화자의 정신이 지향하는 자연물이다. 시간의 더께를 고스란히 보여주는 "푸른 이끼"를 "자랑스럽다"고 보는 화자는 바위의 존재 상태를 긍정하며 정신적으로 대상에 동화되어 있다. 화자가 시의 풍경의 일부로서 잠복되어 있지만 그 존재가 노출되는 방식은 직접적인 정서의 표출을 통해서이다. 대상에 대한 묘사는 객관적인 서술로 이루어져 있되, 대상의 정서 표현 속에 화자가 동화되는 방식으로 화자의 정서가 실려 있는 셈이다. 7 · 8연은 자연물의 생동감을 표현하고 있다. 보이지 않는 "소소리 바람"과 "도르르 말리"는 "고사리 새순"은 봄의 생기를 고요한 움직임을 통해 드러낸다.

이 시의 소재들은 전체적으로 자동형이나 피동형의 용언으로 서술되어 있어 개별 자연물들이 각자의 내재된 원리에 따라 움직이는 모습을 보여준다. 이는 전일적인 성격을 띤 이 시의 자연 풍경과 연관된다. 다시 말해 "닫힌 사립에/꽃잎이 떨리"는 것은 외부의 요인에 의해서가 아니라 꽃잎에 내재된 생명의 원리 때문이다. "꽃이 지기로소니 바람을 탓하랴"라고 했던 「낙화 1」의 인식이 여기에도 투영되어 있다. "떨리노니" "스미노라" "흔들리는" "말린다" 등 이 시의 자연물들은 외부의 작용이나 개체의 의지에 의해 움직이는 것이 아니라 생명의 내재적인 흐름 속에 움직인다. 이러한 움직임은 전체적으로 정적인 공간에 미시적인 움직임을 만들어내면서 시의 풍경을 생명 현상이 지속되는 공간으로 형상화한다. 아울러 무시제 종결어미로 서술된 1 · 2 / 5 · 6연이 생명 개체의 움직임을 현재형 어미 속에 표현한 3 · 4 / 7 · 8연과 교차되면서 지속과 변화, 무한성과 생명 현상이 작용하는 자연의 질서를 형상화한다. 정적이면서 무한한 시간성을 환기시키는 기(起) · 전(轉)이 생명 현상을 묘사한 동적인 승(承) · 결(結)과 결합하여, 정적인 가운데 생명력이 이어지는 자연 세계를 시의 풍경은 그려낸다. 따라서 1・2연은 그러한 자연을 함축한 풍경이며, 바위는 이러한 자연의 질서를 내면화한 화자의 상징물이다. 바위를 묘사한 5・6연의 앞과 뒤에 생명 개체의 현상이 형상화되어 있는 것은 이러한 자연의 질서를 적연부동한 상태에서 온전히 감수하려는 시인의 정신적 지향을 표현한 것이다.

정지용의 「옥류동」과 조지훈의 「산방」은 두 시인의 시에 형상화된 자연 풍경의 특징을 잘 보여주는 작품이다. 자연 자체를 본격적인 시의 주제로 삼고 있다는 점에서 두 시인의 자연 형상은 매우 중요한 의의를 지닌다. 한국시가의 전통에서 자연은 시인의 정서나 의식을 표현하기 위해 동원되었던 부차적인 소재였다. 그러나 두 시인의 시에서 자연은 구체적인 대상으로서 다루어진다. 삶과 긴밀하게 관련되어 있었지만 본격적인 탐구의 대상이 되지 못했던 자연은 이들의 시에서 감각과 관조의 대상으로 부상한다. 이들은 절제된 언어와 정제된 형식, 그리고 객관적인 묘사를 통해 자연의 풍경을 형상화하였다. 그 자연은 전면에서 화자가 물러나고 사물들로 구성된 풍경으로 그려짐으로써 전통적인 산수화의 형상과 유사한 느낌을 준다. 그러한 점에서 「옥류동」과 「산방」의 자연 풍경은 전통적이다.

그런데 이 두 편에 형상화된 자연은 중요한 차이를 보인다. 「옥류동」의 자연이 기운생동하는 감각적인 풍경인데 반해 「산방」의 자연은 보다 근원적인 공간으로 형상화되어 있다. 전자의 자연은 후자보다 구체적이고 현상적이다. 화자는 풍경의 배후로 물러나 있지만 묘사된 자연의 감각 속에 주체로 작용하고 있다. 다시 말해 「옥류동」의 자연 풍경이 환기하는 생생한 구체성은 대상의 속성이 아니라 그것을 경험하는 화자의 감각에서 비롯된 것이다. 「옥류동」의 자연은 대상을 인식하는 주체에 의해 구성된 자연 풍경이다. 반면 「산방」의 자연은 「옥류동」보다 정적이며 자연물의 움직임은 미시적이고 자동적이다. 정적인 자연을 생동하는 풍경으로 형상화한 「옥류동」과 달리, 「산방」의 자연은 정적이고 전일적인 공간 속에 미시적으로 움직이는 자연물을 묘사하여 지속과 변화라는 자연의 질서를 환기시킨다. 「옥류동」의 자연이 현상적인 데 반해, 「산방」의 자연은 무한한 시간성을 상징한다는 점에서 근원적이다. 아울러 「산방」의 화자는 자연 풍경의 일부로서 자연물에 동화되어 자신의 내면을 드러낸다. 대상에 대한 묘사 속에 자신의 내면을 드러내지 않고 자연물의 반응 속에 자신의 내면을 함께 표출하는 것이다. 「산방」은 구체적인 자연 속에 내재된 지속과 변화의 생명 현상을 그려낸다.

화자가 풍경의 배후로 물러나 있으면서 자연의 풍경을 형상화한 이러한 방식과 달리 화자의 정서가 보다 비중 있게 다루어진 다음의 시편들은 두 시인의 시 세계에 그려진 자연의 의미를 좀더 분명하게 보여준다.

> 해ㅅ살 피여
> 이윽한 후,
>
> 머흘 머흘
> 골을 옮기는 구름.
>
> 桔梗 꽃봉오리
> 흔들려 씻기우고.
>
> 차돌부리
> 촉 촉 竹筍 돋듯.
>
> 물 소리에
> 이가 시리다.
>
> 앉음새 갈히여
> 양지 쪽에 쪼그리고,
>
> 서러운 새 되어

흰 밥알을 쫏다.

—「朝餐」 전문

1941년 1월에 발표된 「朝餐」은 「옥류동」과 마찬가지로 두 행이 하나의 연을 이루고 있는 작품이다. 「옥류동」에 비해 표현은 간결해지고 시의 분위기는 가라앉아 있다. 대상에 대한 묘사의 양이 줄어들었을 뿐만 아니라 묘사 방식에도 큰 변화를 보이고 있다. 대상을 감수하는 주체에 의해 감각적으로 구성된 「옥류동」의 자연과 달리 이 시의 자연은 객관적으로 묘사되어 있다. 묘사적 이미지에 의해 생성된 시의 풍경은 자연 사물에 속한 것이다. 화자는 시의 풍경에 잠복되어 있지만 대상을 적극적으로 감각하는 주체로 작용하지 않고 자연을 관조하는 주체로 물러나 있다. 그리고 시의 종결부에 이르러 뚜렷하게 자신을 드러냄으로써 시에 극적 긴장을 조성하는 방식으로 풍경에 참여한다. 아울러 시의 제목이 종결부에 출현하는 화자를 강조함으로써 이 시의 자연 풍경은 화자와의 관련 속에서 그 의미를 드러내는 구조로 이루어져 있다. 또한 행과 행, 연과 연 사이의 휴지가 표현의 여운을 연장하는 소극적인 기능을 했던 「옥류동」에 비해 이 시의 휴지는 시간의 경과를 암시하는 기능으로 작용하고 있다. 물론 그 시간은 무한한 시간이 아니라 제한된 시간이다. 이 시의 자연 풍경 역시 특정한 시공에 국한된 경험을 다루고 있다는 뜻이다.

이 시의 자연 풍경의 의미를 해명하기 위해 좀더 상세하게 분석하면 이 시는 크게 세 부분, 즉 비가 내리기 전의 자연을 묘사한 1·2연, 비가 내린 산 속을 그린 3～5연, 화자의 모습을 묘사한 6·7연 등으로 나눌 수 있다. 이 가운데 5연은 대상과 화자의 감각이 함께 형상화된 부분이다. 1·2연은 햇살이 내리비추는 한여름 산 속의 정경을 그리고 있다. 2연에서 구름이 모이고 이동하는 모습으로 보아 1연과 2연의 휴지는 시간의 경과를 암시한다. 시의 언어가 객관적인 사실을 매우 간결하게 형상화함으로써 시의 풍경은 수묵산수화가 그려내는 소박한 형상을 연상시킨다. 2연과 3연 사이의 여백은 시간의 경과와 더불어 비가 내렸음을 암시한다. 같은 지면에 함께 발표된 「비」와 동일한 방식으로 "桔梗"이나 자연물을 통해 비가 내린 것을 그려내고 있다. 3연의 '桔梗(도라지) 꽃봉우리'라는 표현으로 보아 이 시는 한여름인 7~8월의 산 속의 정경을 묘사한 것으로 보인다. 4연의 "차돌부리/촉 촉 竹筍 돋듯."이라는 표현은 소나기가 내려서 땅속에 묻혀 있던 차돌부리의 일부가 지면으로 돌출된 모습을 생동감 있게 그린 부분이다. 4연은 3연과 호응을 이루어 소나기가 내려, 맑고 깨끗해진 산 속의 정경을 연상시킨다. 비가 내린 후 산 속의 풍경은 깨끗한 생명력의 공간으로 정화되어 있다. 5연은 소나기가 내린 후, 산의 계곡을 흘러내리는 물소리의 맑고 깨끗한 느낌을 화자의 감각을 통해 표현한 대목이다. 이 부분에 이르러 화자의 존재가 풍경의 전면으로 부각된다. 5연은 자연의 정경을 통해 화자가, 화자의 감각을 통해 자연이 드러나는 방식으로 형상화되어 있다. 6·7연은 비가 내린 산 속에서 먹이를 쪼아먹는 새의 정경을 그리고 있다. 초라한 모습으로 묘사된 새를 통해 화자는 자신의 내면을 직접 드러낸다. 이 부분을 실제로 산 속에서 아침을 먹는 화자의 모습으로 해석하는 것은 시의 정황이나 분위기로 보아 어색하다. 화자는 정화된 산 속의 풍경 한 구석에서 먹이를 쪼아먹는 새의 모습에 강한 정서적 동질감을 느낀 것이다. 이 시의 전체적인 분위기와 상반된 '서럽다'는 정서는 느닷없이 출현한 것이어서 강한 시적 긴장을 조성한다. 제목이 '조찬'이라는 점에서 시의 무게는 종결부에 집중되어 있다.

그렇다면 이 서러움의 정체는 무엇이고 갑작스럽게 표출된 이유는 무엇인가. 그것은 3~5연에 형상화된 비 내린 후에 정화된 산 속의 정경과 먹이를 찾아 쪼고 있는 새의 모습이 그만큼 이질적인 것으로 화자의 내면을 충격했기 때문이다. 다시 말해 풍경을 구성하는 자연물간의 이미지의 격차가 시인의 내면을 강하게 자극했다는 점이다. 갑자기 출현한 '서러움'은, 정화된 산 속의 정경과 모이를 쪼는 새의 모습이 그만큼 큰 느낌의 차이를 주었으며 동시에 화자의 내면이 새의 모습에 전면적으로 동화된 데서 발생한 것이다. 시의 풍경을 구성하는 이미지의 격차와 자연물에 전적으로 동화된 화자의 모습이 이 시에 급박하게 조성된 긴장의 요인이다. 시인은 투명하게 정화된 산 속의 풍경과 매우 심한 이질감을 보이는 새의 모습에서 자신의 삶의 정황을 떠올린다. 그것은 생의 누추함이었다. 정화된 풍경의 한쪽에서 쪼그리고 앉아 먹이를 찾는 새의 모습은 그 배경과의 대비로 인해 깊은 정서적 충격을 준다. 생의 누추함과 맑고 깨끗한 자연의 풍경, 하나의 풍경을 구성하는 두 개의 대비적 정황이 서러움을 유발한 이유이다.

이 시는 간결하고 단순한 표현을 통해 산 속의 변화하는 자연 풍경을 묘사하고 있다. 화자의 정서적 개입이 최대한 절제된 상태에서 그려진 자연은 그 자체의 생명력에 집중되어 있다. 「조찬」에 묘사된 자연은 주체의 감각이 배제된 자연 자체의 풍경이다. 시의 주체는 사물을 관조하면서 시선의 이동에 의해 포착된 자연물을 객관적으로 그려낸다. 시의 자연은 시간의 경과에 따라 변화하는 산 속의 풍경으로 구성된다. 시간이 진행되면서 생성된 풍경은 변화하는 산 속의 모습을 담고 있다. 물론 그것은 구체적이며 현상적인 자연 풍경이다. 아울러 이 자연은 궁극적으로 주체의 정서를 환기하는 방식으로 형상화되어 있다. 이 시의 풍경에 조성된 긴장은 자연과 대립된 주체의 정황에서 발생한 것이다. 그렇다고 「조찬」의 자연 풍경이 화자의 정서를 부각시키는 데 복무하는 것은 아니다. 오히려 자연의 풍경과 주체의 정황 사이의 격차가 시의 주제인 '서러움'의 정체이며, 그 서러움으로 인해 시의 풍경에는 급박한 긴장이 조성된 셈이다. 즉 주체와 자연의 대비가 시의 풍경에 담긴 긴장의 의미이다. 「조찬」의 자연 풍경은 주체에 의해 완결되어 있으며, 궁극적으로 대상을 감수하는 주체의 내면이 강력하게 환기되는 방식으로 이루어져 있다. 자연은 주체의 관조적인 시선에 의해 객관적으로 묘사되어 있으며 구체적인 대상으로 감수된다. 물론 그 자연은 주체를 포함하지 않은 대상이다.

자연의 풍경과 이질적인 주체를 형상화한 지용의 시와 달리, 지훈의 시편은 자연의 생명 현상에 깊이 동화된 주체의 내면을 그려낸다.

꽃이 지기로소니
바람을 탓하랴.

주렴 밖에 성긴 별이
하나 둘 스러지고

귀촉도 우름 뒤에
머언 산이 닥아서다.

초ㅅ불을 꺼야하리
꽃이 지는데

꽃지는 그림자
뜰에 어리어

하이얀 미닫이가
우련 붉어라.

묻혀서 사는 이의
고운 마음을

아는이 있을까
저허하노니

꽃이 지는 아침은
울고 싶어라.

—「落花」 전문

「낙화」는 지훈이 조선어학회 사건으로 조사를 받다 절간으로 피신한 후 낙향해 있던 1943년에 창작된 작품이다. 이 시는 암담한 현실 상황에 아무런 대응도 하지 못하고 은둔해 있던 시인의 내면이, 자연의 소멸 현상을 보는 시선에 투사되어 있다. 이 시는 앞에서 살펴보았던 「산방」보다 자연을 관조하는 주체의 정서가 강하게 노출되어 있다. 「산방」과 같이 정제된 형식과 안정된 운율 속에 낙화 현상을 관조하는 주체의 내면이 표현되어 있다. 총 아홉 개의 연으로 구성된 시는 세 개의 연을 하나의 단위로 하여 세 부분으로 나누어지는데, 자연의 풍경에서 주체의 정서로 옮겨가는 방식으로 시상이 전개된다. 자연을 묘사하는 부분에서도 주체의 정서가 강하게 투영되어 있는데, 이는 체언으로 종결되면서 생략・비약을 방법적으로 사용하는 시편들과 달리, 이 시에 연결어미나 종결어미 등의 문법적 요소들이 충실하게 지켜지는 이유이기도 하다. 이 시는 자연 현상 자체를 묘사하기보다 자연을 관조하고 자연과 동화된 화자의 내면을 표현하고 있어 그 내면의 미세한 정감을 담아내는 어미들이 생략되지 않은 것이다. 아홉 개의 연으로 구성된 「낙화」는 행과 행, 연과 연 사이에 여백이 많이 있지만 전체가 하나의 호흡 속에 연결되는 구조로 이루어져 있다. 이 시의 자연 풍경은 주체로부터 독립되어 묘사되지 않고 특정한 정조 속에서 자연 현상을 관조하는 주체의 정서에 휩싸여 표현된다. 따라서 시의 여백은 자연의 상태를 지시하는 기능보다 주체의 정서적 여운을 보지(保持)하는 역할을 수행한다.

첫 번째 부분은 이 시의 배경과 함께 주제를 함축해서 표현하고 있다. 1연은 낙화 현상을 바라보는 화자의 관점을 설의형의 문장으로 서술한다. "꽃이 지기로소니"에서 '-기로소니'라는 연결어미에는 낙화 현상에 대한 안타까움과 체념의 정서가 담겨있다. '꽃이 진다고 바람을 탓할 수는 없다'는 인식 속에는 생명 현상을 자연의 원리 속에서 관조하는 화자의 관점이 내재되어 있다. 꽃이 지는 이유는 바람이 아니라 꽃에 부여된 생명의 원리 때문이다. 2・3연은 화자의 존재를 암시하면서 시간의 흐름을 공간감의 변화를 통해 표현한다. 지상의 낙화 현상에 호응하는 별의 소멸은 생멸하는 우주적 질서를 보여준다. 별이 "스러지는" 모습은 소멸의 비애에 잠겨있는 화자에게 생명의 질서를 다시 한번 인지시키는 형상이다. 그것은 날이 밝아오는 현상을 산의 거리감을 통해 표현한 3연과 함께 임박한 아침의 시간을 주지시킨다. 생명 현상을 소멸을 통해 보여주는 밤과 달리 아침은 생성의 시간이라는 점에서 상반된 정서로 생명의 원리를 현시한다. 밤이 존재의 소멸에 집중하는 시간인 데 반해 아침은 생명의 환희에 들떠있는 시간이다. 시인은 소멸의 관점에서 생명 존재를 정관한다. 그것은 생명 개체에 작용하는 자연의 질서를 관조하는 것이며, 동시에 자신에게 부여된 운명을 바라보는 일이다. 성큼 다가선 "머언 산"은 소멸하는 존재를 영원한 시간 속으로 편입시키는, 박두한 아침의 이미지이다. 하강과 상승의 어조를 함께 품고있는 4연의 "촛불을 꺼야하리"라는 진술은 밤에서 아침으로 넘어가는 시간에 소멸하는 존재를 비감어린 시선으로 바라보는 화자의 내면을 보여준다. 촛불을 끄는 행위는 소멸하는 존재에게 보냈던 시선을 거두는 일이며, 아침을 내면화하는 행위이다. 존재에 대한 깊은 연민과 슬픔이 5 · 6연의 풍경을 만들어낸다. "꽃 지는 그림자"가 "뜰에 어리어" "하이얀 미닫이가/우련 붉어"진 풍경은 소멸의 비애가 만들어낸 상상의 장면이다. 객관적 풍경인 듯 보이는 이 장면은 방 안쪽에서 낙화를 바라보는 화자의 내면이 창조한 이미지이다. "하이얀 미닫이"가 붉어진 것은 미닫이 바깥에서 진행된 생명의 소멸에 안쪽의 화자가 온전히 동화되었음을 암시한다. 붉어진 미닫이는 안과 밖의 무화를 상징하는 표지이다. '꽃 지는 그림자가 뜰에 어리어서 하이얀 미닫이가 붉어졌다'는 이 의식의 풍경은 소멸하는 운명을 자신의 내면으로 고스란히 감수한 화자의 모습을 보여준다. 안과 밖, 현상과 내면이 무화된 풍경에는 꽃의 소멸과 소멸의 운명에 깊이 침윤된 시인의 감성 생명이 투영되어 있다. 꽃의 소멸에서 시인은 개체에게 부여된 운명을 본다. 내재된 자연의 질서에 따라 생멸한다는 점에서 모든 생명체는 "묻혀서 사는" 존재이며, 자연의 원리에 순명(順命)한다는 점에서 "고운[228] 마음"을 가진 존재이다. 시인은 모든 개체에 내재된 생명의 질서를 정관하면서 이러한 자연의 질서를 아는 일의 괴로움을 피력한다. 7·8연은 생명의 소멸, 소멸의 운명을 관조하는 자의 깊은 슬픔을 표현하고 있다. "꽃이 지는 아침은" 소멸로서 지속되는 영원한 생명의 질서를 역설적으로 형상화한다. 개체에게 부여된 운명을 온전히 받아들이면서도 시인은 지속되는 자연의 질서 속에 무화되는 존재의 소멸을 본다. 자연의 원리에 대한 전적인 순명에도 불구하고 소멸을 정관하는 것은 아침을 맞이하는, 그리고 자연과 삶을 바라보는 시인의 태도를 암시한다. 지훈의 시에서 자연에 대한 순명은 단순한 운명에의 체념이 아닌, 생명 세계 전체에 대한 깊은 연민과 지사적 윤리로 발전하는 심리적 동력이라 할 수 있다.

「조찬」과 「낙화」는 자연을 관조하는 두 시인의 관점의 차이를 잘 보여준다. 비 내린 산 속의 풍경을 간결하고 정제된 형식 속에 객관적으로 묘사한 「조찬」이 풍경을 구성하는 새를 통해 정화된 자연과 어우러지지 못한 이질적인 자신을 형상화하였던 데 반해, 꽃 지는 밤의 정경을 묘사한 「낙화」는 소멸하는 생명에 온전히 동화된 주체의 내면을 그려내고 있다. 「낙화」에 묘사된 꽃 지는 정경은 낙화의 자연 현상과 이를 자신의 내면 깊이 감수한 주체의 의식이 결합되어 생성시킨 상상의 풍경이다. 그 풍경은 단순히 지적인 상상력에서 비롯된 것이 아니라 자연을 자신의 감성적 인격 속에 내면화한 시인의 정신에서 연유한 것이다. 긴장감이 조성되어 있는 「조찬」의 자연 풍경은 자연을 대상으로 인식하는 시인의 정신을 반영한다. 산 속의 정경과 새의 모습으로 구성된 자연의 풍경은 주체의 타자

228) 조지훈은 멋의 의미를 구명한 글에서 '곱다'라는 말을 윤택(潤澤)·유순(柔順)·온아(溫雅)·치밀(緻密) 등의 범주와 관련시키고, '곱다'의 속성이 '아름답다'보다 작고 정적이며, 정신적이라고 설명한다. 그리고 '고움'의 정상미(正常美) 또는 아려미(雅麗美)가 변형되고 격식을 초월하면 '멋'이 된다고 보았다(『조지훈전집8·한국학 연구』, 380~384쪽).

로서 존재하는 자연을 그린 것이다. 그 풍경은 대상으로서의 자연과 그것을 인식하는 주체로 구성되어 있다. 돌발적으로 표출된 주체의 정서, 이질적인 장면으로 구성된 풍경, 자연과 화합하지 못한 주체 등은 자연을 바라보는 지용의 관점을 단적으로 보여주는 표지이다. 이는 자연을 자신을 포함한 모든 생명의 질서로 정관하는 지훈의 관점과 대별된다. 지훈은 구체적인 자연 현상에서 모든 생명 개체에 작용하는 우주적 질서를 본다. 그것을 부동의 진리로 감수하는 그가 생명의 소멸에 집중하는 것은 자신에게 부여된 운명을 정관하는 일이었다. 생명에 대한 깊은 연민의 감성은 자기 존재를 자연의 일부로서 온전히 내면화한 시인의 감성적 인격에서 비롯된 것이다.

다음에서 살펴볼 시편들은 「조찬」이나 「낙화」가 보여주는 자연과 주체의 관계가 보다 명확하게 표현되어 있다.

1

絶頂에 가까울수록 뻑국채 꽃키가 점점 消耗된다. 한마루 오르면 허리가 슬어지고 다시 한마루 우에서 모가지가 없고 나종에는 얼골만 갸옷 내다본다. 花紋처럼 版박힌다. 바람이 차기가 咸鏡道끝과 맞서는 데서 뻑국채 키는 아조 없어지고도 八月한철엔 흩어진 星辰처럼 爛漫하다. 山그림자 어둑어둑하면 그러지 않어도 뻑국채 꽃밭에서 별들이 켜든다. 제자리에서 별이 옮긴다. 나는 여긔서 기진했다.

2

巖古蘭, 丸藥 같이 어여쁜 열매로 목을 축이고 살어 일어섰다.

3

白樺 옆에서 白樺가 髑髏가 되기까지 산다. 내가 죽어 白樺처럼 흴것이 숭없지 않다.

4

鬼神도 쓸쓸하여 살지 않는 한모롱이, 도체비꽃이 낮에도 혼자 무서워 파랗게 질린다.

5

바야흐로 海拔六千呎우에서 마소가 사람을 대수롭게 아니녀기고 산다. 말이 말끼리 소가 소끼리, 망아지가 어미소를 송아지가 어미말을 따르다가 이내 헤여진다.

6

첫새끼를 낳노라고 암소가 몹시 혼이 났다. 얼결에 山길 百里를 돌아 西歸浦로 달어났다. 물도 마르기 전에 어미를 여힌 송아지는 움매―움매―울었다. 말을 보고도 登山客을 보고도 마고 매어달렸다. 우리 새끼들도 毛色이 다른 어미한틔 맡길것을 나는 울었다.

7

風蘭이 풍기는 香氣, 꾀꼬리 서로 부르는 소리, 濟州희파람새 희파람부는 소리, 돌에 물이 따로 굴으는 소리, 먼 데서 바다가 구길때 솨― 솨―솔소리, 물푸레 동백 떡갈나무속에서 나는 길을 잘못 들었다가 다시 측넌출 긔여간 흰돌바기 고부랑길로 나섰다. 문득 마조친 아롱점말이 避하지 않는다.

8

고비 고사리 더덕순 도라지꽃 취 삭갓나물 대풀 石茸 별과 같은 방울을 달은 高山植物을 색이며 醉하며 자며 한다. 白鹿潭 조찰한 물을 그리여 山脈우에서 짓는 行列이 구름보다 壯嚴하다. 소나기 놋낫 맞으며 무지개에 말리우며 궁둥이에 꽃물 익여 붙인채로 살이 붓는다.

9

> 가재도 긔지 않는 白鹿潭 푸른 물에 하늘이 돈다. 不具에 가깝도록 고단한 나의 다리를 돌아 소가 갔다. 쫓겨온 실구름 一抹에도 白鹿潭은 흐리운다. 나의 얼골에 한나절 포긴 白鹿潭은 쓸쓸하다. 나는 깨다 졸다 祈禱조차 잊었더니라.
>
> —「白鹿潭」 전문

위의 시는 1939년 4월 《文章》에 발표된 작품이다. 한라산 등정 체험을 그린 이 작품에는 지용이 인식한 자연의 모습과 이에 반응하는 시인의 의식이 담겨 있다. 이를 통해 시인의 의식 속에 작용하는 자연의 의미를 확인할 수 있다. 「백록담」은 산정에 오르는 과정에서 시작된다. 일련번호가 부여되어 있는 각 연은 시간의 순차적인 과정이라기보다 장면을 구분하는 기능을 한다. 따라서 시는 개별적인 장면들이 모여 전체를 구성하는 형식으로 이루어져 있다. 각 장면들은 한라산 산정의 자연과 이를 체험하는 주체의 반응, 그리고 주체의 의식을 보여준다. 산정에 오르는 과정을 묘사한 <1>과 기력이 회복되는 <2>, 백록담의 정경을 그린 <9>를 제외하고 <3~8>은 한라산에서 경험한 자연의 모습을 형상화하고 있다. 앞에서 살펴보았던 「옥류동」이나 「조찬」과 달리, 자연을 묘사하는 과정이 주체의 내면 반응과 함께 기술되고 있다. 이는 자연에 대한 지용의 태도를 서술의 형식 속에 담은 방식이라 할 수 있다.

<1>은 주체의 등정 과정을 자연물의 형상을 통해 탁월하게 형상화한 부분이다. "絶頂에 가까울수록" 작아지는 "뻑국채의 꽃키"는 높이에 따라 달라지는 산의 생태 풍경을 단적으로 보여준다. "한마루 오르면 허리가 슬어지고 다시 한마루 우에서 모가지가 없"어지는 뻑국채의 모습은 기후에 적응해 살아가는 자연물의 생존 방식을 구체적인 풍경으로 형상화한다. 이른바 '생태기후학'이라 할 수 있는 풍경이 "뻑국채의 꽃키"의 변화를 통해 전개되는 것이다. 기후에 한껏 몸을 낮춘 자연의 생태가 "뻑국채"의 형상에서 암시된다. "바람이 차기가 咸鏡道끝과 맞서는 데서" 키를 소

멸시키고 “花紋처럼” 땅에 박힌 “뻑국채”의 형상은 기후에 완전히 동화된 자연의 모습이다. 산정 부근에서 경험하는 자연물들의 형상은 자연 자체를 체현하는 풍경인 것이다. 이러한 “뻑국채의 꽃키”의 변화 과정은 높이에 따라 달라지는 한라산의 생태 풍경뿐만 아니라, 산을 오르는 주체의 움직임과 위치도 시사한다. “絶頂에 가까울수록” “점점 消耗되”는 “뻑국채 꽃키”의 형상은 산을 오르는 주체의 육체적 피로를 암시한다. “뻑국채 꽃키”의 소모는 주체의 기력의 소모와 함께 진행된다. 정상에서 기진한 주체의 모습은 땅에 “花紋처럼 版박힌” “뻑국채”의 형상과 다르지 않다. “바람이 차기가 咸鏡道끝과 맞서는 데서” 키를 소멸시킨 “뻑국채”처럼 “海拔六千呎”의 고도에서 주체는 기진한다. 그것은 주체의 육신의 소멸이다. 기진한 주체의 몸이 “뻑국채”처럼 존재의 키를 소멸시킨 것이다. 주체의 육체는 이제 자연의 상태에 이르러 있다. “花紋처럼 版박힌” “뻑국채 꽃밭”이 ‘爛漫한 星辰’으로 전환되는 과정은 산정의 풍경과 체험이 순수한 자연에 이르는 길이었음을 의미한다. “뻑국채”가 “별”이 되는 지점에서 주체의 몸은 소멸되고, 그 상태에서 시인은 순수한 자연의 세계를 경험하게 된다. 물론 이 별의 이미지는 시의 종결부에 형상화된 “백록담”의 정경과 맞닿아 있다.

“뻑국채”가 “별”이 되는 지점에서 기진한 주체는 텅빈 육체로 산정의 자연을 만나게 된다. 소모된 육체의 경험은 키를 소멸시킨 “뻑국채”의 생태를 일시적이나마 주체 속에서 체현한 것이다. 이는 산정이라는 순수 자연 세계로 진입하는 통과의례인 셈이다. 따라서 <2>에서 “巖古蘭”의 “어여쁜 열매로 목을 축이고 살어”나는 것은 지극히 자연스러운 과정이다. 산정을 오르느라 소모된 기력을 산의 열매로 회복하는 것은 산정의 자연을 경험하기 위한 예비 단계인 것이다.

<3>에서 <8>까지는 산정 부근에서 만난 자연의 풍경을 형상화하고 있다. 물론 그 자연은 그것을 바라보는 주체의 의식과 더불어 묘사된다. 주체는 “白樺” 나무를 보고 죽음을 생각하고 “도체비꽃”[229]을 보며 무서

움을 느낀다. 이는 자연에 동화된 주체의 모습을 보여주는 것이 아니라 자연을 대상으로 삼는 주체의 의식을 드러낸다. 숲의 깊이를 간접적으로 드러내며 형상화된 "도체비꽃"의 이미지는 그것을 바라보는 주체의 내면에 의해 구성된 것이다. 이는 자연 자체의 모습이라기보다 자연을 보는 시인의 정서적 반응에 의해 창조된 이미지이다. 「백록담」의 풍경은 자연을 바라보는 시인의 의식 속에서 표현된다. <4>의 "도체비꽃"의 이미지와 <5>의 마소들의 행태는 상반된다. "사람을 대수롭게 아니녀기고" 살아가는 마소와 "낮에도 혼자 무서워 파랗게 질리"는 "도체비꽃"의 모습은 분명히 이질적이다. <5>의 마소들은 본질적으로 원근(遠近)·친소(親疎)가 없는 노자적인 자연 상태에 놓여있다. 어떤 존재를 특별하게 여기거나 무리지어 살아가는, 경계(境界)와 구분이 명확한 인위의 세계와 달리 마소들은 무친(無親)의 세계에 속해있다. 물론 마소들의 풍경을 묘사하는 관점은 세계를 구분지어 인식하는 주체의 시각이다. 이는 <6>에서 보다 명확히 드러난다. 이제 갓 태어난 송아지가 등산객을 보고 매달리는 풍경은 <5>의 마소들의 행태와 연관시켜 보면, 경계가 무화된 풍경으로 생각할 수 있다. 그러나 시인은 이 풍경에서 "우리 새끼들을" 떠올린다. "우리"라는 대명사가 명확하게 드러내는 경계의 의식은 자연과 주체의 세계를 갈라놓고 있다. <5>는 송아지에 대한 연민이 아니라 "우리 새끼들"이 환기하는 민족의 미래에 대한 비애의 심정을 형상화한 것으로 생각된다. 물론 이 시는 일제강점기말의 시대적 상황에 대한 고뇌를 직접 표현한 작품은 아니다. 아울러 정지용의 시편들에 현실이나 역사에 대한 고민이 결여되어 있는 것도 사실이다. 작품의 후반부에서 좀더 상세하게 언급하겠지만 그의 시편들은 오히려 현실과 역사의 문제를 유보하는 방법으로서 자연을 택하고 있다. 그런데 이 시는 국토의 남단인 한라산을 공간으로 삼고 있지만, 시

229) 여기에서 "도체비꽃"은 국화과에 속하는 '도깨비엉겅퀴'로 보인다. 깊은 산에서 자라는 도깨비엉겅퀴는 높이 50~150cm의 다년초 식물로서, 꽃은 7~9월에 피고 꽃의 색깔은 자줏빛이며, 주로 경북·강원·평북·함남·함북 등지에 분포한다.

의 공간이 포괄하고 있는 것은 <1>에서 지나치듯 언급한 함경도에까지 걸쳐 있다. <6>의 풍경은 시인에게 암담한 현실의 비애를 환기시킨 것이다.[230] <7>은 <5>·<6>의 풍경 속에 투영되어 있는 주체의 의식이 행위를 통해 드러나 있다. 온갖 자연물들이 발산하는 향기와 소리들로 인해 생명력이 고양된 자연 속에서 주체는 길을 잃는다. 자연을 보는 시의 주체는 자연을 대상으로서 인식한다. 자연을 대상으로서 의식하는 지용에게 자연은 동화될 수 있는 세계가 아니다. 경계의 무화를 보여주었던 마소의 세계를, 시인은 구분하고 경계짓는 인간의 관점 속에서 묘사하였다. 생명력이 충일한 세계, 시인의 입장으로 본다면 생명력이 혼재된 세계에서 주체가 길을 잃는 것은 자연과 동화될 수 없는 시인의 의식을 암시한다. "흰 돌바기 고부랑길"을 보고서야 길을 찾는 주체의 모습은 자연에 대한 지용의 관점을 잘 보여준다. 그리고 다시 이어지는 자연의 모습-"아롱점말이 避하지 않는" 형상은 이질적인 주체를 둘러싸고 펼쳐진 반복되는 자연의 모습인 것이다. 이는 주체의 시선에 의해 타자로서 의식되는 자연의 모습이기도 하다. <8>은 백록담을 오르는 행렬과 산정의 자연에 친숙해지는 시인의 모습을 그리고 있다. "궁둥이에 꽃물 익여 붙인채로 살이 붓는" 풍경은 이 시에서 자연에 가장 가까워진 주체의 모습을 보여준다. <8>의 행렬에 속해 있던 시인은 이 시의 최종점인 '백록담'에 도착한다. 한라산 등정의 마지막 지점인 '백록담'은 "가재도 긔지 않는" 지극히 투명한 순수 자연의 세계이다. 그런데 이곳까지 오르느라 "不具에 가깝도록 고단한" 시인의 "다리를 돌아 소가" 지나간다. 맑고 투명한 백록담과 "다리를 돌아" 지나간 소의 모습은 한라산 산정에서 시인이 만났던 결코 동화될 수

---

230) 지용이 '백록담'을 자신의 두 번째 시집의 제목으로 삼았다는 점은, 「백록담」이 일제강점기말의 시인의 내면을 잘 드러내주는 시편임을 암시한다. 아울러 『백록담』을 발간할 무렵이 정신과 육체적으로 가장 피폐한 때였으며 그것은 환경과 생활 때문이었다는 시인의 고백을 참고하면, 「백록담」에 현실 의식이 직접 드러나 있지 않더라도 현실에 대한 비애가 담겨있다고 보는 것은 타당하다.

없는 자연의 모습을 상징한다. 이 시의 주체는 아무런 경계의식을 보이지 않는 자연을 계속해서 의식하고 있다. 시인은 한라산의 산정에서, 그리고 '백록담'에서 결코 동화될 수 없는 자연을 극명하게 인식한다. "쫓겨온 실구름 一抹에도" 흐려지는 세계, 그 순수 자연의 세계 앞에서 시인은 자신의 고뇌를 비운다. 그것은 자연을 닮은 '비움'이 아니라 <1>의 산정에서 경험했던 기진한 상태이다. "나의 얼골에 한나절 포긴 白鹿潭은 쓸쓸하다"는 표현 속에는 자연의 이미지를 통해 자신의 내면을 지우려는 시인의 의식이 투영되어 있다. 쓸쓸함의 주체는 시인이 아니라 백록담이다. 그것은 백록담의 투명한 이미지, 적막한 자연의 이미지를 통해 자신의 정신을 무화시키려는 지용의 모습을 보여준다. "깨다 졸다 祈禱조차 잊은" 상태란 주체가 소멸한 기진의 상태이다. 물론 이는 역설적으로 자신의 정신을 무화시키려는 시인의 심적 고통을 상기시킨다. 2장에서 살펴보았던 정지용의 시편들, 이를테면 근대적 일상에 대한 강렬한 비판적 의식을 보여주었던 「시계를 죽임」의 결미에서 유리창에 비친 담배 피는 주체의 모습이나 「예장」에서 가사죽음의 상태를 염원하던 주체의 모습은 「백록담」의 화자처럼 고통스런 현실을 유보하고 무화시키려는 시인의 의식을 보여준다. 지용의 후기 시의 중요한 주제가 되었던 이른바 동양적 자연은 고통스러운 현실을 무화시키려는 시인이 선택한 세계이다. 동양적 자연의 평정과 적막 속에서, 그리고 그 적막을 지속시키려는 의식 속에서 지용은 암담한 일제강점기의 현실을 지우려고 했던 것이다. 지용의 후기 시의 자연은 현실을 견디기 위해 시인이 선택한, 방법으로서의 자연이었다.

이러한 지용의 시적 대응은 개체에게 부여된 소멸의 운명을 슬픔 속에 정관하던 지훈의 태도와 큰 차이를 보인다. 한국전쟁기에 지훈의 시에 집중적으로 나타나는 간절한 염원과 기도는 일제강점기에 소멸의 비애를 관조하던 태도에서 비롯된 것이다. 다음에 살펴볼 「화체개현」은 자연을 받아들이는 지훈의 심미적 의식을 잘 보여주는 작품이다. 현실에 대한 암울한 심정이 투사되었던 「낙화」보다 좀더 근원적인 자연에 대한 시인의 태도가 형상화되어 있다.

> 실눈을 뜨고 벽에 기대인다 아무것도 생각할 수가 없다
>
> 짧은 여름밤은 촛불 한자루도 못다 녹인채 살아지기 때문에 섬돌 우에 문득 石榴꽃이 터진다
>
> 꽃망울 속에 새로운 宇宙가 열리는 波動! 아 여기 太古쩍 바다의 소리 없는 물보래가 꽃잎을 적신다
>
> 방안 하나 가득 石榴꽃이 물들어 온다 내가 石榴꽃 속으로 들어가 앉는다 아무것도 생각할 수가 없다
>
> —「花體開顯」 전문[231)]

1949년에 창작된 「花體開顯」은 지훈의 시 세계에서 자연의 의미를 잘 보여주는 작품이다. 이 작품은 단순한 내용으로 이루어져 있지만 시인의 독특한 체험이 형상화된 시편이다. 한국시가의 자연 형상의 전통에서도 매우 예외적인 국면을 보여주는 「화체개현」은 지훈의 시에서 세계를 보는 주체의 관점, 혹은 주체와 세계가 조우하는 양상을 담고 있다. 표면적으로 석류와 주체의 관계를 묘사하고 있지만, 여기서의 석류는 존재의 열림을 시각적으로 잘 드러내 준다는 점에서 채택된 이미지라 할 수 있다. 석류는 일차적으로 꽃이면서 생명 일반, 나아가 우주를 상징하는 생명체이다.

시의 현실적 공간은 주체가 벽에 기대고 앉아있는 방안이다. 이 방안으

---

231) 「花體開顯」은 1952년에 발간된 『풀잎斷章』에 「아침」이란 제목으로 수록되었던 작품이다. 1956년에 간행된 『趙芝薰詩選』에 내용의 수정 없이 '화체개현'이란 제목으로 변경되었다. 2002년에 발간된 『지훈육필시집』을 참고하면, 『풀잎斷章』과 『趙芝薰詩選』에 "柘榴"라는 표기는 "石榴"의 오기인 것으로 판단된다. 육필시집에는 '柘'字의 '나무목 변'이 지워져 있다(『지훈육필시집』, 조지훈기념사업회, 2002, 225쪽).

로 "石榴꽃이 물들어" 오고 "내가 石榴꽃 속으로 들어가 앉는다"는 4연의 내용을 참고하면, 시의 공간은 방이면서 나를 품고 있는 꽃의 내부이다. 또한 3연의 내용을 고려하면 이 꽃의 열림은 공간적으로 우주 전체, 시간적으로는 "太古"부터 영원에 이르는 전(全) 시간에 닿아있다. 석류의 개화는 그야말로 우주적 사건이다. 이 신비로운 사건을 형상화한 「화체개현」의 풍경은 석류꽃의 개화에서 촉발된 주체의 우주적 동화를 보여준다. 시의 처음과 끝에 반복된 "아무것도 생각할 수가 없다"는 진술은 석류꽃의 개화 과정이 특이한 의식 상태의 경험임을 시사한다. 시인은 개화하는 석류꽃에 동화되어 우주적 생명력을 감득한다. 석류꽃에서 시원의 생명력을 체득한 순간은 대상을 인식하는 일상의 논리적 범주에서 벗어나 있다. 석류와 시인의 합일은 "대상화로부터는 스스로를 숨기고 있는 그런 존재 자체의 열림을 통해서"232) 이루어진다. 그것은 세계를 분리하거나 객관화하지 않는 사유, 표상하지 않는 사유를 통해서만 도달할 수 있는 존재의 도약인 것이다. 이는 세계뿐만 아니라 자신을 전혀 새롭게 경험하는 것이며, 전혀 새로운 관계로 세계와 자아가 만나는 것이다. 이른바 선(禪)적 사유가 석류꽃을 보는 존재의 의식에서 펼쳐지고 있다.

> 선의 방법은 대상 그 자체로 들어가서 그 내부에서 있는 바 그대로의 사물을 보는 것이다. 어떤 꽃을 안다는 것은 그 꽃이 되어 그 꽃으로 있는 것이요 〔…〕 그리하여 꽃 속에서 맥박치는 꽃의 생명 전체를 아는 것이다. 그것뿐만 아니라 꽃을 알게된 나의 인식에 의해서 나는 전우주의 신비를 알게 되며 이 우주의 신비는 실로 나 자신의 온갖 신비를 아는 것도 된다.233)

'대상의 내부에서 그대로의 사물을 본다는 것'은 주체와 대상을 분리하

232) 한스 페터 헴펠, 『하이데거와 禪』, 이기상・추기연 공역, 민음사, 1995, 210쪽.
233) 鈴木大拙, 『禪과 정신분석』, 김용정 역, 정음사, 1977, 147쪽.

지 않는다는 것이며 사물의 생명력에 동화되는 것이다. 이는 하나의 사물뿐만 아니라 온 우주의 생명과 통할 수 있는 존재의 상태이기에 주체는 사물에서 전우주의 신비를 알게 된다. 물론 그러한 체험은 사물에 들어가는 것이면서 동시에 자기 존재의 지평을 확장하고 여는 행위이다. 아울러 사물에서 전우주의 신비를 알게 된다는 것은 지훈의 시 세계의 관점에서 볼 때, 모든 사물에 분유되어 있는 우주적 생명력을 체험하는 것이다. 동시에 자기를 느끼는 일이다. 이 점은 「화체개현」에 나타나는 사유 방식이, 일체의 대립과 차별에서 벗어나 자유로운 마음의 상태 자체를 지향하는 장자의 심미적 경계[234]와 변별된 것임을 뜻한다. 「화체개현」의 주체는 자기를 해소하고 사물이 되는 것이 아니라 사물을 표상하지 않는 방식으로 느끼는 것이다. 주체가 앉아있는 방안으로 "*石榴*꽃이 물들어" 오고 주체가 "석류꽃 속으로 들어가 앉는다"는 특이한 체험은 장자적인 물화(物化)가 아니라 우주적 동화(同化)이다. "아무것도 생각할 수가 없다"는 것은 '나'를 잊었다는 것이 아니라 논리적인 언어로써 <지금－이곳>에서 일어난 체험을 표현할 수 없다는 것이다. 비논리적인 문장으로 표현된 2연은 언어로 형용할 수 없는 시적 체험의 특수함을 반논리적인 언어로 표현한다. '여름밤이 짧기 때문에 *石榴*꽃이 터진다'는 진술은 '짧은 여름밤'과 '개화' 사이의 인과성을 뜻하는 것이 아니라, 개화의 순간성을 불현듯이 찾아온 '여름아침'으로 표현한 것이다. 물론 아침은 개화로 상징된 득의의 순간을 의미하는 것이기도 하다. 이는 주체와 "*石榴*꽃"의 동화를 형상화한 「화체개현」이 본질적으로 시인의 특수한 의식 세계임을 암시한다. "*石榴*꽃이 터진" 장소가 "섬돌" 위라는 점은 주체에게 일어난 사건이 석류꽃과 무관한 것일 수 있음을 의미하는 것이다. 다시 말해 '화체개현'은 순수하게 주체의 의식 속에 일어난 각성의 순간을 그린 것이라 볼 수 있다. 따

234) 한홍섭, 『장자의 예술정신』, 서광사, 1999, 90～135쪽 참조.
徐復觀, 『중국예술정신』, 권덕주 역, 동문선, 1990, 105～163쪽 참조.

라서 "섬돌"은 주체와 세계를 구분하는 의식의 경계이며, 이 섬돌 위에 꽃이 터지고 그 꽃이 방안으로 물들어 오는 풍경은 '분리-의식'의 해제를 뜻한다. 그 상태는 각성의 순간이며, 동시에 우주적 생명감을 존재 내부에서 경험하는 황홀한 순간이다.

이른바 선(禪)적인 체험을 형상화한 이 시의 사건은, 선(禪)이 철학적인 것은 아니지만 지적이고 논리적이며, 한편으로는 신비적인 심리체험[235]임을 구체적으로 보여준다. 「화체개현」이 티끌에서 우주를 보는 화엄의 세계라는 지적[236]은 지적(知的)이면서 주관적인 이 시의 특질, 나아가 사물에서 우주적 질서를 보는 지훈 시의 특징을 갈파한 것이다. 세계와 주체를 분리하지 않고 사유하는 지훈은 구체적인 사물에서 우주적 질서를 정관한다. 그 세계는 지적이면서, 동시에 주관적이고 심리적이다. 그러나 이러한 특성과 유사한 서구적 사유들, 이를테면 낭만주의 · 상징주의 · 초현실주의 · 영지주의 등의 사조와 달리, 지훈의 시는 인간조건이나 운명의 한계를 넘어서고 벗어나려는 욕망[237]에 기초하지 않는다. 오히려 그의 시는 우주적 질서를 자신의 감성적 인격 속에 온전히 내면화함으로써 자연에서 자신의 운명을 정관하고, 그 속에서 현실과 역사에 대한 자세를 생각하는 방식으로 전개된다. 「화체개현」에 형상화된 지훈 시의 자연은 우주적 생명력에 동화된 시인의 의식을 보여준다. 「화체개현」은 구체적인 자연물을 대상으로 하면서도 그것에 작용하는 우주의 생명력을 바라보는 세계이며, 동시에 그러한 관점에서 자연을 경험하는 시인의 의식을 형상화한 세계이다.

이상에서 살펴본 것처럼, 정지용의 후기 시의 자연과 조지훈의 시에 형상화된 자연은 시인의 감정이나 의식을 표현하기 위해 파편적으로 동원된

235) 鈴木大拙, 『禪이란 무엇인가』, 신현숙 역, 을유문화사, 1984, 121쪽.
236) 김인환, 앞의 책, 146쪽.
237) 세르주 위탱, 『신비의 지식, 그노시즘』, 황준성 역, 문학동네, 1996 참조.

소재가 아니라, 자연 자체를 시의 주제로 삼은 본격적인 자연 형상이라 할 수 있다. 이는 두 시인이 자연을 관조의 대상으로 분명하게 인식했으며, 관조의 시선 속에서 주체의 문제를 사유했음을 뜻한다. 객관 세계와 창작 주체의 주관이 뚜렷한 자각 속에서 관계를 형성하는 이들의 시는 세계를 낭만적으로 인식하는 단계에서 벗어나 주체와 대상을 보다 지적으로 사유하는 새로운 경지를 열어 보였다. 그것은 사물을 주체의 감각으로 형상화하는 차원이 아니라 대상 자체를 독자적인 세계로 인식하되 그 속에서 주체의 문제를 생각하는 사유 공간의 탄생이었다. 여기에 이른바 '동양적 자연'은 대상을 대상 자체로서 인식하고 형상화할 수 있는 방법을 제공하였다. 그것은 언어에 의해 대상의 의미가 생성되지 않고, 객관적으로 제시된 사물들의 상호 작용을 통해서 의미가 형성되는 표현 방식의 발견이었다. 두 시인의 자연 풍경이 비유가 아닌 객관적인 묘사에 의해, 그리고 절제된 언어와 여백에 의해 형상화되어 있음은 그들의 시가 전통적인 세계상을 시적 표현의 방법으로 선택하였음을 보여준다. 그것은 단순히 표현의 문제만이 아니라 세계를 인식하는 사유의 변화와 관련되어 있다. 자연을 주체와 상면한 관조의 대상으로 인식하되 그것을 독자적인 세계로 사유하고 형상화한 풍경의 출현은 근대적 주체에 의해 창조된 전통적 자연 형상이다.

정지용은 동양의 산수화에 형상화된 전통적인 자연상을 시의 풍경으로 이전하였다. 그에 의해 본격적인 표현의 대상으로 부상한 자연은 산수화의 형상을 환기시켰으며, 그 자연은 한시의 표현과 유사한 방식으로 형상화되었다. 주체의 주관이 분명하게 지각되는 방식으로 형상화된 초기 시의 대상들과 달리, 후기 시의 자연은 수사적인 언어에 의하지 않고 사물 자체의 존재성이 부각되는 방식으로 표현되었다. 지용의 초기 시의 감각이 대상을 주체의 정서로 전환하는 과정에서 발생한 것이라면, 후기 시의 감각은 자연물이나 자연 현상을 생동감 있게 지각하는 과정에서 발생한다. 전자의 감각이 주체에 속한 것인데 반해, 후자의 감각은 대체로 대상에 속한 것이라 할 수 있다. 지용 시의 자연은 전통적인 자연상을 환기하되 감각적인 언어 표현을 통해 매우 생생하게 감수되는 구체적인 자연이다. 시인의 언어 감각에 의해 창조된 전통적인 자연 형상이라 할 수 있다. 그런데 이 풍경을 구성하는 주체는 자연과 동화되지 않고 자연을 인식하는 주체로 풍경 속에 남아 있다. 「조찬」이나 「백록담」에서 확인한 것처럼, 지용의 시는 자연과 주체를 독립된 방식으로 풍경화 한다. 대상을 객관적인 언어 표현을 통해 독자적인 세계로 형상화하되 대상은 여전히 주체의 바깥에 남아 있다. 그리고 그 대상은 주체의 현실을 환기하는 세계로서 인식된다. 전통적인 자연상 속에 근대적인 주체가 숨쉬고 있는 셈이다. 2장 3절에서 살펴보았던, 후기 시의 자연과 죽음이 하나의 '방법'이었다는 점은, 현실의 문제를 사유하는 공간으로서 자연이 대상화되었음을 의미하는 것이다. 정지용의 자연은 개인이 구체적으로 경험한 대상 세계였으며, 대상화의 과정을 통해 주체의 문제를 인식하게 했던 사유의 공간이었다.

정지용에 의해 본격적인 관조의 대상으로 편입된 자연은, 언어 너머에서 의미가 생성되는 표현 방식을 통해 전통적인 자연상을 언어의 풍경으로 창조하였다. 창작 주체에 의해 언어적으로 변형되지 않고 대상 자체의 형상으로 구성된 자연은, 언어와 주체가 풍경의 배후로 물러나고 사물이 부각되는 방식으로 구성되었다. 조지훈의 자연은 정지용에 의해 창조된 자연 형상을 계승하였다. 두 시인의 자연 풍경의 친연성은 대상을 형상화하는 표현 방식의 유사성에서 비롯된 것이다. 지훈의 자연은 전통적인 자연상을 환기하는 정지용의 언어를 부분적으로 계승하였지만, 타자로서 인식되는 정지용의 자연과 달리 주체를 포함한 세계라는 점에서 본질적으로 변별된다. 그 자연은 구체적인 사물들의 세계이면서 동시에 근원적인 질서가 실현되는 세계이다. 따라서 지훈의 자연은 단순히 관조의 대상으로 머물지 않고 자신을 포함하여 모든 생명체와 현실을 바라보는 세계관이 투영된 공간이라 할 수 있다. 시인은 자연을 보며 자신의 운명과 현실을 생각한다. 지훈의 자연은 전통적인 자연상 속에 담긴 사상적 전통까지를 내장한 세계이다. 시인이 소멸하는 생명체의 모습을 깊은 연민과 비애 속에 관조하는 것은 그 현상에서 인간의 삶을 보기 때문이다. 자연을 타자로서 보지 않고 우주적 생명을 함께 나눈 존재로 보는 사유는 생명 시학의 궁극적인 지향점을 시사한다. 지훈의 자연 풍경은 자연과 인간, 삶과 현실을 관통하는 세계관을 자신의 감성적 인격 속에 내면화한 시인의 모습을 보여준다. 자연에서 삶을 생각하고 시를 통해 현실을 사유하는 지훈의 세계는 전통적인 세계관이 작용하는 과정을 구체적으로 보여준다. 이른바 '전통적 시학'의 모범을 그의 시에서 볼 수 있다.

정지용에 의해 본격적인 관조의 대상이 된 자연은 주체와 객관이 조우하는 사유 공간이었다. 이전의 시가들과 달리 지용이 발견한 자연은 개인에 의해 구체적으로 경험된 대상이었으며, 주체와 독립해서 존재하는 세계였다. 지용은 이 자연을 전통적인 자연상을 환기하는 방식으로 형상화하였다. 그의 자연이 갖는 중요성은 전통적인 자연상을 환기하는 언어의 발견에 있다. 그것은 주체에 종속되지 않고 독립된 방식으로 존재하는 세계상의 발견이었다. 지용의 자연은 근대적 주체에 의해 발견된 세계였으며 전통적인 자연상을 환기하는 언어에 의해 형상화된 자연이었다. 지훈은 지용의 언어를 계승하면서 그 언어에 의해 형상화된 전통적인 자연상에 생명·삶·현실을 관통하는 세계관을 담았다. 따라서 그 자연은 생명 존재와 깊이 교감할 수 있는 세계였으며, 삶과 현실에 임하는 자세를 생각하게 하는 세계였다. 지용에 의해 발견된 전통적인 자연상에 지훈의 세계관이 더해짐으로써 근대를 통과한 동양적 자연이 창조된 것이다. 지용에서 개화되어 지훈에 이르러 만개한 자연 형상은 새롭게 창조된 자연 형상이었다. 전통적인 자연상을 창조한 언어의 발견과 그 언어적 형상에 부여된 세계관은 지용에서 지훈에 이르러 완성된 전통의 한 맥락이다.

※ 3장과 4장을 통해 살펴보았던 정지용과 조지훈 시의 특질을 도표로 정리하면 다음과 같다.

	정 지 용		조 지 훈	
	특 징	작 품	특 징	작 품
I	* '현재-이곳'에서 경험하는 표상의 세계 * 주체의 존재감을 드러내는 대상, 물질화된 정서 * 전근대적 세계의 발견 * 참신한 비유와 감각적 언어	「爬虫類動物」, 「카폐 · 쯔란스」, 「넷니약이 구절」, 「鄕愁」, 「슬픈 汽車」,「幌馬車」, 「이른봄 아침」, 「아츰」, 「바다2」	* 인간의 보편적 문제에 대한 관심에서 출발. * 서구적 심미성(육체적 관능, 종교적 자의식, 고전적 심미주의)의 세계에서 민족적 심미의 세계로의 방향 전환 * 심미적 언어와 구어의 발견	「月光曲」, 「鍾 소리」, 「影像」, 「僧舞」, 「古風衣裳」, 「北關行」, 「밤길」
II	* 근대적 일상에 대한 비판적 성찰과 피로감 * 감각 세계에 대한 관심의 퇴조와 현상 너머의 세계에 대한 경사 ☞ 세계의 이원화 * 비유와 감감어의 약화, 상징어의 등장	「琉璃窓2」, 「時計를 죽임」, 「歸路」, 「다른 한울」, 「그의 반」, 「또 하나 다른 太陽」, 「悲劇」, 「毘盧峯」, 「紅疫」	* 우주적 원리로서의 자연 * 생명 세계에 대한 깊은 동질감과 자연에서 관조하는 인간의 운명 * 시적 방법으로서의 禪的 언어의 발견 ☞ 단순한 형상을 통해 비범한 의미 환기	「古寺2」, 「古寺1」, 「鶯吟說法」, 「思慕」, 「풀잎斷章1」, 「落花2」
III	* 주체로부터 독립된 대상 세계와 객관적 형상화 * 감각의 성격 변화(주체의 존재감의 각성→대상의 실감 지각) * '동양적 자연상'을 환기하는 언어의 발견 * 고요 · 평정의 자연에 대한 경사와 죽음 의식 ☞ 자기무화를 지향한 방법으로서의 풍경	「毘盧峯」, 「九城洞」, 「비」, 「長壽山1」, 「長壽山2」, 「禮裝」, 「나븨」, 「盜掘」	* 우주적 질서의 내면화와 주체의 생명 의지에 대한 각성 ☞ 동아시아 세계관의 심화 · 확대 * 현실 · 역사에 대한 책임의 윤리 * 서술화 되는 수사와 계몽적 언어	「絶頂」, 「언덕길에서」, 「地獄記」, 「念願」, 「코스모쓰」, 「歷史에서」, 「病에게」
자연 풍경	* 실존적 개인에 의해 관조되는 구체적 자연 ☞ 관조와 사유의 공간 * 독립적으로 존재하는 자연과 이질적인 주체 * 감각적으로 형상화된 자연과 전통적 자연상을 환기하는 언어	「玉流洞」, 「朝餐」, 「白鹿潭」	* 자연 · 인간 · 역사를 관통하는 우주적 근원으로서의 자연(주체의 운명과 대면하는 사유 공간) * 우주적 생명력을 분유한 자연과 깊이 교감하는 주체	「山房」, 「落花」, 「花體開顯」

			* 실존적 개인에 의해 심화된 전통적인 세계관 ☞ 전통적 시정신의 본격적 실현	

제5장

결론

이 논문은 정지용과 조지훈의 시 세계를 검토하여 이들의 시에 형상화된 풍경의 의미를 구명하고, 일제강점기말 두 시인의 시에 집중적으로 나타나는 자연 풍경을 분석하여 이들 시의 전통적 성격을 해명하는 것을 목적으로 하였다. 이러한 일련의 과정을 통해 정지용과 조지훈 시의 변모를 전통의 발견과 심화라는 관점에서 조명하고자 하였다. 정지용과 조지훈의 시를 풍경의 관점에서 살핀 것은 세계를 인식하는 관점의 변화가 이들의 시에서 발견되고, 이들의 작품에 형상화된 세계상이 정체성을 모색하는 한국현대시의 도정을 보여준다고 판단했기 때문이다. 이 논문에서 풍경을 분석의 관점으로 삼은 것은 풍경화의 구성 원리를 참고하여 세계 인식과 형상 방식의 변화를 보이는 정지용의 시와 동양적 세계관과 시정신을 본격적으로 형상화한 조지훈의 시, 그리고 두 시인의 시 세계의 차이를 밝히기 위함이었다. 이러한 작업은 근대적 심미성의 세계를 통과하여 민족문학의 정체성의 한 부분을 개척한 두 시인의 '전통적' 성격을 구체적으로 해명하기 위함이다. 이는 '전통'을 해명하는 작업이 아니라 이른바 '전통적'이라고 불리는 대상들의 차이를 밝히는 일이라고 할 수 있다.

이를 위해 먼저 작품 분석의 관점으로서 풍경의 개념을 고찰하였다. 1장 3절에서는 이 논문에서 사용하는 풍경의 성격을 규명하고 유사 범주인 공간을 대비하였다. 아울러 도상(圖像)으로서의 풍경과 언어 풍경의 차이를 밝힘으로써 분석의 관점으로서 풍경에서 고려해야 할 점들을 점검하였다. 여기에서 이미지의 대역어로서 사용되는 의경(意境) 개념을 살핀 것은 서구적 이미지와 이질적인 방식으로 생성되고 상이한 효과를 불러일으키는, 이른바 '동양적 풍경'의 성격을 해명하기 위함이다. 이미지와 의경은 풍경 분석의 직접적인 기제로 적용하기보다 풍경의 이질성을 해명하는 관점으로 참고하였다. 이 논문에서 다루는 풍경 개념을 간략하게 정리하면, 시의 풍경이란 인간의 의식에 의해 선택·구성된 세계상으로서, 이를 구성하는 부분들이 역동적인 방식으로 상호 결합하여 생성된 형상들의 관계 양상, 혹은 역동적인 형상들의 전체라고 할 수 있다. 이러한 관점에서, 풍경의 대상이 된 사물이나 현상의 의미, 보이는 대상과 보는 주체의 관계 양상, 주체의 시점, 풍경을 구성하는 부분들이 결합되는 방식, 사물들의 관계 양상, 언어 표현의 특징, 의미 생성 방식 등에 주목하여 작품을 분석하였다.

2장에서는 정지용의 시를 <종교시편>들이 집중적으로 발표되는 시기를 기준으로 초기·중기·후기 등 셋으로 나누어 시 세계의 변모 과정을 살폈다. 작품 분석을 통해 구명한 시기별 특징을 요약하면 다음과 같다. 1절에서는 초기 시를 분석하였다. 지용의 초기 시는 시인의 주관에 의해 재편된 세계이다. 사물들이 대상의 세계로 전환되는 과정을 잘 보여주는 시편들은 주체의 존재성이 생생하게 지각되는 방식으로 형상화되어 있다. 이 과정에서 익숙했던 공간들이 새롭게 발견된다. 초기 시에서 사물들은 독자적인 의미를 내포하지 않고 주체의 내면을 드러내는 방식으로 풍경에 참여한다. 형상의 의미는 사물들을 인식하는 개별적인 과정에서 발생하고 표현된 언어에서 직접 드러난다. 시는 여러 사물들과 주체가 결합하여 전체를 이루는 구성적인 형식을 취하며, 사물들은 인식 주체의 감수성을 생생하게 드러내는 방식으로 형상화 된다. 따라서 주체의 감정은 직접 표출되지 않고 물질화 된다. 초기 시의 감각은 사물을 인식하는 주체에 속한 것이며, 사물은 주체의 감각에 의해 의미를 부여받고 풍경의 일부가 된다. 초기 시는 현상 세계를 경험하는 주체에 의해 표상된 세계이며, 그렇게 표상된 대상과 주체가 구성하는 세계이다.

2절에서는 중기 시를 분석하였다. 현실 비판적인 시편들과 현상 세계 너머를 지향하는 종교시편에 이르러 지용의 시는 중대한 방향전환을 한다. '현재—이곳'의 현상 세계를 감각적으로 감수하던 초기 시와 달리, 중기 시편에는 현실에 대한 피로감과 비판적 성찰, 그리고 보이지 않는 세계에 대한 관심이 집중적으로 나타난다. 근대적 일상에 대한 회의와 신앙에 대한 경사는 감각적 현상 세계에 대한 저조한 관심으로 이어지고, 육체적 욕망의 삶과 심미적 감각의 세계는 총체적인 반성의 대상이 된다. 따라서 참신한 비유나 감각적 표현들은 약화되고 상징어들이 등장하면서, 내면이 직접 서술되는 방식으로 언어 표현이 변화된다. 주체에 의해 사물들이 주관화되었던 초기와 달리, 이 무렵의 시편들에서 주체와 대상 사이에는 비판적인 거리가 발생한다. 아울러 현상 너머에 존재하는 신은 지향의 대상이지만 감각되지 않는다는 점에서 동화될 수 없는 존재로 인식된다. 지용의 중기 시들의 풍경에는 이러한 거리가 내재되어 있다. 사물들을 주체의 주관적 세계로 재편했던 초기 시들과 달리 중기 시의 주체는 현상 세계를 비판적으로 성찰하되 그 너머를 사유하고, 초월적인 세계를 지향하되 감각될 수 없음을 인식한다. 세계와 주체 사이에 비판적 거리가 발생하면서 대상 세계는 현상적인 감각에 의해 받아들여지기보다 주체의 의식에 의해 성찰된다. 이들 시편들에 나타나는 고뇌는 육체의 감각을 인식의 근거로 삼으면서도 근원적인 것을 사유하는 시인의 의식에서 비롯된 것이다.

3절에서는 후기 시를 분석하였다. 지용의 후기 시는 초기와 중기 시를 전통적인 자연상을 통해 통합한다. 사물들을 묘사하되 주관적인 언어로 표현하지 않고 객관적인 방식으로 형상화된 시에서, 주체는 풍경의 배후로 물러나거나 대상과 동등한 자격으로 풍경에 참여한다. 시인은 세계를 주관화하지 않고 있는 그대로 관조하며 자신의 문제를 사유한다. 후기 시에서 세계는 주체의 바깥에 독립적으로 존재하면서 주체의 사유 공간으로 기능한다. 따라서 풍경에 조성된 긴장은 세계와 주체 사이에서 발생한 것이며, 본질적으로 세계를 사유하는 주체의 내면에서 비롯된 것이다. 지용 시의 감각은 주체를 드러내는 감각에서 대상 자체를 체험하는 감각으로 그 성격이 변화한다. 후기 시에서 뚜렷하게 부각된 이른바 '동양적 자연상'은 대상을 주체로부터 해방하는 언어의 발견이라는 점에서 중요한 성과였다. 아울러 그 세계는 현실의 문제를 사유하는 공간으로서 현실 대응의 성격을 띤 것이었다. 고요와 평정의 자연에서 시인은 폭압의 현실을 통과할 수 있는 풍경을 발견한다. 후기 시에 등장하는 죽음 의식은 이른바 '동양적 자연'이 환기하는 적막의 세계를 내면화하려는 것이었으며 이를 통해 자신을 무화시키려는 의식의 표현이었다. 후기 시의 자연은 고통스러운 정신이 찾은 방법으로서의 풍경이었다.

제3장에서는 조지훈의 시를 <오대산 월정사> 무렵을 기준으로 셋으로 나누어 시 세계의 변모 과정을 살폈다. 1절에서는 습작기와 초기 시를 분석하였다. 서구의 문학 체험에서 본격화된 지훈의 시는 현상 세계의 구체적인 문제보다 보편적인 인간의 문제를 주제로 삼아 출발하였다. 육체적 관능과 종교적 자의식이 문학적 심미주의와 섞이면서 전개되는 그의 습작기 작품들은 성숙하지 못한 상반된 충동이 결합하여 관념적이고 자기분열적인 양상을 띠게 된다. 서구적 관념에 침윤되어 있던 습작기에 중요한 전환점이 된 것은 민족적인 것에 대한 관심이었고, 이를 통해 지훈은 문학적 심미성을 구체적인 삶의 현장과 결합할 수 있었다. 「승무」 계열의 작품은 습작기의 핵심 주제였던 육체에 대한 부정적 인식을 구도 정신과 연민의 정서를 통해 극복하는 계기가 되었다. 일제강점기말 민족의 삶에 내재한 심미적 심성과 정취를 형상화한 시의 풍경은, 관념적 세계에서 머뭇거리던 시인이 삶의 현장에서 발견한 구체적인 심미 세계였다.

2절에서는 <오대산 월정사> 시절부터 해방 이전까지의 작품들을 분석하였다. <오대산 월정사> 시기는 지훈의 시를 관통하는 세계관의 형성기였으며, 그것은 자연의 풍경으로 형상화된다. 이 시편들에 형상화된 자연 풍경은 구체적인 관조의 대상이면서 근원적인 질서를 환기하는 세계이다. 이 시들은 언어적 수사에 치중하지 않되, 사물들을 구체적인 이미지로 제시하고 표현된 언어의 너머에서 의미를 생성하는 방식으로 형상화되어 있다. 주체는 풍경에서 배제되어 있고 풍경을 구성하는 사물들에 자신의 내면을 부분적으로 투영한다. 이 세계는 사물들의 관계를 통해 근원적인 자연의 질서를 환기한다. 이러한 시편들에 활용된 시적 방법으로서의 선(禪)은, 형식·논리·수식을 뛰어넘어 평범하고 단순한 풍경을 통해 비범한 의미를 환기하는 언어의 세계를 보여주었다. 사물의 이미지 자체로서 역동적인 의미로 비약하는 선적(禪的) 언어의 발견은 단순함에서 깊은 의미를, 언어 너머에서 뜻이 생성되는 상징 세계의 창조였다. 이후의 시편들은 <오대산 월정사> 시절의 시편들에 형상화된 우주적 원리를 시인의 감성적 인격 속에 내면화한 모습을 보여준다. 시인은 자연 현상을 깊은 연민 속에서 정관하며 그것을 자신의 운명으로 감수한다. 일제강점기말 생명의 소멸을 정관하는 것은 자신에게 부여된 운명을 직시한 행위였다.

3절에서는 해방 이후의 시편들을 분석하였다. 일제강점기말과 해방을 통과하면서 지훈의 시가 발견한 것은 개체의 생명 의식이었다. 그것은 개체에서 개체로 이어진 우주적 생명력이었으며, 시인은 이 생명력을 통해 우주적 원리와 합일되는 주체의 의지를 발견하게 된다. 이러한 의식은 한국전쟁을 지나면서 스스로에게서 발원하는 주체적 감성 생명으로 발전한다. 지훈의 시 세계에 일관된 생명 의식은 우주의 생명체를 근원적으로 아우르는 생명의 윤리었으며, 타자와 깊이 유대할 수 있는 연민의 정서를 내장한 것이었다. 운명과 주체의 의지를 함께 사유하는 태도는 삶과 현실과 역사를 보는 시각 속에 두루 전제되어 있다. 소멸에 대한 비애나 체념의 정서는, 인간의 실천적 감성 생명을 각성하는 이 시기에 이르러 극복된다. 이 무렵의 시편들에서 공통적으로 나타나는 주체의 생명 의지는 궁극적으로 암담한 역사적 현실을 방관하지 않는 책임의 윤리라는 성격을 띠고 있으며, 이러한 태도가 강력하게 작용하면서 시의 언어들은 서술적인 양상을 띠게 된다.

제4장에서는 정지용의 후기 시와 조지훈의 시에 형상화된 자연 풍경의 성격을 해명하고 그 문학사적 의미를 고찰하였다. 지용과 지훈의 시에 형상화된 자연은 주체의 내면을 표현하기 위해 부분적으로 동원된 소재가 아니라 그 자체가 시의 주제가 된 본격적인 자연 형상이었다. 객관 세계에 대한 뚜렷한 자각을 보이는 이들의 시는 세계를 낭만적으로 인식하는 단계에서 벗어나 대상을 보다 지적으로 사유하는 새로운 경지를 열어 보였다. 그것은 사물을 주체의 감각으로 형상화하는 차원이 아니라 대상을 독자적인 세계로 인식하되 그 속에서 주체의 문제를 생각하는 사유 공간의 탄생이었다. 여기에 이른바 '동양적 자연'은 대상을 대상 자체로서 인식하고 형상화할 수 있는 방법을 제공하였다. 그것은 대상의 의미가, 표현된 언어에 형상화되지 않고 객관적으로 제시된 사물들의 상호 작용을 통해서 생성되는 표현 방식의 발견이었다. 두 시인의 자연 풍경이 비유가 아닌 객관적인 묘사에 의해, 그리고 절제된 언어와 여백에 의해 형상화되어 있음은 그들의 시가 전통적인 세계상을 시적 표현의 방법으로 선택하였음을 보여준다. 그것은 단순히 표현의 문제만이 아니라 세계를 인식하는 사유의 변화와 관련되어 있다. 자연을 주체와 상면한 관조의 대상으로 인식하되 그것을 독자적인 세계로 사유하고 형상화한 풍경의 출현은, 근대적 주체에 의해 갱신된 전통적 자연 형상이라 할 수 있다.

정지용에 의해 본격적인 관조의 대상이 된 자연은 주체와 객관이 조우하는 사유 공간이었다. 이전의 시가들과 달리 지용이 발견한 자연은 개인에 의해 구체적으로 경험된 대상이었으며, 주체와 독립해서 존재하는 세계였다. 지용은 이 자연을 전통적인 자연상을 환기하는 방식으로 형상화하였다. 그의 자연이 갖는 중요성은 전통적인 자연상을 환기하는 언어의 발견에 있다. 그것은 주체에 종속되지 않고 독립된 방식으로 존재하는 세계상의 발견이었다. 지용 시의 자연은 주체와 독립적으로 존재하는 세계로서, 주체가 자신의 문제를 사유하는 공간으로 기능한다. 주체로부터 해방됨으로써 관조와 사색의 공간으로 변한 자연은, 형상적으로는 동양적 세계상을 환기하면서도 주체에 의해 감각적으로 관조되는 세계였으며, 본질적으로 주체의 바깥에 존재하는 이질적인 '대상의 세계'였다.

한편 지훈은 지용에 의해 형상화된 전통적인 자연상에 생명·삶·현실을 관통하는 세계관을 담았다. 따라서 그 자연은 생명 존재와 깊이 교감할 수 있는 세계였으며, 삶과 현실에 임하는 자세를 사유하게 하는 세계였다. 지훈의 시에 이르러 실존적 개인에 의해 실천적으로 자각된, 동양적 자연상에 부합하는 전통적 사유의 심화가 이루어진다. 지용에 의해 발견된 전통적인 자연상에, 자연과 삶과 현실을 통섭하는 세계관이 더해짐으로써 근대를 통과한 본격적인 동양적 자연이 창조된 것이다. 지용에서 개화되어 지훈에 이르러 만개한 형상 사유는 새롭게 창조된 전통적 자연이었다. 전통적인 자연상을 창조한 언어의 발견과 그 언어적 형상에 부여된 세계관은 지용에서 지훈에 이르러 완성된 전통의 한 맥락이다.

이상에서 살펴본 것처럼, 정지용과 조지훈의 시는 미적 근대의 세계를 통과하며 정체성을 모색한 한국 근대시의 폭과 깊이를 보여주었다. 시의 풍경은 사물 세계와 창작 주체가 상호 작용하는 공간으로서, 주·객관의 관계 양상과 세계상, 그리고 형상 언어의 변화를 확인할 수 있는 역동적인 장이었다. 이를 통해 변화된 감수성과 전통적 형상 사유의 의미를 살펴볼 수 있었다. 정지용의 시가 세계의 중심으로서 근대적 주체의 존재성이 선명하게 지각되는 풍경을 보여준 반면, 조지훈의 시는 전통적인 세계관이 개인의 삶과 의식 속에 육화되고 심화되는 과정을 보여주었다. 지용이 형상화한 동양적 자연상은 근대적 주체에 의해 발견된 독립된 사물들의 세계였으며 인간과 분리된 대상으로 지각되는 세계였다. 이는 대상을 객관적으로 인식하되 그 속에서 주체의 문제를 사유하는 지적인 공간의 탄생이었다. 이와 달리 지훈의 시에서 사물들은 독립된 대상으로 인식되면서도 주체와 같은 운명을 분유한 세계로서, 깊은 정서적 유대 속에 관조되었다. 그의 시는 인간과 자연을 통일된 질서 속에서 사유하되, 존재의 생명 의지를 실현하려는 현세적·윤리적인 성격을 띤 것이었다.

정지용의 시는 사물들을 주관적 대상에서 독자적인 세계로 해방하는 방향으로 전개되었으며, 이는 지용이 발견한 근대적 언어가 동양적인 세계와 만난 접점이었다. 조지훈은 지용이 발견한 동양적 자연상 위에 개인에 의해 자각된 전통적인 사유를 형상화하였다. 지훈의 시에 형상화된 세계관은 인간과 자연을 아우르는 생명 시학으로서 한국시사의 중요한 흐름을 형성하고 있는 생태시학에 보다 근원적인 방향을 제시하는 것이면서, 한국 현대시가 전통적인 사유와 조우할 수 있는 가능성을 보여준 것이었다. 아울러 지훈의 시는 현실과 분리되지 않는 삶의 시학이라는 점에서, 그리고 전통적인 시정신이 개인의 의식과 삶 속에서 육화되는 과정을 시 세계의 전체 과정을 통해 본격적으로 형상화하였다는 점에서, 명실상부한 전통 시학의 현대적 모범을 보여준다. 정지용과 조지훈에 의해 한국시의 전통성은 폭과 깊이를 갖게 되었다.

이렇게 두 시인에 의해 성취된 근대적인 언어와 전통적인 사유가 다양한 방식으로 전개되는 과정을 살피는 일, 아울러 두 시인의 시에서 확인했던 자연상의 차이를 좀더 여러 시인의 시 세계로 확대하여 자연 형상의 이질성을 해명하는 작업들은 앞으로 남은 과제라 할 것이다.

참고 문헌

1차 자료

정지용, 『鄭芝溶詩集』, 시문학사, 1935.
______, 『白鹿潭』, 문장사, 1941.
______, 『지용詩選』, 을유문화사, 1946.
______, 『鄭芝溶全集』 1~2, 민음사, 1988.
박두진 · 조지훈 · 박목월 공저, 『青鹿集』, 을유문화사, 1946.
조지훈, 『풀잎斷章』, 창조사, 1952.
______, 『趙芝薰詩選』, 정음사, 1956.
______, 『歷史앞에서』, 신구문화사, 1959.
______, 『餘韻』, 일조각, 1964.
______, 『青鹿集 · 其他』, 현암사, 1968.
______, 『青鹿集 · 以後』, 현암사, 1968.
______, 『趙芝薰全集1』, 일지사, 1973.
______, 『趙芝薰 전집』 1~9, 나남출판, 1996.
______, 『지훈육필시집』, 나남출판, 2002.
《문장》, 《신동아》, 《조선일보》, 《카톨릭 청년》

논문 / 평론

강웅식, 「조지훈의 생명시론과 그 초월론적 성격」, 작가연구 11호, 2001.4.
고우공과 메조린, 「唐詩의 構文, 用語, 그리고 心象 (上)(下)」(우재호 · 홍인표 공역, 중국어문학 13 · 14, 1987 · 1988.
고형진, 「순수시론의 본질과 전개과정 : 박용철과 조지훈의 순수시론을 중심으로」, 현대시, 1996.4.
______, 「지용 시의 '물' 이미지와 모성의식」, 한국시학연구 제10호, 2004.5.
구모룡, 「韓國 近代 文學有機論의 談論分析的 研究:趙芝薰 · 金東里 · 趙潤濟를 중심으로」, 부산대 박사학위논문, 1992.
권영민, 「민족시의 새로운 지향 : 조지훈의 경우」, 문예중앙, 1984 · 여름.

권정우, 「정지용 시 연구 : 시점 분석을 중심으로」, 서울대 석사학위논문, 1992.
권택우, 「동양화법으로 본 지훈 시 연구」, 부산대 석사학위논문, 1987.
______, 「芝薰詩의 東洋畵的 世界」, 시문학, 1991.8～9.
권혁웅, 「한국 현대시의 시작방법 연구」, 고려대 박사학위논문, 2000.
김 훈, 「鄭芝溶詩의 分析的 硏究」, 서울대 박사학위논문, 1990.
김광림, 「耽美·禪味·志操 : 20편의 芝薰詩를 中心으로」, 현대시학, 1979.7.
김기중, 「芝薰詩의 이미지와 상상적 구조」, 고려대 민족문화연구 22호, 1989.2.
______, 「청록파 시의 대비 연구」, 고려대 박사학위논문, 1990.
김명인, 「1930년대시의 구조연구」, 고려대 박사학위논문, 1985.
______, 「趙芝薰의 初期詩 考」, 경기어문학 7집, 1986.
______, 「審美意識의 詩的 展開 : 趙芝薰의 詩와 詩論을 中心으로」, 경기대논문집 27집, 1990.12.
김문주, 「趙芝薰 詩에 나타난 生命意識 硏究」, 고려대 석사학위논문, 1997.
김봉군, 「靑鹿派의 에꼴 是非」, 국어교육 21집, 한국국어교육연구회, 1986.8.
김신정, 「정지용 시 연구 : '감각'의 의미를 중심으로」, 연세대 박사학위논문, 1998.
김열규,, 「韓國文學의 傳統과 變革」, 인문연구논총 9집, 서강대인문과학연구소, 1976.
김용직, 「現代詩와 傳統의 繼承 : 趙芝薰의 경우」, 심상, 1973.12.
김용진, 「芝薰詩 考察 : 『文章』誌에 收錄된 作品을 中心으로」, 안양전문대논문집, 1992.12.
김용태, 「般若의 文學的 意味」, 현대문학, 1965.5.
김용희, 「정지용 시의 어법과 이미지의 구조」, 이화여대 박사학위논문, 1993.
김윤태, 「1930年代 韓國 現代詩論의 近代性 硏究」, 서울대 박사학위논문, 1999.
김정배, 「趙芝薰의 歷史觀 硏究」, 고려대민족문화연구 22호, 1989.2.
김종균, 「趙芝薰의 國學精神」, 고대 · 어문논집 19 · 20호, 1977.9.
______, 「趙芝薰의 社會批評 : 그 論說과 批評精神을 中心으로」, 국어국문학 76호, 1977.
김종균, 「한국근대시인의식연구」, 고려대 박사학위논문, 1980.
김종길, 「선비 趙芝薰의 氣稟」, 세대, 1968.7.
김종태, 「정지용의 시 연구」, 고려대 박사학위논문, 2002.
김주연, 「認識을 通한 自由의 詩人 : 조지훈」, 한국시문학대계 19, 지식산업사, 1982.

김지연, 「조지훈 시 연구」, 숙명여대 박사학위논문, 1994.
김춘수, 「青鹿集의 詩世界 : 三家詩人小考」, 세대, 1963.6.
김춘식, 「낭만주의적 개인과 자연·전통의 발견」, 작가연구 11호, 새미, 2001.4.
김해성, 「芝薰의 禪的 詩觀」, 불교계 23호, 1969.7.
김흥규, 「趙芝薰의 詩世界」, 심상, 1977.2.
류보선, 「1930년대 후반기 문학비평 연구」, 서울대 박사학위논문, 1996.
문덕수, 「韓國모더니즘 詩 硏究」, 고려대 박사학위논문, 1981.
민병기, 「青鹿派詩의 血緣性」, 고려대 어문논집 23호, 1982.9.
______, 「지용 시의 변형 시어와 묘사」, 한국시학연구 6호, 한국시학회, 2002.5.
박경혜, 「조지훈 문학 연구 : 시의 변모과정을 중심으로」, 연세대 박사학위논문, 1992.
박철희, 「現代韓國詩와 그 西歐的 殘像(上)」, 예술 논문집 9집, 대한민국예술원, 1970.
박호영, 「조지훈 문학 연구」, 서울대 박사학위논문, 1988.
박희선, 「芝薰의 初期作品에 나타난 禪趣」, 시문학, 1975.6.
사나다 히로코의 「보헤미안의 회화 : 정지용의 「카페·프란스」」, 동서문학, 2001·봄.
서익환, 「조지훈 시 연구」, 한양대 박사학위논문, 1989.
서지영, 「한국 현대시의 문체연구 : 『청록집』을 대상으로」, 서강대 석사학위논문, 1993.
성기조, 「趙芝薰의 詩와 自然, 그리고 禪味」, 청람어문학 3호, 1990.10.
송기태, 「정지용 시 연구 : 서정적 자아와 동일성의 문제」, 동국대 석사학위논문, 1991.
송재영, 「조지훈론」, 창작과 비평 22호, 1971·가을.
신기훈, 「정지용 시의 시적 주체에 대한 연구」, 경북대 석사학위논문, 1992.
신동욱, 「趙芝薰論 : 傳統에의 姿勢」, 현대문학, 1965.11.
안대회, 「한시와 시조의상의 유형적 특질」, 한국한시연구 2호, 1994.
양왕용, 「鄭芝溶 詩 硏究」, 경북대 박사학위논문, 1988.
양주동, 「1933년 詩壇年評」, 신동아, 1933.12.
오세영, 「모더니스트, 비극적 상황의 주인공들」, 문학사상, 1975.1.
______, 「趙芝薰의 文學史的 位置」, 고려대·민족문화연구 22호, 1989.2.
오세인, 「정지용 시 연구 : 자아와 대상 사이의 거리를 중심으로」, 고려대 석사학위논문, 2002.

오탁번, 「芝溶詩 硏究」, 고려대 석사학위논문, 1970.
_____, 「韓國現代詩史의 對位的 構造」, 고려대 박사학위논문, 1983.
오형엽, 「1930년대 시론의 구조적 연구」, 고려대 박사학위논문, 1998.
유종호, 「新文學五十年」, <文學 심포지움 제1회>, 사상계, 1962.5.
이 훈, 「1930년대 임화의 문학론 연구」, 서울대 박사학위논문, 1993.
이근화, 「정지용 시 연구 : 시의 화자를 중심으로」, 고려대 석사학위논문, 2000.
이미순, 「한국 근대 유기체 시론 논의에 대한 반성 : 조지훈의 유기체시론을 중심으로」, 개신어문연구, 1994.7.
이병각, 「예술과 창조」, 조선일보, 1936.6.5.
이숭원, 「趙芝薰 詩의 내면구조」, 한남어문학 13호, 1987.
_____, 「韓國近代詩의 自然表象 硏究」, 서울대 박사학위논문, 1986.
이태희, 「정지용 시의 창작방법 연구」, 경희대 박사학위논문, 2003.
임 화, 「曇天下의 詩壇一年」, 신동아, 1935.12.
임준철, 「漢詩 意象論과 朝鮮中期 漢詩 意象 硏究」, 고려대 박사학위논문, 2003.
장경렬, 「이미지즘의 원리와 <詩畵一如>의 시론 : 정지용과 에즈라 파운드, 그리고 이미지즘」, 작가세계, 1999 · 겨울.
정 민, 「의경론으로 읽는 현대시 두 수」, 한국언어문화 18호, 2000.12.
정의홍, 「鄭芝溶 詩의 硏究」, 동국대 박사학위논문, 1991.
정종진, 「정지용과 조지훈 시론의 비교연구」, 인문과학논집 18집, 청주대 인문과학연구소, 1998.2.
조지훈, 「韓國現代詩史의 反省」, <文學 심포지움 제1회>, 사상계, 1962.5.
최동호, 「동아시아 자연시와 동서의 교차점」, 인문과학연구20, 성신여대 인문과학연구소, 2001.
_____, 「문사의 길 또는 정신사의 높이 : 조지훈 선생의 생애와 그가 남긴 작품」, 문학사상, 1997.6.
_____, 「정지용의 산수시와 情 · 景의 시학 : 장경렬 교수의 「비」의 해석과 관련하여」, 작가세계, 2000 · 가을.
최병준, 「지훈시의 미학 : 습작시기 작품의 정신지리」, 강남대논문집 23집, 1992.12.
최승호, 「1930년대 후반기 시의 전통지향적 미의식 연구 : 문장파 자연시를 중심으로」, 서울대 박사학위논문, 1994.
_____, 「趙芝薰의 詩學에 있어서 形而上學論的 觀點」, 관악어문연구 16호, 1991.12.

최원식, 「서울 · 동경 · New York」, 문학동네, 1998 · 겨울
최일의, 「意境의 개념 분석」, 중국학보 43, 한국중국학회, 2001.8.
최진송, 「芝薰 詩의 自然과 禪」, 어문학교육 4, 부산국어교육학회, 1981.12.
최창록, 「青鹿派에 있어서의 自然의 해석」, 현대문학, 1971.10.
홍신선, 「불교적 세계관으로 禪을 노래한 나그네 : 조지훈」, 불교와 문화 37호, 2000.12.
황기원, 「景과 관련 술어의 개념에 관한 고찰」, 한국조경학회지 22호, 1995.
황종연, 「한국 문학의 근대와 반근대」, 동국대 박사학위논문, 1992.

단행본 / 국내논저

강영조, 『풍경에 다가서기』, 효형출판, 2003.
계명대학교 철학연구회 편, 『인간과 자연』, 서광사, 1995.
곽광수, 『가스똥 바슐라르』, 민음사, 1995.
권영민, 『정지용 詩 126편 다시 읽기』, 민음사, 2004.
______, 『한국민족문학론연구』, 민음사, 1988.
김 현 편, 『수사학』, 문학과지성사, 1985.
김기림, 『김기림전집2』, 심설당, 1988.
김동석, 『藝術과 生活』, 박문출판사, 1947.
김성기 편 『모더니티란 무엇인가』, 민음사, 1994.
김신정 편, 『정지용의 문학세계연구』, 깊은샘, 2001.
김승혜, 『유교의 뿌리를 찾아서』, 지식의 풍경, 2002.
김용성, 『한국현대문학사 탐방』, 현암사, 1984.
김용직, 『韓國現代詩史研究』, 일지사, 1983.
김우창, 『궁핍한 시대의 시인』, 민음사, 1978.
김우창 · 피에르 부르디외 外, 『경계를 넘어 글쓰기』, 서울국제문학 포럼 논문집, 민음사, 2001
김욱동 · 이우성 · 장덕순 · 최진원, 『한국의 전통사상과 문학』, 서울대출판부, 1982.
김원중, 『중국문학이론의 세계』, 을유문화사, 2000.
김윤식, 『韓國近代文學思想史』, 한길사, 1984.
______, 『한국근대문학양시론고』, 아세아문화사, 1980.

김은자 편, 『정지용』, 새미, 1996.
김인환, 『다른 미래를 위하여』, 문학과지성사, 2003.
김인환 역, 『周易』, 나남출판, 1997.
김재근, 『이미지즘 硏究』, 정음사, 1973.
김재홍, 『詩語辭典』, 고려대출판부, 1997.
______, 『한국현대시인연구』, 일지사, 1986.
______, 『현대시와 역사의식』, 인하대출판부, 1988.
김종균, 『한국문학문체론 · 작가작품론연구』, 집문당, 1983.
김종길 외, 『趙芝薰 硏究』, 고려대출판부, 1978.
김종길, 『시를 어떻게 읽을 것인가』, 고려대출판부, 1998,
김종태 편, 『정지용 이해』, 태학사, 2002.
김종태, 『東洋繪畵思想』, 일지사, 1984.
김준오, 『詩論 · 4판』, 삼영사, 1997.
김춘수, 『金春洙 全集2 · 詩論』, 문장, 1984.
김충렬, 『中國哲學散稿(Ⅰ)』, 온누리, 1988.
김흥규, 『한국현대시를 찾아서』, 한샘출판사, 1994.
마순자, 『자연, 풍경 그리고 인간』, 아카넷, 2003.
문덕수, 『韓國모더니즘 詩硏究』, 시문학사, 1981.
민병기, 『정지용』, 건국대출판부, 1996.
민족문학사연구소 편, 『민족문학과 근대성』, 문학과지성사, 1995.
박용철, 『박용철전집2』, 시문학사, 1940.
백기수, 『美學序說』, 서울대출판부, 1975.
서익환, 『조지훈시 연구』, 우리문학사, 1991.
서준섭, 『한국 모더니즘 문학 연구』, 일지사, 1988.
송 욱, 『시학평전』, 일조각, 1963.
신기철 · 신용철, 『새우리말큰사전』, 삼성이데아, 1986.
신진문철간행위원회, 『신진문철』, 월인, 2002.
안대회, 『조선후기 시화사』, 소명출판, 2000.
안휘준, 『한국회화사 연구』, 시공사, 2000.
오규원, 『현대시작법』, 문학과지성사, 1990,
오병남, 『미학강의』, 서울대 미학과, 1993.
오세영, 『한국현대시인연구』, 월인, 2003.
유종호 외, 『현대 한국문학 100년』, 민음사, 1999.

유평근 · 진형준의 『이미지』, 살림, 2002.
유홍준, 『朝鮮時代 畵論 硏究』, 학고재, 1998.
윤곤강, 『詩와 眞實』, 정음사, 1948.
이강수, 『道家思想의 硏究』, 고대민족문화연구소, 1984.
이건청, 『韓國田園詩 연구』, 문학세계사, 1986.
이병한 편, 『중국고전시학의 이해』, 문학과지성사, 1992.
이상섭, 『文學批評用語辭典』, 민음사, 1991.
_____, 『언어와 상상』, 문학과지성사, 1980.
이상우, 『동양미학론』, 시공사, 1999.
이숭원, 『정지용 시의 심층적 탐구』, 태학사, 1999.
_____ 주해, 『정지용시집』, 깊은샘, 2003,
이승훈, 『詩論』, 고려원, 1979.
이진경, 『근대적 시 · 공간의 탄생』, 푸른숲, 1997.
이희중, 『현대시의 방법 연구』, 월인, 2001.
장도준, 『정지용시연구』, 태학사, 1994.
전형대 · 정요일 · 최웅 · 정대림, 『韓國古典詩學史』, 기린원, 1988.
정 민, 『한시미학산책』, 솔, 1996.
정기철, 『상징, 은유 그리고 이야기』, 문예출판사. 2002.
정문길 · 최원식 · 백영서 · 전형준, 『동아시아, 문제와 시각』, 문학과지성사, 1995.
정인창 편, 『성서대백과사전 · 4』, 기독지혜사, 1980
정재서 편, 『동아시아 연구 : 글쓰기에서 담론까지』, 살림, 1999.
정한모, 『現代詩論』, 보성문화사, 1983.
조민환, 『중국철학과 예술정신』, 예문서원, 1997.
조연현, 『文學과 思想』, 세계문화사, 1949.
조요한, 『藝術哲學』, 경문사, 1995.
주은우, 『시각과 현대성』, 한나래, 2003.
중국철학연구회, 『동양의 지혜와 종교의 이해』, 형설출판사, 1993.
최동호, 『불확정 시대의 文學』, 문학과지성사, 1987.
_____, 『삶의 깊이와 시적 상상』, 민음사, 1995.
_____, 『하나의 道에 이르는 詩學』, 고려대출판부, 1997.
_____, 『디지털 문화와 생태시학』, 문학동네, 2000.
최동호 외, 『다시 읽는 정지용 시』, 월인, 2003.
최동호 편, 『정지용사전』, 고려대학교출판부, 2003.

최병식, 『동양회화미학』, 동문선, 1994.
______, 『水墨의 思想과 歷史』, 현암사, 1985.
최진석, 『노자의 목소리로 듣는 도덕경』, 소나무, 2001.
최진원, 『국문학과 자연』, 성대출판부, 1981.
한국기호학회 편, 『은유와 환유』, 문학과지성사, 1999.
한국정신문화연구원 편, 『한국민족문화대백과사전』, 1991.
한정희, 『한국과 중국의 회화』, 학고재, 1999.
한흥섭, 『장자의 예술정신』, 서광사, 1999.
홍선표, 『朝鮮時代繪畫史論』, 문예출판사, 1999.

단행본 / 국외논저

葛路, 『中國繪畫理論史』, 강관식 역, 미진사, 1989.
郭紹虞 主編, 『中國歷代文論選 上・中・下』, 현대사, 1982.
郭熙, 『임천고치』, 신영주 역, 문자향, 2003.
今道友信, 『東洋の美學』, 東京 : TBSブリタニカ, 1980.
金原省吾, 『東洋의 마음과 그림』, 민병산 역, 새문사, 1978.
董其昌, 『畫眼』, 변영섭・안영길・박은화・조송식 공역, 시공사, 2003.
方東美, 『中國人의 生哲學』, 정인재 역, 탐구당, 1983.
柄谷行人, 『일본 근대문학의 기원』, 민음사, 1997.
徐復觀, 『중국예술정신』, 권덕주 외 공역, 동문선, 1990.
嚴羽, 『滄浪詩話』, 郭紹虞 교석, 김해명・이우정 역, 소명출판, 2001.
鈴木大拙, 『禪이란 무엇인가』, 신현숙 역, 을유문화사, 1984.
________, 『禪과 정신분석』, 김용정 역, 정음사, 1977.
溫肇桐, 『中國繪畫批評史』, 강관식 역, 미진사, 1989.
王國維, 『王國維遺書・5』, 北京 : 上海古籍書籍出版社, 1983.
______, 『人間詞話・세상의 노래비평』, 류창교 역주, 소명출판, 2004.
王伯敏, 『동양화구도론』, 강관식 역, 미진사, 1991.
袁行霈, 『中國詩歌藝術研究』, 박종혁 외 6인 공역, 아세아문화사, 1990.
柳田聖山, 『禪의 思想과 歷史』, 안영길・추만호 역, 민족사, 1989.
劉笑敢, 『莊子哲學』, 최진석 역, 소나무, 1990.
劉若愚, 『中國詩學』, 이장우 역, 명문당, 1994.

劉 勰,『文心雕龍』, 최동호 역편, 민음사, 1994.
李澤厚,『華夏美學』, 권호 역, 동문선, 1990.
李澤厚・劉綱紀 主編,『中國美學史』, 권덕주・김승심 공역, 대한교과서주식회사, 1992.
李孝德,『표상 공간의 근대』, 박성관 역, 소명출판, 2002.
莊 周,『莊子』, 안동림 역주, 현암사, 1998.
張立文,『道』, 권호 역, 동문선, 1995.
張彦遠 外,『중국화론선집』, 김기주 외 공역, 미술문화, 2002.
朱光潛,『시론』, 정상홍 역, 동문선, 1991.
中村良夫,『風景學入門』, 東京 : 中央公倫社, 1982.
蔡儀 主編,『문예미학』, 강경호 역, 동문선, 1989.
Aristoteles,『詩學』, 千丙熙 역, 문예출판사, 1984.
Cassirer, Ernst.『人間이란 무엇인가』, 최명관 역, 전망사, 1979.
Combrich, Ernst Hans Josef.『서양미술사』, 백승길・이종승 역, 예경, 1997.
________,『藝術과 幻影』, 차미례 역, 열화당, 1989.
Cooper, J. C.『그림으로 보는 세계문화 상징사전』, 이윤기 역, 까치, 1994.
Debray, Régis.『이미지의 삶과 죽음』, 시각과언어, 1994.
Durand, Gilbert.『상상력의 과학과 철학』, 진형준 역, 살림, 2003.
____________.『象徵的 想像力』, 진형준 역, 문학과지성사, 1998.
Eliade, Mircea.『이미지와 상징』, 이재실 역, 까치, 1998.
Hawkes, Terence.『隱喩』, 심명호 역, 서울대출판부, 1986.
Hempel, Hans Peter.『하이데거와 禪』, 이기상・추기연 공역, 민음사, 1995.
Hutin, Serge.『신비의 지식, 그노시즘』, 황준성 역, 문학동네, 1996.
Lewis, C. Day. *The Poetic Image*, London, 1966.
Maritain, Jacques.『詩와 美와 創造的 直觀』, 김태관 역, 성바오로출판사, 1982.
Munro, Thomas.『東洋美學』, 백기수 역, 열화당, 1984.
Preminger, Alex. & Brogan, T.V.F. *The Princeton Encyclopedia of Poetry and Poetics*, princeton university press, 1993
Ransom, John Crowe. *Twentieth Century Criticism*, New Delhi ; Light & Life Pubishers, 1974.
Read Hebert,『도상과 사상』, 김병익 역, 열화당, 2002.
Richards, Ivor Armstrong.『수사학의 철학』, 박우수 역, 고려대출판부, 2001.
Rowley, George.『東洋畵의 原理』, 김기수 역, 중앙일보사, 1980.

Schmied-Kowarzik, Wolfdietrich. 『자연에 관한 철학적 탐색』, 이종관 역, 철학과 현실사, 1994.

Schwartz, Benjamin. 『중국 고대사상의 세계』, 나성 역, 살림, 1996.

Shils, Edward. 『전통』, 김병서 · 신현순 공역, 민음사, 1992.

Steiger, Emil. 『詩學의 根本概念』, 이유영 · 오현일 공역, 삼중당, 1978.

Sullivan, Michael & 蔣彝 & 曾有荷, 『中國藝術의 世界』, 백승길 편역, 열화당, 1977.

Weizäscker, Carl Friedrich Freherr von. 『자연의 역사』, 서광사, 1995.

Wellek, Rene & Warren, Austin. 『文學의 理論』, 김병철 역, 을유문화사, 1990, 294쪽.

Wheelwright, Philip Ellis. 『隱喩와 實在』, 김태옥 역, 문학과지성사, 1982.

찾아보기(작품)

김문주(金文柱)

1969년 서울에서 태어나 고려대학교 국어국문학과와 동 대학원을 졸업하였다. 2005년 고려대학교에서 「한국현대시의 풍경과 전통」으로 문학박사 학위를 받았다. 2001년 <대한매일>(현 서울신문) 신춘문예로 등단하여 문학평론가로 활동하고 있으며, 현재 서울산업대학교와 고려대학교에서 문학과 글쓰기에 관한 강의를 하고 있다. 저서로 『소통과 미래』(2006)가 있다.

형상과 전통

초판 1쇄 인쇄 • 2006년 10월 20일
초판 1쇄 발행 • 2006년 10월 25일

지은이 • 김 문 주
펴낸이 • 박 성 복
펴낸곳 • 도서출판 月印
서울특별시 강북구 수유2동 252-9
등록 • 제6-0364호 / **등록일** • 1998년 5월 4일
대표전화 • (02)912-5000 / **팩스** • (02) 900-5036
http://www.worin.net

ISBN 89-8477-341-7 93810

값 13,000원